사도신경 [1]

구번역

전능하사 천지를 만드신 하나님 아버지를 내가 믿사오며,
그 외아들 우리 주 예수 그리스도를 믿사오니,
이는 성령으로 잉태하사 동정녀 마리아에게 나시고,
본디오 빌라도에게 고난을 받으사,
십자가에 못 박혀 죽으시고,
장사한 지 사흘 만에 죽은 자 가운데서 다시 살아나시며,
하늘에 오르사, 전능하신 하나님 우편에 앉아 계시다가,
저리로서 산 자와 죽은 자를 심판하러 오시리라.
성령을 믿사오며, 거룩한 공회와 성도가 서로 교통하는 것과
죄를 사하여 주시는 것과 몸이 다시 사는 것과
영원히 사는 것을 믿사옵나이다. 아멘.

새번역

나는 전능하신 아버지 하나님, 천지의 창조주를 믿습니다.
나는 그의 유일하신 아들, 우리 주 예수 그리스도를 믿습니다.
그는 성령으로 잉태되어 동정녀 마리아에게서 나시고,
본디오 빌라도에게 고난을 받아 십자가에 못 박혀 죽으시고,
장사된 지 [2] 사흘 만에 죽은 자 가운데서 다시 살아나셨으며,
하늘에 오르시어 전능하신 아버지 하나님 우편에 앉아 계시다가,
거기로부터 살아 있는 자와 죽은 자를 심판하러 오십니다.
나는 성령을 믿으며, 거룩한 공교회와 성도의 교제와
죄를 용서받는 것과 몸의 부활과 영생을 믿습니다. 아멘.

---

[1] '사도신조'로도 번역할 수 있다.
[2] '장사 되시어 지옥에 내려가신 지'가 공인된 원문(Forma Recepta)에는 있으나,
대다수의 본문에는 없다.

말씀 따라

내가 쓰는

한 줄
필사성경

4
욥기 - 이사야

_____님에게

손으로 쓴 성경을
주님의 이름으로
축복하며 드립니다

말씀 따라 내가 쓰는

한 줄 필사성경_4

욥기 - 이사야

엮은이 | 두란노 편집부
초판 발행 | 2022. 4. 13
등록번호 | 제1988-000080호
등록된 곳 | 서울특별시 용산구 서빙고로 65길 38
발행처 | 사단법인 두란노서원
영업부 | 2078-3352　　FAX | 080-749-3705
출판부 | 2078-3331

책값은 뒤표지에 있습니다.
ISBN 978-89-531-4109-4 04230　Printed in Korea
(세트) 978-89-531-4101-8 04230

독자의 의견을 기다립니다.
tpress@duranno.com www.duranno.com

말씀 따라 내가 쓰는

한 줄
필사성경

4

욥기 - 이사야

필사자 : _____

시작일 : _____ . _____ . _____

마감일 : _____ . _____ . _____

두란노

필사성경 활용법

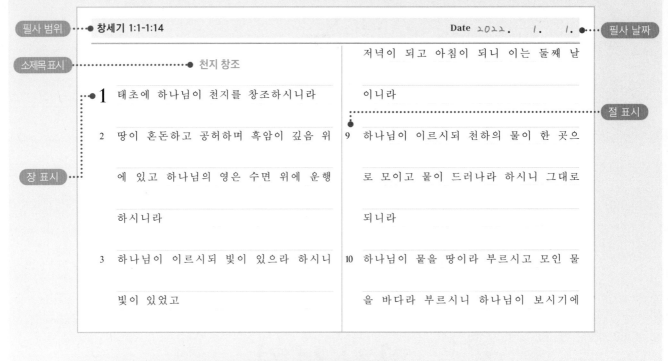

- 필사하기 전, 기도로 마음을 정돈하고 주님의 은혜를 구합니다.
- 성경 본문이 한 줄씩 인쇄되어 있기에 말씀을 보고 그대로 따라 씁니다.
- 장과 절, 소제목까지 인쇄되어 있어 말씀 위주로 또박또박 써도 됩니다.
- 필사 후 틀린 곳이 있는지 확인하고 정확히 고쳐 둡니다.
- 필사가 끝나면 필사 확인표에 체크 표시를 합니다.
- 체크 표시를 하고 나면 말씀이 새겨지도록 기도로 마무리합니다.

필사 확인표

욥 기	1	2	3	4	5	6	7	8	9	10	11	12	13	14	15	16	17	18	19	20	21	22	23	24
	25	26	27	28	29	30	31	32	33	34	35	36	37	38	39	40	41	42						

시 편	1	2	3	4	5	6	7	8	9	10	11	12	13	14	15	16	17	18	19	20	21	22	23	24
	25	26	27	28	29	30	31	32	33	34	35	36	37	38	39	40	41	42	43	44	45	46	47	48
	49	50	51	52	53	54	55	56	57	58	59	60	61	62	63	64	65	66	67	68	69	70	71	72
	73	74	75	76	77	78	79	80	81	82	83	84	85	86	87	88	89	90	91	92	93	94	95	96
	97	98	99	100	101	102	103	104	105	106	107	108	109	110	111	112	113	114	115	116	117	118	119	120
	121	122	123	124	125	126	127	128	129	130	131	132	133	134	135	136	137	138	139	140	141	142	143	144
	145	146	147	148	149	150																		

잠 언	1	2	3	4	5	6	7	8	9	10	11	12	13	14	15	16	17	18	19	20	21	22	23	24
	25	26	27	28	29	30	31																	

전 도 서	1	2	3	4	5	6	7	8	9	10	11	12												

아 가	1	2	3	4	5	6	7	8																

이 사 야	1	2	3	4	5	6	7	8	9	10	11	12	13	14	15	16	17	18	19	20	21	22	23	24
	25	26	27	28	29	30	31	32	33	34	35	36	37	38	39	40	41	42	43	44	45	46	47	48
	49	50	51	52	53	54	55	56	57	58	59	60	61	62	63	64	65	66						

사탄이 욥을 시험하다

1 우스 땅에 욥이라 불리는 사람이 있었
우스 땅에 욥이라 불리는 사람이 있었
는데 그 사람은 온전하고 정직하여 하
는데 그 사람은 온전하고 정직하여 하
나님을 경외하며 악에서 떠난 자더라
나님을 경외하며 악에서 떠난 자더라

2 그에게 아들 일곱과 딸 셋이 태어나니라
그에게 아들 일곱과 딸 셋이 태어나니라

3 그의 소유물은 양이 칠천 마리요 낙타

가 삼천 마리요 소가 오백 겨리요 암나

귀가 오백 마리이며 종도 많이 있었으

니 이 사람은 동방 사람 중에 가장 훌

륭한 자라

4 그의 아들들이 자기 생일에 각각 자기

의 집에서 잔치를 베풀고 그의 누이 세

명도 청하여 함께 먹고 마시더라

5 그들이 차례대로 잔치를 끝내면 욥이

그들을 불러다가 성결하게 하되 아침에

일어나서 그들의 명수대로 번제를 드

렸으니 이는 욥이 말하기를 혹시 내 아

들들이 죄를 범하여 마음으로 하나님을

욕되게 하였을까 함이라 욥의 행위가

항상 이러하였더라

6 하루는 하나님의 아들들이 와서 여호와

앞에 섰고 사탄도 그들 가운데에 온지라

7 여호와께서 사탄에게 이르시되 네가 어

디서 왔느냐 사탄이 여호와께 대답하여

이르되 땅을 두루 돌아 여기저기 다녀

왔나이다

8 여호와께서 사탄에게 이르시되 네가 내

종 욥을 주의하여 보았느냐 그와 같이

온전하고 정직하여 하나님을 경외하며

악에서 떠난 자는 세상에 없느니라

9 사탄이 여호와께 대답하여 이르되 욥이

어찌 까닭 없이 하나님을 경외하리이까

10 주께서 그와 그의 집과 그의 모든 소유

물을 울타리로 두르심 때문이 아니니이

까 주께서 그의 손으로 하는 바를 복되

게 하사 그의 소유물이 땅에 넘치게 하

차
례

욥기

사탄이 욥을 시험하다

1 우스 땅에 욥이라 불리는 사람이 있었

는데 그 사람은 온전하고 정직하여 하

나님을 경외하며 악에서 떠난 자더라

2 그에게 아들 일곱과 딸 셋이 태어나니라

3 그의 소유물은 양이 칠천 마리요 낙타

가 삼천 마리요 소가 오백 겨리요 암나

귀가 오백 마리이며 종도 많이 있었으

니 이 사람은 동방 사람 중에 가장 훌

륭한 자라

4 그의 아들들이 자기 생일에 각각 자기

의 집에서 잔치를 베풀고 그의 누이 세

명도 청하여 함께 먹고 마시더라

5 그들이 차례대로 잔치를 끝내면 욥이

그들을 불러다가 성결하게 하되 아침에

일어나서 그들의 명수대로 번제를 드

렸으니 이는 욥이 말하기를 혹시 내 아

들들이 죄를 범하여 마음으로 하나님을

욕되게 하였을까 함이라 욥의 행위가

항상 이러하였더라

6 하루는 하나님의 아들들이 와서 여호와

앞에 섰고 사탄도 그들 가운데에 온지라

7 여호와께서 사탄에게 이르시되 네가 어

디서 왔느냐 사탄이 여호와께 대답하여

이르되 땅을 두루 돌아 여기저기 다녀

왔나이다

8 여호와께서 사탄에게 이르시되 네가 내

종 욥을 주의하여 보았느냐 그와 같이

온전하고 정직하여 하나님을 경외하며

악에서 떠난 자는 세상에 없느니라

9 사탄이 여호와께 대답하여 이르되 욥이

어찌 까닭 없이 하나님을 경외하리이까

10 주께서 그와 그의 집과 그의 모든 소유

물을 울타리로 두르심 때문이 아니니이

까 주께서 그의 손으로 하는 바를 복되

게 하사 그의 소유물이 땅에 넘치게 하

셨음이니이다

11 이제 주의 손을 펴서 그의 모든 소유물을 치소서 그리하시면 틀림없이 주를 향하여 욕하지 않겠나이까

12 여호와께서 사탄에게 이르시되 내가 그의 소유물을 다 네 손에 맡기노라 다만 그의 몸에는 네 손을 대지 말지니라 사탄이 곧 여호와 앞에서 물러가니라

욥이 자녀와 재산을 잃다

13 하루는 욥의 자녀들이 그 맏아들의 집에서 음식을 먹으며 포도주를 마실 때에

14 사환이 욥에게 와서 아뢰되 소는 밭을 갈고 나귀는 그 곁에서 풀을 먹는데

15 스바 사람이 갑자기 이르러 그것들을 빼앗고 칼로 종들을 죽였나이다 나만 홀로 피하였으므로 주인께 아뢰러 왔나이다

16 그가 아직 말하는 동안에 또 한 사람이 와서 아뢰되 하나님의 불이 하늘에서 떨어져서 양과 종들을 살라 버렸나이다 나만 홀로 피하였으므로 주인께 아뢰러 왔나이다

17 그가 아직 말하는 동안에 또 한 사람이 와서 아뢰되 갈대아 사람이 세 무리를 지어 갑자기 낙타에게 달려들어 그것을 빼앗으며 칼로 종들을 죽였나이다 나만 홀로 피하였으므로 주인께 아뢰러 왔나이다

18 그가 아직 말하는 동안에 또 한 사람이 와서 아뢰되 주인의 자녀들이 그들의 맏형의 집에서 음식을 먹으며 포도주를 마시는데

19 거친 들에서 큰 바람이 와서 집 네 모퉁이를 치매 그 청년들 위에 무너지므로 그들이 죽었나이다 나만 홀로 피하였으므로 주인께 아뢰러 왔나이다 한지라

20 욥이 일어나 겉옷을 찢고 머리털을 밀고 땅에 엎드려 예배하며

21 이르되 내가 모태에서 알몸으로 나왔사온즉 또한 알몸이 그리로 돌아가올지라 주신 이도 여호와시요 거두신 이도 여호와시오니 여호와의 이름이 찬송을 받으실지니이다 하고

22 이 모든 일에 욥이 범죄하지 아니하고 하나님을 향하여 원망하지 아니하니라

사탄이 다시 욥을 시험하다

2 또 하루는 하나님의 아들들이 와서 여호와 앞에 서고 사탄도 그들 가운데에 와서 여호와 앞에 서니

2 여호와께서 사탄에게 이르시되 네가 어디서 왔느냐 사탄이 여호와께 대답하여 이르되 땅을 두루 돌아 여기 저기 다녀왔나이다

3 여호와께서 사탄에게 이르시되 네가 내 종 욥을 주의하여 보았느냐 그와 같이 온전하고 정직하여 하나님을 경외하며 악에서 떠난 자가 세상에 없느니라 네가 나를 충동하여 까닭 없이 그를 치게 하였어도 그가 여전히 자기의 온전함을 굳게 지켰느니라

4 사탄이 여호와께 대답하여 이르되 가죽으로 가죽을 바꾸오니 사람이 그의 모든 소유물로 자기의 생명을 바꾸올지라

5 이제 주의 손을 펴서 그의 뼈와 살을 치소서 그리하시면 틀림없이 주를 향하여 욕하지 않겠나이까

6 여호와께서 사탄에게 이르시되 내가 그를 네 손에 맡기노라 다만 그의 생명은 해하지 말지니라

7 사탄이 이에 여호와 앞에서 물러가서 욥을 쳐서 그의 발바닥에서 정수리까지 종기가 나게 한지라

8 욥이 재 가운데 앉아서 질그릇 조각을 가져다가 몸을 긁고 있더니

9 그의 아내가 그에게 이르되 당신이 그래도 자기의 온전함을 굳게 지키느냐 하나님을 욕하고 죽으라

10 그가 이르되 그대의 말이 한 어리석은 여자의 말 같도다 우리가 하나님께 복을 받았은즉 화도 받지 아니하겠느냐 하고 이 모든 일에 욥이 입술로 범죄하지 아니하니라

친구들이 욥을 위로하러 오다

11 그 때에 욥의 친구 세 사람이 이 모든 재앙이 그에게 내렸다 함을 듣고 각각 자기 지역에서부터 이르렀으니 곧 데만 사람 엘리바스와 수아 사람 빌닷과 나아마 사람 소발이라 그들이 욥을 위문하고 위로하려 하여 서로 약속하고 오더니

12 눈을 들어 멀리 보매 그가 욥인 줄 알기 어렵게 되었으므로 그들이 일제히 소리 질러 울며 각각 자기의 겉옷을 찢고 하늘을 향하여 티끌을 날려 자기 머리에 뿌리고

13 밤낮 칠 일 동안 그와 함께 땅에 앉았으나 욥의 고통이 심함을 보므로 그에게 한마디도 말하는 자가 없었더라

욥이 자기 생일을 저주하다

3 그 후에 욥이 입을 열어 자기의 생일을 저주하니라

2 욥이 입을 열어 이르되

3 내가 난 날이 멸망하였더라면, 사내 아이를 배었다 하던 그 밤도 그러하였더라면,

4 그 날이 캄캄하였더라면, 하나님이 위에서 돌아보지 않으셨더라면, 빛도 그 날을 비추지 않았더라면,

5 어둠과 죽음의 그늘이 그 날을 자기의

것이라 주장하였더라면, 구름이 그 위에 덮였더라면, 흑암이 그 날을 덮었더라면,

6 그 밤이 캄캄한 어둠에 잡혔더라면, 해의 날 수와 달의 수에 들지 않았더라면,

7 그 밤에 자식을 배지 못하였더라면, 그 밤에 즐거운 소리가 나지 않았더라면,

8 날을 저주하는 자들 곧 리워야단을 격동시키기에 익숙한 자들이 그 밤을 저주하였더라면,

9 그 밤에 새벽 별들이 어두웠더라면, 그 밤이 광명을 바랄지라도 얻지 못하며 동틈을 보지 못하였더라면 좋았을 것을,

10 이는 내 모태의 문을 닫지 아니하여 내 눈으로 환난을 보게 하였음이로구나

11 어찌하여 내가 태에서 죽어 나오지 아니하였던가 어찌하여 내 어머니가 해산할 때에 내가 숨지지 아니하였던가

12 어찌하여 무릎이 나를 받았던가 어찌하여 내가 젖을 빨았던가

13 그렇지 아니하였던들 이제는 내가 평안히 누워서 자고 쉬었을 것이니

14 자기를 위하여 폐허를 일으킨 세상 임금들과 모사들과 함께 있었을 것이요

15 혹시 금을 가지며 은으로 집을 채운 고관들과 함께 있었을 것이며

16 또는 낙태되어 땅에 묻힌 아이처럼 나는 존재하지 않았겠고 빛을 보지 못한 아이들 같았을 것이라

17 거기서는 악한 자가 소요를 그치며 거기서는 피곤한 자가 쉼을 얻으며

18 거기서는 갇힌 자가 다 함께 평안히 있어 감독자의 호통 소리를 듣지 아니하며

19 거기서는 작은 자와 큰 자가 함께 있고 종이 상전에게서 놓이느니라

20 어찌하여 고난 당하는 자에게 빛을 주

셨으며 마음이 아픈 자에게 생명을 주

셨는고

21 이러한 자는 죽기를 바라도 오지 아니

하니 땅을 파고 숨긴 보배를 찾음보다

죽음을 구하는 것을 더하다가

22 무덤을 찾아 얻으면 심히 기뻐하고 즐

거워하나니

23 하나님에게 둘러 싸여 길이 아득한 사

람에게 어찌하여 빛을 주셨는고

24 나는 음식 앞에서도 탄식이 나며 내가

앓는 소리는 물이 쏟아지는 소리 같구나

25 내가 두려워하는 그것이 내게 임하고

내가 무서워하는 그것이 내 몸에 미쳤

구나

26 나에게는 평온도 없고 안일도 없고 휴

식도 없고 다만 불안만이 있구나

엘리바스의 첫번째 말

4 데만 사람 엘리바스가 대답하여 이르되

2 누가 네게 말하면 네가 싫증을 내겠느

냐, 누가 참고 말하지 아니하겠느냐

3 보라 전에 네가 여러 사람을 훈계하였

고 손이 늘어진 자를 강하게 하였고

4 넘어지는 자를 말로 붙들어 주었고 무

릎이 약한 자를 강하게 하였거늘

5 이제 이 일이 네게 이르매 네가 힘들어

하고 이 일이 네게 닥치매 네가 놀라는

구나

6 네 경외함이 네 자랑이 아니냐 네 소망

이 네 온전한 길이 아니냐

7 생각하여 보라 죄 없이 망한 자가 누구

인가 정직한 자의 끊어짐이 어디 있는가

8 내가 보건대 악을 밭 갈고 독을 뿌리는

자는 그대로 거두나니

9 다 하나님의 입 기운에 멸망하고 그의

콧김에 사라지느니라

10 사자의 우는 소리와 젊은 사자의 소리

가 그치고 어린 사자의 이가 부러지며

11 사자는 사냥한 것이 없어 죽어 가고 암
사자의 새끼는 흩어지느니라

12 어떤 말씀이 내게 가만히 이르고 그 가
느다란 소리가 내 귀에 들렸었나니

13 사람이 깊이 잠들 즈음 내가 그 밤에
본 환상으로 말미암아 생각이 번거로울
때에

14 두려움과 떨림이 내게 이르러서 모든
뼈마디가 흔들렸느니라

15 그 때에 영이 내 앞으로 지나매 내 몸
에 털이 주뼛하였느니라

16 그 영이 서 있는데 나는 그 형상을 알
아보지는 못하여도 오직 한 형상이 내
눈 앞에 있었느니라 그 때에 내가 조용
한 중에 한 목소리를 들으니

17 사람이 어찌 하나님보다 의롭겠느냐 사
람이 어찌 그 창조하신 이보다 깨끗하

겠느냐

18 하나님은 그의 종이라도 그대로 믿지
아니하시며 그의 천사라도 미련하다 하
시나니

19 하물며 흙 집에 살며 티끌로 터를 삼고
하루살이 앞에서라도 무너질 자이겠느냐

20 아침과 저녁 사이에 부스러져 가루가
되며 영원히 사라지되 기억하는 자가
없으리라

21 장막 줄이 그들에게서 뽑히지 아니하겠
느냐 그들은 지혜가 없이 죽느니라

5 너는 부르짖어 보라 네게 응답할 자가
있겠느냐 거룩한 자 중에 네가 누구에
게로 향하겠느냐

2 분노가 미련한 자를 죽이고 시기가 어
리석은 자를 멸하느니라

3 내가 미련한 자가 뿌리 내리는 것을 보
고 그의 집을 당장에 저주하였노라

4 그의 자식들은 구원에서 멀고 성문에서

억눌리나 구하는 자가 없으며

5 그가 추수한 것은 주린 자가 먹되 덫에

걸린 것도 빼앗으며 올무가 그의 재산

을 향하여 입을 벌리느니라

6 재난은 티끌에서 일어나는 것이 아니며

고생은 흙에서 나는 것이 아니니라

7 사람은 고생을 위하여 났으니 불꽃이

위로 날아 가는 것 같으니라

8 나라면 하나님을 찾겠고 내 일을 하나

님께 의탁하리라

9 하나님은 헤아릴 수 없이 큰 일을 행하시

며 기이한 일을 셀 수 없이 행하시나니

10 비를 땅에 내리시고 물을 밭에 보내시며

11 낮은 자를 높이 드시고 애곡하는 자를

일으키사 구원에 이르게 하시느니라

12 하나님은 교활한 자의 계교를 꺾으사

그들의 손이 성공하지 못하게 하시며

13 지혜로운 자가 자기의 계략에 빠지게

하시며 간교한 자의 계략을 무너뜨리시

므로

14 그들은 낮에도 어두움을 만나고 대낮에

도 더듬기를 밤과 같이 하느니라

15 하나님은 가난한 자를 강한 자의 칼과

그 입에서, 또한 그들의 손에서 구출하

여 주시나니

16 그러므로 가난한 자가 희망이 있고 악

행이 스스로 입을 다무느니라

17 볼지어다 하나님께 징계 받는 자에게는

복이 있나니 그런즉 너는 전능자의 징

계를 업신여기지 말지니라

18 하나님은 아프게 하시다가 싸매시며

상하게 하시다가 그의 손으로 고치시

나니

19 여섯 가지 환난에서 너를 구원하시며

일곱 가지 환난이라도 그 재앙이 네게

미치지 않게 하시며

20 기근 때에 죽음에서, 전쟁 때에 칼의 위

협에서 너를 구원하실 터인즉

21 네가 혀의 채찍을 피하여 숨을 수가 있

고 멸망이 올 때에도 두려워하지 아니

할 것이라

22 너는 멸망과 기근을 비웃으며 들짐승을

두려워하지 말라

23 들에 있는 돌이 너와 언약을 맺겠고 들

짐승이 너와 화목하게 살 것이니라

24 네가 네 장막의 평안함을 알고 네 우리

를 살펴도 잃은 것이 없을 것이며

25 네 자손이 많아지며 네 후손이 땅의 풀

과 같이 될 줄을 네가 알 것이라

26 네가 장수하다가 무덤에 이르리니 마치

곡식단을 제 때에 들어올림 같으니라

27 볼지어다 우리가 연구한 바가 이와 같으

니 너는 들어 보라 그러면 네가 알리라

욥의 대답

6 욥이 대답하여 이르되

2 나의 괴로움을 달아 보며 나의 파멸을

저울 위에 모두 놓을 수 있다면

3 바다의 모래보다도 무거울 것이라 그러

므로 나의 말이 경솔하였구나

4 전능자의 화살이 내게 박히매 나의 영

이 그 독을 마셨나니 하나님의 두려움

이 나를 엄습하여 치는구나

5 들나귀가 풀이 있으면 어찌 울겠으며

소가 꼴이 있으면 어찌 울겠느냐

6 싱거운 것이 소금 없이 먹히겠느냐 닭

의 알 흰자위가 맛이 있겠느냐

7 내 마음이 이런 것을 만지기도 싫어하

나니 꺼리는 음식물 같이 여김이니라

8 나의 간구를 누가 들어 줄 것이며 나의

소원을 하나님이 허락하시랴

9 이는 곧 나를 멸하시기를 기뻐하사 하

나님이 그의 손을 들어 나를 끊어 버리

실 것이라

10 그러할지라도 내가 오히려 위로를 받고

그칠 줄 모르는 고통 가운데서도 기뻐

하는 것은 내가 거룩하신 이의 말씀을

거역하지 아니하였음이라

11 내가 무슨 기력이 있기에 기다리겠느냐

내 마지막이 어떠하겠기에 그저 참겠

느냐

12 나의 기력이 어찌 돌의 기력이겠느냐

나의 살이 어찌 놋쇠겠느냐

13 나의 도움이 내 속에 없지 아니하냐 나

의 능력이 내게서 쫓겨나지 아니하였

느냐

14 낙심한 자가 비록 전능자를 경외하기를

저버릴지라도 그의 친구로부터 동정을

받느니라

15 내 형제들은 개울과 같이 변덕스럽고

그들은 개울의 물살 같이 지나가누나

16 얼음이 녹으면 물이 검어지며 눈이 그

속에 감추어질지라도

17 따뜻하면 마르고 더우면 그 자리에서

아주 없어지나니

18 대상들은 그들의 길을 벗어나서 삭막한

들에 들어가 멸망하느니라

19 데마의 떼들이 그것을 바라보고 스바의

행인들도 그것을 사모하다가

20 거기 와서는 바라던 것을 부끄러워하고

낙심하느니라

21 이제 너희는 아무것도 아니로구나 너희

가 두려운 일을 본즉 겁내는구나

22 내가 언제 너희에게 무엇을 달라고 말

했더냐 나를 위하여 너희 재물을 선물

로 달라고 하더냐

23 내가 언제 말하기를 원수의 손에서 나

를 구원하라 하더냐 폭군의 손에서 나

를 구원하라 하더냐

24 내게 가르쳐서 나의 허물된 것을 깨닫
게 하라 내가 잠잠하리라

25 옳은 말이 어찌 그리 고통스러운고, 너
희의 책망은 무엇을 책망함이냐

26 너희가 남의 말을 꾸짖을 생각을 하나
실망한 자의 말은 바람에 날아가느니라

27 너희는 고아를 제비 뽑으며 너희 친구
를 팔아 넘기는구나

28 이제 원하건대 너희는 내게로 얼굴을
돌리라 내가 너희를 대면하여 결코 거
짓말하지 아니하리라

29 너희는 돌이켜 행악자가 되지 말라 아
직도 나의 의가 건재하니 돌아오라

30 내 혀에 어찌 불의한 것이 있으랴 내
미각이 어찌 속임을 분간하지 못하랴

7 이 땅에 사는 인생에게 힘든 노동이 있
지 아니하겠느냐 그의 날이 품꾼의 날

과 같지 아니하겠느냐

2 좋은 저녁 그늘을 몹시 바라고 품꾼은
그의 삯을 기다리나니

3 이와 같이 내가 여러 달째 고통을 받으
니 고달픈 밤이 내게 작정되었구나

4 내가 누울 때면 말하기를 언제나 일어
날까, 언제나 밤이 갈까 하며 새벽까지
이리 뒤척, 저리 뒤척 하는구나

5 내 살에는 구더기와 흙 덩이가 의복처
럼 입혀졌고 내 피부는 굳어졌다가 터
지는구나

6 나의 날은 베틀의 북보다 빠르니 희망
없이 보내는구나

7 내 생명이 한낱 바람 같음을 생각하옵
소서 나의 눈이 다시는 행복을 보지 못
하리이다

8 나를 본 자의 눈이 다시는 나를 보지
못할 것이고 주의 눈이 나를 향하실지

라도 내가 있지 아니하리이다

9 구름이 사라져 없어짐 같이 스올로 내려가는 자는 다시 올라오지 못할 것이오니

10 그는 다시 자기 집으로 돌아가지 못하겠고 자기 처소도 다시 그를 알지 못하리이다

11 그런즉 내가 내 입을 금하지 아니하고 내 영혼의 아픔 때문에 말하며 내 마음의 괴로움 때문에 불평하리이다

12 내가 바다니이까 바다 괴물이니이까 주께서 어찌하여 나를 지키시나이까

13 혹시 내가 말하기를 내 잠자리가 나를 위로하고 내 침상이 내 수심을 풀리라 할 때에

14 주께서 꿈으로 나를 놀라게 하시고 환상으로 나를 두렵게 하시나이다

15 이러므로 내 마음이 뼈를 깎는 고통을 겪느니 차라리 숨이 막히는 것과 죽는 것을 택하리이다

16 내가 생명을 싫어하고 영원히 살기를 원하지 아니하오니 나를 놓으소서 내 날은 헛 것이니이다

17 사람이 무엇이기에 주께서 그를 크게 만드사 그에게 마음을 두시고

18 아침마다 권징하시며 순간마다 단련하시나이까

19 주께서 내게서 눈을 돌이키지 아니하시며 내가 침을 삼킬 동안도 나를 놓지 아니하시기를 어느 때까지 하시리이까

20 사람을 감찰하시는 이여 내가 범죄하였던들 주께 무슨 해가 되오리이까 어찌하여 나를 당신의 과녁으로 삼으셔서 내게 무거운 짐이 되게 하셨나이까

21 주께서 어찌하여 내 허물을 사하여 주지 아니하시며 내 죄악을 제거하여 버

리지 아니하시나이까 내가 이제 흙에

누우리니 주께서 나를 애써 찾으실지라

도 내가 남아 있지 아니하리이다

빌닷의 첫번째 말

8 수아 사람 빌닷이 대답하여 이르되

2 네가 어느 때까지 이런 말을 하겠으며

어느 때까지 네 입의 말이 거센 바람과

같겠는가

3 하나님이 어찌 정의를 굽게 하시겠으며

전능하신 이가 어찌 공의를 굽게 하시

겠는가

4 네 자녀들이 주께 죄를 지었으므로 주

께서 그들을 그 죄에 버려두셨나니

5 네가 만일 하나님을 찾으며 전능하신

이에게 간구하고

6 또 청결하고 정직하면 반드시 너를 돌

보시고 네 의로운 처소를 평안하게 하

실 것이라

7 네 시작은 미약하였으나 네 나중은 심

히 창대하리라

8 청하건대 너는 옛 시대 사람에게 물으

며 조상들이 터득한 일을 배울지어다

9 (우리는 어제부터 있었을 뿐이라 우리

는 아는 것이 없으며 세상에 있는 날이

그림자와 같으니라)

10 그들이 네게 가르쳐 이르지 아니하겠느

냐 그 마음에서 나오는 말을 하지 아니

하겠느냐

11 왕골이 진펄 아닌 데서 크게 자라겠으며

갈대가 물 없는 데서 크게 자라겠느냐

12 이런 것은 새 순이 돋아 아직 뜯을 때

가 되기 전에 다른 풀보다 일찍이 마르

느니라

13 하나님을 잊어버리는 자의 길은 다 이

와 같고 저속한 자의 희망은 무너지리니

14 그가 믿는 것이 끊어지고 그가 의지하

는 것이 거미줄 같은즉

15 그 집을 의지할지라도 집이 서지 못하고 굳게 붙잡아 주어도 집이 보존되지 못하리라

16 그는 햇빛을 받고 물이 올라 그 가지가 동산에 뻗으며

17 그 뿌리가 돌무더기에 서리어서 돌 가운데로 들어갔을지라도

18 그 곳에서 뽑히면 그 자리도 모르는 체하고 이르기를 내가 너를 보지 못하였다 하리니

19 그 길의 기쁨은 이와 같고 그 후에 다른 것이 흙에서 나리라

20 하나님은 순전한 사람을 버리지 아니하시고 악한 자를 붙들어 주지 아니하시므로

21 웃음을 네 입에, 즐거운 소리를 네 입술에 채우시리니

22 너를 미워하는 자는 부끄러움을 당할 것이라 악인의 장막은 없어지리라

욥의 대답

9 욥이 대답하여 이르되

2 진실로 내가 이 일이 그런 줄을 알거니와 인생이 어찌 하나님 앞에 의로우랴

3 사람이 하나님께 변론하기를 좋아할지라도 천 마디에 한 마디도 대답하지 못하리라

4 그는 마음이 지혜로우시고 힘이 강하시니 그를 거슬러 스스로 완악하게 행하고도 형통할 자가 누구이랴

5 그가 진노하심으로 산을 무너뜨리시며 옮기실지라도 산이 깨닫지 못하며

6 그가 땅을 그 자리에서 움직이시니 그 기둥들이 흔들리도다

7 그가 해를 명령하여 뜨지 못하게 하시며 별들을 가두시도다

8 그가 홀로 하늘을 펴시며 바다 물결을 밟으시며

9 북두성과 삼성과 묘성과 남방의 밀실을 만드셨으며

10 측량할 수 없는 큰 일을, 셀 수 없는 기이한 일을 행하시느니라

11 그가 내 앞으로 지나시나 내가 보지 못하며 그가 내 앞에서 움직이시나 내가 깨닫지 못하느니라

12 하나님이 빼앗으시면 누가 막을 수 있으며 무엇을 하시나이까 하고 누가 물을 수 있으랴

13 하나님이 진노를 돌이키지 아니하시나니 라합을 돕는 자들이 그 밑에 굴복하겠거든

14 하물며 내가 감히 대답하겠으며 그 앞에서 무슨 말을 택하랴

15 가령 내가 의로울지라도 대답하지 못하겠고 나를 심판하실 그에게 간구할 뿐이며

16 가령 내가 그를 부르므로 그가 내게 대답하셨을지라도 내 음성을 들으셨다고는 내가 믿지 아니하리라

17 그가 폭풍으로 나를 치시고 까닭 없이 내 상처를 깊게 하시며

18 나를 숨 쉬지 못하게 하시며 괴로움을 내게 채우시는구나

19 힘으로 말하면 그가 강하시고 심판으로 말하면 누가 그를 소환하겠느냐

20 가령 내가 의로울지라도 내 입이 나를 정죄하리니 가령 내가 온전할지라도 나를 정죄하시리라

21 나는 온전하다마는 내가 나를 돌아보지 아니하고 내 생명을 천히 여기는구나

22 일이 다 같은 것이라 그러므로 나는 말하기를 하나님이 온전한 자나 악한 자

나 멸망시키신다 하나니

23 갑자기 재난이 닥쳐 죽을지라도 무죄한

자의 절망도 그가 비웃으시리라

24 세상이 악인의 손에 넘어갔고 재판관의

얼굴도 가려졌나니 그렇게 되게 한 이

가 그가 아니시면 누구냐

25 나의 날이 경주자보다 빨리 사라져 버

리니 복을 볼 수 없구나

26 그 지나가는 것이 빠른 배 같고 먹이에

날아 내리는 독수리와도 같구나

27 가령 내가 말하기를 내 불평을 잊고 얼

굴 빛을 고쳐 즐거운 모양을 하자 할지

라도

28 내 모든 고통을 두려워하오니 주께서

나를 죄 없다고 여기지 않으실 줄을 아

나이다

29 내가 정죄하심을 당할진대 어찌 헛되이

수고하리이까

30 내가 눈 녹은 물로 몸을 씻고 잿물로

손을 깨끗하게 할지라도

31 주께서 나를 개천에 빠지게 하시리니

내 옷이라도 나를 싫어하리이다

32 하나님은 나처럼 사람이 아니신즉 내가

그에게 대답할 수 없으며 함께 들어가

재판을 할 수도 없고

33 우리 사이에 손을 얹을 판결자도 없구나

34 주께서 그의 막대기를 내게서 떠나게

하시고 그의 위엄이 나를 두렵게 하지

아니하시기를 원하노라

35 그리하시면 내가 두려움 없이 말하리라

나는 본래 그렇게 할 수 있는 자가 아

니니라

10 내 영혼이 살기에 곤비하니 내 불평을

토로하고 내 마음이 괴로운 대로 말하

리라

2 내가 하나님께 아뢰오리니 나를 정죄하

지 마시옵고 무슨 까닭으로 나와 더불

어 변론하시는지 내게 알게 하옵소서

3 주께서 주의 손으로 지으신 것을 학대

하시며 멸시하시고 악인의 꾀에 빛을

비추시기를 선히 여기시나이까

4 주께도 육신의 눈이 있나이까 주께서

사람처럼 보시나이까

5 주의 날이 어찌 사람의 날과 같으며 주

의 해가 어찌 인생의 해와 같기로

6 나의 허물을 찾으시며 나의 죄를 들추

어내시나이까

7 주께서는 내가 악하지 않은 줄을 아시

나이다 주의 손에서 나를 벗어나게 할

자도 없나이다

8 주의 손으로 나를 빚으셨으며 만드셨는

데 이제 나를 멸하시나이다

9 기억하옵소서 주께서 내 몸 지으시기를

흙을 뭉치듯 하셨거늘 다시 나를 티끌

로 돌려보내려 하시나이까

10 주께서 나를 젖과 같이 쏟으셨으며 엉

긴 젖처럼 엉기게 하지 아니하셨나이까

11 피부와 살을 내게 입히시며 뼈와 힘줄

로 나를 엮으시고

12 생명과 은혜를 내게 주시고 나를 보살

피심으로 내 영을 지키셨나이다

13 그러한데 주께서 이것들을 마음에 품으

셨나이다 이 뜻이 주께 있는 줄을 내가

아나이다

14 내가 범죄하면 주께서 나를 죄인으로

인정하시고 내 죄악을 사하지 아니하시

나이다

15 내가 악하면 화가 있을 것이오며 내가

의로울지라도 머리를 들지 못하는 것은

내 속에 부끄러움이 가득하고 내 환난

을 내 눈이 보기 때문이니이다

16 내가 머리를 높이 들면 주께서 젊은 사

자처럼 나를 사냥하시며 내게 주의 놀

라움을 다시 나타내시나이다

17 주께서 자주자주 증거하는 자를 바꾸어

나를 치시며 나를 향하여 진노를 더하

시니 군대가 번갈아서 치는 것 같으니

이다

18 주께서 나를 태에서 나오게 하셨음은

어찌함이니이까 그렇지 아니하셨더라면

내가 기운이 끊어져 아무 눈에도 보이

지 아니하였을 것이라

19 있어도 없던 것 같이 되어서 태에서 바

로 무덤으로 옮겨졌으리이다

20 내 날은 적지 아니하니이까 그런즉 그

치시고 나를 버려두사 잠시나마 평안하

게 하시되

21 내가 돌아오지 못할 땅 곧 어둡고 죽음

의 그늘진 땅으로 가기 전에 그리하옵

소서

22 땅은 어두워서 흑암 같고 죽음의 그늘

이 져서 아무 구별이 없고 광명도 흑암

같으니이다

소발의 첫번째 말

11 나아마 사람 소발이 대답하여 이르되

2 말이 많으니 어찌 대답이 없으랴 말이

많은 사람이 어찌 의롭다 함을 얻겠느냐

3 네 자랑하는 말이 어떻게 사람으로 잠

잠하게 하겠으며 네가 비웃으면 어찌

너를 부끄럽게 할 사람이 없겠느냐

4 네 말에 의하면 내 도는 정결하고 나는

주께서 보시기에 깨끗하다 하는구나

5 하나님은 말씀을 내시며 너를 향하여

입을 여시고

6 지혜의 오묘함으로 네게 보이시기를 원

하노니 이는 그의 지식이 광대하심이라

하나님께서 너로 하여금 너의 죄를 잊

게 하여 주셨음을 알라

7 네가 하나님의 오묘함을 어찌 능히 측량하며 전능자를 어찌 능히 완전히 알겠느냐

8 하늘보다 높으시니 네가 무엇을 하겠으며 스올보다 깊으시니 네가 어찌 알겠느냐

9 그의 크심은 땅보다 길고 바다보다 넓으니라

10 하나님이 두루 다니시며 사람을 잡아 가두시고 재판을 여시면 누가 능히 막을소냐

11 하나님은 허망한 사람을 아시나니 악한 일은 상관하지 않으시는 듯하나 다 보시느니라

12 허망한 사람은 지각이 없나니 그의 출생함이 들나귀 새끼 같으니라

13 만일 네가 마음을 바로 정하고 주를 향하여 손을 들 때에

14 네 손에 죄악이 있거든 멀리 버리라 불의가 네 장막에 있지 못하게 하라

15 그리하면 네가 반드시 흠 없는 얼굴을 들게 되고 굳게 서서 두려움이 없으리니

16 곧 네 환난을 잊을 것이라 네가 기억할지라도 물이 흘러감 같을 것이며

17 네 생명의 날이 대낮보다 밝으리니 어둠이 있다 할지라도 아침과 같이 될 것이요

18 네가 희망이 있으므로 안전할 것이며 두루 살펴보고 평안히 쉬리라

19 네가 누워도 두렵게 할 자가 없겠고 많은 사람이 네게 은혜를 구하리라

20 그러나 악한 자들은 눈이 어두워서 도망할 곳을 찾지 못하리니 그들의 희망은 숨을 거두는 것이니라

욥의 대답

12 욥이 대답하여 이르되

2 너희만 참으로 백성이로구나 너희가 죽

으면 지혜도 죽겠구나

3 나도 너희 같이 생각이 있어 너희만 못

하지 아니하니 그같은 일을 누가 알지

못하겠느냐

4 하나님께 불러 아뢰어 들으심을 입은

내가 이웃에게 웃음거리가 되었으니 의

롭고 온전한 자가 조롱거리가 되었구나

5 평안한 자의 마음은 재앙을 멸시하나

재앙이 실족하는 자를 기다리는구나

6 강도의 장막은 형통하고 하나님을 진노

하게 하는 자는 평안하니 하나님이 그

의 손에 후히 주심이니라

7 이제 모든 짐승에게 물어 보라 그것들

이 네게 가르치리라 공중의 새에게 물

어 보라 그것들이 또한 네게 말하리라

8 땅에게 말하라 네게 가르치리라 바다의

고기도 네게 설명하리라

9 이것들 중에 어느 것이 여호와의 손이

이를 행하신 줄을 알지 못하랴

10 모든 생물의 생명과 모든 사람의 육신

의 목숨이 다 그의 손에 있느니라

11 입이 음식의 맛을 구별함 같이 귀가 말

을 분간하지 아니하느냐

12 늙은 자에게는 지혜가 있고 장수하는

자에게는 명철이 있느니라

13 지혜와 권능이 하나님께 있고 계략과

명철도 그에게 속하였나니

14 그가 헐으신즉 다시 세울 수 없고 사람

을 가두신즉 놓아주지 못하느니라

15 그가 물을 막으신즉 곧 마르고 물을 보

내신즉 곧 땅을 뒤집나니

16 능력과 지혜가 그에게 있고 속은 자와

속이는 자가 다 그에게 속하였으므로

17 모사를 벌거벗겨 끌어 가시며 재판장을

어리석은 자가 되게 하시며

18 왕들이 맨 것을 풀어 그들의 허리를 동

이시며

19 제사장들을 벌거벗겨 끌어 가시고 권력

이 있는 자를 넘어뜨리시며

20 충성된 사람들의 말을 물리치시며 늙은

자들의 판단을 빼앗으시며

21 귀인들에게 멸시를 쏟으시며 강한 자의

띠를 푸시며

22 어두운 가운데에서 은밀한 것을 드러내

시며 죽음의 그늘을 광명한 데로 나오

게 하시며

23 민족들을 커지게도 하시고 다시 멸하기

도 하시며 민족들을 널리 퍼지게도 하

시고 다시 끌려가게도 하시며

24 만민의 우두머리들의 총명을 빼앗으시

고 그들을 길 없는 거친 들에서 방황하

게 하시며

25 빛 없이 캄캄한 데를 더듬게 하시며 취

한 사람 같이 비틀거리게 하시느니라

13 나의 눈이 이것을 다 보았고 나의 귀가

이것을 듣고 깨달았느니라

2 너희 아는 것을 나도 아노니 너희만 못

하지 않으니라

3 참으로 나는 전능자에게 말씀하려 하며

하나님과 변론하려 하노라

4 너희는 거짓말을 지어내는 자요 다 쓸

모 없는 의원이니라

5 너희가 참으로 잠잠하면 그것이 너희의

지혜일 것이니라

6 너희는 나의 변론을 들으며 내 입술의

변명을 들어 보라

7 너희가 하나님을 위하여 불의를 말하려

느냐 그를 위하여 속임을 말하려느냐

8 너희가 하나님의 낯을 따르려느냐 그를

위하여 변론하려느냐

9 하나님이 너희를 감찰하시면 좋겠느냐

너희가 사람을 속임 같이 그를 속이려

느냐

10 만일 너희가 몰래 낯을 따를진대 그가

반드시 책망하시리니

11 그의 존귀가 너희를 두렵게 하지 않겠

으며 그의 두려움이 너희 위에 임하지

않겠느냐

12 너희의 격언은 재 같은 속담이요 너희

가 방어하는 것은 토성이니라

13 너희는 잠잠하고 나를 버려두어 말하게

하라 무슨 일이 닥치든지 내가 당하리라

14 내가 어찌하여 내 살을 내 이로 물고

내 생명을 내 손에 두겠느냐

15 그가 나를 죽이시리니 내가 희망이 없

노라 그러나 그의 앞에서 내 행위를 아

뢰리라

16 경건하지 않은 자는 그 앞에 이르지 못

하나니 이것이 나의 구원이 되리라

17 너희들은 내 말을 분명히 들으라 내가

너희 귀에 알려 줄 것이 있느니라

18 보라 내가 내 사정을 진술하였거니와

내가 정의롭다 함을 얻을 줄 아노라

19 나와 변론할 자가 누구이랴 그러면 내

가 잠잠하고 기운이 끊어지리라

욥의 기도

20 오직 내게 이 두 가지 일을 행하지 마

옵소서 그리하시면 내가 주의 얼굴을

피하여 숨지 아니하오리니

21 곧 주의 손을 내게 대지 마시오며 주의

위엄으로 나를 두렵게 하지 마실 것이

니이다

22 그리하시고 주는 나를 부르소서 내가

대답하리이다 혹 내가 말씀하게 하옵시

고 주는 내게 대답하옵소서

23 나의 죄악이 얼마나 많으니이까 나의

허물과 죄를 내게 알게 하옵소서

24 주께서 어찌하여 얼굴을 가리시고 나를

주의 원수로 여기시나이까

25 주께서 어찌하여 날리는 낙엽을 놀라게

하시며 마른 검불을 뒤쫓으시나이까

26 주께서 나를 대적하사 괴로운 일들을

기록하시며 내가 젊었을 때에 지은 죄

를 내가 받게 하시오며

27 내 발을 차꼬에 채우시며 나의 모든 길

을 살피사 내 발자취를 점검하시나이다

28 나는 썩은 물건의 낡아짐 같으며 좀 먹

은 의복 같으니이다

14 여인에게서 태어난 사람은 생애가 짧고

걱정이 가득하며

2 그는 꽃과 같이 자라나서 시들며 그림

자 같이 지나가며 머물지 아니하거늘

3 이와 같은 자를 주께서 눈여겨 보시나

이까 나를 주 앞으로 이끌어서 재판하

시나이까

4 누가 깨끗한 것을 더러운 것 가운데에

서 낼 수 있으리이까 하나도 없나이다

5 그의 날을 정하셨고 그의 달 수도 주께

있으므로 그의 규례를 정하여 넘어가지

못하게 하셨사온즉

6 그에게서 눈을 돌이켜 그가 품꾼 같이

그의 날을 마칠 때까지 그를 홀로 있게

하옵소서

7 나무는 희망이 있나니 찍힐지라도 다시

움이 나서 연한 가지가 끊이지 아니하며

8 그 뿌리가 땅에서 늙고 줄기가 흙에서

죽을지라도

9 물 기운에 움이 돋고 가지가 뻗어서 새

로 심은 것과 같거니와

10 장정이라도 죽으면 소멸되나니 인생이

숨을 거두면 그가 어디 있느냐

11 물이 바다에서 줄어들고 강물이 잦아서

마름 같이

12 사람이 누우면 다시 일어나지 못하고 하늘이 없어지기까지 눈을 뜨지 못하며 잠을 깨지 못하느니라

13 주는 나를 스올에 감추시며 주의 진노를 돌이키실 때까지 나를 숨기시고 나를 위하여 규례를 정하시고 나를 기억하옵소서

14 장정이라도 죽으면 어찌 다시 살리이까 나는 나의 모든 고난의 날 동안을 참으면서 풀려나기를 기다리겠나이다

15 주께서는 나를 부르시겠고 나는 대답하겠나이다 주께서는 주의 손으로 지으신 것을 기다리시겠나이다

16 그러하온데 이제 주께서 나의 걸음을 세시오니 나의 죄를 감찰하지 아니하시나이까

17 주는 내 허물을 주머니에 봉하시고 내 죄악을 싸매시나이다

18 무너지는 산은 반드시 흩어지고 바위는 그 자리에서 옮겨가고

19 물은 돌을 닳게 하고 넘치는 물은 땅의 티끌을 씻어버리나이다 이와 같이 주께서는 사람의 희망을 끊으시나이다

20 주께서 사람을 영원히 이기셔서 떠나게 하시며 그의 얼굴 빛을 변하게 하시고 쫓아보내시오니

21 그의 아들들이 존귀하게 되어도 그가 알지 못하며 그들이 비천하게 되어도 그가 깨닫지 못하나이다

22 다만 그의 살이 아프고 그의 영혼이 애곡할 뿐이니이다

엘리바스의 두 번째 말

15 데만 사람 엘리바스가 대답하여 이르되

2 지혜로운 자가 어찌 헛된 지식으로 대답하겠느냐 어찌 동풍을 그의 복부에 채우겠느냐

3 어찌 도움이 되지 아니하는 이야기, 무

익한 말로 변론하겠느냐

4 참으로 네가 하나님 경외하는 일을 그

만두어 하나님 앞에 묵도하기를 그치게

하는구나

5 네 죄악이 네 입을 가르치나니 네가 간

사한 자의 혀를 좋아하는구나

6 너를 정죄한 것은 내가 아니요 네 입이

라 네 입술이 네게 불리하게 증언하느

니라

7 네가 제일 먼저 난 사람이냐 산들이 있

기 전에 네가 출생하였느냐

8 하나님의 오묘하심을 네가 들었느냐 지

혜를 홀로 가졌느냐

9 네가 아는 것을 우리가 알지 못하는 것

이 무엇이냐 네가 깨달은 것을 우리가

소유하지 못한 것이 무엇이냐

10 우리 중에는 머리가 흰 사람도 있고 연

로한 사람도 있고 네 아버지보다 나이

가 많은 사람도 있느니라

11 하나님의 위로와 은밀하게 하시는 말씀

이 네게 작은 것이냐

12 어찌하여 네 마음에 불만스러워하며 네

눈을 번뜩거리며

13 네 영이 하나님께 분노를 터뜨리며 네

입을 놀리느냐

14 사람이 어찌 깨끗하겠느냐 여인에게서

난 자가 어찌 의롭겠느냐

15 하나님은 거룩한 자들을 믿지 아니하시

나니 하늘이라도 그가 보시기에 부정하

거든

16 하물며 악을 저지르기를 물 마심 같이

하는 가증하고 부패한 사람을 용납하시

겠느냐

17 내가 네게 보이리니 내게서 들으라 내

가 본 것을 설명하리라

18 이는 곧 지혜로운 자들이 전하여 준 것이니 그들의 조상에게서 숨기지 아니하였느니라

19 이 땅은 그들에게만 주셨으므로 외인은 그들 중에 왕래하지 못하였느니라

20 그 말에 이르기를 악인은 그의 일평생에 고통을 당하며 포악자의 햇수는 정해졌으므로

21 그의 귀에는 무서운 소리가 들리고 그가 평안할 때에 멸망시키는 자가 그에게 이르리니

22 그가 어두운 데서 나오기를 바라지 못하고 칼날이 숨어서 기다리느니라

23 그는 헤매며 음식을 구하여 이르기를 어디 있느냐 하며 흑암의 날이 가까운 줄을 스스로 아느니라

24 환난과 역경이 그를 두렵게 하며 싸움을 준비한 왕처럼 그를 쳐서 이기리라

25 이는 그의 손을 들어 하나님을 대적하며 교만하여 전능자에게 힘을 과시하였음이니라

26 그는 목을 세우고 방패를 들고 하나님께 달려드니

27 그의 얼굴에는 살이 찌고 허리에는 기름이 엉기었고

28 그는 황폐한 성읍, 사람이 살지 아니하는 집, 돌무더기가 될 곳에 거주하였음이니라

29 그는 부요하지 못하고 재산이 보존되지 못하고 그의 소유가 땅에서 증식되지 못할 것이라

30 어두운 곳을 떠나지 못하리니 불꽃이 그의 가지를 말릴 것이라 하나님의 입김으로 그가 불려가리라

31 그가 스스로 속아 허무한 것을 믿지 아니할 것은 허무한 것이 그의 보응이 될

것임이라

32 그의 날이 이르기 전에 그 일이 이루어질 것인즉 그의 가지가 푸르지 못하리니

33 포도 열매가 익기 전에 떨어짐 같고 감람 꽃이 곧 떨어짐 같으리라

34 경건하지 못한 무리는 자식을 낳지 못할 것이며 뇌물을 받는 자의 장막은 불탈 것이라

35 그들은 재난을 잉태하고 죄악을 낳으며 그들의 뱃속에 속임을 준비하느니라

욥의 대답

16 욥이 대답하여 이르되

2 이런 말은 내가 많이 들었나니 너희는 다 재난을 주는 위로자들이로구나

3 헛된 말이 어찌 끝이 있으랴 네가 무엇에 자극을 받아 이같이 대답하는가

4 나도 너희처럼 말할 수 있나니 가령 너희 마음이 내 마음 자리에 있다 하자

나도 그럴 듯한 말로 너희를 치며 너희를 향하여 머리를 흔들 수 있느니라

5 그래도 입으로 너희를 강하게 하며 입술의 위로로 너희의 근심을 풀었으리라

6 내가 말하여도 내 근심이 풀리지 아니하고 잠잠하여도 내 아픔이 줄어들지 않으리라

7 이제 주께서 나를 피로하게 하시고 나의 온 집안을 패망하게 하셨나이다

8 주께서 나를 시들게 하셨으니 이는 나를 향하여 증거를 삼으심이라 나의 파리한 모습이 일어나서 대면하여 내 앞에서 증언하리이다

9 그는 진노하사 나를 찢고 적대시 하시며 나를 향하여 이를 갈고 원수가 되어 날카로운 눈초리로 나를 보시고

10 무리들은 나를 향하여 입을 크게 벌리며 나를 모욕하여 뺨을 치며 함께 모여

나를 대적하는구나

11 하나님이 나를 악인에게 넘기시며 행악

자의 손에 던지셨구나

12 내가 평안하더니 그가 나를 꺾으시며

내 목을 잡아 나를 부서뜨리시며 나를

세워 과녁을 삼으시고

13 그의 화살들이 사방에서 날아와 사정

없이 나를 쏨으로 그는 내 콩팥들을 꿰

뚫고 그는 내 쓸개가 땅에 흘러나오게

하시는구나

14 그가 나를 치고 다시 치며 용사 같이

내게 달려드시니

15 내가 굵은 베를 꿰매어 내 피부에 덮고

내 뿔을 티끌에 더럽혔구나

16 내 얼굴은 울음으로 붉었고 내 눈꺼풀

에는 죽음의 그늘이 있구나

17 그러나 내 손에는 포학이 없고 나의 기

도는 정결하니라

18 땅아 내 피를 가리지 말라 나의 부르짖

음이 쉴 자리를 잡지 못하게 하라

19 지금 나의 증인이 하늘에 계시고 나의

중보자가 높은 데 계시니라

20 나의 친구는 나를 조롱하고 내 눈은 하

나님을 향하여 눈물을 흘리니

21 사람과 하나님 사이에와 인자와 그 이

웃 사이에 중재하시기를 원하노니

22 수년이 지나면 나는 돌아오지 못할 길

로 갈 것임이니라

17 나의 기운이 쇠하였으며 나의 날이 다

하였고 무덤이 나를 위하여 준비되었

구나

2 나를 조롱하는 자들이 나와 함께 있으

므로 내 눈이 그들의 충동함을 항상 보

는구나

3 청하건대 나에게 담보물을 주소서 나의

손을 잡아 줄 자가 누구리이까

35

4 주께서 그들의 마음을 가리어 깨닫지 못

하게 하셨사오니 그들을 높이지 마소서

5 보상을 얻으려고 친구를 비난하는 자는

그의 자손들의 눈이 멀게 되리라

6 하나님이 나를 백성의 속담거리가 되게

하시니 그들이 내 얼굴에 침을 뱉는구나

7 내 눈은 근심 때문에 어두워지고 나의

온 지체는 그림자 같구나

8 정직한 자는 이로 말미암아 놀라고 죄

없는 자는 경건하지 못한 자 때문에 분

을 내나니

9 그러므로 의인은 그 길을 꾸준히 가고

손이 깨끗한 자는 점점 힘을 얻느니라

10 너희는 모두 다시 올지니라 내가 너희

중에서 지혜자를 찾을 수 없느니라

11 나의 날이 지나갔고 내 계획, 내 마음의

소원이 다 끊어졌구나

12 그들은 밤으로 낮을 삼고 빛 앞에서 어

둠이 가깝다 하는구나

13 내가 스올이 내 집이 되기를 희망하여

내 침상을 흑암에 펴놓으매

14 무덤에게 너는 내 아버지라, 구더기에

게 너는 내 어머니, 내 자매라 할지라도

15 나의 희망이 어디 있으며 나의 희망을

누가 보겠느냐

16 우리가 흙 속에서 쉴 때에는 희망이 스

올의 문으로 내려갈 뿐이니라

빌닷의 두 번째 말

18 수아 사람 빌닷이 대답하여 이르되

2 너희가 어느 때에 가서 말의 끝을 맺겠

느냐 깨달으라 그 후에야 우리가 말하

리라

3 어찌하여 우리를 짐승으로 여기며 부정

하게 보느냐

4 울분을 터뜨리며 자기 자신을 찢는 사

람아 너 때문에 땅이 버림을 받겠느냐

바위가 그 자리에서 옮겨지겠느냐

5 악인의 빛은 꺼지고 그의 불꽃은 빛나

지 않을 것이요

6 그의 장막 안의 빛은 어두워지고 그 위

의 등불은 꺼질 것이요

7 그의 활기찬 걸음이 피곤하여지고 그가

마련한 꾀에 스스로 빠질 것이니

8 이는 그의 발이 그물에 빠지고 올가미

에 걸려들며

9 그의 발 뒤꿈치는 덫에 치이고 그의 몸

은 올무에 얽힐 것이며

10 그를 잡을 덫이 땅에 숨겨져 있고 그를

빠뜨릴 함정이 길목에 있으며

11 무서운 것이 사방에서 그를 놀라게 하

고 그 뒤를 쫓아갈 것이며

12 그의 힘은 기근으로 말미암아 쇠하고

그 곁에는 재앙이 기다릴 것이며

13 질병이 그의 피부를 삼키리니 곧 사망

의 장자가 그의 지체를 먹을 것이며

14 그가 의지하던 것들이 장막에서 뽑히며

그는 공포의 왕에게로 잡혀가고

15 그에게 속하지 않은 자가 그의 장막에

거하리니 유황이 그의 처소에 뿌려질

것이며

16 밑으로 그의 뿌리가 마르고 위로는 그

의 가지가 시들 것이며

17 그를 기념함이 땅에서 사라지고 거리에

서는 그의 이름이 전해지지 않을 것이며

18 그는 광명으로부터 흑암으로 쫓겨 들어

가며 세상에서 쫓겨날 것이며

19 그는 그의 백성 가운데 후손도 없고 후

예도 없을 것이며 그가 거하던 곳에는

남은 자가 한 사람도 없을 것이라

20 그의 운명에 서쪽에서 오는 자와 동쪽

에서 오는 자가 깜짝 놀라리라

21 참으로 불의한 자의 집이 이러하고 하

나님을 알지 못하는 자의 처소도 이러

하니라

욥의 대답

19 욥이 대답하여 이르되

2 너희가 내 마음을 괴롭히며 말로 나를

짓부수기를 어느 때까지 하겠느냐

3 너희가 열 번이나 나를 학대하고도 부

끄러워 아니하는구나

4 비록 내게 허물이 있다 할지라도 그 허

물이 내게만 있느냐

5 너희가 참으로 나를 향하여 자만하며

내게 수치스러운 행위가 있다고 증언하

려면 하려니와

6 하나님이 나를 억울하게 하시고 자기

그물로 나를 에워싸신 줄을 알아야 할

지니라

7 내가 폭행을 당한다고 부르짖으나 응답

이 없고 도움을 간구하였으나 정의가

없구나

8 그가 내 길을 막아 지나가지 못하게 하

시고 내 앞길에 어둠을 두셨으며

9 나의 영광을 거두어가시며 나의 관모를

머리에서 벗기시고

10 사면으로 나를 헐으시니 나는 죽었구나

내 희망을 나무 뽑듯 뽑으시고

11 나를 향하여 진노하시고 원수 같이 보

시는구나

12 그 군대가 일제히 나아와서 길을 돋우

고 나를 치며 내 장막을 둘러 진을 쳤

구나

13 나의 형제들이 나를 멀리 떠나게 하시

니 나를 아는 모든 사람이 내게 낯선

사람이 되었구나

14 내 친척은 나를 버렸으며 가까운 친지

들은 나를 잊었구나

15 내 집에 머물러 사는 자와 내 여종들은

나를 낯선 사람으로 여기니 내가 그들

앞에서 타국 사람이 되었구나

16 내가 내 종을 불러도 대답하지 아니하

니 내 입으로 그에게 간청하여야 하겠

구나

17 내 아내도 내 숨결을 싫어하며 내 허리

의 자식들도 나를 가련하게 여기는구나

18 어린 아이들까지도 나를 업신여기고 내

가 일어나면 나를 조롱하는구나

19 나의 가까운 친구들이 나를 미워하며

내가 사랑하는 사람들이 돌이켜 나의

원수가 되었구나

20 내 피부와 살이 뼈에 붙었고 남은 것은

겨우 잇몸 뿐이로구나

21 나의 친구야 너희는 나를 불쌍히 여겨

다오 나를 불쌍히 여겨다오 하나님의

손이 나를 치셨구나

22 너희가 어찌하여 하나님처럼 나를 박해

하느냐 내 살로도 부족하냐

23 나의 말이 곧 기록되었으면, 책에 씌어

졌으면,

24 철필과 납으로 영원히 돌에 새겨졌으면

좋겠노라

25 내가 알기에는 나의 대속자가 살아 계

시니 마침내 그가 땅 위에 서실 것이라

26 내 가죽이 벗김을 당한 뒤에도 내가 육

체 밖에서 하나님을 보리라

27 내가 그를 보리니 내 눈으로 그를 보기

를 낯선 사람처럼 하지 않을 것이라 내

마음이 초조하구나

28 너희가 만일 이르기를 우리가 그를 어

떻게 칠까 하며 또 이르기를 일의 뿌리

가 그에게 있다 할진대

29 너희는 칼을 두려워 할지니라 분노는

칼의 형벌을 부르나니 너희가 심판장이

있는 줄을 알게 되리라

소발의 두 번째 말

20 나아마 사람 소발이 대답하여 이르되

2 그러므로 내 초조한 마음이 나로 하여금 대답하게 하나니 이는 내 중심이 조급함이니라

3 내가 나를 부끄럽게 하는 책망을 들었으므로 나의 슬기로운 마음이 나로 하여금 대답하게 하는구나

4 네가 알지 못하느냐 예로부터 사람이 이 세상에 생긴 때로부터

5 악인이 이긴다는 자랑도 잠시요 경건하지 못한 자의 즐거움도 잠깐이니라

6 그 존귀함이 하늘에 닿고 그 머리가 구름에 미칠지라도

7 자기의 똥처럼 영원히 망할 것이라 그를 본 자가 이르기를 그가 어디 있느냐 하리라

8 그는 꿈 같이 지나가니 다시 찾을 수 없을 것이요 밤에 보이는 환상처럼 사라지리라

9 그를 본 눈이 다시 그를 보지 못할 것이요 그의 처소도 다시 그를 보지 못할 것이며

10 그의 아들들은 가난한 자에게 은혜를 구하겠고 그도 얻은 재물을 자기 손으로 도로 줄 것이며

11 그의 기골이 청년 같이 강장하나 그 기세가 그와 함께 흙에 누우리라

12 그는 비록 악을 달게 여겨 혀 밑에 감추며

13 아껴서 버리지 아니하고 입천장에 물고 있을지라도

14 그의 음식이 창자 속에서 변하며 뱃속에서 독사의 쓸개가 되느니라

15 그가 재물을 삼켰을지라도 토할 것은 하나님이 그의 배에서 도로 나오게 하

심이니

16 그는 독사의 독을 빨며 뱀의 혀에 죽을 것이라

17 그는 강 곧 꿀과 엉긴 젖이 흐르는 강을 보지 못할 것이요

18 수고하여 얻은 것을 삼키지 못하고 돌려 주며 매매하여 얻은 재물로 즐거움을 삼지 못하리니

19 이는 그가 가난한 자를 학대하고 버렸음이요 자기가 세우지 않은 집을 빼앗음이니라

20 그는 마음에 평안을 알지 못하니 그가 기뻐하는 것을 하나도 보존하지 못하겠고

21 남기는 것이 없이 모두 먹으니 그런즉 그 행복이 오래 가지 못할 것이라

22 풍족할 때에도 괴로움이 이르리니 모든 재난을 주는 자의 손이 그에게 임하

리라

23 그가 배를 불리려 할 때에 하나님이 맹렬한 진노를 내리시리니 음식을 먹을 때에 그의 위에 비 같이 쏟으시리라

24 그가 철 병기를 피할 때에는 놋화살을 쏘아 꿰뚫을 것이요

25 몸에서 그의 화살을 빼낸즉 번쩍번쩍하는 촉이 그의 쓸개에서 나오고 큰 두려움이 그에게 닥치느니라

26 큰 어둠이 그를 위하여 예비되어 있고 사람이 피우지 않은 불이 그를 멸하며 그 장막에 남은 것을 해치리라

27 하늘이 그의 죄악을 드러낼 것이요 땅이 그를 대항하여 일어날 것인즉

28 그의 가산이 떠나가며 하나님의 진노의 날에 끌려가리라

29 이는 악인이 하나님께 받을 분깃이요 하나님이 그에게 정하신 기업이니라

욥의 대답

21 욥이 대답하여 이르되

2 너희는 내 말을 자세히 들으라 이것이 너희의 위로가 될 것이니라

3 나를 용납하여 말하게 하라 내가 말한 후에 너희가 조롱할지니라

4 나의 원망이 사람을 향하여 하는 것이냐 내 마음이 어찌 조급하지 아니하겠느냐

5 너희가 나를 보면 놀라리라 손으로 입을 가리리라

6 내가 기억하기만 하여도 불안하고 두려움이 내 몸을 잡는구나

7 어찌하여 악인이 생존하고 장수하며 세력이 강하냐

8 그들의 후손이 앞에서 그들과 함께 굳게 서고 자손이 그들의 목전에서 그러하구나

9 그들의 집이 평안하여 두려움이 없고 하나님의 매가 그들 위에 임하지 아니하며

10 그들의 수소는 새끼를 배고 그들의 암소는 낙태하는 일이 없이 새끼를 낳는구나

11 그들은 아이들을 양 떼 같이 내보내고 그들의 자녀들은 춤추는구나

12 그들은 소고와 수금으로 노래하고 피리 불어 즐기며

13 그들의 날을 행복하게 지내다가 잠깐 사이에 스올에 내려가느니라

14 그러할지라도 그들은 하나님께 말하기를 우리를 떠나소서 우리가 주의 도리 알기를 바라지 아니하나이다

15 전능자가 누구이기에 우리가 섬기며 우리가 그에게 기도한들 무슨 소용이 있으랴 하는구나

16 그러나 그들의 행복이 그들의 손 안에
있지 아니하니 악인의 계획은 나에게서
멀구나

17 악인의 등불이 꺼짐과 재앙이 그들에게
닥침과 하나님이 진노하사 그들을 곤고
하게 하심이 몇 번인가

18 그들이 바람 앞에 검불 같이, 폭풍에
날려가는 겨 같이 되었도다

19 하나님은 그의 죄악을 그의 자손들을
위하여 쌓아 두시며 그에게 갚으실 것
을 알게 하시기를 원하노라

20 자기의 멸망을 자기의 눈으로 보게 하
며 전능자의 진노를 마시게 할 것이니라

21 그의 달 수가 다하면 자기 집에 대하여
무슨 관계가 있겠느냐

22 그러나 하나님께서는 높은 자들을 심판
하시나니 누가 능히 하나님께 지식을
가르치겠느냐

23 어떤 사람은 죽도록 기운이 충실하여
안전하며 평안하고

24 그의 그릇에는 젖이 가득하며 그의 골
수는 윤택하고

25 어떤 사람은 마음에 고통을 품고 죽으
므로 행복을 맛보지 못하는도다

26 이 둘이 매 한 가지로 흙 속에 눕고 그
들 위에 구더기가 덮이는구나

27 내가 너희의 생각을 알고 너희가 나를
해하려는 속셈도 아노라

28 너희의 말이 귀인의 집이 어디 있으며
악인이 살던 장막이 어디 있느냐 하는
구나

29 너희가 길 가는 사람들에게 묻지 아니
하였느냐 그들의 증거를 알지 못하느냐

30 악인은 재난의 날을 위하여 남겨둔 바
되었고 진노의 날을 향하여 끌려가느
니라

31 누가 능히 그의 면전에서 그의 길을 알려 주며 누가 그의 소행을 보응하랴

32 그를 무덤으로 메어 가고 사람이 그 무덤을 지키리라

33 그는 골짜기의 흙덩이를 달게 여기리니 많은 사람들이 그보다 앞서 갔으며 모든 사람이 그의 뒤에 줄지었느니라

34 그런데도 너희는 나를 헛되이 위로하려느냐 너희 대답은 거짓일 뿐이니라

엘리바스의 세 번째 말

22 데만 사람 엘리바스가 대답하여 이르되

2 사람이 어찌 하나님께 유익하게 하겠느냐 지혜로운 자도 자기에게 유익할 따름이니라

3 네가 의로운들 전능자에게 무슨 기쁨이 있겠으며 네 행위가 온전한들 그에게 무슨 이익이 되겠느냐

4 하나님이 너를 책망하시며 너를 심문하심이 너의 경건함 때문이냐

5 네 악이 크지 아니하냐 네 죄악이 끝이 없느니라

6 까닭 없이 형제를 볼모로 잡으며 헐벗은 자의 의복을 벗기며

7 목마른 자에게 물을 마시게 하지 아니하며 주린 자에게 음식을 주지 아니하였구나

8 권세 있는 자는 토지를 얻고 존귀한 자는 거기에서 사는구나

9 너는 과부를 빈손으로 돌려보내며 고아의 팔을 꺾는구나

10 그러므로 올무들이 너를 둘러 있고 두려움이 갑자기 너를 엄습하며

11 어둠이 너로 하여금 보지 못하게 하고 홍수가 너를 덮느니라

12 하나님은 높은 하늘에 계시지 아니하냐 보라 우두머리 별이 얼마나 높은가

13 그러나 네 말은 하나님이 무엇을 아시며

흑암 중에서 어찌 심판하실 수 있으랴

14 빽빽한 구름이 그를 가린즉 그가 보지

못하시고 둥근 하늘을 거니실 뿐이라

하는구나

15 네가 악인이 밟던 옛적 길을 지키려느냐

16 그들은 때가 이르기 전에 끊겨 버렸고

그들의 터는 강물로 말미암아 함몰되었

느니라

17 그들이 하나님께 말하기를 우리를 떠나

소서 하며 또 말하기를 전능자가 우리

를 위하여 무엇을 하실 수 있으랴 하였

으나

18 하나님이 좋은 것으로 그들의 집에 채

우셨느니라 악인의 계획은 나에게서 머

니라

19 의인은 보고 기뻐하고 죄 없는 자는 그

들을 비웃기를

20 우리의 원수가 망하였고 그들의 남은

것을 불이 삼켰느니라 하리라

21 너는 하나님과 화목하고 평안하라 그리

하면 복이 네게 임하리라

22 청하건대 너는 하나님의 입에서 교훈을

받고 하나님의 말씀을 네 마음에 두라

23 네가 만일 전능자에게로 돌아가면 네가

지음을 받을 것이며 또 네 장막에서 불

의를 멀리 하리라

24 네 보화를 티끌로 여기고 오빌의 금을

계곡의 돌로 여기라

25 그리하면 전능자가 네 보화가 되시며

네게 고귀한 은이 되시리니

26 이에 네가 전능자를 기뻐하여 하나님께

로 얼굴을 들 것이라

27 너는 그에게 기도하겠고 그는 들으실

것이며 너의 서원을 네가 갚으리라

28 네가 무엇을 결정하면 이루어질 것이요

네 길에 빛이 비치리라

29 사람들이 너를 낮추거든 너는 교만했노라고 말하라 하나님은 겸손한 자를 구원하시리라

30 죄 없는 자가 아니라도 건지시리니 네 손이 깨끗함으로 말미암아 건지심을 받으리라

욥의 대답

23 욥이 대답하여 이르되

2 오늘도 내게 반항하는 마음과 근심이 있나니 내가 받는 재앙이 탄식보다 무거움이라

3 내가 어찌하면 하나님을 발견하고 그의 처소에 나아가랴

4 어찌하면 그 앞에서 내가 호소하며 변론할 말을 내 입에 채우고

5 내게 대답하시는 말씀을 내가 알며 내게 이르시는 것을 내가 깨달으랴

6 그가 큰 권능을 가지시고 나와 더불어 다투시겠느냐 아니로다 도리어 내 말을 들으시리라

7 거기서는 정직한 자가 그와 변론할 수 있은즉 내가 심판자에게서 영원히 벗어나리라

8 그런데 내가 앞으로 가도 그가 아니 계시고 뒤로 가도 보이지 아니하며

9 그가 왼쪽에서 일하시나 내가 만날 수 없고 그가 오른쪽으로 돌이키시나 뵈올 수 없구나

10 그러나 내가 가는 길을 그가 아시나니 그가 나를 단련하신 후에는 내가 순금 같이 되어 나오리라

11 내 발이 그의 걸음을 바로 따랐으며 내가 그의 길을 지켜 치우치지 아니하였고

12 내가 그의 입술의 명령을 어기지 아니하고 정한 음식보다 그의 입의 말씀을

귀히 여겼도다

13 그는 뜻이 일정하시니 누가 능히 돌이키랴 그의 마음에 하고자 하시는 것이면 그것을 행하시나니

14 그런즉 내게 작정하신 것을 이루실 것이라 이런 일이 그에게 많이 있느니라

15 그러므로 내가 그 앞에서 떨며 지각을 얻어 그를 두려워하리라

16 하나님이 나의 마음을 약하게 하시며 전능자가 나를 두렵게 하셨나니

17 이는 내가 두려워하는 것이 어둠 때문이나 흑암이 내 얼굴을 가렸기 때문이 아니로다

24 어찌하여 전능자는 때를 정해 놓지 아니하셨는고 그를 아는 자들이 그의 날을 보지 못하는고

2 어떤 사람은 땅의 경계표를 옮기며 양 떼를 빼앗아 기르며

3 고아의 나귀를 몰아 가며 과부의 소를 볼모 잡으며

4 가난한 자를 길에서 몰아내나니 세상에서 학대 받는 자가 다 스스로 숨는구나

5 그들은 거친 광야의 들나귀 같아서 나가서 일하며 먹을 것을 부지런히 구하니 빈 들이 그들의 자식을 위하여 그에게 음식을 내는구나

6 밭에서 남의 꼴을 베며 악인이 남겨 둔 포도를 따며

7 의복이 없어 벗은 몸으로 밤을 지내며 추워도 덮을 것이 없으며

8 산중에서 만난 소나기에 젖으며 가릴 것이 없어 바위를 안고 있느니라

9 어떤 사람은 고아를 어머니의 품에서 빼앗으며 가난한 자의 옷을 볼모 잡으므로

10 그들이 옷이 없어 벌거벗고 다니며 곡

식 이삭을 나르나 굶주리고

11 그 사람들의 담 사이에서 기름을 짜며

목말라 하면서 술 틀을 밟느니라

12 성 중에서 죽어가는 사람들이 신음하며

상한 자가 부르짖으나 하나님이 그들의

참상을 보지 아니하시느니라

13 또 광명을 배반하는 사람들은 이러하니

그들은 그 도리를 알지 못하며 그 길에

머물지 아니하는 자라

14 사람을 죽이는 자는 밝을 때에 일어나

서 학대 받는 자나 가난한 자를 죽이고

밤에는 도둑 같이 되며

15 간음하는 자의 눈은 저물기를 바라며

아무 눈도 나를 보지 못하리라 하고 얼

굴을 가리며

16 어둠을 틈타 집을 뚫는 자는 낮에는 잠

그고 있으므로 광명을 알지 못하나니

17 그들은 아침을 죽음의 그늘 같이 여기

니 죽음의 그늘의 두려움을 앎이니라

18 그들은 물 위에 빨리 흘러가고 그들의

소유는 세상에서 저주를 받나니 그들이

다시는 포도원 길로 다니지 못할 것이라

19 가뭄과 더위가 눈 녹은 물을 곧 빼앗나

니 스올이 범죄자에게도 그와 같이 하

느니라

20 모태가 그를 잊어버리고 구더기가 그를

달게 먹을 것이라 그는 다시 기억되지

않을 것이니 불의가 나무처럼 꺾이리라

21 그는 임신하지 못하는 여자를 박대하며

과부를 선대하지 아니하는도다

22 그러나 하나님이 그의 능력으로 강포한

자들을 끌어내시나니 일어나는 자는 있

어도 살아남을 확신은 없으리라

23 하나님은 그에게 평안을 주시며 지탱해

주시나 그들의 길을 살피시도다

24 그들은 잠깐 동안 높아졌다가 천대를

받을 것이며 잘려 모아진 곡식 이삭처

럼 되리라

25 가령 그렇지 않을지라도 능히 내 말을

거짓되다고 지적하거나 내 말을 헛되게

만들 자 누구랴

빌닷의 세 번째 말

25 수아 사람 빌닷이 대답하여 이르되

2 하나님은 주권과 위엄을 가지셨고 높은

곳에서 화평을 베푸시느니라

3 그의 군대를 어찌 계수할 수 있으랴 그

가 비추는 광명을 받지 않은 자가 누구냐

4 그런즉 하나님 앞에서 사람이 어찌 의

롭다 하며 여자에게서 난 자가 어찌 깨

끗하다 하랴

5 보라 그의 눈에는 달이라도 빛을 발하

지 못하고 별도 빛나지 못하거든

6 하물며 구더기 같은 사람, 벌레 같은

인생이랴

욥의 대답

26 욥이 대답하여 이르되

2 네가 힘 없는 자를 참 잘도 도와 주는

구나 기력 없는 팔을 참 잘도 구원하여

주는구나

3 지혜 없는 자를 참 잘도 가르치는구나

큰 지식을 참 잘도 자랑하는구나

4 네가 누구를 향하여 말하느냐 누구의

정신이 네게서 나왔느냐

5 죽은 자의 영들이 물 밑에서 떨며 물에

서 사는 것들도 그러하도다

6 하나님 앞에서는 스올도 벗은 몸으로

드러나며 멸망도 가림이 없음이라

7 그는 북쪽을 허공에 펴시며 땅을 아무

것도 없는 곳에 매다시며

8 물을 빽빽한 구름에 싸시나 그 밑의 구

름이 찢어지지 아니하느니라

9 그는 보름달을 가리시고 자기의 구름을

그 위에 펴시며

10 수면에 경계를 그으시니 빛과 어둠이

함께 끝나는 곳이니라

11 그가 꾸짖으신즉 하늘 기둥이 흔들리며

놀라느니라

12 그는 능력으로 바다를 잔잔하게 하시며

지혜로 라합을 깨뜨리시며

13 그의 입김으로 하늘을 맑게 하시고 손

으로 날렵한 뱀을 무찌르시나니

14 보라 이런 것들은 그의 행사의 단편일

뿐이요 우리가 그에게서 들은 것도 속

삭이는 소리일 뿐이니 그의 큰 능력의

우렛소리를 누가 능히 헤아리랴

세 친구에 대한 욥의 말

27 욥이 또 풍자하여 이르되

2 나의 정당함을 물리치신 하나님, 나의

영혼을 괴롭게 하신 전능자의 사심을

두고 맹세하노니

3 (나의 호흡이 아직 내 속에 완전히 있

고 하나님의 숨결이 아직도 내 코에 있

느니라)

4 결코 내 입술이 불의를 말하지 아니하

며 내 혀가 거짓을 말하지 아니하리라

5 나는 결코 너희를 옳다 하지 아니하겠

고 내가 죽기 전에는 나의 온전함을 버

리지 아니할 것이라

6 내가 내 공의를 굳게 잡고 놓지 아니하

리니 내 마음이 나의 생애를 비웃지 아

니하리라

7 나의 원수는 악인 같이 되고 일어나 나

를 치는 자는 불의한 자 같이 되기를

원하노라

8 불경건한 자가 이익을 얻었으나 하나님

이 그의 영혼을 거두실 때에는 무슨 희

망이 있으랴

9 환난이 그에게 닥칠 때에 하나님이 어

찌 그의 부르짖음을 들으시랴

10 그가 어찌 전능자를 기뻐하겠느냐 항상 하나님께 부르짖겠느냐

11 하나님의 솜씨를 내가 너희에게 가르칠 것이요 전능자에게 있는 것을 내가 숨기지 아니하리라

12 너희가 다 이것을 보았거늘 어찌하여 그토록 무익한 사람이 되었는고

13 악인이 하나님께 얻을 분깃, 포악자가 전능자에게서 받을 산업은 이것이라

14 그의 자손은 번성하여도 칼을 위함이요 그의 후손은 음식물로 배부르지 못할 것이며

15 그 남은 자들은 죽음의 병이 돌 때에 묻히리니 그들의 과부들이 울지 못할 것이며

16 그가 비록 은을 티끌 같이 쌓고 의복을 진흙 같이 준비할지라도

17 그가 준비한 것을 의인이 입을 것이요 그의 은은 죄 없는 자가 차지할 것이며

18 그가 지은 집은 좀의 집 같고 파수꾼의 초막 같을 것이며

19 부자로 누우려니와 다시는 그렇지 못할 것이요 눈을 뜬즉 아무것도 없으리라

20 두려움이 물 같이 그에게 닥칠 것이요 폭풍이 밤에 그를 앗아갈 것이며

21 동풍이 그를 들어올리리니 그는 사라질 것이며 그의 처소에서 그를 몰아내리라

22 하나님은 그를 아끼지 아니하시고 던져 버릴 것이니 그의 손에서 도망치려고 힘쓰리라

23 사람들은 그를 바라보며 손뼉치고 그의 처소에서 그를 비웃으리라

지혜와 명철

28 은이 나는 곳이 있고 금을 제련하는 곳이 있으며

2 철은 흙에서 캐내고 동은 돌에서 녹여

얻느니라

3 사람은 어둠을 뚫고 모든 것을 끝까지

탐지하여 어둠과 죽음의 그늘에 있는

광석도 탐지하되

4 그는 사람이 사는 곳에서 멀리 떠나 갱

도를 깊이 뚫고 발길이 닿지 않는 곳

사람이 없는 곳에 매달려 흔들리느니라

5 음식은 땅으로부터 나오나 그 밑은 불

처럼 변하였도다

6 그 돌에는 청옥이 있고 사금도 있으며

7 그 길은 솔개도 알지 못하고 매의 눈도

보지 못하며

8 용맹스러운 짐승도 밟지 못하였고 사

나운 사자도 그리로 지나가지 못하였

느니라

9 사람이 굳은 바위에 손을 대고 산을 뿌

리까지 뒤엎으며

10 반석에 수로를 터서 각종 보물을 눈으

로 발견하고

11 누수를 막아 스며 나가지 않게 하고 감

추어져 있던 것을 밝은 데로 끌어내느

니라

12 그러나 지혜는 어디서 얻으며 명철이

있는 곳은 어디인고

13 그 길을 사람이 알지 못하나니 사람 사

는 땅에서는 찾을 수 없구나

14 깊은 물이 이르기를 내 속에 있지 아니

하다 하며 바다가 이르기를 나와 함께

있지 아니하다 하느니라

15 순금으로도 바꿀 수 없고 은을 달아도

그 값을 당하지 못하리니

16 오빌의 금이나 귀한 청옥수나 남보석으

로도 그 값을 당하지 못하겠고

17 황금이나 수정이라도 비교할 수 없고

정금 장식품으로도 바꿀 수 없으며

18 진주와 벽옥으로도 비길 수 없나니 지

혜의 값은 산호보다 귀하구나

19 구스의 황옥으로도 비교할 수 없고 순

금으로도 그 값을 헤아리지 못하리라

20 그런즉 지혜는 어디서 오며 명철이 머

무는 곳은 어디인고

21 모든 생물의 눈에 숨겨졌고 공중의 새

에게 가려졌으며

22 멸망과 사망도 이르기를 우리가 귀로

그 소문은 들었다 하느니라

23 하나님이 그 길을 아시며 있는 곳을 아

시나니

24 이는 그가 땅 끝까지 감찰하시며 온 천

하를 살피시며

25 바람의 무게를 정하시며 물의 분량을

정하시며

26 비 내리는 법칙을 정하시고 비구름의

길과 우레의 법칙을 만드셨음이라

27 그 때에 그가 보시고 선포하시며 굳게

세우시며 탐구하셨고

28 또 사람에게 말씀하셨도다 보라 주를 경

외함이 지혜요 악을 떠남이 명철이니라

욥의 마지막 말

29 욥이 풍자하여 이르되

2 나는 지난 세월과 하나님이 나를 보호

하시던 때가 다시 오기를 원하노라

3 그 때에는 그의 등불이 내 머리에 비치

었고 내가 그의 빛을 힘입어 암흑에서

도 걸어다녔느니라

4 내가 원기 왕성하던 날과 같이 지내기

를 원하노라 그 때에는 하나님이 내 장

막에 기름을 발라 주셨도다

5 그 때에는 전능자가 아직도 나와 함께

계셨으며 나의 젊은이들이 나를 둘러

있었으며

6 젖으로 내 발자취를 씻으며 바위가 나

를 위하여 기름 시내를 쏟아냈으며

7 그 때에는 내가 나가서 성문에 이르기

도 하며 내 자리를 거리에 마련하기도

하였느니라

8 나를 보고 젊은이들은 숨으며 노인들은

일어나서 서며

9 유지들은 말을 삼가고 손으로 입을 가

리며

10 지도자들은 말소리를 낮추었으니 그들

의 혀가 입천장에 붙었느니라

11 귀가 들은즉 나를 축복하고 눈이 본즉

나를 증언하였나니

12 이는 부르짖는 빈민과 도와 줄 자 없는

고아를 내가 건졌음이라

13 망하게 된 자도 나를 위하여 복을 빌었

으며 과부의 마음이 나로 말미암아 기

뻐 노래하였느니라

14 내가 의를 옷으로 삼아 입었으며 나의

정의는 겉옷과 모자 같았느니라

15 나는 맹인의 눈도 되고 다리 저는 사람

의 발도 되고

16 빈궁한 자의 아버지도 되며 내가 모르

는 사람의 송사를 돌보아 주었으며

17 불의한 자의 턱뼈를 부수고 노획한 물

건을 그 잇새에서 빼내었느니라

18 내가 스스로 말하기를 나는 내 보금자

리에서 숨을 거두며 나의 날은 모래알

같이 많으리라 하였느니라

19 내 뿌리는 물로 뻗어나가고 이슬이 내

가지에서 밤을 지내고 갈 것이며

20 내 영광은 내게 새로워지고 내 손에서

내 화살이 끊이지 않았노라

21 무리는 내 말을 듣고 희망을 걸었으며

내가 가르칠 때에 잠잠하였노라

22 내가 말한 후에는 그들이 말을 거듭하

지 못하였나니 나의 말이 그들에게 스

며들었음이라

23 그들은 비를 기다리듯 나를 기다렸으며

봄비를 맞이하듯 입을 벌렸느니라

24 그들이 의지 없을 때에 내가 미소하면

그들이 나의 얼굴 빛을 무색하게 아니

하였느니라

25 내가 그들의 길을 택하여 주고 으뜸되

는 자리에 앉았나니 왕이 군대 중에 있

는 것과도 같았고 애곡하는 자를 위로

하는 사람과도 같았느니라

30 그러나 이제는 나보다 젊은 자들이 나

를 비웃는구나 그들의 아비들은 내가

보기에 내 양 떼를 지키는 개 중에도

둘 만하지 못한 자들이니라

2 그들의 기력이 쇠잔하였으니 그들의 손

의 힘이 내게 무슨 소용이 있으랴

3 그들은 곧 궁핍과 기근으로 인하여 파

리하며 캄캄하고 메마른 땅에서 마른

흙을 씹으며

4 떨기나무 가운데에서 짠 나물을 꺾으며

대싸리 뿌리로 먹을 거리를 삼느니라

5 무리가 그들에게 소리를 지름으로 도둑

같이 사람들 가운데에서 쫓겨나서

6 침침한 골짜기와 흙 구덩이와 바위 굴

에서 살며

7 떨기나무 가운데에서 부르짖으며 가시

나무 아래에 모여 있느니라

8 그들은 본래 미련한 자의 자식이요 이

름 없는 자들의 자식으로서 고토에서

쫓겨난 자들이니라

9 이제는 그들이 나를 노래로 조롱하며

내가 그들의 놀림거리가 되었으며

10 그들이 나를 미워하여 멀리 하고 서슴

지 않고 내 얼굴에 침을 뱉는도다

11 이는 하나님이 내 활시위를 늘어지게

하시고 나를 곤고하게 하심으로 무리가

내 앞에서 굴레를 벗었음이니라

12 그들이 내 오른쪽에서 일어나 내 발에 덫을 놓으며 나를 대적하여 길을 에워싸며

13 그들이 내 길을 헐고 내 재앙을 재촉하는데도 도울 자가 없구나

14 그들은 성을 파괴하고 그 파괴한 가운데로 몰려드는 것 같이 내게로 달려드니

15 순식간에 공포가 나를 에워싸고 그들이 내 품위를 바람 같이 날려 버리니 나의 구원은 구름 같이 지나가 버렸구나

16 이제는 내 생명이 내 속에서 녹으니 환난 날이 나를 사로잡음이라

17 밤이 되면 내 뼈가 쑤시니 나의 아픔이 쉬지 아니하는구나

18 그가 큰 능력으로 나의 옷을 떨쳐 버리시며 나의 옷깃처럼 나를 휘어잡으시는

구나

19 하나님이 나를 진흙 가운데 던지셨고 나를 티끌과 재 같게 하셨구나

20 내가 주께 부르짖으나 주께서 대답하지 아니하시오며 내가 섰사오나 주께서 나를 돌아보지 아니하시나이다

21 주께서 돌이켜 내게 잔혹하게 하시고 힘 있는 손으로 나를 대적하시나이다

22 나를 바람 위에 들어 불려가게 하시며 무서운 힘으로 나를 던져 버리시나이다

23 내가 아나이다 주께서 나를 죽게 하사 모든 생물을 위하여 정한 집으로 돌려보내시리이다

24 그러나 사람이 넘어질 때에 어찌 손을 펴지 아니하며 재앙을 당할 때에 어찌 도움을 부르짖지 아니하리이까

25 고생의 날을 보내는 자를 위하여 내가 울지 아니하였는가 빈궁한 자를 위하여

내 마음에 근심하지 아니하였는가

26 내가 복을 바랐더니 화가 왔고 광명을

기다렸더니 흑암이 왔구나

27 내 마음이 들끓어 고요함이 없구나 환

난 날이 내게 임하였구나

28 나는 햇볕에 쬐지 않고도 검어진 피부

를 가지고 걸으며 회중 가운데 서서 도

움을 부르짖고 있느니라

29 나는 이리의 형제요 타조의 벗이로구나

30 나를 덮고 있는 피부는 검어졌고 내 뼈

는 열기로 말미암아 탔구나

31 내 수금은 통곡이 되었고 내 피리는 애

곡이 되었구나

31 내가 내 눈과 약속하였나니 어찌 처녀

에게 주목하랴

2 그리하면 위에 계신 하나님께서 내리시

는 분깃이 무엇이겠으며 높은 곳의 전

능자께서 주시는 기업이 무엇이겠느냐

3 불의한 자에게는 환난이 아니겠느냐 행

악자에게는 불행이 아니겠느냐

4 그가 내 길을 살피지 아니하시느냐 내

걸음을 다 세지 아니하시느냐

5 만일 내가 허위와 함께 동행하고 내 발

이 속임수에 빨랐다면

6 하나님께서 나를 공평한 저울에 달아보

시고 그가 나의 온전함을 아시기를 바

라노라

7 만일 내 걸음이 길에서 떠났거나 내 마

음이 내 눈을 따랐거나 내 손에 더러운

것이 묻었다면

8 내가 심은 것을 타인이 먹으며 나의 소

출이 뿌리째 뽑히기를 바라노라

9 만일 내 마음이 여인에게 유혹되어 이

웃의 문을 엿보아 문에서 숨어 기다렸

다면

10 내 아내가 타인의 맷돌을 돌리며 타인

57

과 더불어 동침하기를 바라노라

11 그것은 참으로 음란한 일이니 재판에

회부할 죄악이요

12 멸망하도록 사르는 불이니 나의 모든

소출을 뿌리째 뽑기를 바라노라

13 만일 남종이나 여종이 나와 더불어 쟁론

할 때에 내가 그의 권리를 저버렸다면

14 하나님이 일어나실 때에 내가 어떻게

하겠느냐 하나님이 심판하실 때에 내가

무엇이라 대답하겠느냐

15 나를 태 속에 만드신 이가 그도 만들지

아니하셨느냐 우리를 뱃속에 지으신 이

가 한 분이 아니시냐

16 내가 언제 가난한 자의 소원을 막았거

나 과부의 눈으로 하여금 실망하게 하

였던가

17 나만 혼자 내 떡덩이를 먹고 고아에게

그 조각을 먹이지 아니하였던가

18 실상은 내가 젊었을 때부터 고아 기르

기를 그의 아비처럼 하였으며 내가 어

렸을 때부터 과부를 인도하였노라

19 만일 내가 사람이 의복이 없이 죽어가

는 것이나 가난한 자가 덮을 것이 없는

것을 못본 체 했다면

20 만일 나의 양털로 그의 몸을 따뜻하게

입혀서 그의 허리가 나를 위하여 복을

빌게 하지 아니하였다면

21 만일 나를 도와 주는 자가 성문에 있음

을 보고 내가 주먹을 들어 고아를 향해

휘둘렀다면

22 내 팔이 어깨 뼈에서 떨어지고 내 팔 뼈

가 그 자리에서 부스러지기를 바라노라

23 나는 하나님의 재앙을 심히 두려워하고

그의 위엄으로 말미암아 그런 일을 할

수 없느니라

24 만일 내가 내 소망을 금에다 두고 순금

에게 너는 내 의뢰하는 바라 하였다면

25 만일 재물의 풍부함과 손으로 얻은 것이 많음으로 기뻐하였다면

26 만일 해가 빛남과 달이 밝게 뜬 것을 보고

27 내 마음이 슬며시 유혹되어 내 손에 입맞추었다면

28 그것도 재판에 회부할 죄악이니 내가 그리하였으면 위에 계신 하나님을 속이는 것이리라

29 내가 언제 나를 미워하는 자의 멸망을 기뻐하고 그가 재난을 당함으로 즐거워하였던가

30 실상은 나는 그가 죽기를 구하는 말로 그의 생명을 저주하여 내 입이 범죄하게 하지 아니하였노라

31 내 장막 사람들은 주인의 고기에 배부르지 않은 자가 어디 있느뇨 하지 아니

하였는가

32 실상은 나그네가 거리에서 자지 아니하도록 나는 행인에게 내 문을 열어 주었노라

33 내가 언제 다른 사람처럼 내 악행을 숨긴 일이 있거나 나의 죄악을 나의 품에 감추었으며

34 내가 언제 큰 무리와 여러 종족의 수모가 두려워서 대문 밖으로 나가지 못하고 잠잠하였던가

35 누구든지 나의 변명을 들어다오 나의 서명이 여기 있으니 전능자가 내게 대답하시기를 바라노라 나를 고발하는 자가 있다면 그에게 고소장을 쓰게 하라

36 내가 그것을 어깨에 메기도 하고 왕관처럼 머리에 쓰기도 하리라

37 내 걸음의 수효를 그에게 알리고 왕족처럼 그를 가까이 하였으리라

38 만일 내 밭이 나를 향하여 부르짖고 밭이랑이 함께 울었다면

39 만일 내가 값을 내지 않고 그 소출을 먹고 그 소유주가 생명을 잃게 하였다면

40 밀 대신에 가시나무가 나고 보리 대신에 독보리가 나는 것이 마땅하니라 하고 욥의 말이 그치니라

엘리후가 화를 내다 (32:1-37:24)

32 욥이 자신을 의인으로 여기므로 그 세 사람이 말을 그치니

2 람 종족 부스 사람 바라겔의 아들 엘리후가 화를 내니 그가 욥에게 화를 냄은 욥이 하나님보다 자기가 의롭다 함이요

3 또 세 친구에게 화를 냄은 그들이 능히 대답하지 못하면서도 욥을 정죄함이라

4 엘리후는 그들의 나이가 자기보다 여러 해 위이므로 욥에게 말하기를 참고 있다가

5 세 사람의 입에 대답이 없음을 보고 화를 내니라

엘리후의 말

6 부스 사람 바라겔의 아들 엘리후가 대답하여 이르되 나는 연소하고 당신들은 연로하므로 뒷전에서 나의 의견을 감히 내놓지 못하였노라

7 내가 말하기를 나이가 많은 자가 말할 것이요 연륜이 많은 자가 지혜를 가르칠 것이라 하였노라

8 그러나 사람의 속에는 영이 있고 전능자의 숨결이 사람에게 깨달음을 주시나니

9 어른이라고 지혜롭거나 노인이라고 정의를 깨닫는 것이 아니니라

10 그러므로 내가 말하노니 내 말을 들으라 나도 내 의견을 말하리라

11 보라 나는 당신들의 말을 기다렸노라 당신들의 슬기와 당신들의 말에 귀 기

울이고 있었노라

12 내가 자세히 들은즉 당신들 가운데 욥을
꺾어 그의 말에 대답하는 자가 없도다

13 당신들이 말하기를 우리가 진상을 파악
했으나 그를 추궁할 자는 하나님이시요
사람이 아니라 하지 말지니라

14 그가 내게 자기 이론을 제기하지 아니
하였으니 나도 당신들의 이론으로 그에
게 대답하지 아니하리라

15 그들이 놀라서 다시 대답하지 못하니
할 말이 없음이었더라

16 당신들이 말 없이 가만히 서서 다시 대
답하지 아니한즉 내가 어찌 더 기다리랴

17 나는 내 본분대로 대답하고 나도 내 의
견을 보이리라

18 내 속에는 말이 가득하니 내 영이 나를
압박함이니라

19 보라 내 배는 봉한 포도주통 같고 터지

게 된 새 가죽 부대 같구나

20 내가 말을 하여야 시원할 것이라 내 입
을 열어 대답하리라

21 나는 결코 사람의 낯을 보지 아니하며
사람에게 영광을 돌리지 아니하리니

22 이는 아첨할 줄을 알지 못함이라 만일
그리하면 나를 지으신 이가 속히 나를
데려가시리로다

엘리후가 욥에게 하는 말

33 그런즉 욥이여 내 말을 들으며 내 모든
말에 귀를 기울이기를 원하노라

2 내가 입을 여니 내 혀가 입에서 말하는
구나

3 내 마음의 정직함이 곧 내 말이며 내
입술이 아는 바가 진실을 말하느니라

4 하나님의 영이 나를 지으셨고 전능자의
기운이 나를 살리시느니라

5 그대가 할 수 있거든 일어서서 내게 대

답하고 내 앞에 진술하라

6 나와 그대가 하나님 앞에서 동일하니

나도 흙으로 지으심을 입었은즉

7 내 위엄으로는 그대를 두렵게 하지 못

하고 내 손으로는 그대를 누르지 못하

느니라

8 그대는 실로 내가 듣는 데서 말하였고

나는 그대의 말소리를 들었느니라

9 이르기를 나는 깨끗하여 악인이 아니며

순전하고 불의도 없거늘

10 참으로 하나님이 나에게서 잘못을 찾으

시며 나를 자기의 원수로 여기사

11 내 발을 차꼬에 채우시고 나의 모든 길

을 감시하신다 하였느니라

12 내가 그대에게 대답하리라 이 말에 그

대가 의롭지 못하니 하나님은 사람보다

크심이니라

13 하나님께서 사람의 말에 대답하지 않으

신다 하여 어찌 하나님과 논쟁하겠느냐

14 하나님은 한 번 말씀하시고 다시 말씀

하시되 사람은 관심이 없도다

15 사람이 침상에서 졸며 깊이 잠들 때에

나 꿈에나 밤에 환상을 볼 때에

16 그가 사람의 귀를 여시고 경고로써 두

렵게 하시니

17 이는 사람에게 그의 행실을 버리게 하

려 하심이며 사람의 교만을 막으려 하

심이라

18 그는 사람의 혼을 구덩이에 빠지지 않

게 하시며 그 생명을 칼에 맞아 멸망하

지 않게 하시느니라

19 혹은 사람이 병상의 고통과 뼈가 늘 쑤

심의 징계를 받나니

20 그의 생명은 음식을 싫어하고 그의 마

음은 별미를 싫어하며

21 그의 살은 파리하여 보이지 아니하고

보이지 않던 뼈가 드러나서

22 그의 마음은 구덩이에, 그의 생명은 멸하는 자에게 가까워지느니라

23 만일 일천 천사 가운데 하나가 그 사람의 중보자로 함께 있어서 그의 정당함을 보일진대

24 하나님이 그 사람을 불쌍히 여기사 그를 건져서 구덩이에 내려가지 않게 하라 내가 대속물을 얻었다 하시리라

25 그런즉 그의 살이 청년보다 부드러워지며 젊음을 회복하리라

26 그는 하나님께 기도하므로 하나님이 은혜를 베푸사 그로 말미암아 기뻐 외치며 하나님의 얼굴을 보게 하시고 사람에게 그의 공의를 회복시키시느니라

27 그가 사람 앞에서 노래하여 이르기를 내가 범죄하여 옳은 것을 그르쳤으나 내게 무익하였구나

28 하나님이 내 영혼을 건지사 구덩이에 내려가지 않게 하셨으니 내 생명이 빛을 보겠구나 하리라

29 실로 하나님이 사람에게 이 모든 일을 재삼 행하심은

30 그들의 영혼을 구덩이에서 이끌어 생명의 빛을 그들에게 비추려 하심이니라

31 욥이여 내 말을 귀담아 들으라 잠잠하라 내가 말하리라

32 만일 할 말이 있거든 대답하라 내가 기쁜 마음으로 그대를 의롭다 하리니 그대는 말하라

33 만일 없으면 내 말을 들으라 잠잠하라 내가 지혜로 그대를 가르치리라

34 엘리후가 말하여 이르되

2 지혜 있는 자들아 내 말을 들으며 지식 있는 자들아 내게 귀를 기울이라

3 입이 음식물의 맛을 분별함 같이 귀가

말을 분별하나니

4 우리가 정의를 가려내고 무엇이 선한가

우리끼리 알아보자

5 욥이 말하기를 내가 의로우나 하나님이

내 의를 부인하셨고

6 내가 정당함에도 거짓말쟁이라 하였고

나는 허물이 없으나 화살로 상처를 입

었노라 하니

7 어떤 사람이 욥과 같으랴 욥이 비방하

기를 물마시듯 하며

8 악한 일을 하는 자들과 한패가 되어 악

인과 함께 다니면서

9 이르기를 사람이 하나님을 기뻐하나 무

익하다 하는구나

10 그러므로 너희 총명한 자들아 내 말을

들으라 하나님은 악을 행하지 아니하시

며 전능자는 결코 불의를 행하지 아니

하시고

11 사람의 행위를 따라 갚으사 각각 그의

행위대로 받게 하시나니

12 진실로 하나님은 악을 행하지 아니하시

며 전능자는 공의를 굽히지 아니하시느

니라

13 누가 땅을 그에게 맡겼느냐 누가 온 세

상을 그에게 맡겼느냐

14 그가 만일 뜻을 정하시고 그의 영과 목

숨을 거두실진대

15 모든 육체가 다 함께 죽으며 사람은 흙

으로 돌아가리라

16 만일 네가 총명이 있거든 이것을 들으

며 내 말소리에 귀를 기울이라

17 정의를 미워하시는 이시라면 어찌 그대

를 다스리시겠느냐 의롭고 전능하신 이

를 그대가 정죄하겠느냐

18 그는 왕에게라도 무용지물이라 하시며

지도자들에게라도 악하다 하시며

19 고관을 외모로 대하지 아니하시며 가난
한 자들 앞에서 부자의 낯을 세워주지
아니하시나니 이는 그들이 다 그의 손
으로 지으신 바가 됨이라

20 그들은 한밤중에 순식간에 죽나니 백성
은 떨며 사라지고 세력 있는 자도 사람
의 손을 빌리지 않고 제거함을 당하느
니라

21 그는 사람의 길을 주목하시며 사람의
모든 걸음을 감찰하시나니

22 행악자는 숨을 만한 흑암이나 사망의
그늘이 없느니라

23 하나님은 사람을 심판하시기에 오래 생
각하실 것이 없으시니

24 세력 있는 자를 조사할 것 없이 꺾으시
고 다른 사람을 세워 그를 대신하게 하
시느니라

25 그러므로 그는 그들의 행위를 아시고

그들을 밤 사이에 뒤집어엎어 흩으시는
도다

26 그들을 악한 자로 여겨 사람의 눈 앞에
서 치심은

27 그들이 그를 떠나고 그의 모든 길을 깨
달아 알지 못함이라

28 그들이 이와 같이 하여 가난한 자의 부
르짖음이 그에게 상달하게 하며 빈궁한
사람의 부르짖음이 그에게 들리게 하느
니라

29 주께서 침묵하신다고 누가 그를 정죄하
며 그가 얼굴을 가리신다면 누가 그를
뵈올 수 있으랴 그는 민족에게나 인류
에게나 동일하시니

30 이는 경건하지 못한 자가 권세를 잡아
백성을 옭아매지 못하게 하려 하심이
니라

31 그대가 하나님께 아뢰기를 내가 죄를

지었사오니 다시는 범죄하지 아니하겠

나이다

32 내가 깨닫지 못하는 것을 내게 가르치

소서 내가 악을 행하였으나 다시는 아

니하겠나이다 하였는가

33 하나님께서 그대가 거절한다고 하여 그

대의 뜻대로 속전을 치르시겠느냐 그러

면 그대가 스스로 택할 것이요 내가 할

것이 아니니 그대는 아는 대로 말하라

34 슬기로운 자와 내 말을 듣는 지혜 있는

사람은 반드시 내게 말하기를

35 욥이 무식하게 말하니 그의 말이 지혜

롭지 못하도다 하리라

36 나는 욥이 끝까지 시험 받기를 원하노

니 이는 그 대답이 악인과 같음이라

37 그가 그의 죄에 반역을 더하며 우리와

어울려 손뼉을 치며 하나님을 거역하는

말을 많이 하는구나

35 엘리후가 말을 이어 이르되

2 그대는 이것을 합당하게 여기느냐 그대

는 그대의 의가 하나님께로부터 왔다는

말이냐

3 그대는 그것이 내게 무슨 소용이 있으

며 범죄하지 않는 것이 내게 무슨 유익

이 있겠느냐고 묻지마는

4 내가 그대와 및 그대와 함께 있는 그대

의 친구들에게 대답하리라

5 그대는 하늘을 우러러보라 그대보다 높

이 뜬 구름을 바라보라

6 그대가 범죄한들 하나님께 무슨 영향이

있겠으며 그대의 악행이 가득한들 하나

님께 무슨 상관이 있겠으며

7 그대가 의로운들 하나님께 무엇을 드리

겠으며 그가 그대의 손에서 무엇을 받

으시겠느냐

8 그대의 악은 그대와 같은 사람에게나

있는 것이요 그대의 공의는 어떤 인생에게도 있느니라

9 사람은 학대가 많으므로 부르짖으며 군주들의 힘에 눌려 소리치나

10 나를 지으신 하나님은 어디 계시냐고 하며 밤에 노래를 주시는 자가 어디 계시냐고 말하는 자가 없구나

11 땅의 짐승들보다도 우리를 더욱 가르치시고 하늘의 새들보다도 우리를 더욱 지혜롭게 하시는 이가 어디 계시냐고 말하는 이도 없구나

12 그들이 악인의 교만으로 말미암아 거기에서 부르짖으나 대답하는 자가 없음은

13 헛된 것은 하나님이 결코 듣지 아니하시며 전능자가 돌아보지 아니하심이라

14 하물며 말하기를 하나님은 뵈올 수 없고 일의 판단하심은 그 앞에 있으니 나는 그를 기다릴 뿐이라 말하는 그대일까보냐

15 그러나 지금은 그가 진노하심으로 벌을 주지 아니하셨고 악행을 끝까지 살피지 아니하셨으므로

16 욥이 헛되이 입을 열어 지식 없는 말을 많이 하는구나

36 엘리후가 말을 이어 이르되

2 나를 잠깐 용납하라 내가 그대에게 보이리니 이는 내가 하나님을 위하여 아직도 할 말이 있음이라

3 내가 먼 데서 지식을 얻고 나를 지으신 이에게 의를 돌려보내리라

4 진실로 내 말은 거짓이 아니라 온전한 지식을 가진 이가 그대와 함께 있느니라

5 하나님은 능하시나 아무도 멸시하지 아니하시며 그의 지혜가 무궁하사

6 악인을 살려두지 아니하시며 고난 받는 자에게 공의를 베푸시며

67

7 그의 눈을 의인에게서 떼지 아니하시고 그를 왕들과 함께 왕좌에 앉히사 영원토록 존귀하게 하시며

8 혹시 그들이 족쇄에 매이거나 환난의 줄에 얽혔으면

9 그들의 소행과 악행과 자신들의 교만한 행위를 알게 하시고

10 그들의 귀를 열어 교훈을 듣게 하시며 명하여 죄악에서 돌이키게 하시나니

11 만일 그들이 순종하여 섬기면 형통한 날을 보내며 즐거운 해를 지낼 것이요

12 만일 그들이 순종하지 아니하면 칼에 망하며 지식 없이 죽을 것이니라

13 마음이 경건하지 아니한 자들은 분노를 쌓으며 하나님이 속박할지라도 도움을 구하지 아니하나니

14 그들의 몸은 젊어서 죽으며 그들의 생명은 남창과 함께 있도다

15 하나님은 곤고한 자를 그 곤고에서 구원하시며 학대 당할 즈음에 그의 귀를 여시나니

16 그러므로 하나님이 그대를 환난에서 이끌어 내사 좁지 않고 넉넉한 곳으로 옮기려 하셨은즉 무릇 그대의 상에는 기름진 것이 놓이리라

17 이제는 악인의 받을 벌이 그대에게 가득하였고 심판과 정의가 그대를 잡았나니

18 그대는 분노하지 않도록 조심하며 많은 뇌물이 그대를 그릇된 길로 가게 할까 조심하라

19 그대의 부르짖음이나 그대의 능력이 어찌 능히 그대가 곤고한 가운데에서 그대를 유익하게 하겠느냐

20 그대는 밤을 사모하지 말라 인생들이 밤에 그들이 있는 곳에서 끌려 가리라

21 삼가 악으로 치우치지 말라 그대가 환

난보다 이것을 택하였느니라

22 하나님은 그의 권능으로 높이 계시나니 누가 그같이 교훈을 베풀겠느냐

23 누가 그를 위하여 그의 길을 정하였느냐 누가 말하기를 주께서 불의를 행하셨나이다 할 수 있으랴

24 그대는 하나님께서 하신 일을 기억하고 높이라 잊지 말지니라 인생이 그의 일을 찬송하였느니라

25 그의 일을 모든 사람이 우러러보나니 먼 데서도 보느니라

26 하나님은 높으시니 우리가 그를 알 수 없고 그의 햇수를 헤아릴 수 없느니라

27 그가 물방울을 가늘게 하시며 빗방울이 증발하여 안개가 되게 하시도다

28 그것이 구름에서 내려 많은 사람에게 쏟아지느니라

29 겹겹이 쌓인 구름과 그의 장막의 우렛

소리를 누가 능히 깨달으랴

30 보라 그가 번갯불을 자기의 사면에 펼치시며 바다 밑까지 비치시고

31 이런 것들로 만민을 심판하시며 음식을 풍성하게 주시느니라

32 그가 번갯불을 손바닥 안에 넣으시고 그가 번갯불을 명령하사 과녁을 치시도다

33 그의 우레가 다가오는 풍우를 알려 주니 가축들도 그 다가옴을 아느니라

37 이로 말미암아 내 마음이 떨며 그 자리에서 흔들렸도다

2 하나님의 음성 곧 그의 입에서 나오는 소리를 똑똑히 들으라

3 그 소리를 천하에 펼치시며 번갯불을 땅 끝까지 이르게 하시고

4 그 후에 음성을 발하시며 그의 위엄 찬 소리로 천둥을 치시며 그 음성이 들릴 때에 번개를 멈추게 아니하시느니라

5 하나님은 놀라운 음성을 내시며 우리가

헤아릴 수 없는 큰 일을 행하시느니라

6 눈을 명하여 땅에 내리라 하시며 적은

비와 큰 비도 내리게 명하시느니라

7 그가 모든 사람의 손에 표를 주시어 모

든 사람이 그가 지으신 것을 알게 하려

하심이라

8 그러나 짐승들은 땅 속에 들어가 그 처

소에 머무느니라

9 폭풍우는 그 밀실에서 나오고 추위는

북풍을 타고 오느니라

10 하나님의 입김이 얼음을 얼게 하고 물

의 너비를 줄어들게 하느니라

11 또한 그는 구름에 습기를 실으시고 그

의 번개로 구름을 흩어지게 하시느니라

12 그는 감싸고 도시며 그들의 할 일을 조

종하시느니라 그는 땅과 육지 표면에

있는 모든 자들에게 명령하시느니라

13 혹은 징계를 위하여 혹은 땅을 위하여

혹은 긍휼을 위하여 그가 이런 일을 생

기게 하시느니라

14 욥이여 이것을 듣고 가만히 서서 하나

님의 오묘한 일을 깨달으라

15 하나님이 이런 것들에게 명령하셔서 그

구름의 번개로 번쩍거리게 하시는 것을

그대가 아느냐

16 그대는 겹겹이 쌓인 구름과 완전한 지

식의 경이로움을 아느냐

17 땅이 고요할 때에 남풍으로 말미암아

그대의 의복이 따뜻한 까닭을 그대가

아느냐

18 그대는 그를 도와 구름장들을 두들겨

넓게 만들어 녹여 부어 만든 거울 같이

단단하게 할 수 있겠느냐

19 우리가 그에게 할 말을 그대는 우리에

게 가르치라 우리는 아둔하여 아뢰지

못하겠노라

20 내가 말하고 싶은 것을 어찌 그에게 고할 수 있으랴 삼켜지기를 바랄 자가 어디 있으랴

21 그런즉 바람이 불어 하늘이 말끔하게 되었을 때 그 밝은 빛을 아무도 볼 수 없느니라

22 북쪽에서는 황금 같은 빛이 나오고 하나님께는 두려운 위엄이 있느니라

23 전능자를 우리가 찾을 수 없나니 그는 권능이 지극히 크사 정의나 무한한 공의를 굽히지 아니하심이니라

24 그러므로 사람들은 그를 경외하고 그는 스스로 지혜롭다 하는 모든 자를 무시하시느니라

여호와께서 욥에게 말씀하시다

38 그 때에 여호와께서 폭풍우 가운데에서 욥에게 말씀하여 이르시되

2 무지한 말로 생각을 어둡게 하는 자가 누구냐

3 너는 대장부처럼 허리를 묶고 내가 네게 묻는 것을 대답할지니라

4 내가 땅의 기초를 놓을 때에 네가 어디 있었느냐 네가 깨달아 알았거든 말할지니라

5 누가 그것의 도량법을 정하였는지, 누가 그 줄을 그것의 위에 띄웠는지 네가 아느냐

6 그것의 주추는 무엇 위에 세웠으며 그 모퉁잇돌을 누가 놓았느냐

7 그 때에 새벽 별들이 기뻐 노래하며 하나님의 아들들이 다 기뻐 소리를 질렀느니라

8 바다가 그 모태에서 터져 나올 때에 문으로 그것을 가둔 자가 누구냐

9 그 때에 내가 구름으로 그 옷을 만들고

흑암으로 그 강보를 만들고

10 한계를 정하여 문빗장을 지르고

11 이르기를 네가 여기까지 오고 더 넘어

가지 못하리니 네 높은 파도가 여기서

그칠지니라 하였노라

12 네가 너의 날에 아침에게 명령하였느냐

새벽에게 그 자리를 일러 주었느냐

13 그것으로 땅 끝을 붙잡고 악한 자들을

그 땅에서 떨쳐 버린 일이 있었느냐

14 땅이 변하여 진흙에 인친 것 같이 되었

고 그들은 옷 같이 나타나되

15 악인에게는 그 빛이 차단되고 그들의

높이 든 팔이 꺾이느니라

16 네가 바다의 샘에 들어갔었느냐 깊은

물 밑으로 걸어 다녀 보았느냐

17 사망의 문이 네게 나타났느냐 사망의

그늘진 문을 네가 보았느냐

18 땅의 너비를 네가 측량할 수 있느냐 네

가 그 모든 것들을 다 알거든 말할지니라

19 어느 것이 광명이 있는 곳으로 가는 길

이냐 어느 것이 흑암이 있는 곳으로 가

는 길이냐

20 너는 그의 지경으로 그를 데려갈 수 있느

냐 그의 집으로 가는 길을 알고 있느냐

21 네가 아마도 알리라 네가 그 때에 태어

났으리니 너의 햇수가 많음이니라

22 네가 눈 곳간에 들어갔었느냐 우박 창

고를 보았느냐

23 내가 환난 때와 교전과 전쟁의 날을 위

하여 이것을 남겨 두었노라

24 광명이 어느 길로 뻗치며 동풍이 어느

길로 땅에 흩어지느냐

25 누가 홍수를 위하여 물길을 터 주었으

며 우레와 번개 길을 내어 주었느냐

26 누가 사람 없는 땅에, 사람 없는 광야에

비를 내리며

27 황무하고 황폐한 토지를 흡족하게 하여 연한 풀이 돋아나게 하였느냐

28 비에게 아비가 있느냐 이슬방울은 누가 낳았느냐

29 얼음은 누구의 태에서 났느냐 공중의 서리는 누가 낳았느냐

30 물은 돌 같이 굳어지고 깊은 바다의 수면은 얼어붙느니라

31 네가 묘성을 매어 묶을 수 있으며 삼성의 띠를 풀 수 있겠느냐

32 너는 별자리들을 각각 제 때에 이끌어 낼 수 있으며 북두성을 다른 별들에게로 이끌어 갈 수 있겠느냐

33 네가 하늘의 궤도를 아느냐 하늘로 하여금 그 법칙을 땅에 베풀게 하겠느냐

34 네가 목소리를 구름에까지 높여 넘치는 물이 네게 덮이게 하겠느냐

35 네가 번개를 보내어 가게 하되 번개가 네게 우리가 여기 있나이다 하게 하겠느냐

36 가슴 속의 지혜는 누가 준 것이냐 수탉에게 슬기를 준 자가 누구냐

37 누가 지혜로 구름의 수를 세겠느냐 누가 하늘의 물주머니를 기울이겠느냐

38 티끌이 덩어리를 이루며 흙덩이가 서로 붙게 하겠느냐

39 네가 사자를 위하여 먹이를 사냥하겠느냐 젊은 사자의 식욕을 채우겠느냐

40 그것들이 굴에 엎드리며 숲에 앉아 숨어 기다리느니라

41 까마귀 새끼가 하나님을 향하여 부르짖으며 먹을 것이 없어서 허우적거릴 때에 그것을 위하여 먹이를 마련하는 이가 누구냐

39 산 염소가 새끼 치는 때를 네가 아느냐 암사슴이 새끼 낳는 것을 네가 본

적이 있느냐

2 그것이 몇 달 만에 만삭되는지 아느냐

그 낳을 때를 아느냐

3 그것들은 몸을 구푸리고 새끼를 낳으니

그 괴로움이 지나가고

4 그 새끼는 강하여져서 빈 들에서 크다

가 나간 후에는 다시 돌아오지 아니하

느니라

5 누가 들나귀를 놓아 자유롭게 하였느냐

누가 빠른 나귀의 매인 것을 풀었느냐

6 내가 들을 그것의 집으로, 소금 땅을 그

것이 사는 처소로 삼았느니라

7 들나귀는 성읍에서 지껄이는 소리를 비

웃나니 나귀 치는 사람이 지르는 소리

는 그것에게 들리지 아니하며

8 초장 언덕으로 두루 다니며 여러 가지

푸른 풀을 찾느니라

9 들소가 어찌 기꺼이 너를 위하여 일하

겠으며 네 외양간에 머물겠느냐

10 네가 능히 줄로 매어 들소가 이랑을 갈

게 하겠느냐 그것이 어찌 골짜기에서

너를 따라 써레를 끌겠느냐

11 그것이 힘이 세다고 네가 그것을 의지하

겠느냐 네 수고를 그것에게 맡기겠느냐

12 그것이 네 곡식을 집으로 실어 오며 네

타작 마당에 곡식 모으기를 그것에게

의탁하겠느냐

13 타조는 즐거이 날개를 치나 학의 깃털

과 날개 같겠느냐

14 그것이 알을 땅에 버려두어 흙에서 더

워지게 하고

15 발에 깨어질 것이나 들짐승에게 밟힐

것을 생각하지 아니하고

16 그 새끼에게 모질게 대함이 제 새끼가

아닌 것처럼 하며 그 고생한 것이 헛되

게 될지라도 두려워하지 아니하나니

17 이는 하나님이 지혜를 베풀지 아니하셨고 총명을 주지 아니함이라

18 그러나 그것이 몸을 떨쳐 뛰어갈 때에는 말과 그 위에 탄 자를 우습게 여기느니라

19 말의 힘을 네가 주었느냐 그 목에 흩날리는 갈기를 네가 입혔느냐

20 네가 그것으로 메뚜기처럼 뛰게 하였느냐 그 위엄스러운 콧소리가 두려우니라

21 그것이 골짜기에서 발굽질하고 힘 있음을 기뻐하며 앞으로 나아가서 군사들을 맞되

22 두려움을 모르고 겁내지 아니하며 칼을 대할지라도 물러나지 아니하니

23 그의 머리 위에서는 화살통과 빛나는 창과 투창이 번쩍이며

24 땅을 삼킬 듯이 맹렬히 성내며 나팔 소리에 머물러 서지 아니하고

25 나팔 소리가 날 때마다 힝힝 울며 멀리서 싸움 냄새를 맡고 지휘관들의 호령과 외치는 소리를 듣느니라

26 매가 떠올라서 날개를 펼쳐 남쪽으로 향하는 것이 어찌 네 지혜로 말미암음이냐

27 독수리가 공중에 떠서 높은 곳에 보금자리를 만드는 것이 어찌 네 명령을 따름이냐

28 그것이 낭떠러지에 집을 지으며 뾰족한 바위 끝이나 험준한 데 살며

29 거기서 먹이를 살피나니 그 눈이 멀리 봄이며

30 그 새끼들도 피를 빠나니 시체가 있는 곳에는 독수리가 있느니라

40 여호와께서 또 욥에게 일러 말씀하시되

2 트집 잡는 자가 전능자와 다투겠느냐 하나님을 탓하는 자는 대답할지니라

3 욥이 여호와께 대답하여 이르되

4 보소서 나는 비천하오니 무엇이라 주께 대답하리이까 손으로 내 입을 가릴 뿐 이로소이다

5 내가 한 번 말하였사온즉 다시는 더 대 답하지 아니하겠나이다

6 그 때에 여호와께서 폭풍우 가운데에서 욥에게 일러 말씀하시되

7 너는 대장부처럼 허리를 묶고 내가 네 게 묻겠으니 내게 대답할지니라

8 네가 내 공의를 부인하려느냐 네 의를 세우려고 나를 악하다 하겠느냐

9 네가 하나님처럼 능력이 있느냐 하나님 처럼 천둥 소리를 내겠느냐

10 너는 위엄과 존귀로 단장하며 영광과 영화를 입을지니라

11 너의 넘치는 노를 비우고 교만한 자를 발견하여 모두 낮추되

12 모든 교만한 자를 발견하여 낮아지게 하며 악인을 그들의 처소에서 짓밟을지 니라

13 그들을 함께 진토에 묻고 그들의 얼굴 을 싸서 은밀한 곳에 둘지니라

14 그리하면 네 오른손이 너를 구원할 수 있다고 내가 인정하리라

15 이제 소 같이 풀을 먹는 베헤못을 볼지 어다 내가 너를 지은 것 같이 그것도 지었느니라

16 그것의 힘은 허리에 있고 그 뚝심은 배 의 힘줄에 있고

17 그것이 꼬리 치는 것은 백향목이 흔들 리는 것 같고 그 넓적다리 힘줄은 서로 얽혀 있으며

18 그 뼈는 놋관 같고 그 뼈대는 쇠 막대 기 같으니

19 그것은 하나님이 만드신 것 중에 으뜸

이라 그것을 지으신 이가 자기의 칼을 가져 오기를 바라노라

20 모든 들 짐승들이 뛰노는 산은 그것을 위하여 먹이를 내느니라

21 그것이 연 잎 아래에나 갈대 그늘에서나 늪 속에 엎드리니

22 연 잎 그늘이 덮으며 시내 버들이 그를 감싸는도다

23 강물이 소용돌이칠지라도 그것이 놀라지 않고 요단 강 물이 쏟아져 그 입으로 들어가도 태연하니

24 그것이 눈을 뜨고 있을 때 누가 능히 잡을 수 있겠으며 갈고리로 그것의 코를 꿸 수 있겠느냐

41 네가 낚시로 리워야단을 끌어낼 수 있겠느냐 노끈으로 그 혀를 맬 수 있겠느냐

2 너는 밧줄로 그 코를 꿸 수 있겠느냐 갈고리로 그 아가미를 꿸 수 있겠느냐

3 그것이 어찌 네게 계속하여 간청하겠느냐 부드럽게 네게 말하겠느냐

4 어찌 그것이 너와 계약을 맺고 너는 그를 영원히 종으로 삼겠느냐

5 네가 어찌 그것을 새를 가지고 놀 듯 하겠으며 네 여종들을 위하여 그것을 매어두겠느냐

6 어찌 장사꾼들이 그것을 놓고 거래하겠으며 상인들이 그것을 나누어 가지겠느냐

7 네가 능히 많은 창으로 그 가죽을 찌르거나 작살을 그 머리에 꽂을 수 있겠느냐

8 네 손을 그것에게 얹어 보라 다시는 싸울 생각을 못하리라

9 참으로 잡으려는 그의 희망은 헛된 것이니라 그것의 모습을 보기만 해도 그는 기가 꺾이리라

10 아무도 그것을 격동시킬 만큼 담대하지

못하거든 누가 내게 감히 대항할 수 있

겠느냐

11 누가 먼저 내게 주고 나로 하여금 갚게

하겠느냐 온 천하에 있는 것이 다 내

것이니라

12 내가 그것의 지체와 그것의 큰 용맹과

늠름한 체구에 대하여 잠잠하지 아니하

리라

13 누가 그것의 겉가죽을 벗기겠으며 그것

에게 겹재갈을 물릴 수 있겠느냐

14 누가 그것의 턱을 벌릴 수 있겠느냐 그

의 둥근 이틀은 심히 두렵구나

15 그의 즐비한 비늘은 그의 자랑이로다

튼튼하게 봉인하듯이 닫혀 있구나

16 그것들이 서로 달라붙어 있어 바람이

그 사이로 지나가지 못하는구나

17 서로 이어져 붙었으니 능히 나눌 수도

없구나

18 그것이 재채기를 한즉 빛을 발하고 그

것의 눈은 새벽의 눈꺼풀 빛 같으며

19 그것의 입에서는 횃불이 나오고 불꽃이

튀어 나오며

20 그것의 콧구멍에서는 연기가 나오니 마

치 갈대를 태울 때에 솥이 끓는 것과

같구나

21 그의 입김은 숯불을 지피며 그의 입은

불길을 뿜는구나

22 그것의 힘은 그의 목덜미에 있으니 그

앞에서는 절망만 감돌 뿐이구나

23 그것의 살껍질은 서로 밀착되어 탄탄하

며 움직이지 않는구나

24 그것의 가슴은 돌처럼 튼튼하며 맷돌

아래짝 같이 튼튼하구나

25 그것이 일어나면 용사라도 두려워하며

달아나리라

26 칼이 그에게 꽂혀도 소용이 없고 창이나

투창이나 화살촉도 꽂히지 못하는구나

27 그것이 쇠를 지푸라기 같이, 놋을 썩은

나무 같이 여기니

28 화살이라도 그것을 물리치지 못하겠고

물맷돌도 그것에게는 겨 같이 되는구나

29 그것은 몽둥이도 지푸라기 같이 여기고

창이 날아오는 소리를 우습게 여기며

30 그것의 아래쪽에는 날카로운 토기 조각

같은 것이 달려 있고 그것이 지나갈 때

는 진흙 바닥에 도리깨로 친 자국을 남

기는구나

31 깊은 물을 솥의 물이 끓음 같게 하며

바다를 기름병 같이 다루는도다

32 그것의 뒤에서 빛나는 물줄기가 나오니

그는 깊은 바다를 백발로 만드는구나

33 세상에는 그것과 비할 것이 없으니 그

것은 두려움이 없는 것으로 지음 받았

구나

34 그것은 모든 높은 자를 내려다보며 모

든 교만한 자들에게 군림하는 왕이니라

욥의 회개

42 욥이 여호와께 대답하여 이르되

2 주께서는 못 하실 일이 없사오며 무슨

계획이든지 못 이루실 것이 없는 줄 아

오니

3 무지한 말로 이치를 가리는 자가 누구

니이까 나는 깨닫지도 못한 일을 말하

였고 스스로 알 수도 없고 헤아리기도

어려운 일을 말하였나이다

4 내가 말하겠사오니 주는 들으시고 내가

주께 묻겠사오니 주여 내게 알게 하옵

소서

5 내가 주께 대하여 귀로 듣기만 하였사

오나 이제는 눈으로 주를 뵈옵나이다

6 그러므로 내가 스스로 거두어들이고 티

끌과 재 가운데에서 회개하나이다

결론

7 여호와께서 욥에게 이 말씀을 하신 후

에 여호와께서 데만 사람 엘리바스에게

이르시되 내가 너와 네 두 친구에게 노

하나니 이는 너희가 나를 가리켜 말한

것이 내 종 욥의 말 같이 옳지 못함이

니라

8 그런즉 너희는 수소 일곱과 숫양 일곱

을 가지고 내 종 욥에게 가서 너희를

위하여 번제를 드리라 내 종 욥이 너희

를 위하여 기도할 것인즉 내가 그를 기

쁘게 받으리니 너희가 우매한 만큼 너

희에게 갚지 아니하리라 이는 너희가

나를 가리켜 말한 것이 내 종 욥의 말

같이 옳지 못함이라

9 이에 데만 사람 엘리바스와 수아 사람

빌닷과 나아마 사람 소발이 가서 여호와

께서 자기들에게 명령하신 대로 행하니

라 여호와께서 욥을 기쁘게 받으셨더라

여호와께서 욥에게 복을 주시다

10 욥이 그의 친구들을 위하여 기도할 때

여호와께서 욥의 곤경을 돌이키시고 여

호와께서 욥에게 이전 모든 소유보다

갑절이나 주신지라

11 이에 그의 모든 형제와 자매와 이전에

알던 이들이 다 와서 그의 집에서 그와

함께 음식을 먹고 여호와께서 그에게

내리신 모든 재앙에 관하여 그를 위하

여 슬퍼하며 위로하고 각각 케쉬타 하

나씩과 금 고리 하나씩을 주었더라

12 여호와께서 욥의 말년에 욥에게 처음보

다 더 복을 주시니 그가 양 만 사천과

낙타 육천과 소 천 겨리와 암나귀 천을

두었고

13 또 아들 일곱과 딸 셋을 두었으며

14 그가 첫째 딸은 여미마라 이름하였고

둘째 딸은 굿시아라 이름하였고 셋째

딸은 게렌합북이라 이름하였으니

15 모든 땅에서 욥의 딸들처럼 아리따운

여자가 없었더라 그들의 아버지가 그들

에게 그들의 오라비들처럼 기업을 주었

더라

16 그 후에 욥이 백사십 년을 살며 아들과

손자 사 대를 보았고

17 욥이 늙어 나이가 차서 죽었더라

둘째 딸은 굿시아라 이름하였고 셋째

딸은 게렌합북이라 이름하였으니

시편

제 일 권

1 복 있는 사람은 악인들의 꾀를 따르지 아니하며 죄인들의 길에 서지 아니하며 오만한 자들의 자리에 앉지 아니하고

2 오직 여호와의 율법을 즐거워하여 그의 율법을 주야로 묵상하는도다

3 그는 시냇가에 심은 나무가 철을 따라 열매를 맺으며 그 잎사귀가 마르지 아니함 같으니 그가 하는 모든 일이 다 형통하리로다

4 악인들은 그렇지 아니함이여 오직 바람에 나는 겨와 같도다

5 그러므로 악인들은 심판을 견디지 못하며 죄인들이 의인들의 모임에 들지 못하리로다

6 무릇 의인들의 길은 여호와께서 인정하시나 악인들의 길은 망하리로다

2 어찌하여 이방 나라들이 분노하며 민족들이 헛된 일을 꾸미는가

2 세상의 군왕들이 나서며 관원들이 서로 꾀하여 여호와와 그의 기름 부음 받은 자를 대적하며

3 우리가 그들의 맨 것을 끊고 그의 결박을 벗어 버리자 하는도다

4 하늘에 계신 이가 웃으심이여 주께서 그들을 비웃으시리로다

5 그 때에 분을 발하며 진노하사 그들을 놀라게 하여 이르시기를

6 내가 나의 왕을 내 거룩한 산 시온에 세웠다 하시리로다

7 내가 여호와의 명령을 전하노라 여호와께서 내게 이르시되 너는 내 아들이라 오늘 내가 너를 낳았도다

8 내게 구하라 내가 이방 나라를 네 유업으로 주리니 네 소유가 땅 끝까지 이르리로다

9 네가 철장으로 그들을 깨뜨림이여 질그
룻 같이 부수리라 하시도다

10 그런즉 군왕들아 너희는 지혜를 얻으며
세상의 재판관들아 너희는 교훈을 받을
지어다

11 여호와를 경외함으로 섬기고 떨며 즐거
워할지어다

12 그의 아들에게 입맞추라 그렇지 아니하
면 진노하심으로 너희가 길에서 망하리
니 그의 진노가 급하심이라 여호와께
피하는 모든 사람은 다 복이 있도다

〔다윗이 그의 아들 압살롬을 피할 때에 지은 시〕

3 여호와여 나의 대적이 어찌 그리 많은
지요 일어나 나를 치는 자가 많으니이다

2 많은 사람이 나를 대적하여 말하기를
그는 하나님께 구원을 받지 못한다 하
나이다 (셀라)

3 여호와여 주는 나의 방패시요 나의 영

광이시요 나의 머리를 드시는 자이시니
이다

4 내가 나의 목소리로 여호와께 부르짖으
니 그의 성산에서 응답하시는도다 (셀라)

5 내가 누워 자고 깨었으니 여호와께서
나를 붙드심이로다

6 천만인이 나를 에워싸 진 친다 하여도
나는 두려워하지 아니하리이다

7 여호와여 일어나소서 나의 하나님이여
나를 구원하소서 주께서 나의 모든 원
수의 뺨을 치시며 악인의 이를 꺾으셨
나이다

8 구원은 여호와께 있사오니 주의 복을
주의 백성에게 내리소서 (셀라)

〔다윗의 시, 인도자를 따라 현악에 맞춘 노래〕

4 내 의의 하나님이여 내가 부를 때에 응
답하소서 곤란 중에 나를 너그럽게 하
셨사오니 내게 은혜를 베푸사 나의 기

도를 들으소서

2 인생들아 어느 때까지 나의 영광을 바

꾸어 욕되게 하며 헛된 일을 좋아하고

거짓을 구하려는가 (셀라)

3 여호와께서 자기를 위하여 경건한 자를

택하신 줄 너희가 알지어다 내가 그를

부를 때에 여호와께서 들으시리로다

4 너희는 떨며 범죄하지 말지어다 자리에

누워 심중에 말하고 잠잠할지어다 (셀라)

5 의의 제사를 드리고 여호와를 의지할지

어다

6 여러 사람의 말이 우리에게 선을 보일

자 누구뇨 하오니 여호와여 주의 얼굴

을 들어 우리에게 비추소서

7 주께서 내 마음에 두신 기쁨은 그들의

곡식과 새 포도주가 풍성할 때보다 더

하니이다

8 내가 평안히 눕고 자기도 하리니 나를

안전히 살게 하시는 이는 오직 여호와

이시니이다

〔다윗의 시, 인도자를 따라 관악에 맞춘 노래〕

5 여호와여 나의 말에 귀를 기울이사 나

의 심정을 헤아려 주소서

2 나의 왕, 나의 하나님이여 내가 부르짖

는 소리를 들으소서 내가 주께 기도하

나이다

3 여호와여 아침에 주께서 나의 소리를

들으시리니 아침에 내가 주께 기도하고

바라리이다

4 주는 죄악을 기뻐하는 신이 아니시니

악이 주와 함께 머물지 못하며

5 오만한 자들이 주의 목전에 서지 못하

리이다 주는 모든 행악자를 미워하시며

6 거짓말하는 자들을 멸망시키시리이다

여호와께서는 피 흘리기를 즐기는 자와

속이는 자를 싫어하시나이다

7 오직 나는 주의 풍성한 사랑을 힘입어

주의 집에 들어가 주를 경외함으로 성

전을 향하여 예배하리이다

8 여호와여 나의 원수들로 말미암아 주의

의로 나를 인도하시고 주의 길을 내 목

전에 곧게 하소서

9 그들의 입에 신실함이 없고 그들의 심

중이 심히 악하며 그들의 목구멍은 열

린 무덤 같고 그들의 혀로는 아첨하나

이다

10 하나님이여 그들을 정죄하사 자기 꾀에

빠지게 하시고 그 많은 허물로 말미암

아 그들을 쫓아내소서 그들이 주를 배

역함이니이다

11 그러나 주께 피하는 모든 사람은 다 기

뻐하며 주의 보호로 말미암아 영원히

기뻐 외치고 주의 이름을 사랑하는 자

들은 주를 즐거워하리이다

12 여호와여 주는 의인에게 복을 주시고

방패로 함 같이 은혜로 그를 호위하시

리이다

〔다윗의 시, 인도자를 따라 현악 여덟째 줄에 맞춘 노래〕

6 여호와여 주의 분노로 나를 책망하지

마시오며 주의 진노로 나를 징계하지

마옵소서

2 여호와여 내가 수척하였사오니 내게 은

혜를 베푸소서 여호와여 나의 뼈가 떨

리오니 나를 고치소서

3 나의 영혼도 매우 떨리나이다 여호와여

어느 때까지니이까

4 여호와여 돌아와 나의 영혼을 건지시며

주의 사랑으로 나를 구원하소서

5 사망 중에서는 주를 기억하는 일이 없

사오니 스올에서 주께 감사할 자 누구

리이까

6 내가 탄식함으로 피곤하여 밤마다 눈

물로 내 침상을 띄우며 내 요를 적시나이다

7 내 눈이 근심으로 말미암아 쇠하며 내 모든 대적으로 말미암아 어두워졌나이다

8 악을 행하는 너희는 다 나를 떠나라 여호와께서 내 울음 소리를 들으셨도다

9 여호와께서 내 간구를 들으셨음이여 여호와께서 내 기도를 받으시리로다

10 내 모든 원수들이 부끄러움을 당하고 심히 떪이여 갑자기 부끄러워 물러가리로다

〔다윗의 식가욘, 베냐민인 구시의 말에 따라 여호와께 드린 노래〕

7 여호와 내 하나님이여 내가 주께 피하오니 나를 쫓아오는 모든 자들에게서 나를 구원하여 내소서

2 건져낼 자가 없으면 그들이 사자 같이 나를 찢고 뜯을까 하나이다

3 여호와 내 하나님이여 내가 이런 일을 행하였거나 내 손에 죄악이 있거나

4 화친한 자를 악으로 갚았거나 내 대적에게서 까닭 없이 빼앗았거든

5 원수가 나의 영혼을 쫓아 잡아 내 생명을 땅에 짓밟게 하고 내 영광을 먼지 속에 살게 하소서 (셀라)

6 여호와여 진노로 일어나사 내 대적들의 노를 막으시며 나를 위하여 깨소서 주께서 심판을 명령하셨나이다

7 민족들의 모임이 주를 두르게 하시고 그 위 높은 자리에 돌아오소서

8 여호와께서 만민에게 심판을 행하시오니 여호와여 나의 의와 나의 성실함을 따라 나를 심판하소서

9 악인의 악을 끊고 의인을 세우소서 의로우신 하나님이 사람의 마음과 양심을 감찰하시나이다

10 나의 방패는 마음이 정직한 자를 구원하시는 하나님께 있도다

11 하나님은 의로우신 재판장이심이여 매일 분노하시는 하나님이시로다

12 사람이 회개하지 아니하면 그가 그의 칼을 가심이여 그의 활을 이미 당기어 예비하셨도다

13 죽일 도구를 또한 예비하심이여 그가 만든 화살은 불화살들이로다

14 악인이 죄악을 낳음이여 재앙을 배어 거짓을 낳았도다

15 그가 웅덩이를 파 만듦이여 제가 만든 함정에 빠졌도다

16 그의 재앙은 자기 머리로 돌아가고 그의 포악은 자기 정수리에 내리리로다

17 내가 여호와께 그의 의를 따라 감사함이여 지존하신 여호와의 이름을 찬양하리로다

〔다윗의 시, 인도자를 따라 깃딧에 맞춘 노래〕

8 여호와 우리 주여 주의 이름이 온 땅에 어찌 그리 아름다운지요 주의 영광이 하늘을 덮었나이다

2 주의 대적으로 말미암아 어린 아이들과 젖먹이들의 입으로 권능을 세우심이여 이는 원수들과 보복자들을 잠잠하게 하려 하심이니이다

3 주의 손가락으로 만드신 주의 하늘과 주께서 베풀어 두신 달과 별들을 내가 보오니

4 사람이 무엇이기에 주께서 그를 생각하시며 인자가 무엇이기에 주께서 그를 돌보시나이까

5 그를 하나님보다 조금 못하게 하시고 영화와 존귀로 관을 씌우셨나이다

6 주의 손으로 만드신 것을 다스리게 하시고 만물을 그의 발 아래 두셨으니

7 곧 모든 소와 양과 들짐승이며

8 공중의 새와 바다의 물고기와 바닷길에

다니는 것이니이다

9 여호와 우리 주여 주의 이름이 온 땅에

어찌 그리 아름다운지요

〔다윗의 시, 인도자를 따라 뭇랍벤에 맞춘 노래〕

9 내가 전심으로 여호와께 감사하오며 주

의 모든 기이한 일들을 전하리이다

2 내가 주를 기뻐하고 즐거워하며 지존하

신 주의 이름을 찬송하리니

3 내 원수들이 물러갈 때에 주 앞에서 넘

어져 망함이니이다

4 주께서 나의 의와 송사를 변호하셨으며

보좌에 앉으사 의롭게 심판하셨나이다

5 이방 나라들을 책망하시고 악인을 멸하

시며 그들의 이름을 영원히 지우셨나

이다

6 원수가 끊어져 영원히 멸망하였사오니

주께서 무너뜨린 성읍들을 기억할 수

없나이다

7 여호와께서 영원히 앉으심이여 심판을

위하여 보좌를 준비하셨도다

8 공의로 세계를 심판하심이여 정직으로

만민에게 판결을 내리시리로다

9 여호와는 압제를 당하는 자의 요새이시

요 환난 때의 요새이시로다

10 여호와여 주의 이름을 아는 자는 주를

의지하오리니 이는 주를 찾는 자들을

버리지 아니하심이니이다

11 너희는 시온에 계신 여호와를 찬송하며

그의 행사를 백성 중에 선포할지어다

12 피 흘림을 심문하시는 이가 그들을 기

억하심이여 가난한 자의 부르짖음을 잊

지 아니하시도다

13 여호와여 내게 은혜를 베푸소서 나를

사망의 문에서 일으키시는 주여 나를

미워하는 자에게서 받는 나의 고통을 보소서

14 그리하시면 내가 주의 찬송을 다 전할 것이요 딸 시온의 문에서 주의 구원을 기뻐하리이다

15 이방 나라들은 자기가 판 웅덩이에 빠짐이여 자기가 숨긴 그물에 자기 발이 걸렸도다

16 여호와께서 자기를 알게 하사 심판을 행하셨음이여 악인은 자기가 손으로 행한 일에 스스로 얽혔도다 (힉가욘, 셀라)

17 악인들이 스올로 돌아감이여 하나님을 잊어버린 모든 이방 나라들이 그리하리로다

18 궁핍한 자가 항상 잊어버림을 당하지 아니함이여 가난한 자들이 영원히 실망하지 아니하리로다

19 여호와여 일어나사 인생으로 승리를 얻

지 못하게 하시며 이방 나라들이 주 앞에서 심판을 받게 하소서

20 여호와여 그들을 두렵게 하시며 이방 나라들이 자기는 인생일 뿐인 줄 알게 하소서 (셀라)

10 여호와여 어찌하여 멀리 서시며 어찌하여 환난 때에 숨으시나이까

2 악한 자가 교만하여 가련한 자를 심히 압박하오니 그들이 자기가 베푼 꾀에 빠지게 하소서

3 악인은 그의 마음의 욕심을 자랑하며 탐욕을 부리는 자는 여호와를 배반하여 멸시하나이다

4 악인은 그의 교만한 얼굴로 말하기를 여호와께서 이를 감찰하지 아니하신다 하며 그의 모든 사상에 하나님이 없다 하나이다

5 그의 길은 언제든지 견고하고 주의 심

판은 높아서 그에게 미치지 못하오니

그는 그의 모든 대적들을 멸시하며

6 그의 마음에 이르기를 나는 흔들리지

아니하며 대대로 환난을 당하지 아니하

리라 하나이다

7 그의 입에는 저주와 거짓과 포악이 충

만하며 그의 혀 밑에는 잔해와 죄악이

있나이다

8 그가 마을 구석진 곳에 앉으며 그 은밀

한 곳에서 무죄한 자를 죽이며 그의 눈

은 가련한 자를 엿보나이다

9 사자가 자기의 굴에 엎드림 같이 그가

은밀한 곳에 엎드려 가련한 자를 잡으

려고 기다리며 자기 그물을 끌어당겨

가련한 자를 잡나이다

10 그가 구푸려 엎드리니 그의 포악으로

말미암아 가련한 자들이 넘어지나이다

11 그가 그의 마음에 이르기를 하나님이

잊으셨고 그의 얼굴을 가리셨으니 영원

히 보지 아니하시리라 하나이다

12 여호와여 일어나옵소서 하나님이여 손

을 드옵소서 가난한 자들을 잊지 마옵

소서

13 어찌하여 악인이 하나님을 멸시하여 그

의 마음에 이르기를 주는 감찰하지 아

니하리라 하나이까

14 주께서는 보셨나이다 주는 재앙과 원한

을 감찰하시고 주의 손으로 갚으려 하

시오니 외로운 자가 주를 의지하나이다

주는 벌써부터 고아를 도우시는 이시니

이다

15 악인의 팔을 꺾으소서 악한 자의 악을 더

이상 찾아낼 수 없을 때까지 찾으소서

16 여호와께서는 영원무궁하도록 왕이시니

이방 나라들이 주의 땅에서 멸망하였나

이다

17 여호와여 주는 겸손한 자의 소원을 들

으셨사오니 그들의 마음을 준비하시며

귀를 기울여 들으시고

18 고아와 압제 당하는 자를 위하여 심판

하사 세상에 속한 자가 다시는 위협하

지 못하게 하시리이다

〔다윗의 시, 인도자를 따라 부르는 노래〕

11 내가 여호와께 피하였거늘 너희가 내

영혼에게 새 같이 네 산으로 도망하라

함은 어찌함인가

2 악인이 활을 당기고 화살을 시위에 먹

임이여 마음이 바른 자를 어두운 데서

쏘려 하는도다

3 터가 무너지면 의인이 무엇을 하랴

4 여호와께서는 그의 성전에 계시고 여호

와의 보좌는 하늘에 있음이여 그의 눈

이 인생을 통촉하시고 그의 안목이 그

들을 감찰하시도다

5 여호와는 의인을 감찰하시고 악인과

폭력을 좋아하는 자를 마음에 미워하

시도다

6 악인에게 그물을 던지시리니 불과 유황

과 태우는 바람이 그들의 잔의 소득이

되리로다

7 여호와는 의로우사 의로운 일을 좋아하

시나니 정직한 자는 그의 얼굴을 뵈오

리로다

〔다윗의 시, 인도자를 따라 여덟째 줄에 맞춘 노래〕

12 여호와여 도우소서 경건한 자가 끊어지

며 충실한 자들이 인생 중에 없어지나

이다

2 그들이 이웃에게 각기 거짓을 말함이

여 아첨하는 입술과 두 마음으로 말하

는도다

3 여호와께서 모든 아첨하는 입술과 자랑

하는 혀를 끊으시리니

4 그들이 말하기를 우리의 혀가 이기리라 우리 입술은 우리 것이니 우리를 주관할 자 누구리요 함이로다

5 여호와의 말씀에 가련한 자들의 눌림과 궁핍한 자들의 탄식으로 말미암아 내가 이제 일어나 그를 그가 원하는 안전한 지대에 두리라 하시도다

6 여호와의 말씀은 순결함이여 흙 도가니에 일곱 번 단련한 은 같도다

7 여호와여 그들을 지키사 이 세대로부터 영원까지 보존하시리이다

8 비열함이 인생 중에 높임을 받는 때에 악인들이 곳곳에서 날뛰는도다

〔다윗의 시, 인도자를 따라 부르는 노래〕

13 여호와여 어느 때까지니이까 나를 영원히 잊으시나이까 주의 얼굴을 나에게서 어느 때까지 숨기시겠나이까

2 나의 영혼이 번민하고 종일토록 마음에 근심하기를 어느 때까지 하오며 내 원수가 나를 치며 자랑하기를 어느 때까지 하리이까

3 여호와 내 하나님이여 나를 생각하사 응답하시고 나의 눈을 밝히소서 두렵건대 내가 사망의 잠을 잘까 하오며

4 두렵건대 나의 원수가 이르기를 내가 그를 이겼다 할까 하오며 내가 흔들릴 때에 나의 대적들이 기뻐할까 하나이다

5 나는 오직 주의 사랑을 의지하였사오니 나의 마음은 주의 구원을 기뻐하리이다

6 내가 여호와를 찬송하리니 이는 주께서 내게 은덕을 베푸심이로다

〔다윗의 시, 인도자를 따라 부르는 노래〕

14 어리석은 자는 그의 마음에 이르기를 하나님이 없다 하는도다 그들은 부패하고 그 행실이 가증하니 선을 행하는 자가 없도다

93

2 여호와께서 하늘에서 인생을 굽어살피사 지각이 있어 하나님을 찾는 자가 있는가 보려 하신즉

3 다 치우쳐 함께 더러운 자가 되고 선을 행하는 자가 없으니 하나도 없도다

4 죄악을 행하는 자는 다 무지하냐 그들이 떡 먹듯이 내 백성을 먹으면서 여호와를 부르지 아니하는도다

5 그러나 거기서 그들은 두려워하고 두려워하였으니 하나님이 의인의 세대에 계심이로다

6 너희가 가난한 자의 계획을 부끄럽게 하나 오직 여호와는 그의 피난처가 되시도다

7 이스라엘의 구원이 시온에서 나오기를 원하도다 여호와께서 그의 백성을 포로된 곳에서 돌이키실 때에 야곱이 즐거워하고 이스라엘이 기뻐하리로다

〔다윗의 시〕

15 여호와여 주의 장막에 머무를 자 누구오며 주의 성산에 사는 자 누구오니이까

2 정직하게 행하며 공의를 실천하며 그의 마음에 진실을 말하며

3 그의 혀로 남을 허물하지 아니하고 그의 이웃에게 악을 행하지 아니하며 그의 이웃을 비방하지 아니하며

4 그의 눈은 망령된 자를 멸시하며 여호와를 두려워하는 자들을 존대하며 그의 마음에 서원한 것은 해로울지라도 변하지 아니하며

5 이자를 받으려고 돈을 꾸어 주지 아니하며 뇌물을 받고 무죄한 자를 해하지 아니하는 자이니 이런 일을 행하는 자는 영원히 흔들리지 아니하리이다

〔다윗의 믹담〕

16 하나님이여 나를 지켜 주소서 내가 주

께 피하나이다

2 내가 여호와께 아뢰되 주는 나의 주님 이시오니 주 밖에는 나의 복이 없다 하 였나이다

3 땅에 있는 성도들은 존귀한 자들이니 나의 모든 즐거움이 그들에게 있도다

4 다른 신에게 예물을 드리는 자는 괴로 움이 더할 것이라 나는 그들이 드리는 피의 전제를 드리지 아니하며 내 입술 로 그 이름도 부르지 아니하리로다

5 여호와는 나의 산업과 나의 잔의 소득 이시니 나의 분깃을 지키시나이다

6 내게 줄로 재어 준 구역은 아름다운 곳 에 있음이여 나의 기업이 실로 아름 답 도다

7 나를 훈계하신 여호와를 송축할지라 밤 마다 내 양심이 나를 교훈하도다

8 내가 여호와를 항상 내 앞에 모심이여

그가 나의 오른쪽에 계시므로 내가 흔 들리지 아니하리로다

9 이러므로 나의 마음이 기쁘고 나의 영 도 즐거워하며 내 육체도 안전히 살리니

10 이는 주께서 내 영혼을 스올에 버리지 아니하시며 주의 거룩한 자를 멸망시키 지 않으실 것임이니이다

11 주께서 생명의 길을 내게 보이시리니 주의 앞에는 충만한 기쁨이 있고 주의 오른쪽에는 영원한 즐거움이 있나이다

〔다윗의 기도〕

17 여호와여 의의 호소를 들으소서 나의 울부짖음에 주의하소서 거짓 되지 아니 한 입술에서 나오는 나의 기도에 귀를 기울이소서

2 주께서 나를 판단하시며 주의 눈으로 공평함을 살피소서

3 주께서 내 마음을 시험하시고 밤에 내

게 오시어서 나를 감찰하셨으나 흠을

찾지 못하셨사오니 내가 결심하고 입으

로 범죄하지 아니하리이다

4 사람의 행사로 논하면 나는 주의 입술

의 말씀을 따라 스스로 삼가서 포악한

자의 길을 가지 아니하였사오며

5 나의 걸음이 주의 길을 굳게 지키고 실

족하지 아니하였나이다

6 하나님이여 내게 응답하시겠으므로 내

가 불렀사오니 내게 귀를 기울여 내 말

을 들으소서

7 주께 피하는 자들을 그 일어나 치는 자

들에게서 오른손으로 구원하시는 주여

주의 기이한 사랑을 나타내소서

8 나를 눈동자 같이 지키시고 주의 날개

그늘 아래에 감추사

9 내 앞에서 나를 압제하는 악인들과 나

의 목숨을 노리는 원수들에게서 벗어나

게 하소서

10 그들의 마음은 기름에 잠겼으며 그들의

입은 교만하게 말하나이다

11 이제 우리가 걸어가는 것을 그들이 에

워싸서 노려보고 땅에 넘어뜨리려 하나

이다

12 그는 그 움킨 것을 찢으려 하는 사자

같으며 은밀한 곳에 엎드린 젊은 사자

같으니이다

13 여호와여 일어나 그를 대항하여 넘어뜨

리시고 주의 칼로 악인에게서 나의 영

혼을 구원하소서

14 여호와여 이 세상에 살아 있는 동안 그

들의 분깃을 받은 사람들에게서 주의

손으로 나를 구하소서 그들은 주의 재

물로 배를 채우고 자녀로 만족하고 그

들의 남은 산업을 그들의 어린 아이들

에게 물려 주는 자니이다

15 나는 의로운 중에 주의 얼굴을 뵈오리
니 깰 때에 주의 형상으로 만족하리이다

〔여호와의 종 다윗의 시, 인도자를 따라 부르는 노래,
여호와께서 다윗을 그 모든 원수들의 손에서와
사울의 손에서 건져 주신 날에 다윗이 이 노래의 말로
여호와께 아뢰어 이르되〕

18 나의 힘이신 여호와여 내가 주를 사랑
하나이다

2 여호와는 나의 반석이시요 나의 요새시
요 나를 건지시는 이시요 나의 하나님
이시요 내가 그 안에 피할 나의 바위시
요 나의 방패시요 나의 구원의 뿔이시
요 나의 산성이시로다

3 내가 찬송 받으실 여호와께 아뢰리니
내 원수들에게서 구원을 얻으리로다

4 사망의 줄이 나를 얽고 불의의 창수가
나를 두렵게 하였으며

5 스올의 줄이 나를 두르고 사망의 올무
가 내게 이르렀도다

6 내가 환난 중에서 여호와께 아뢰며 나

의 하나님께 부르짖었더니 그가 그의
성전에서 내 소리를 들으심이여 그의
앞에서 나의 부르짖음이 그의 귀에 들
렸도다

7 이에 땅이 진동하고 산들의 터도 요동
하였으니 그의 진노로 말미암음이로다

8 그의 코에서 연기가 오르고 입에서 불이
나와 사름이여 그 불에 숯이 피었도다

9 그가 또 하늘을 드리우시고 강림하시니
그의 발 아래는 어두캄캄하도다

10 그룹을 타고 다니심이여 바람 날개를
타고 높이 솟아오르셨도다

11 그가 흑암을 그의 숨는 곳으로 삼으사
장막 같이 자기를 두르게 하심이여 곧
물의 흑암과 공중의 빽빽한 구름으로
그리하시도다

12 그 앞에 광채로 말미암아 빽빽한 구름
이 지나며 우박과 숯불이 내리도다

13 여호와께서 하늘에서 우렛소리를 내시고 지존하신 이가 음성을 내시며 우박과 숯불을 내리시도다

14 그의 화살을 날려 그들을 흩으심이여 많은 번개로 그들을 깨뜨리셨도다

15 이럴 때에 여호와의 꾸지람과 콧김으로 말미암아 물 밑이 드러나고 세상의 터가 나타났도다

16 그가 높은 곳에서 손을 펴사 나를 붙잡아 주심이여 많은 물에서 나를 건져내셨도다

17 나를 강한 원수와 미워하는 자에게서 건지셨음이여 그들은 나보다 힘이 세기 때문이로다

18 그들이 나의 재앙의 날에 내게 이르렀으나 여호와께서 나의 의지가 되셨도다

19 나를 넓은 곳으로 인도하시고 나를 기뻐하시므로 나를 구원하셨도다

20 여호와께서 내 의를 따라 상 주시며 내 손의 깨끗함을 따라 내게 갚으셨으니

21 이는 내가 여호와의 도를 지키고 악하게 내 하나님을 떠나지 아니하였으며

22 그의 모든 규례가 내 앞에 있고 내게서 그의 율례를 버리지 아니하였음이로다

23 또한 나는 그의 앞에 완전하여 나의 죄악에서 스스로 자신을 지켰나니

24 그러므로 여호와께서 내 의를 따라 갚으시되 그의 목전에서 내 손이 깨끗한 만큼 내게 갚으셨도다

25 자비로운 자에게는 주의 자비로우심을 나타내시며 완전한 자에게는 주의 완전하심을 보이시며

26 깨끗한 자에게는 주의 깨끗하심을 보이시며 사악한 자에게는 주의 거스르심을 보이시리니

27 주께서 곤고한 백성은 구원하시고 교만

한 눈은 낮추시리이다

28 주께서 나의 등불을 켜심이여 여호와 내 하나님이 내 흑암을 밝히시리이다

29 내가 주를 의뢰하고 적군을 향해 달리며 내 하나님을 의지하고 담을 뛰어넘나이다

30 하나님의 도는 완전하고 여호와의 말씀은 순수하니 그는 자기에게 피하는 모든 자의 방패시로다

31 여호와 외에 누가 하나님이며 우리 하나님 외에 누가 반석이냐

32 이 하나님이 힘으로 내게 띠 띠우시며 내 길을 완전하게 하시며

33 나의 발을 암사슴 발 같게 하시며 나를 나의 높은 곳에 세우시며

34 내 손을 가르쳐 싸우게 하시니 내 팔이 놋 활을 당기도다

35 또 주께서 주의 구원하는 방패를 내게 주시며 주의 오른손이 나를 붙들고 주의 온유함이 나를 크게 하셨나이다

36 내 걸음을 넓게 하셨고 나를 실족하지 않게 하셨나이다

37 내가 내 원수를 뒤쫓아가리니 그들이 망하기 전에는 돌아서지 아니하리이다

38 내가 그들을 쳐서 능히 일어나지 못하게 하리니 그들이 내 발 아래에 엎드러지리이다

39 주께서 나를 전쟁하게 하려고 능력으로 내게 띠 띠우사 일어나 나를 치는 자들이 내게 굴복하게 하셨나이다

40 또 주께서 내 원수들에게 등을 내게로 향하게 하시고 나를 미워하는 자들을 내가 끊어 버리게 하셨나이다

41 그들이 부르짖으나 구원할 자가 없었고 여호와께 부르짖어도 그들에게 대답하지 아니하셨나이다

42 내가 그들을 바람 앞에 티끌 같이 부서뜨리고 거리의 진흙 같이 쏟아 버렸나이다

43 주께서 나를 백성의 다툼에서 건지시고 여러 민족의 으뜸으로 삼으셨으니 내가 알지 못하는 백성이 나를 섬기리이다

44 그들이 내 소문을 들은 즉시로 내게 청종함이여 이방인들이 내게 복종하리로다

45 이방 자손들이 쇠잔하여 그 견고한 곳에서 떨며 나오리로다

46 여호와는 살아 계시니 나의 반석을 찬송하며 내 구원의 하나님을 높일지로다

47 이 하나님이 나를 위하여 보복해 주시고 민족들이 내게 복종하게 해 주시도다

48 주께서 나를 내 원수들에게서 구조하시니 주께서 나를 대적하는 자들의 위에 나를 높이 드시고 나를 포악한 자에게서 건지시나이다

49 여호와여 이러므로 내가 이방 나라들 중에서 주께 감사하며 주의 이름을 찬송하리이다

50 여호와께서 그 왕에게 큰 구원을 주시며 기름 부음 받은 자에게 인자를 베푸심이여 영원토록 다윗과 그 후손에게로다

〔다윗의 시, 인도자를 따라 부르는 노래〕

19 하늘이 하나님의 영광을 선포하고 궁창이 그의 손으로 하신 일을 나타내는도다

2 날은 날에게 말하고 밤은 밤에게 지식을 전하니

3 언어도 없고 말씀도 없으며 들리는 소리도 없으나

4 그의 소리가 온 땅에 통하고 그의 말씀이 세상 끝까지 이르도다 하나님이 해를 위하여 하늘에 장막을 베푸셨도다

5 해는 그의 신방에서 나오는 신랑과 같고 그의 길을 달리기 기뻐하는 장사 같

아서

6 하늘 이 끝에서 나와서 하늘 저 끝까지 운행함이여 그의 열기에서 피할 자가 없도다

7 여호와의 율법은 완전하여 영혼을 소성시키며 여호와의 증거는 확실하여 우둔한 자를 지혜롭게 하며

8 여호와의 교훈은 정직하여 마음을 기쁘게 하고 여호와의 계명은 순결하여 눈을 밝게 하시도다

9 여호와를 경외하는 도는 정결하여 영원까지 이르고 여호와의 법도 진실하여 다 의로우니

10 금 곧 많은 순금보다 더 사모할 것이며 꿀과 송이꿀보다 더 달도다

11 또 주의 종이 이것으로 경고를 받고 이것을 지킴으로 상이 크니이다

12 자기 허물을 능히 깨달을 자 누구리요

나를 숨은 허물에서 벗어나게 하소서

13 또 주의 종에게 고의로 죄를 짓지 말게 하사 그 죄가 나를 주장하지 못하게 하소서 그리하면 내가 정직하여 큰 죄과에서 벗어나겠나이다

14 나의 반석이시요 나의 구속자이신 여호와여 내 입의 말과 마음의 묵상이 주님 앞에 열납되기를 원하나이다

〔다윗의 시, 인도자를 따라 부르는 노래〕

20 환난 날에 여호와께서 네게 응답하시고 야곱의 하나님의 이름이 너를 높이 드시며

2 성소에서 너를 도와 주시고 시온에서 너를 붙드시며

3 네 모든 소제를 기억하시며 네 번제를 받아 주시기를 원하노라 (셀라)

4 네 마음의 소원대로 허락하시고 네 모든 계획을 이루어 주시기를 원하노라

5 우리가 너의 승리로 말미암아 개가를

부르며 우리 하나님의 이름으로 우리의

깃발을 세우리니 여호와께서 네 모든

기도를 이루어 주시기를 원하노라

6 여호와께서 자기에게 기름 부음 받은 자

를 구원하시는 줄 이제 내가 아노니 그

의 오른손의 구원하는 힘으로 그의 거

룩한 하늘에서 그에게 응답하시리로다

7 어떤 사람은 병거, 어떤 사람은 말을

의지하나 우리는 여호와 우리 하나님의

이름을 자랑하리로다

8 그들은 비틀거리며 엎드러지고 우리는

일어나 바로 서도다

9 여호와여 왕을 구원하소서 우리가 부를

때에 우리에게 응답하소서

〔다윗의 시, 인도자를 따라 부르는 노래〕

21 여호와여 왕이 주의 힘으로 말미암아

기뻐하며 주의 구원으로 말미암아 크게

즐거워하리이다

2 그의 마음의 소원을 들어 주셨으며 그

의 입술의 요구를 거절하지 아니하셨나

이다 (셀라)

3 주의 아름다운 복으로 그를 영접하시고

순금 관을 그의 머리에 씌우셨나이다

4 그가 생명을 구하매 주께서 그에게 주

셨으니 곧 영원한 장수로소이다

5 주의 구원이 그의 영광을 크게 하시고

존귀와 위엄을 그에게 입히시나이다

6 그가 영원토록 지극한 복을 받게 하시

며 주 앞에서 기쁘고 즐겁게 하시나이다

7 왕이 여호와를 의지하오니 지존하신 이

의 인자함으로 흔들리지 아니하리이다

8 왕의 손이 왕의 모든 원수들을 찾아냄

이여 왕의 오른손이 왕을 미워하는 자

들을 찾아내리로다

9 왕이 노하실 때에 그들을 풀무불 같게

할 것이라 여호와께서 진노하사 그들을

삼키시리니 불이 그들을 소멸하리로다

10 왕이 그들의 후손을 땅에서 멸함이여

그들의 자손을 사람 중에서 끊으리로다

11 비록 그들이 왕을 해하려 하여 음모를

꾸몄으나 이루지 못하도다

12 왕이 그들로 돌아서게 함이여 그들의

얼굴을 향하여 활시위를 당기리로다

13 여호와여 주의 능력으로 높임을 받으소

서 우리가 주의 권능을 노래하고 찬송

하게 하소서

〔다윗의 시, 인도자를 따라 아앨렛샤할에 맞춘 노래〕

22 내 하나님이여 내 하나님이여 어찌 나

를 버리셨나이까 어찌 나를 멀리 하여

돕지 아니하시오며 내 신음 소리를 듣

지 아니하시나이까

2 내 하나님이여 내가 낮에도 부르짖고

밤에도 잠잠하지 아니하오나 응답하지

아니하시나이다

3 이스라엘의 찬송 중에 계시는 주여 주

는 거룩하시니이다

4 우리 조상들이 주께 의뢰하고 의뢰하였

으므로 그들을 건지셨나이다

5 그들이 주께 부르짖어 구원을 얻고 주

께 의뢰하여 수치를 당하지 아니하였나

이다

6 나는 벌레요 사람이 아니라 사람의 비

방거리요 백성의 조롱거리니이다

7 나를 보는 자는 다 나를 비웃으며 입술

을 비쭉거리고 머리를 흔들며 말하되

8 그가 여호와께 의탁하니 구원하실 걸,

그를 기뻐하시니 건지실 걸 하나이다

9 오직 주께서 나를 모태에서 나오게 하

시고 내 어머니의 젖을 먹을 때에 의지

하게 하셨나이다

10 내가 날 때부터 주께 맡긴 바 되었고

모태에서 나올 때부터 주는 나의 하나

님이 되셨나이다

11 나를 멀리 하지 마옵소서 환난이 가까

우나 도울 자 없나이다

12 많은 황소가 나를 에워싸며 바산의 힘

센 소들이 나를 둘러쌌으며

13 내게 그 입을 벌림이 찢으며 부르짖는

사자 같으니이다

14 나는 물 같이 쏟아졌으며 내 모든 뼈는

어그러졌으며 내 마음은 밀랍 같아서

내 속에서 녹았으며

15 내 힘이 말라 질그릇 조각 같고 내 혀

가 입천장에 붙었나이다 주께서 또 나

를 죽음의 진토 속에 두셨나이다

16 개들이 나를 에워쌌으며 악한 무리가

나를 둘러 내 수족을 찔렀나이다

17 내가 내 모든 뼈를 셀 수 있나이다 그

들이 나를 주목하여 보고

18 내 겉옷을 나누며 속옷을 제비 뽑나이다

19 여호와여 멀리 하지 마옵소서 나의 힘

이시여 속히 나를 도우소서

20 내 생명을 칼에서 건지시며 내 유일한

것을 개의 세력에서 구하소서

21 나를 사자의 입에서 구하소서 주께서

내게 응답하시고 들소의 뿔에서 구원하

셨나이다

22 내가 주의 이름을 형제에게 선포하고

회중 가운데에서 주를 찬송하리이다

23 여호와를 두려워하는 너희여 그를 찬송

할지어다 야곱의 모든 자손이여 그에게

영광을 돌릴지어다 너희 이스라엘 모든

자손이여 그를 경외할지어다

24 그는 곤고한 자의 곤고를 멸시하거나

싫어하지 아니하시며 그의 얼굴을 그에

게서 숨기지 아니하시고 그가 울부짖을

때에 들으셨도다

25 큰 회중 가운데에서 나의 찬송은 주께로부터 온 것이니 주를 경외하는 자 앞에서 나의 서원을 갚으리이다

26 겸손한 자는 먹고 배부를 것이며 여호와를 찾는 자는 그를 찬송할 것이라 너희 마음은 영원히 살지어다

27 땅의 모든 끝이 여호와를 기억하고 돌아오며 모든 나라의 모든 족속이 주의 앞에 예배하리니

28 나라는 여호와의 것이요 여호와는 모든 나라의 주재심이로다

29 세상의 모든 풍성한 자가 먹고 경배할 것이요 진토 속으로 내려가는 자 곧 자기 영혼을 살리지 못할 자도 다 그 앞에 절하리로다

30 후손이 그를 섬길 것이요 대대에 주를 전할 것이며

31 와서 그의 공의를 태어날 백성에게 전함이여 주께서 이를 행하셨다 할 것이로다

〔다윗의 시〕

23 여호와는 나의 목자시니 내게 부족함이 없으리로다 .

2 그가 나를 푸른 풀밭에 누이시며 쉴 만한 물 가로 인도하시는도다

3 내 영혼을 소생시키시고 자기 이름을 위하여 의의 길로 인도하시는도다

4 내가 사망의 음침한 골짜기로 다닐지라도 해를 두려워하지 않을 것은 주께서 나와 함께 하심이라 주의 지팡이와 막대기가 나를 안위하시나이다

5 주께서 내 원수의 목전에서 내게 상을 차려 주시고 기름을 내 머리에 부으셨으니 내 잔이 넘치나이다

6 내 평생에 선하심과 인자하심이 반드시 나를 따르리니 내가 여호와의 집에 영

원히 살리로다

〔다윗의 시〕

24 땅과 거기에 충만한 것과 세계와 그

가운데에 사는 자들은 다 여호와의 것

이로다

2 여호와께서 그 터를 바다 위에 세우심

이여 강들 위에 건설하셨도다

3 여호와의 산에 오를 자가 누구며 그의

거룩한 곳에 설 자가 누구인가

4 곧 손이 깨끗하며 마음이 청결하며 뜻

을 허탄한 데에 두지 아니하며 거짓 맹

세하지 아니하는 자로다

5 그는 여호와께 복을 받고 구원의 하나

님께 의를 얻으리니

6 이는 여호와를 찾는 족속이요 야곱의

하나님의 얼굴을 구하는 자로다 (셀라)

7 문들아 너희 머리를 들지어다 영원한

문들아 들릴지어다 영광의 왕이 들어가

시리로다

8 영광의 왕이 누구시냐 강하고 능한 여

호와시요 전쟁에 능한 여호와시로다

9 문들아 너희 머리를 들지어다 영원한

문들아 들릴지어다 영광의 왕이 들어가

시리로다

10 영광의 왕이 누구시냐 만군의 여호와께

서 곧 영광의 왕이시로다 (셀라)

〔다윗의 시〕

25 여호와여 나의 영혼이 주를 우러러보

나이다

2 나의 하나님이여 내가 주께 의지하였사

오니 나를 부끄럽지 않게 하시고 나의

원수들이 나를 이겨 개가를 부르지 못

하게 하소서

3 주를 바라는 자들은 수치를 당하지 아

니하려니와 까닭 없이 속이는 자들은

수치를 당하리이다

4 여호와여 주의 도를 내게 보이시고 주

의 길을 내게 가르치소서

5 주의 진리로 나를 지도하시고 교훈하소

서 주는 내 구원의 하나님이시니 내가

종일 주를 기다리나이다

6 여호와여 주의 긍휼하심과 인자하심이

영원부터 있었사오니 주여 이것들을 기

억하옵소서

7 여호와여 내 젊은 시절의 죄와 허물을

기억하지 마시고 주의 인자하심을 따라

주께서 나를 기억하시되 주의 선하심으

로 하옵소서

8 여호와는 선하시고 정직하시니 그러

므로 그의 도로 죄인들을 교훈하시리

로다

9 온유한 자를 정의로 지도하심이여 온유

한 자에게 그의 도를 가르치시리로다

10 여호와의 모든 길은 그의 언약과 증거

를 지키는 자에게 인자와 진리로다

11 여호와여 나의 죄악이 크오니 주의 이

름으로 말미암아 사하소서

12 여호와를 경외하는 자 누구냐 그가 택

할 길을 그에게 가르치시리로다

13 그의 영혼은 평안히 살고 그의 자손은

땅을 상속하리로다

14 여호와의 친밀하심이 그를 경외하는 자

들에게 있음이여 그의 언약을 그들에게

보이시리로다

15 내 눈이 항상 여호와를 바라봄은 내 발

을 그물에서 벗어나게 하실 것임이로다

16 주여 나는 외롭고 괴로우니 내게 돌이

키사 나에게 은혜를 베푸소서

17 내 마음의 근심이 많사오니 나를 고난

에서 끌어내소서

18 나의 곤고와 환난을 보시고 내 모든 죄

를 사하소서

19 내 원수를 보소서 그들의 수가 많고 나를 심히 미워하나이다

20 내 영혼을 지켜 나를 구원하소서 내가 주께 피하오니 수치를 당하지 않게 하소서

21 내가 주를 바라오니 성실과 정직으로 나를 보호하소서

22 하나님이여 이스라엘을 그 모든 환난에서 속량하소서

〔다윗의 시〕

26 내가 나의 완전함에 행하였사오며 흔들리지 아니하고 여호와를 의지하였사오니 여호와여 나를 판단하소서

2 여호와여 나를 살피시고 시험하사 내 뜻과 내 양심을 단련하소서

3 주의 인자하심이 내 목전에 있나이다 내가 주의 진리 중에 행하여

4 허망한 사람과 같이 앉지 아니하였사오니 간사한 자와 동행하지도 아니하리이다

5 내가 행악자의 집회를 미워하오니 악한 자와 같이 앉지 아니하리이다

6 여호와여 내가 무죄하므로 손을 씻고 주의 제단에 두루 다니며

7 감사의 소리를 들려 주고 주의 기이한 모든 일을 말하리이다

8 여호와여 내가 주께서 계신 집과 주의 영광이 머무는 곳을 사랑하오니

9 내 영혼을 죄인과 함께, 내 생명을 살인자와 함께 거두지 마소서

10 그들의 손에 사악함이 있고 그들의 오른손에 뇌물이 가득하오나

11 나는 나의 완전함에 행하오리니 나를 속량하시고 내게 은혜를 베푸소서

12 내 발이 평탄한 데에 섰사오니 무리 가운데에서 여호와를 송축하리이다

〔다윗의 시〕

27 여호와는 나의 빛이요 나의 구원이시니 내가 누구를 두려워하리요 여호와는 내 생명의 능력이시니 내가 누구를 무서워하리요

2 악인들이 내 살을 먹으려고 내게로 왔으나 나의 대적들, 나의 원수들인 그들은 실족하여 넘어졌도다

3 군대가 나를 대적하여 진 칠지라도 내 마음이 두렵지 아니하며 전쟁이 일어나 나를 치려 할지라도 나는 여전히 태연하리로다

4 내가 여호와께 바라는 한 가지 일 그것을 구하리니 곧 내가 내 평생에 여호와의 집에 살면서 여호와의 아름다움을 바라보며 그의 성전에서 사모하는 그것이라

5 여호와께서 환난 날에 나를 그의 초막 속에 비밀히 지키시고 그의 장막 은밀한 곳에 나를 숨기시며 높은 바위 위에 두시리로다

6 이제 내 머리가 나를 둘러싼 내 원수 위에 들리리니 내가 그의 장막에서 즐거운 제사를 드리겠고 노래하며 여호와를 찬송하리로다

7 여호와여 내가 소리 내어 부르짖을 때에 들으시고 또한 나를 긍휼히 여기사 응답하소서

8 너희는 내 얼굴을 찾으라 하실 때에 내가 마음으로 주께 말하되 여호와여 내가 주의 얼굴을 찾으리이다 하였나이다

9 주의 얼굴을 내게서 숨기지 마시고 주의 종을 노하여 버리지 마소서 주는 나의 도움이 되셨나이다 나의 구원의 하나님이시여 나를 버리지 마시고 떠나지 마소서

10 내 부모는 나를 버렸으나 여호와는 나를 영접하시리이다

11 여호와여 주의 도를 내게 가르치시고 내 원수를 생각하셔서 평탄한 길로 나를 인도하소서

12 내 생명을 내 대적에게 맡기지 마소서 위증자와 악을 토하는 자가 일어나 나를 치려 함이니이다

13 내가 산 자들의 땅에서 여호와의 선하심을 보게 될 줄 확실히 믿었도다

14 너는 여호와를 기다릴지어다 강하고 담대하며 여호와를 기다릴지어다

〔다윗의 시〕

28 여호와여 내가 주께 부르짖으오니 나의 반석이여 내게 귀를 막지 마소서 주께서 내게 잠잠하시면 내가 무덤에 내려가는 자와 같을까 하나이다

2 내가 주의 지성소를 향하여 나의 손을 들고 주께 부르짖을 때에 나의 간구하는 소리를 들으소서

3 악인과 악을 행하는 자들과 함께 나를 끌어내지 마옵소서 그들은 그 이웃에게 화평을 말하나 그들의 마음에는 악독이 있나이다

4 그들이 하는 일과 그들의 행위가 악한 대로 갚으시며 그들의 손이 지은 대로 그들에게 갚아 그 마땅히 받을 것으로 그들에게 갚으소서

5 그들은 여호와께서 행하신 일과 손으로 지으신 것을 생각하지 아니하므로 여호와께서 그들을 파괴하고 건설하지 아니하시리로다

6 여호와를 찬송함이여 내 간구하는 소리를 들으심이로다

7 여호와는 나의 힘과 나의 방패이시니 내 마음이 그를 의지하여 도움을 얻었

Date · · ·

도다 그러므로 내 마음이 크게 기뻐하

며 내 노래로 그를 찬송하리로다

8 여호와는 그들의 힘이시요 그의 기름

부음 받은 자의 구원의 요새이시로다

9 주의 백성을 구원하시며 주의 산업에

복을 주시고 또 그들의 목자가 되시어

영원토록 그들을 인도하소서

〔다윗의 시〕

29 너희 권능 있는 자들아 영광과 능력을

여호와께 돌리고 돌릴지어다

2 여호와께 그의 이름에 합당한 영광을

돌리며 거룩한 옷을 입고 여호와께 예

배할지어다

3 여호와의 소리가 물 위에 있도다 영광

의 하나님이 우렛소리를 내시니 여호와

는 많은 물 위에 계시도다

4 여호와의 소리가 힘 있음이여 여호와의

소리가 위엄차도다

5 여호와의 소리가 백향목을 꺾으심이여

여호와께서 레바논 백향목을 꺾어 부수

시도다

6 그 나무를 송아지 같이 뛰게 하심이여

레바논과 시룐으로 들송아지 같이 뛰게

하시도다

7 여호와의 소리가 화염을 가르시도다

8 여호와의 소리가 광야를 진동하심이여

여호와께서 가데스 광야를 진동시키시

도다

9 여호와의 소리가 암사슴을 낙태하게 하

시고 삼림을 말갛게 벗기시니 그의 성

전에서 그의 모든 것들이 말하기를 영

광이라 하도다

10 여호와께서 홍수 때에 좌정하셨음이여

여호와께서 영원하도록 왕으로 좌정하

시도다

11 여호와께서 자기 백성에게 힘을 주심이

111

여 여호와께서 자기 백성에게 평강의

복을 주시리로다

〔다윗의 시, 곧 성전 낙성가〕

30 여호와여 내가 주를 높일 것은 주께서

나를 끌어내사 내 원수로 하여금 나

로 말미암아 기뻐하지 못하게 하심이니

이다

2 여호와 내 하나님이여 내가 주께 부르

짖으매 나를 고치셨나이다

3 여호와여 주께서 내 영혼을 스올에서

끌어내어 나를 살리사 무덤으로 내려가

지 아니하게 하셨나이다

4 주의 성도들아 여호와를 찬송하며 그의

거룩함을 기억하며 감사하라

5 그의 노염은 잠깐이요 그의 은총은 평

생이로다 저녁에는 울음이 깃들일지라

도 아침에는 기쁨이 오리로다

6 내가 형통할 때에 말하기를 영원히 흔

들리지 아니하리라 하였도다

7 여호와여 주의 은혜로 나를 산 같이 굳

게 세우셨더니 주의 얼굴을 가리시매

내가 근심하였나이다

8 여호와여 내가 주께 부르짖고 여호와께

간구하기를

9 내가 무덤에 내려갈 때에 나의 피가 무

슨 유익이 있으리요 진토가 어떻게 주

를 찬송하며 주의 진리를 선포하리이까

10 여호와여 들으시고 내게 은혜를 베푸소

서 여호와여 나를 돕는 자가 되소서 하

였나이다

11 주께서 나의 슬픔이 변하여 내게 춤이

되게 하시며 나의 베옷을 벗기고 기쁨

으로 띠 띠우셨나이다

12 이는 잠잠하지 아니하고 내 영광으로

주를 찬송하게 하심이니 여호와 나의

하나님이여 내가 주께 영원히 감사하리

이다

〔다윗의 시, 인도자를 따라 부르는 노래〕

31 여호와여 내가 주께 피하오니 나를 영원히 부끄럽게 하지 마시고 주의 공의로 나를 건지소서

2 내게 귀를 기울여 속히 건지시고 내게 견고한 바위와 구원하는 산성이 되소서

3 주는 나의 반석과 산성이시니 그러므로 주의 이름을 생각하셔서 나를 인도하시고 지도하소서

4 그들이 나를 위하여 비밀히 친 그물에서 빼내소서 주는 나의 산성이시니이다

5 내가 나의 영을 주의 손에 부탁하나이다 진리의 하나님 여호와여 나를 속량하셨나이다

6 내가 허탄한 거짓을 숭상하는 자들을 미워하고 여호와를 의지하나이다

7 내가 주의 인자하심을 기뻐하며 즐거워할 것은 주께서 나의 고난을 보시고 환난 중에 있는 내 영혼을 아셨으며

8 나를 원수의 수중에 가두지 아니하셨고 내 발을 넓은 곳에 세우셨음이니이다

9 여호와여 내가 고통 중에 있사오니 내게 은혜를 베푸소서 내가 근심 때문에 눈과 영혼과 몸이 쇠하였나이다

10 내 일생을 슬픔으로 보내며 나의 연수를 탄식으로 보냄이여 내 기력이 나의 죄악 때문에 약하여지며 나의 뼈가 쇠하도소이다

11 내가 모든 대적들 때문에 욕을 당하고 내 이웃에게서는 심히 당하니 내 친구가 놀라고 길에서 보는 자가 나를 피하였나이다

12 내가 잊어버린 바 됨이 죽은 자를 마음에 두지 아니함 같고 깨진 그릇과 같으니이다

13 내가 무리의 비방을 들었으므로 사방이

두려움으로 감싸였나이다 그들이 나를

치려고 함께 의논할 때에 내 생명을 빼

앗기로 꾀하였나이다

14 여호와여 그러하여도 나는 주께 의지하

고 말하기를 주는 내 하나님이시라 하

였나이다

15 나의 앞날이 주의 손에 있사오니 내 원

수들과 나를 핍박하는 자들의 손에서

나를 건져 주소서

16 주의 얼굴을 주의 종에게 비추시고 주

의 사랑하심으로 나를 구원하소서

17 여호와여 내가 주를 불렀사오니 나를

부끄럽게 하지 마시고 악인들을 부끄럽

게 하사 스올에서 잠잠하게 하소서

18 교만하고 완악한 말로 무례히 의인을

치는 거짓 입술이 말 못하는 자 되게

하소서

19 주를 두려워하는 자를 위하여 쌓아 두

신 은혜 곧 주께 피하는 자를 위하여

인생 앞에 베푸신 은혜가 어찌 그리 큰

지요

20 주께서 그들을 주의 은밀한 곳에 숨기

사 사람의 꾀에서 벗어나게 하시고 비

밀히 장막에 감추사 말 다툼에서 면하

게 하시리이다

21 여호와를 찬송할지어다 견고한 성에서

그의 놀라운 사랑을 내게 보이셨음이

로다

22 내가 놀라서 말하기를 주의 목전에서

끊어졌다 하였사오나 내가 주께 부르짖

을 때에 주께서 나의 간구하는 소리를

들으셨나이다

23 너희 모든 성도들아 여호와를 사랑하라

여호와께서 진실한 자를 보호하시고 교

만하게 행하는 자에게 엄중히 갚으시느

니라

24 여호와를 바라는 너희들아 강하고 담대

하라

〔다윗의 마스길〕

32 허물의 사함을 받고 자신의 죄가 가려

진 자는 복이 있도다

2 마음에 간사함이 없고 여호와께 정죄를

당하지 아니하는 자는 복이 있도다

3 내가 입을 열지 아니할 때에 종일 신음

하므로 내 뼈가 쇠하였도다

4 주의 손이 주야로 나를 누르시오니 내

진액이 빠져서 여름 가뭄에 마름 같이

되었나이다 (셀라)

5 내가 이르기를 내 허물을 여호와께 자

복하리라 하고 주께 내 죄를 아뢰고 내

죄악을 숨기지 아니하였더니 곧 주께서

내 죄악을 사하셨나이다 (셀라)

6 이로 말미암아 모든 경건한 자는 주를

만날 기회를 얻어서 주께 기도할지라

진실로 홍수가 범람할지라도 그에게 미

치지 못하리이다

7 주는 나의 은신처이오니 환난에서 나를

보호하시고 구원의 노래로 나를 두르시

리이다 (셀라)

8 내가 네 갈 길을 가르쳐 보이고 너를

주목하여 훈계하리로다

9 너희는 무지한 말이나 노새 같이 되지

말지어다 그것들은 재갈과 굴레로 단속

하지 아니하면 너희에게 가까이 가지

아니하리로다

10 악인에게는 많은 슬픔이 있으나 여호와

를 신뢰하는 자에게는 인자하심이 두르

리로다

11 너희 의인들아 여호와를 기뻐하며 즐거

워할지어다 마음이 정직한 너희들아 다

즐거이 외칠지어다

33 너희 의인들아 여호와를 즐거워하라

찬송은 정직한 자들이 마땅히 할 바로다

2 수금으로 여호와께 감사하고 열 줄 비

파로 찬송할지어다

3 새 노래로 그를 노래하며 즐거운 소리

로 아름답게 연주할지어다

4 여호와의 말씀은 정직하며 그가 행하시

는 일은 다 진실하시도다

5 그는 공의와 정의를 사랑하심이여 세상

에는 여호와의 인자하심이 충만하도다

6 여호와의 말씀으로 하늘이 지음이 되었

으며 그 만상을 그의 입 기운으로 이루

었도다

7 그가 바닷물을 모아 무더기 같이 쌓으

시며 깊은 물을 곳간에 두시도다

8 온 땅은 여호와를 두려워하며 세상의

모든 거민들은 그를 경외할지어다

9 그가 말씀하시매 이루어졌으며 명령하

시매 견고히 섰도다

10 여호와께서 나라들의 계획을 폐하시며

민족들의 사상을 무효하게 하시도다

11 여호와의 계획은 영원히 서고 그의 생

각은 대대에 이르리로다

12 여호와를 자기 하나님으로 삼은 나라

곧 하나님의 기업으로 선택된 백성은

복이 있도다

13 여호와께서 하늘에서 굽어보사 모든 인

생을 살피심이여

14 곧 그가 거하시는 곳에서 세상의 모든

거민들을 굽어살피시는도다

15 그는 그들 모두의 마음을 지으시며 그

들이 하는 일을 굽어살피시는 이로다

16 많은 군대로 구원 얻은 왕이 없으며 용

사가 힘이 세어도 스스로 구원하지 못

하는도다

17 구원하는 데에 군마는 헛되며 군대가

많다 하여도 능히 구하지 못하는도다

18 여호와는 그를 경외하는 자 곧 그의 인

자하심을 바라는 자를 살피사

19 그들의 영혼을 사망에서 건지시며 그들

이 굶주릴 때에 그들을 살리시는도다

20 우리 영혼이 여호와를 바람이여 그는

우리의 도움과 방패시로다

21 우리 마음이 그를 즐거워함이여 우리가

그의 성호를 의지하였기 때문이로다

22 여호와여 우리가 주께 바라는 대로 주

의 인자하심을 우리에게 베푸소서

〔다윗이 아비멜렉 앞에서 미친 체하다가
쫓겨나서 지은 시〕

34 내가 여호와를 항상 송축함이여 내 입

술로 항상 주를 찬양하리이다

2 내 영혼이 여호와를 자랑하리니 곤고한

자들이 이를 듣고 기뻐하리로다

3 나와 함께 여호와를 광대하시다 하며

함께 그의 이름을 높이세

4 내가 여호와께 간구하매 내게 응답하시

고 내 모든 두려움에서 나를 건지셨도다

5 그들이 주를 앙망하고 광채를 내었으니

그들의 얼굴은 부끄럽지 아니하리로다

6 이 곤고한 자가 부르짖으매 여호와께서

들으시고 그의 모든 환난에서 구원하셨

도다

7 여호와의 천사가 주를 경외하는 자를

둘러 진 치고 그들을 건지시는도다

8 너희는 여호와의 선하심을 맛보아 알지

어다 그에게 피하는 자는 복이 있도다

9 너희 성도들아 여호와를 경외하라 그를

경외하는 자에게는 부족함이 없도다

10 젊은 사자는 궁핍하여 주릴지라도 여호

와를 찾는 자는 모든 좋은 것에 부족함

이 없으리로다

11 너희 자녀들아 와서 내 말을 들으라 내

가 여호와를 경외하는 법을 너희에게

가르치리로다

12 생명을 사모하고 연수를 사랑하여 복

받기를 원하는 사람이 누구뇨

13 네 혀를 악에서 금하며 네 입술을 거짓

말에서 금할지어다

14 악을 버리고 선을 행하며 화평을 찾아

따를지어다

15 여호와의 눈은 의인을 향하시고 그의 귀

는 그들의 부르짖음에 기울이시는도다

16 여호와의 얼굴은 악을 행하는 자를 향

하사 그들의 자취를 땅에서 끊으려 하

시는도다

17 의인이 부르짖으매 여호와께서 들으시

고 그들의 모든 환난에서 건지셨도다

18 여호와는 마음이 상한 자를 가까이 하

시고 충심으로 통회하는 자를 구원하시

는도다

19 의인은 고난이 많으나 여호와께서 그의

모든 고난에서 건지시는도다

20 그의 모든 뼈를 보호하심이여 그 중에

서 하나도 꺾이지 아니하도다

21 악이 악인을 죽일 것이라 의인을 미워

하는 자는 벌을 받으리로다

22 여호와께서 그의 종들의 영혼을 속량하

시나니 그에게 피하는 자는 다 벌을 받

지 아니하리로다

〔다윗의 시〕

35 여호와여 나와 다투는 자와 다투시고

나와 싸우는 자와 싸우소서

2 방패와 손 방패를 잡으시고 일어나 나

를 도우소서

3 창을 빼사 나를 쫓는 자의 길을 막으시

고 또 내 영혼에게 나는 네 구원이라

이르소서

4 내 생명을 찾는 자들이 부끄러워 수치

를 당하게 하시며 나를 상해하려 하는

자들이 물러가 낭패를 당하게 하소서

5 그들을 바람 앞에 겨와 같게 하시고 여

호와의 천사가 그들을 몰아내게 하소서

6 그들의 길을 어둡고 미끄럽게 하시며

여호와의 천사가 그들을 뒤쫓게 하소서

7 그들이 까닭 없이 나를 잡으려고 그들

의 그물을 웅덩이에 숨기며 까닭 없이

내 생명을 해하려고 함정을 팠사오니

8 멸망이 순식간에 그에게 닥치게 하시며

그가 숨긴 그물에 자기가 잡히게 하시

며 멸망 중에 떨어지게 하소서

9 내 영혼이 여호와를 즐거워함이여 그의

구원을 기뻐하리로다

10 내 모든 뼈가 이르기를 여호와와 같은

이가 누구냐 그는 가난한 자를 그보다

강한 자에게서 건지시고 가난하고 궁핍

한 자를 노략하는 자에게서 건지시는

이라 하리로다

11 불의한 증인들이 일어나서 내가 알지

못하는 일로 내게 질문하며

12 내게 선을 악으로 갚아 나의 영혼을 외

롭게 하나

13 나는 그들이 병 들었을 때에 굵은 베

옷을 입으며 금식하여 내 영혼을 괴롭

게 하였더니 내 기도가 내 품으로 돌아

왔도다

14 내가 나의 친구와 형제에게 행함 같이

그들에게 행하였으며 내가 몸을 굽히

고 슬퍼하기를 어머니를 곡함 같이 하

였도다

15 그러나 내가 넘어지매 그들이 기뻐하여

서로 모임이여 불량배가 내가 알지 못

하는 중에 모여서 나를 치며 찢기를 마

지아니하도다

16 그들은 연회에서 망령되이 조롱하는 자

같이 나를 향하여 그들의 이를 갈도다

17 주여 어느 때까지 관망하시려 하나이까

내 영혼을 저 멸망자에게서 구원하시며

내 유일한 것을 사자들에게서 건지소서

18 내가 대회 중에서 주께 감사하며 많은

백성 중에서 주를 찬송하리이다

19 부당하게 나의 원수된 자가 나로 말미

암아 기뻐하지 못하게 하시며 까닭 없

이 나를 미워하는 자들이 서로 눈짓하

지 못하게 하소서

20 무릇 그들은 화평을 말하지 아니하고

오히려 평안히 땅에 사는 자들을 거짓

말로 모략하며

21 또 그들이 나를 향하여 입을 크게 벌리

고 하하 우리가 목격하였다 하나이다

22 여호와여 주께서 이를 보셨사오니 잠잠

하지 마옵소서 주여 나를 멀리하지 마

옵소서

23 나의 하나님, 나의 주여 떨치고 깨셔서

나를 공판하시며 나의 송사를 다스리

소서

24 여호와 나의 하나님이여 주의 공의대로

나를 판단하사 그들이 나로 말미암아

기뻐하지 못하게 하소서

25 그들이 마음속으로 이르기를 아하 소

원을 성취하였다 하지 못하게 하시며

우리가 그를 삼켰다 말하지 못하게 하

소서

26 나의 재난을 기뻐하는 자들이 함께 부

끄러워 낭패를 당하게 하시며 나를 향

하여 스스로 뽐내는 자들이 수치와 욕

을 당하게 하소서

27 나의 의를 즐거워하는 자들이 기꺼이

노래 부르고 즐거워하게 하시며 그의

종의 평안함을 기뻐하시는 여호와는 위

대하시다 하는 말을 그들이 항상 말하

게 하소서

28 나의 혀가 주의 의를 말하며 종일토록

주를 찬송하리이다

〔여호와의 종 다윗의 시, 인도자를 따라 부르는 노래〕

36 악인의 죄가 그의 마음속으로 이르기

를 그의 눈에는 하나님을 두려워하는

빛이 없다 하니

2 그가 스스로 자랑하기를 자기의 죄악은

드러나지 아니하고 미워함을 받지도 아

니하리라 함이로다

3 그의 입에서 나오는 말은 죄악과 속임

이라 그는 지혜와 선행을 그쳤도다

4 그는 그의 침상에서 죄악을 꾀하며 스

스로 악한 길에 서고 악을 거절하지 아

니하는도다

5 여호와여 주의 인자하심이 하늘에 있고

주의 진실하심이 공중에 사무쳤으며

6 주의 의는 하나님의 산들과 같고 주의

심판은 큰 바다와 같으니이다 여호와여

주는 사람과 짐승을 구하여 주시나이다

7 하나님이여 주의 인자하심이 어찌 그리

보배로우신지요 사람들이 주의 날개 그

늘 아래에 피하나이다

8 그들이 주의 집에 있는 살진 것으로 풍

족할 것이라 주께서 주의 복락의 강물

을 마시게 하시리이다

9 진실로 생명의 원천이 주께 있사오니

주의 빛 안에서 우리가 빛을 보리이다

10 주를 아는 자들에게 주의 인자하심을

계속 베푸시며 마음이 정직한 자에게

주의 공의를 베푸소서

11 교만한 자의 발이 내게 이르지 못하게

하시며 악인들의 손이 나를 쫓아내지

못하게 하소서

12 악을 행하는 자들이 거기서 넘어졌으

니 엎드러지고 다시 일어날 수 없으리

이다

〔다윗의 시〕

37 악을 행하는 자들 때문에 불평하지 말

며 불의를 행하는 자들을 시기하지 말

지어다

2 그들은 풀과 같이 속히 베임을 당할 것

이며 푸른 채소 같이 쇠잔할 것임이로다

3 여호와를 의뢰하고 선을 행하라 땅에

머무는 동안 그의 성실을 먹을 거리로

삼을지어다

4 또 여호와를 기뻐하라 그가 네 마음의

소원을 네게 이루어 주시리로다

5 네 길을 여호와께 맡기라 그를 의지하

면 그가 이루시고

6 네 의를 빛 같이 나타내시며 네 공의를

정오의 빛 같이 하시리로다

7 여호와 앞에 잠잠하고 참고 기다리라

자기 길이 형통하며 악한 꾀를 이루는

자 때문에 불평하지 말지어다

8 분을 그치고 노를 버리며 불평하지 말

라 오히려 악을 만들 뿐이라

9 진실로 악을 행하는 자들은 끊어질 것

이나 여호와를 소망하는 자들은 땅을

차지하리로다

10 잠시 후에는 악인이 없어지리니 네가

그 곳을 자세히 살필지라도 없으리로다

11 그러나 온유한 자들은 땅을 차지하며

풍성한 화평으로 즐거워하리로다

12 악인이 의인 치기를 꾀하고 그를 향하

여 그의 이를 가는도다

13 그러나 주께서 그를 비웃으시리니 그의

날이 다가옴을 보심이로다

14 악인이 칼을 빼고 활을 당겨 가난하고

궁핍한 자를 엎드러뜨리며 행위가 정직

한 자를 죽이고자 하나

15 그들의 칼은 오히려 그들의 양심을 찌

르고 그들의 활은 부러지리로다

16 의인의 적은 소유가 악인의 풍부함보다 낫도다

17 악인의 팔은 부러지나 의인은 여호와께서 붙드시는도다

18 여호와께서 온전한 자의 날을 아시나니 그들의 기업은 영원하리로다

19 그들은 환난 때에 부끄러움을 당하지 아니하며 기근의 날에도 풍족할 것이나

20 악인들은 멸망하고 여호와의 원수들은 어린 양의 기름 같이 타서 연기가 되어 없어지리로다

21 악인은 꾸고 갚지 아니하나 의인은 은혜를 베풀고 주는도다

22 주의 복을 받은 자들은 땅을 차지하고 주의 저주를 받은 자들은 끊어지리로다

23 여호와께서 사람의 걸음을 정하시고 그의 길을 기뻐하시나니

24 그는 넘어지나 아주 엎드러지지 아니함

은 여호와께서 그의 손으로 붙드심이로다

25 내가 어려서부터 늙기까지 의인이 버림을 당하거나 그의 자손이 걸식함을 보지 못하였도다

26 그는 종일토록 은혜를 베풀고 꾸어 주니 그의 자손이 복을 받는도다

27 악에서 떠나 선을 행하라 그리하면 영원히 살리니

28 여호와께서 정의를 사랑하시고 그의 성도를 버리지 아니하심이로다 그들은 영원히 보호를 받으나 악인의 자손은 끊어지리로다

29 의인이 땅을 차지함이여 거기서 영원히 살리로다

30 의인의 입은 지혜로우며 그의 혀는 정의를 말하며

31 그의 마음에는 하나님의 법이 있으니

그의 걸음은 실족함이 없으리로다

32 악인이 의인을 엿보아 살해할 기회를 찾으나

33 여호와는 그를 악인의 손에 버려 두지 아니하시고 재판 때에도 정죄하지 아니하시리로다

34 여호와를 바라고 그의 도를 지키라 그리하면 네가 땅을 차지하게 하실 것이라 악인이 끊어질 때에 네가 똑똑히 보리로다

35 내가 악인의 큰 세력을 본즉 그 본래의 땅에 서 있는 나무 잎이 무성함과 같으나

36 내가 지나갈 때에 그는 없어졌나니 내가 찾아도 발견하지 못하였도다

37 온전한 사람을 살피고 정직한 자를 볼지어다 모든 화평한 자의 미래는 평안이로다

38 범죄자들은 함께 멸망하리니 악인의 미래는 끊어질 것이나

39 의인들의 구원은 여호와로부터 오나니 그는 환난 때에 그들의 요새이시로다

40 여호와께서 그들을 도와 건지시되 악인들에게서 건져 구원하심은 그를 의지한 까닭이로다

〔다윗의 기념하는 시〕

38 여호와여 주의 노하심으로 나를 책망하지 마시고 주의 분노하심으로 나를 징계하지 마소서

2 주의 화살이 나를 찌르고 주의 손이 나를 심히 누르시나이다

3 주의 진노로 말미암아 내 살에 성한 곳이 없사오며 나의 죄로 말미암아 내 뼈에 평안함이 없나이다

4 내 죄악이 내 머리에 넘쳐서 무거운 짐 같으니 내가 감당할 수 없나이다

5 내 상처가 썩어 악취가 나오니 내가 우

매한 까닭이로소이다

6 내가 아프고 심히 구부러졌으며 종일토

록 슬픔 중에 다니나이다

7 내 허리에 열기가 가득하고 내 살에 성

한 곳이 없나이다

8 내가 피곤하고 심히 상하였으매 마음이

불안하여 신음하나이다

9 주여 나의 모든 소원이 주 앞에 있사오

며 나의 탄식이 주 앞에 감추이지 아니

하나이다

10 내 심장이 뛰고 내 기력이 쇠하여 내

눈의 빛도 나를 떠났나이다

11 내가 사랑하는 자와 내 친구들이 내 상

처를 멀리하고 내 친척들도 멀리 섰나

이다

12 내 생명을 찾는 자가 올무를 놓고 나를

해하려는 자가 괴악한 일을 말하여 종

일토록 음모를 꾸미오나

13 나는 못 듣는 자 같이 듣지 아니하고 말

못하는 자 같이 입을 열지 아니하오니

14 나는 듣지 못하는 자 같아서 내 입에는

반박할 말이 없나이다

15 여호와여 내가 주를 바랐사오니 내 주

하나님이 내게 응답하시리이다

16 내가 말하기를 두렵건대 그들이 나 때

문에 기뻐하며 내가 실족할 때에 나를

향하여 스스로 교만할까 하였나이다

17 내가 넘어지게 되었고 나의 근심이 항

상 내 앞에 있사오니

18 내 죄악을 아뢰고 내 죄를 슬퍼함이니

이다

19 내 원수가 활발하며 강하고 부당하게

나를 미워하는 자가 많으며

20 또 악으로 선을 대신하는 자들이 내가

선을 따른다는 것 때문에 나를 대적하

나이다

21 여호와여 나를 버리지 마소서 나의 하

나님이여 나를 멀리하지 마소서

22 속히 나를 도우소서 주 나의 구원이시여

〔다윗의 시, 인도자를 따라 여두둔 형식으로 부르는 노래〕

39 내가 말하기를 나의 행위를 조심하여

내 혀로 범죄하지 아니하리니 악인이

내 앞에 있을 때에 내가 내 입에 재갈

을 먹이리라 하였도다

2 내가 잠잠하여 선한 말도 하지 아니하

니 나의 근심이 더 심하도다

3 내 마음이 내 속에서 뜨거워서 작은 소

리로 읊조릴 때에 불이 붙으니 나의 혀

로 말하기를

4 여호와여 나의 종말과 연한이 언제까지

인지 알게 하사 내가 나의 연약함을 알

게 하소서

5 주께서 나의 날을 한 뼘 길이만큼 되게

하시매 나의 일생이 주 앞에는 없는 것

같사오니 사람은 그가 든든히 서 있는

때에도 진실로 모두가 허사뿐이니이다

(셀라)

6 진실로 각 사람은 그림자 같이 다니고

헛된 일로 소란하며 재물을 쌓으나 누

가 거둘는지 알지 못하나이다

7 주여 이제 내가 무엇을 바라리요 나의

소망은 주께 있나이다

8 나를 모든 죄에서 건지시며 우매한 자

에게서 욕을 당하지 아니하게 하소서

9 내가 잠잠하고 입을 열지 아니함은 주

께서 이를 행하신 까닭이니이다

10 주의 징벌을 나에게서 옮기소서 주의

손이 치심으로 내가 쇠망하였나이다

11 주께서 죄악을 책망하사 사람을 징계하

실 때에 그 영화를 좀먹음 같이 소멸하

게 하시니 참으로 인생이란 모두 헛될

뿐이니이다 (셀라)

12 여호와여 나의 기도를 들으시며 나의
부르짖음에 귀를 기울이소서 내가 눈물
흘릴 때에 잠잠하지 마옵소서 나는 주
와 함께 있는 나그네이며 나의 모든 조
상들처럼 떠도나이다

13 주는 나를 용서하사 내가 떠나 없어지
기 전에 나의 건강을 회복시키소서

〔다윗의 시, 인도자를 따라 부르는 노래〕

40 내가 여호와를 기다리고 기다렸더니
귀를 기울이사 나의 부르짖음을 들으셨
도다

2 나를 기가 막힐 웅덩이와 수렁에서 끌
어올리시고 내 발을 반석 위에 두사 내
걸음을 견고하게 하셨도다

3 새 노래 곧 우리 하나님께 올릴 찬송을
내 입에 두셨으니 많은 사람이 보고 두
려워하여 여호와를 의지하리로다

4 여호와를 의지하고 교만한 자와 거짓에
치우치는 자를 돌아보지 아니하는 자는
복이 있도다

5 여호와 나의 하나님이여 주께서 행하신
기적이 많고 우리를 향하신 주의 생각
도 많아 누구도 주와 견줄 수가 없나이
다 내가 널리 알려 말하고자 하나 너무
많아 그 수를 셀 수도 없나이다

6 주께서 내 귀를 통하여 내게 들려 주시
기를 제사와 예물을 기뻐하지 아니하시
며 번제와 속죄제를 요구하지 아니하신
다 하신지라

7 그 때에 내가 말하기를 내가 왔나이다
나를 가리켜 기록한 것이 두루마리 책
에 있나이다

8 나의 하나님이여 내가 주의 뜻 행하기
를 즐기오니 주의 법이 나의 심중에 있
나이다 하였나이다

9 내가 많은 회중 가운데에서 의의 기쁜 소식을 전하였나이다 여호와여 내가 내 입술을 닫지 아니할 줄을 주께서 아시나이다

10 내가 주의 공의를 내 심중에 숨기지 아니하고 주의 성실과 구원을 선포하였으며 내가 주의 인자와 진리를 많은 회중 가운데에서 감추지 아니하였나이다

11 여호와여 주의 긍휼을 내게서 거두지 마시고 주의 인자와 진리로 나를 항상 보호하소서

12 수많은 재앙이 나를 둘러싸고 나의 죄악이 나를 덮치므로 우러러볼 수도 없으며 죄가 나의 머리털보다 많으므로 내가 낙심하였음이니이다

13 여호와여 은총을 베푸사 나를 구원하소서 여호와여 속히 나를 도우소서

14 내 생명을 찾아 멸하려 하는 자는 다 수치와 낭패를 당하게 하시며 나의 해를 기뻐하는 자는 다 물러가 욕을 당하게 하소서

15 나를 향하여 하하 하하 하며 조소하는 자들이 자기 수치로 말미암아 놀라게 하소서

16 주를 찾는 자는 다 주 안에서 즐거워하고 기뻐하게 하시며 주의 구원을 사랑하는 자는 항상 말하기를 여호와는 위대하시다 하게 하소서

17 나는 가난하고 궁핍하오나 주께서는 나를 생각하시오니 주는 나의 도움이시요 나를 건지시는 이시라 나의 하나님이여 지체하지 마소서

〔다윗의 시, 인도자를 따라 부르는 노래〕

41 가난한 자를 보살피는 자에게 복이 있음이여 재앙의 날에 여호와께서 그를

건지시리로다

2 여호와께서 그를 지키사 살게 하시리

니 그가 이 세상에서 복을 받을 것이라

주여 그를 그 원수들의 뜻에 맡기지 마

소서

3 여호와께서 그를 병상에서 붙드시고 그

가 누워 있을 때마다 그의 병을 고쳐

주시나이다

4 내가 말하기를 여호와여 내게 은혜를

베푸소서 내가 주께 범죄하였사오니 나

를 고치소서 하였나이다

5 나의 원수가 내게 대하여 악담하기를

그가 어느 때에나 죽고 그의 이름이 언

제나 없어질까 하며

6 나를 보러 와서는 거짓을 말하고 그의

중심에 악을 쌓았다가 나가서는 이를

널리 선포하오며

7 나를 미워하는 자가 다 하나같이 내게

대하여 수군거리고 나를 해하려고 꾀

하며

8 이르기를 악한 병이 그에게 들었으니

이제 그가 눕고 다시 일어나지 못하리

라 하오며

9 내가 신뢰하여 내 떡을 나눠 먹던 나의

가까운 친구도 나를 대적하여 그의 발

꿈치를 들었나이다

10 그러하오나 주 여호와여 내게 은혜를

베푸시고 나를 일으키사 내가 그들에게

보응하게 하소서 이로써

11 내 원수가 나를 이기지 못하오니 주께

서 나를 기뻐하시는 줄을 내가 알았나

이다

12 주께서 나를 온전한 중에 붙드시고 영

원히 주 앞에 세우시나이다

13 이스라엘의 하나님 여호와를 영원부터

영원까지 송축할지로다 아멘 아멘

제 이 권

〔고라 자손의 마스길, 인도자를 따라 부르는 노래〕

42 하나님이여 사슴이 시냇물을 찾기에 갈급함 같이 내 영혼이 주를 찾기에 갈급하니이다

2 내 영혼이 하나님 곧 살아 계시는 하나님을 갈망하나니 내가 어느 때에 나아가서 하나님의 얼굴을 뵈올까

3 사람들이 종일 내게 하는 말이 네 하나님이 어디 있느뇨 하오니 내 눈물이 주야로 내 음식이 되었도다

4 내가 전에 성일을 지키는 무리와 동행하여 기쁨과 감사의 소리를 내며 그들을 하나님의 집으로 인도하였더니 이제 이 일을 기억하고 내 마음이 상하는도다

5 내 영혼아 네가 어찌하여 낙심하며 어찌하여 내 속에서 불안해 하는가 너는 하나님께 소망을 두라 그가 나타나 도

우심으로 말미암아 내가 여전히 찬송하리로다

6 내 하나님이여 내 영혼이 내 속에서 낙심이 되므로 내가 요단 땅과 헤르몬과 미살 산에서 주를 기억하나이다

7 주의 폭포 소리에 깊은 바다가 서로 부르며 주의 모든 파도와 물결이 나를 휩쓸었나이다

8 낮에는 여호와께서 그의 인자하심을 베푸시고 밤에는 그의 찬송이 내게 있어 생명의 하나님께 기도하리로다

9 내 반석이신 하나님께 말하기를 어찌하여 나를 잊으셨나이까 내가 어찌하여 원수의 압제로 말미암아 슬프게 다니나이까 하리로다

10 내 뼈를 찌르는 칼 같이 내 대적이 나를 비방하여 늘 내게 말하기를 네 하나님이 어디 있느냐 하도다

11 내 영혼아 네가 어찌하여 낙심하며 어찌하여 내 속에서 불안해 하는가 너는 하나님께 소망을 두라 나는 그가 나타나 도우심으로 말미암아 내 하나님을 여전히 찬송하리로다

43 하나님이여 나를 판단하시되 경건하지 아니한 나라에 대하여 내 송사를 변호하시며 간사하고 불의한 자에게서 나를 건지소서

2 주는 나의 힘이 되신 하나님이시거늘 어찌하여 나를 버리셨나이까 내가 어찌하여 원수의 억압으로 말미암아 슬프게 다니나이까

3 주의 빛과 주의 진리를 보내시어 나를 인도하시고 주의 거룩한 산과 주께서 계시는 곳에 이르게 하소서

4 그런즉 내가 하나님의 제단에 나아가 나의 큰 기쁨의 하나님께 이르리이다

하나님이여 나의 하나님이여 내가 수금으로 주를 찬양하리이다

5 내 영혼아 네가 어찌하여 낙심하며 어찌하여 내 속에서 불안해 하는가 너는 하나님께 소망을 두라 그가 나타나 도우심으로 말미암아 내 하나님을 여전히 찬송하리로다

〔고라 자손의 마스길, 인도자를 따라 부르는 노래〕

44 하나님이여 주께서 우리 조상들의 날 곧 옛날에 행하신 일을 그들이 우리에게 일러 주매 우리가 우리 귀로 들었나이다

2 주께서 주의 손으로 뭇 백성을 내쫓으시고 우리 조상들을 이 땅에 뿌리 박게 하시며 주께서 다른 민족들은 고달프게 하시고 우리 조상들은 번성하게 하셨나이다

3 그들이 자기 칼로 땅을 얻어 차지함이

131

아니요 그들의 팔이 그들을 구원함도

아니라 오직 주의 오른손과 주의 팔과

주의 얼굴의 빛으로 하셨으니 주께서

그들을 기뻐하신 까닭이니이다

4 하나님이여 주는 나의 왕이시니 야곱에

게 구원을 베푸소서

5 우리가 주를 의지하여 우리 대적을 누

르고 우리를 치러 일어나는 자를 주의

이름으로 밟으리이다

6 나는 내 활을 의지하지 아니할 것이라

내 칼이 나를 구원하지 못하리이다

7 오직 주께서 우리를 우리 원수들에게서

구원하시고 우리를 미워하는 자로 수치

를 당하게 하셨나이다

8 우리가 종일 하나님을 자랑하였나이다

우리는 하나님의 이름에 영원히 감사하

리이다 (셀라)

9 그러나 이제는 주께서 우리를 버려 욕

을 당하게 하시고 우리 군대와 함께 나

아가지 아니하시나이다

10 주께서 우리를 대적들에게서 돌아서게

하시니 우리를 미워하는 자가 자기를

위하여 탈취하였나이다

11 주께서 우리를 잡아먹힐 양처럼 그들에

게 넘겨 주시고 여러 민족 중에 우리를

흩으셨나이다

12 주께서 주의 백성을 헐값으로 파심이여

그들을 판 값으로 이익을 얻지 못하셨

나이다

13 주께서 우리로 하여금 이웃에게 욕을

당하게 하시니 그들이 우리를 둘러싸고

조소하고 조롱하나이다

14 주께서 우리를 뭇 백성 중에 이야기거

리가 되게 하시며 민족 중에서 머리 흔

듦을 당하게 하셨나이다

15 나의 능욕이 종일 내 앞에 있으며 수치

가 내 얼굴을 덮었으니

게 되며 도살할 양 같이 여김을 받았나 이다

16 나를 비방하고 욕하는 소리 때문이요 나의 원수와 나의 복수자 때문이니이다

23 주여 깨소서 어찌하여 주무시나이까 일 어나시고 우리를 영원히 버리지 마소서

17 이 모든 일이 우리에게 임하였으나 우 리가 주를 잊지 아니하며 주의 언약을 어기지 아니하였나이다

24 어찌하여 주의 얼굴을 가리시고 우리의 고난과 압제를 잊으시나이까

18 우리의 마음은 위축되지 아니하고 우리 걸음도 주의 길을 떠나지 아니하였으나

25 우리 영혼은 진토 속에 파묻히고 우리 몸은 땅에 붙었나이다

19 주께서 우리를 승냥이의 처소에 밀어 넣으시고 우리를 사망의 그늘로 덮으셨 나이다

26 일어나 우리를 도우소서 주의 인자하심 으로 말미암아 우리를 구원하소서

〔고라 자손의 마스길, 사랑의 노래, 인도자를 따라 소산님에 맞춘 것〕

20 우리가 우리 하나님의 이름을 잊어버렸 거나 우리 손을 이방 신에게 향하여 폈 더면

45 내 마음이 좋은 말로 왕을 위하여 지 은 것을 말하리니 내 혀는 글솜씨가 뛰 어난 서기관의 붓끝과 같도다

21 하나님이 이를 알아내지 아니하셨으리 이까 무릇 주는 마음의 비밀을 아시나 이다

2 왕은 사람들보다 아름다워 은혜를 입술 에 머금으니 그러므로 하나님이 왕에게 영원히 복을 주시도다

22 우리가 종일 주를 위하여 죽임을 당하

3 용사여 칼을 허리에 차고 왕의 영화와

위엄을 입으소서

4 왕은 진리와 온유와 공의를 위하여 왕

의 위엄을 세우시고 병거에 오르소서

왕의 오른손이 왕에게 놀라운 일을 가

르치리이다

5 왕의 화살은 날카로워 왕의 원수의 염

통을 뚫으니 만민이 왕의 앞에 엎드러

지는도다

6 하나님이여 주의 보좌는 영원하며 주의

나라의 규는 공평한 규이니이다

7 왕은 정의를 사랑하고 악을 미워하시니

그러므로 하나님 곧 왕의 하나님이 즐

거움의 기름을 왕에게 부어 왕의 동료

보다 뛰어나게 하셨나이다

8 왕의 모든 옷은 몰약과 침향과 육계의

향기가 있으며 상아궁에서 나오는 현악

은 왕을 즐겁게 하도다

9 왕이 가까이 하는 여인들 중에는 왕들

의 딸이 있으며 왕후는 오빌의 금으로

꾸미고 왕의 오른쪽에 서도다

10 딸이여 듣고 보고 귀를 기울일지어다

네 백성과 네 아버지의 집을 잊어버릴

지어다

11 그리하면 왕이 네 아름다움을 사모하실

지라 그는 네 주인이시니 너는 그를 경

배할지어다

12 두로의 딸은 예물을 드리고 백성 중 부

한 자도 네 얼굴 보기를 원하리로다

13 왕의 딸은 궁중에서 모든 영화를 누리

니 그의 옷은 금으로 수 놓았도다

14 수 놓은 옷을 입은 그는 왕께로 인도함

을 받으며 시종하는 친구 처녀들도 왕

께로 이끌려 갈 것이라

15 그들은 기쁨과 즐거움으로 인도함을 받

고 왕궁에 들어가리로다

16 왕의 아들들은 왕의 조상들을 계승할

것이라 왕이 그들로 온 세계의 군왕을 삼으리로다

17 내가 왕의 이름을 만세에 기억하게 하리니 그러므로 만민이 왕을 영원히 찬송하리로다

〔고라 자손의 시, 인도자를 따라 알라못에 맞춘 노래〕

46 하나님은 우리의 피난처시요 힘이시니 환난 중에 만날 큰 도움이시라

2 그러므로 땅이 변하든지 산이 흔들려 바다 가운데에 빠지든지

3 바닷물이 솟아나고 뛰놀든지 그것이 넘침으로 산이 흔들릴지라도 우리는 두려워하지 아니하리로다 (셀라)

4 한 시내가 있어 나뉘어 흘러 하나님의 성 곧 지존하신 이의 성소를 기쁘게 하도다

5 하나님이 그 성 중에 계시매 성이 흔들리지 아니할 것이라 새벽에 하나님이

도우시리로다

6 뭇 나라가 떠들며 왕국이 흔들렸더니 그가 소리를 내시매 땅이 녹았도다

7 만군의 여호와께서 우리와 함께 하시니 야곱의 하나님은 우리의 피난처시로다 (셀라)

8 와서 여호와의 행적을 볼지어다 그가 땅을 황무지로 만드셨도다

9 그가 땅 끝까지 전쟁을 쉬게 하심이여 활을 꺾고 창을 끊으며 수레를 불사르시는도다

10 이르시기를 너희는 가만히 있어 내가 하나님 됨을 알지어다 내가 뭇 나라 중에서 높임을 받으리라 내가 세계 중에서 높임을 받으리라 하시도다

11 만군의 여호와께서 우리와 함께 하시니 야곱의 하나님은 우리의 피난처시로다 (셀라)

〔고라 자손의 시, 인도자를 따라 부르는 노래〕

47 너희 만민들아 손바닥을 치고 즐거운 소리로 하나님께 외칠지어다

2 지존하신 여호와는 두려우시고 온 땅에 큰 왕이 되심이로다

3 여호와께서 만민을 우리에게, 나라들을 우리 발 아래에 복종하게 하시며

4 우리를 위하여 기업을 택하시나니 곧 사랑하신 야곱의 영화로다 (셀라)

5 하나님께서 즐거운 함성 중에 올라가심이여 여호와께서 나팔 소리 중에 올라가시도다

6 찬송하라 하나님을 찬송하라 찬송하라 우리 왕을 찬송하라

7 하나님은 온 땅의 왕이심이라 지혜의 시로 찬송할지어다

8 하나님이 뭇 백성을 다스리시며 하나님이 그의 거룩한 보좌에 앉으셨도다

9 뭇 나라의 고관들이 모임이여 아브라함의 하나님의 백성이 되도다 세상의 모든 방패는 하나님의 것임이여 그는 높임을 받으시리로다

〔고라 자손의 시 곧 노래〕

48 여호와는 위대하시니 우리 하나님의 성, 거룩한 산에서 극진히 찬양 받으시리로다

2 터가 높고 아름다워 온 세계가 즐거워함이여 큰 왕의 성 곧 북방에 있는 시온 산이 그러하도다

3 하나님이 그 여러 궁중에서 자기를 요새로 알리셨도다

4 왕들이 모여서 함께 지나갔음이여

5 그들이 보고 놀라고 두려워 빨리 지나갔도다

6 거기서 떨림이 그들을 사로잡으니 고통이 해산하는 여인의 고통 같도다

7 주께서 동풍으로 다시스의 배를 깨뜨리시도다

8 우리가 들은 대로 만군의 여호와의 성, 우리 하나님의 성에서 보았나니 하나님이 이를 영원히 견고하게 하시리로다 (셀라)

9 하나님이여 우리가 주의 전 가운데에서 주의 인자하심을 생각하였나이다

10 하나님이여 주의 이름과 같이 찬송도 땅 끝까지 미쳤으며 주의 오른손에는 정의가 충만하였나이다

11 주의 심판으로 말미암아 시온 산은 기뻐하고 유다의 딸들은 즐거워할지어다

12 너희는 시온을 돌면서 그 곳을 둘러보고 그 망대들을 세어 보라

13 그의 성벽을 자세히 보고 그의 궁전을 살펴서 후대에 전하라

14 이 하나님은 영원히 우리 하나님이시니 그가 우리를 죽을 때까지 인도하시리로다

〔고라 자손의 시, 인도자를 따라 부르는 노래〕

49 뭇 백성들아 이를 들으라 세상의 거민들아 모두 귀를 기울이라

2 귀천 빈부를 막론하고 다 들을지어다

3 내 입은 지혜를 말하겠고 내 마음은 명철을 작은 소리로 읊조리리로다

4 내가 비유에 내 귀를 기울이고 수금으로 나의 오묘한 말을 풀리로다

5 죄악이 나를 따라다니며 나를 에워싸는 환난의 날을 내가 어찌 두려워하랴

6 자기의 재물을 의지하고 부유함을 자랑하는 자는

7 아무도 자기의 형제를 구원하지 못하며 그를 위한 속전을 하나님께 바치지도 못할 것은

8 그들의 생명을 속량하는 값이 너무 엄

청나서 영원히 마련하지 못할 것임이

니라

9 그가 영원히 살아서 죽음을 보지 않을

것인가

10 그러나 그는 지혜 있는 자도 죽고 어리

석고 무지한 자도 함께 망하며 그들의

재물은 남에게 남겨 두고 떠나는 것을

보게 되리로다

11 그러나 그들의 속 생각에 그들의 집은

영원히 있고 그들의 거처는 대대에 이

르리라 하여 그들의 토지를 자기 이름

으로 부르도다

12 사람은 존귀하나 장구하지 못함이여 멸

망하는 짐승 같도다

13 이것이 바로 어리석은 자들의 길이며

그들의 말을 기뻐하는 자들의 종말이로

다 (셀라)

14 그들은 양 같이 스올에 두기로 작정되

었으니 사망이 그들의 목자일 것이라

정직한 자들이 아침에 그들을 다스리리

니 그들의 아름다움은 소멸하고 스올이

그들의 거처가 되리라

15 그러나 하나님은 나를 영접하시리니 이

러므로 내 영혼을 스올의 권세에서 건

져내시리로다 (셀라)

16 사람이 치부하여 그의 집의 영광이 더

할 때에 너는 두려워하지 말지어다

17 그가 죽으매 가져가는 것이 없고 그의

영광이 그를 따라 내려가지 못함이로다

18 그가 비록 생시에 자기를 축하하며 스

스로 좋게 함으로 사람들에게 칭찬을

받을지라도

19 그들은 그들의 역대 조상들에게로 돌아

가리니 영원히 빛을 보지 못하리로다

20 존귀하나 깨닫지 못하는 사람은 멸망하

는 짐승 같도다

〔아삽의 시〕

50 전능하신 이 여호와 하나님께서 말씀

하사 해 돋는 데서부터 지는 데까지 세

상을 부르셨도다

2 온전히 아름다운 시온에서 하나님이 빛

을 비추셨도다

3 우리 하나님이 오사 잠잠하지 아니하시

니 그 앞에는 삼키는 불이 있고 그 사

방에는 광풍이 불리로다

4 하나님이 자기의 백성을 판결하시려고

위 하늘과 아래 땅에 선포하여

5 이르시되 나의 성도들을 내 앞에 모으

라 그들은 제사로 나와 언약한 이들이

니라 하시도다

6 하늘이 그의 공의를 선포하리니 하나님

그는 심판장이심이로다 (셀라)

7 내 백성아 들을지어다 내가 말하리라

이스라엘아 내가 네게 증언하리라 나는

하나님 곧 네 하나님이로다

8 나는 네 제물 때문에 너를 책망하지는

아니하리니 네 번제가 항상 내 앞에 있

음이로다

9 내가 네 집에서 수소나 네 우리에서 숫

염소를 가져가지 아니하리니

10 이는 삼림의 짐승들과 뭇 산의 가축이

다 내 것이며

11 산의 모든 새들도 내가 아는 것이며 들

의 짐승도 내 것임이로다

12 내가 가령 주려도 네게 이르지 아니할

것은 세계와 거기에 충만한 것이 내 것

임이로다

13 내가 수소의 고기를 먹으며 염소의 피

를 마시겠느냐

14 감사로 하나님께 제사를 드리며 지존하

신 이에게 네 서원을 갚으며

15 환난 날에 나를 부르라 내가 너를 건지

리니 네가 나를 영화롭게 하리로다

16 악인에게는 하나님이 이르시되 네가 어

찌하여 내 율례를 전하며 내 언약을 네

입에 두느냐

17 네가 교훈을 미워하고 내 말을 네 뒤로

던지며

18 도둑을 본즉 그와 연합하고 간음하는

자들과 동료가 되며

19 네 입을 악에게 내어 주고 네 혀로 거

짓을 꾸미며

20 앉아서 네 형제를 공박하며 네 어머니

의 아들을 비방하는도다

21 네가 이 일을 행하여도 내가 잠잠하였

더니 네가 나를 너와 같은 줄로 생각하

였도다 그러나 내가 너를 책망하여 네

죄를 네 눈 앞에 낱낱이 드러내리라 하

시는도다

22 하나님을 잊어버린 너희여 이제 이를

생각하라 그렇지 아니하면 내가 너희를

찢으리니 건질 자 없으리라

23 감사로 제사를 드리는 자가 나를 영화

롭게 하나니 그의 행위를 옳게 하는 자

에게 내가 하나님의 구원을 보이리라

〔다윗의 시, 인도자를 따라 부르는 노래, 다윗이 밧세바와
동침한 후 선지자 나단이 그에게 왔을 때〕

51 하나님이여 주의 인자를 따라 내게 은

혜를 베푸시며 주의 많은 긍휼을 따라

내 죄악을 지워 주소서

2 나의 죄악을 말갛게 씻으시며 나의 죄

를 깨끗이 제하소서

3 무릇 나는 내 죄과를 아오니 내 죄가

항상 내 앞에 있나이다

4 내가 주께만 범죄하여 주의 목전에 악

을 행하였사오니 주께서 말씀하실 때에

의로우시다 하고 주께서 심판하실 때에

순전하시다 하리이다

5 내가 죄악 중에서 출생하였음이여 어머

니가 죄 중에서 나를 잉태하였나이다

6 보소서 주께서는 중심이 진실함을 원하
시오니 내게 지혜를 은밀히 가르치시리
이다

7 우슬초로 나를 정결하게 하소서 내가
정하리이다 나의 죄를 씻어 주소서 내
가 눈보다 희리이다

8 내게 즐겁고 기쁜 소리를 들려 주시사 주
께서 꺾으신 뼈들도 즐거워하게 하소서

9 주의 얼굴을 내 죄에서 돌이키시고 내
모든 죄악을 지워 주소서

10 하나님이여 내 속에 정한 마음을 창조
하시고 내 안에 정직한 영을 새롭게 하
소서

11 나를 주 앞에서 쫓아내지 마시며 주의
성령을 내게서 거두지 마소서

12 주의 구원의 즐거움을 내게 회복시켜
주시고 자원하는 심령을 주사 나를 붙

드소서

13 그리하면 내가 범죄자에게 주의 도를
가르치리니 죄인들이 주께 돌아오리
이다

14 하나님이여 나의 구원의 하나님이여 피
흘린 죄에서 나를 건지소서 내 혀가 주
의 의를 높이 노래하리이다

15 주여 내 입술을 열어 주소서 내 입이
주를 찬송하여 전파하리이다

16 주께서는 제사를 기뻐하지 아니하시나
니 그렇지 아니하면 내가 드렸을 것이라
주는 번제를 기뻐하지 아니하시나이다

17 하나님께서 구하시는 제사는 상한 심령
이라 하나님이여 상하고 통회하는 마음
을 주께서 멸시하지 아니하시리이다

18 주의 은택으로 시온에 선을 행하시고
예루살렘 성을 쌓으소서

19 그 때에 주께서 의로운 제사와 번제와

온전한 번제를 기뻐하시리니 그 때에

그들이 수소를 주의 제단에 드리리이다

〔다윗의 마스길, 인도자를 따라 부르는 노래,
에돔인 도엑이 사울에게 이르러 다윗이 아히멜렉의 집에
왔다고 그에게 말하던 때에〕

52 포악한 자여 네가 어찌하여 악한 계획

을 스스로 자랑하는가 하나님의 인자하

심은 항상 있도다

2 네 혀가 심한 악을 꾀하여 날카로운 삭

도 같이 간사를 행하는도다

3 네가 선보다 악을 사랑하며 의를 말함

보다 거짓을 사랑하는도다 (셀라)

4 간사한 혀여 너는 남을 해치는 모든 말

을 좋아하는도다

5 그런즉 하나님이 영원히 너를 멸하심이

여 너를 붙잡아 네 장막에서 뽑아 내며

살아 있는 땅에서 네 뿌리를 빼시리로

다 (셀라)

6 의인이 보고 두려워하며 또 그를 비웃

어 말하기를

7 이 사람은 하나님을 자기 힘으로 삼지

아니하고 오직 자기 재물의 풍부함을

의지하며 자기의 악으로 스스로 든든하

게 하던 자라 하리로다

8 그러나 나는 하나님의 집에 있는 푸른

감람나무 같음이여 하나님의 인자하심

을 영원히 의지하리로다

9 주께서 이를 행하셨으므로 내가 영원히

주께 감사하고 주의 이름이 선하시므로

주의 성도 앞에서 내가 주의 이름을 사

모하리이다

〔다윗의 마스길, 인도자를 따라 마할랏에 맞춘 노래〕

53 어리석은 자는 그의 마음에 이르기를

하나님이 없다 하도다 그들은 부패하며

가증한 악을 행함이여 선을 행하는 자

가 없도다

2 하나님이 하늘에서 인생을 굽어살피사

지각이 있는 자와 하나님을 찾는 자가

있는가 보려 하신즉

3 각기 물러가 함께 더러운 자가 되고 선을 행하는 자 없으니 한 사람도 없도다

4 죄악을 행하는 자들은 무지하냐 그들이 떡 먹듯이 내 백성을 먹으면서 하나님을 부르지 아니하는도다

5 그들이 두려움이 없는 곳에서 크게 두려워하였으니 너를 대항하여 진 친 그들의 뼈를 하나님이 흩으심이라 하나님이 그들을 버리셨으므로 네가 그들에게 수치를 당하게 하였도다

6 시온에서 이스라엘을 구원하여 줄 자 누구인가 하나님이 자기 백성의 포로된 것을 돌이키실 때에 야곱이 즐거워하며 이스라엘이 기뻐하리로다

〔다윗의 마스길, 인도자를 따라 현악에 맞춘 노래,
십 사람이 사울에게 이르러 말하기를 다윗이
우리가 있는 곳에 숨지 아니하였나이까 하던 때에〕

54 하나님이여 주의 이름으로 나를 구원하시고 주의 힘으로 나를 변호하소서

2 하나님이여 내 기도를 들으시며 내 입의 말에 귀를 기울이소서

3 낯선 자들이 일어나 나를 치고 포악한 자들이 나의 생명을 수색하며 하나님을 자기 앞에 두지 아니하였음이니이다 (셀라)

4 하나님은 나를 돕는 이시며 주께서는 내 생명을 붙들어 주시는 이시니이다

5 주께서는 내 원수에게 악으로 갚으시리니 주의 성실하심으로 그들을 멸하소서

6 내가 낙헌제로 주께 제사하리이다 여호와여 주의 이름에 감사하오리니 주의 이름이 선하심이니이다

7 참으로 주께서는 모든 환난에서 나를 건지시고 내 원수가 보응 받는 것을 내 눈이 똑똑히 보게 하셨나이다

〔다윗의 마스길, 인도자를 따라 현악에 맞춘 노래〕

55 하나님이여 내 기도에 귀를 기울이시

고 내가 간구할 때에 숨지 마소서

2 내게 굽히사 응답하소서 내가 근심으로

편하지 못하여 탄식하오니

3 이는 원수의 소리와 악인의 압제 때문

이라 그들이 죄악을 내게 더하며 노하

여 나를 핍박하나이다

4 내 마음이 내 속에서 심히 아파하며 사

망의 위험이 내게 이르렀도다

5 두려움과 떨림이 내게 이르고 공포가

나를 덮었도다

6 나는 말하기를 만일 내게 비둘기 같이

날개가 있다면 날아가서 편히 쉬리로다

7 내가 멀리 날아가서 광야에 머무르리로

다 (셀라)

8 내가 나의 피난처로 속히 가서 폭풍과

광풍을 피하리라 하였도다

9 내가 성내에서 강포와 분쟁을 보았사오

니 주여 그들을 멸하소서 그들의 혀를

잘라 버리소서

10 그들이 주야로 성벽 위에 두루 다니니

성 중에는 죄악과 재난이 있으며

11 악독이 그 중에 있고 압박과 속임수가

그 거리를 떠나지 아니하도다

12 나를 책망하는 자는 원수가 아니라 원

수일진대 내가 참았으리라 나를 대하여

자기를 높이는 자는 나를 미워하는 자

가 아니라 미워하는 자일진대 내가 그

를 피하여 숨었으리라

13 그는 곧 너로다 나의 동료, 나의 친구

요 나의 가까운 친우로다

14 우리가 같이 재미있게 의논하며 무리와

함께 하여 하나님의 집 안에서 다녔도다

15 사망이 갑자기 그들에게 임하여 산 채

로 스올에 내려갈지어다 이는 악독이

그들의 거처에 있고 그들 가운데에 있

음이로다

16 나는 하나님께 부르짖으리니 여호와께

서 나를 구원하시리로다

17 저녁과 아침과 정오에 내가 근심하여

탄식하리니 여호와께서 내 소리를 들으

시리로다

18 나를 대적하는 자 많더니 나를 치는 전

쟁에서 그가 내 생명을 구원하사 평안

하게 하셨도다

19 옛부터 계시는 하나님이 들으시고 그들

을 낮추시리이다 (셀라) 그들은 변하지

아니하며 하나님을 경외하지 아니함이

니이다

20 그는 손을 들어 자기와 화목한 자를 치

고 그의 언약을 배반하였도다

21 그의 입은 우유 기름보다 미끄러우나

그의 마음은 전쟁이요 그의 말은 기름

보다 유하나 실상은 뽑힌 칼이로다

22 네 짐을 여호와께 맡기라 그가 너를 붙

드시고 의인의 요동함을 영원히 허락하

지 아니하시리로다

23 하나님이여 주께서 그들로 파멸의 웅덩

이에 빠지게 하시리이다 피를 흘리게

하며 속이는 자들은 그들의 날의 반도

살지 못할 것이나 나는 주를 의지하리

이다

〔다윗의 믹담 시, 인도자를 따라 요낫 엘렘 르호김에
맞춘 노래, 다윗이 가드에서 블레셋인에게 잡힌 때에〕

56 하나님이여 내게 은혜를 베푸소서 사

람이 나를 삼키려고 종일 치며 압제하

나이다

2 내 원수가 종일 나를 삼키려 하며 나를

교만하게 치는 자들이 많사오니

3 내가 두려워하는 날에는 내가 주를 의

지하리이다

4 내가 하나님을 의지하고 그 말씀을 찬

송하올지라 내가 하나님을 의지하였은

즉 두려워하지 아니하리니 혈육을 가진

사람이 내게 어찌하리이까

5 그들이 종일 내 말을 곡해하며 나를 치

는 그들의 모든 생각은 사악이라

6 그들이 내 생명을 엿보았던 것과 같이

또 모여 숨어 내 발자취를 지켜보나이다

7 그들이 악을 행하고야 안전하오리이까

하나님이여 분노하사 뭇 백성을 낮추

소서

8 나의 유리함을 주께서 계수하셨사오니

나의 눈물을 주의 병에 담으소서 이것

이 주의 책에 기록되지 아니하였나이까

9 내가 아뢰는 날에 내 원수들이 물러가

리니 이것으로 하나님이 내 편이심을

내가 아나이다

10 내가 하나님을 의지하여 그의 말씀을

찬송하며 여호와를 의지하여 그의 말씀

을 찬송하리이다

11 내가 하나님을 의지하였은즉 두려워하

지 아니하리니 사람이 내게 어찌하리

이까

12 하나님이여 내가 주께 서원함이 있사온

즉 내가 감사제를 주께 드리리니

13 주께서 내 생명을 사망에서 건지셨음이

라 주께서 나로 하나님 앞, 생명의 빛

에 다니게 하시려고 실족하지 아니하게

하지 아니하셨나이까

〔다윗의 믹담 시, 인도자를 따라 알다스헷에 맞춘 노래,
다윗이 사울을 피하여 굴에 있던 때에〕

57 하나님이여 내게 은혜를 베푸소서 내

게 은혜를 베푸소서 내 영혼이 주께로

피하되 주의 날개 그늘 아래에서 이 재

앙들이 지나기까지 피하리이다

2 내가 지존하신 하나님께 부르짖음이여

곧 나를 위하여 모든 것을 이루시는 하

나님께로다

3 그가 하늘에서 보내사 나를 삼키려는

자의 비방에서 나를 구원하실지라 (셀

라) 하나님이 그의 인자와 진리를 보내

시리로다

4 내 영혼이 사자들 가운데에서 살며 내

가 불사르는 자들 중에 누웠으니 곧 사

람의 아들들 중에라 그들의 이는 창과

화살이요 그들의 혀는 날카로운 칼 같

도다

5 하나님이여 주는 하늘 위에 높이 들리

시며 주의 영광이 온 세계 위에 높아지

기를 원하나이다

6 그들이 내 걸음을 막으려고 그물을 준

비하였으니 내 영혼이 억울하도다 그들

이 내 앞에 웅덩이를 팠으나 자기들이

그 중에 빠졌도다 (셀라)

7 하나님이여 내 마음이 확정되었고 내

마음이 확정되었사오니 내가 노래하고

내가 찬송하리이다

8 내 영광아 깰지어다 비파야, 수금아, 깰

지어다 내가 새벽을 깨우리로다

9 주여 내가 만민 중에서 주께 감사하오

며 뭇 나라 중에서 주를 찬송하리이다

10 무릇 주의 인자는 커서 하늘에 미치고

주의 진리는 궁창에 이르나이다

11 하나님이여 주는 하늘 위에 높이 들리

시며 주의 영광이 온 세계 위에 높아지

기를 원하나이다

〔다윗의 믹담 시, 인도자를 따라 알다스헷에 맞춘 노래〕

58 통치자들아 너희가 정의를 말해야 하

거늘 어찌 잠잠하냐 인자들아 너희가 올

바르게 판결해야 하거늘 어찌 잠잠하냐

2 아직도 너희가 중심에 악을 행하며 땅에

서 너희 손으로 폭력을 달아 주는도다

3 악인은 모태에서부터 멀어졌음이여 나

면서부터 곁길로 나아가 거짓을 말하는

도다

4 그들의 독은 뱀의 독 같으며 그들은 귀

를 막은 귀머거리 독사 같으니

5 술사의 홀리는 소리도 듣지 않고 능숙

한 술객의 요술도 따르지 아니하는 독

사로다

6 하나님이여 그들의 입에서 이를 꺾으소

서 여호와여 젊은 사자의 어금니를 꺾

어 내시며

7 그들이 급히 흐르는 물 같이 사라지게

하시며 겨누는 화살이 꺾임 같게 하시며

8 소멸하여 가는 달팽이 같게 하시며 만

삭 되지 못하여 출생한 아이가 햇빛을

보지 못함 같게 하소서

9 가시나무 불이 가마를 뜨겁게 하기 전

에 생나무든지 불 붙는 나무든지 강한

바람으로 휩쓸려가게 하소서

10 의인이 악인의 보복 당함을 보고 기뻐

함이여 그의 발을 악인의 피에 씻으리

로다

11 그 때에 사람의 말이 진실로 의인에게

갚음이 있고 진실로 땅에서 심판하시는

하나님이 계시다 하리로다

〔다윗의 믹담 시, 인도자를 따라 알다스헷에 맞춘 노래, 사울이 사람을 보내어 다윗을 죽이려고 그 집을 지킨 때에〕

59 나의 하나님이여 나의 원수에게서 나

를 건지시고 일어나 치려는 자에게서

나를 높이 드소서

2 악을 행하는 자에게서 나를 건지시고

피 흘리기를 즐기는 자에게서 나를 구

원하소서

3 그들이 나의 생명을 해하려고 엎드려

기다리고 강한 자들이 모여 나를 치려

하오니 여호와여 이는 나의 잘못으로

말미암음이 아니요 나의 죄로 말미암음

도 아니로소이다

4 내가 허물이 없으나 그들이 달려와서

스스로 준비하오니 주여 나를 도우시기

위하여 깨어 살펴 주소서

5 주님은 만군의 하나님 여호와, 이스라엘의 하나님이시오니 일어나 모든 나라들을 벌하소서 악을 행하는 모든 자들에게 은혜를 베풀지 마소서 (셀라)

6 그들이 저물어 돌아와서 개처럼 울며 성으로 두루 다니고

7 그들의 입으로는 악을 토하며 그들의 입술에는 칼이 있어 이르기를 누가 들으리요 하나이다

8 여호와여 주께서 그들을 비웃으시며 모든 나라들을 조롱하시리이다

9 하나님은 나의 요새이시니 그의 힘으로 말미암아 내가 주를 바라리이다

10 나의 하나님이 그의 인자하심으로 나를 영접하시며 하나님이 나의 원수가 보응받는 것을 내가 보게 하시리이다

11 그들을 죽이지 마옵소서 나의 백성이 잊을까 하나이다 우리 방패 되신 주여 주의 능력으로 그들을 흩으시고 낮추소서

12 그들의 입술의 말은 곧 그들의 입의 죄라 그들이 말하는 저주와 거짓말로 말미암아 그들이 그 교만한 중에서 사로잡히게 하소서

13 진노하심으로 소멸하시되 없어지기까지 소멸하사 하나님이 야곱 중에서 다스리심을 땅 끝까지 알게 하소서 (셀라)

14 그들에게 저물어 돌아와서 개처럼 울며 성으로 두루 다니게 하소서

15 그들은 먹을 것을 찾아 유리하다가 배부름을 얻지 못하면 밤을 새우려니와

16 나는 주의 힘을 노래하며 아침에 주의 인자하심을 높이 부르오리니 주는 나의 요새이시며 나의 환난 날에 피난처심이니이다

17 나의 힘이시여 내가 주께 찬송하오리니 하나님은 나의 요새이시며 나를 긍휼히

여기시는 하나님이심이니이다

〔다윗이 교훈하기 위하여 지은 믹담,
인도자를 따라 수산에둣에 맞춘 노래,
다윗이 아람 나하라임과 아람소바와 싸우는 중에
요압이 돌아와 에돔을 소금 골짜기에서 쳐서
만 이천 명을 죽인 때에〕

60 하나님이여 주께서 우리를 버려 흩으

셨고 분노하셨사오나 지금은 우리를 회

복시키소서

2 주께서 땅을 진동시키사 갈라지게 하셨

사오니 그 틈을 기우소서 땅이 흔들림

이니이다

3 주께서 주의 백성에게 어려움을 보이시

고 비틀거리게 하는 포도주를 우리에게

마시게 하셨나이다

4 주를 경외하는 자에게 깃발을 주시고

진리를 위하여 달게 하셨나이다 (셀라)

5 주께서 사랑하시는 자를 건지시기 위하

여 주의 오른손으로 구원하시고 응답하

소서

6 하나님이 그의 거룩하심으로 말씀하시

되 내가 뛰놀리라 내가 세겜을 나누며

숙곳 골짜기를 측량하리라

7 길르앗이 내 것이요 므낫세도 내 것이

며 에브라임은 내 머리의 투구요 유다

는 나의 규이며

8 모압은 나의 목욕통이라 에돔에는 나의

신발을 던지리라 블레셋아 나로 말미암

아 외치라 하셨도다

9 누가 나를 이끌어 견고한 성에 들이며

누가 나를 에돔에 인도할까

10 하나님이여 주께서 우리를 버리지 아니

하셨나이까 하나님이여 주께서 우리 군

대와 함께 나아가지 아니하시나이다

11 우리를 도와 대적을 치게 하소서 사람

의 구원은 헛됨이니이다

12 우리가 하나님을 의지하고 용감하게 행

하리니 그는 우리의 대적을 밟으실 이

심이로다

〔다윗의 시, 인도자를 따라 현악에 맞춘 노래〕

61 하나님이여 나의 부르짖음을 들으시며

내 기도에 유의하소서

2 내 마음이 약해 질 때에 땅 끝에서부터

주께 부르짖으오리니 나보다 높은 바위

에 나를 인도하소서

3 주는 나의 피난처시요 원수를 피하는

견고한 망대이심이니이다

4 내가 영원히 주의 장막에 머물며 내가

주의 날개 아래로 피하리이다 (셀라)

5 주 하나님이여 주께서 나의 서원을 들

으시고 주의 이름을 경외하는 자가 얻

을 기업을 내게 주셨나이다

6 주께서 왕에게 장수하게 하사 그의 나

이가 여러 대에 미치게 하시리이다

7 그가 영원히 하나님 앞에서 거주하리

니 인자와 진리를 예비하사 그를 보호

하소서

8 그리하시면 내가 주의 이름을 영원히

찬양하며 매일 나의 서원을 이행하리

이다

〔다윗의 시, 인도자를 따라 여두둔의 법칙에 따라
부르는 노래〕

62 나의 영혼이 잠잠히 하나님만 바람이

여 나의 구원이 그에게서 나오는도다

2 오직 그만이 나의 반석이시요 나의 구

원이시요 나의 요새이시니 내가 크게

흔들리지 아니하리로다

3 넘어지는 담과 흔들리는 울타리 같이

사람을 죽이려고 너희가 일제히 공격하

기를 언제까지 하려느냐

4 그들이 그를 그의 높은 자리에서 떨어

뜨리기만 꾀하고 거짓을 즐겨 하니 입

으로는 축복이요 속으로는 저주로다

(셀라)

5 나의 영혼아 잠잠히 하나님만 바라라

무릇 나의 소망이 그로부터 나오는도다

6 오직 그만이 나의 반석이시요 나의 구

원이시요 나의 요새이시니 내가 흔들리

지 아니하리로다

7 나의 구원과 영광이 하나님께 있음이여

내 힘의 반석과 피난처도 하나님께 있

도다

8 백성들아 시시로 그를 의지하고 그의

앞에 마음을 토하라 하나님은 우리의

피난처시로다 (셀라)

9 아, 슬프도다 사람은 입김이며 인생도

속임수이니 저울에 달면 그들은 입김보

다 가벼우리로다

10 포악을 의지하지 말며 탈취한 것으로

허망하여지지 말며 재물이 늘어도 거기

에 마음을 두지 말지어다

11 하나님이 한두 번 하신 말씀을 내가 들

었나니 권능은 하나님께 속하였다 하셨

도다

12 주여 인자함은 주께 속하오니 주께서

각 사람이 행한 대로 갚으심이니이다

〔다윗의 시, 유다 광야에 있을 때에〕

63 하나님이여 주는 나의 하나님이시라

내가 간절히 주를 찾되 물이 없어 마르

고 황폐한 땅에서 내 영혼이 주를 갈망

하며 내 육체가 주를 앙모하나이다

2 내가 주의 권능과 영광을 보기 위하여

이와 같이 성소에서 주를 바라보았나

이다

3 주의 인자하심이 생명보다 나으므로 내

입술이 주를 찬양할 것이라

4 이러므로 나의 평생에 주를 송축하며

주의 이름으로 말미암아 나의 손을 들

리이다

5 골수와 기름진 것을 먹음과 같이 나의

영혼이 만족할 것이라 나의 입이 기쁜

입술로 주를 찬송하되

6 내가 나의 침상에서 주를 기억하며 새

벽에 주의 말씀을 작은 소리로 읊조릴

때에 하오리니

7 주는 나의 도움이 되셨음이라 내가 주

의 날개 그늘에서 즐겁게 부르리이다

8 나의 영혼이 주를 가까이 따르니 주의

오른손이 나를 붙드시거니와

9 나의 영혼을 찾아 멸하려 하는 그들은

땅 깊은 곳에 들어가며

10 칼의 세력에 넘겨져 승냥이의 먹이가

되리이다

11 왕은 하나님을 즐거워하리니 주께 맹세

한 자마다 자랑할 것이나 거짓말하는

자의 입은 막히리로다

〔다윗의 시, 인도자를 따라 부르는 노래〕

64 하나님이여 내가 근심하는 소리를 들

으시고 원수의 두려움에서 나의 생명을

보존하소서

2 주는 악을 꾀하는 자들의 음모에서 나

를 숨겨 주시고 악을 행하는 자들의 소

동에서 나를 감추어 주소서

3 그들이 칼 같이 자기 혀를 연마하며 화

살 같이 독한 말로 겨누고

4 숨은 곳에서 온전한 자를 쏘며 갑자기

쏘고 두려워하지 아니하는도다

5 그들은 악한 목적으로 서로 격려하며

남몰래 올무 놓기를 함께 의논하고 하

는 말이 누가 우리를 보리요 하며

6 그들은 죄악을 꾸미며 이르기를 우리가

묘책을 찾았다 하나니 각 사람의 속 뜻

과 마음이 깊도다

7 그러나 하나님이 그들을 쏘시리니 그들

이 갑자기 화살에 상하리로다

8 이러므로 그들이 엎드러지리니 그들의

혀가 그들을 해함이라 그들을 보는 자

가 다 머리를 흔들리로다

9 모든 사람이 두려워하여 하나님의 일을

선포하며 그의 행하심을 깊이 생각하리

로다

10 의인은 여호와로 말미암아 즐거워하며

그에게 피하리니 마음이 정직한 자는

다 자랑하리로다

〔다윗의 시, 인도자를 따라 부르는 노래〕

65 하나님이여 찬송이 시온에서 주를 기

다리오며 사람이 서원을 주께 이행하리

이다

2 기도를 들으시는 주여 모든 육체가 주

께 나아오리이다

3 죄악이 나를 이겼사오니 우리의 허물을

주께서 사하시리이다

4 주께서 택하시고 가까이 오게 하사 주

의 뜰에 살게 하신 사람은 복이 있나이

다 우리가 주의 집 곧 주의 성전의 아

름다움으로 만족하리이다

5 우리 구원의 하나님이시여 땅의 모든

끝과 먼 바다에 있는 자가 의지할 주께

서 의를 따라 엄위하신 일로 우리에게

응답하시리이다

6 주는 주의 힘으로 산을 세우시며 권능

으로 띠를 띠시며

7 바다의 설렘과 물결의 흔들림과 만민의

소요까지 진정하시나이다

8 땅 끝에 사는 자가 주의 징조를 두려워

하나이다 주께서 아침 되는 것과 저녁

되는 것을 즐거워하게 하시며

9 땅을 돌보사 물을 대어 심히 윤택하게

하시며 하나님의 강에 물이 가득하게

하시고 이같이 땅을 예비하신 후에 그

들에게 곡식을 주시나이다

10 주께서 밭고랑에 물을 넉넉히 대사 그

이랑을 평평하게 하시며 또 단비로 부드

럽게 하시고 그 싹에 복을 주시나이다

11 주의 은택으로 한 해를 관 씌우시니 주의 길에는 기름 방울이 떨어지며

12 들의 초장에도 떨어지니 작은 산들이 기쁨으로 띠를 띠었나이다

13 초장은 양 떼로 옷 입었고 골짜기는 곡식으로 덮였으매 그들이 다 즐거이 외치고 또 노래하나이다

〔시, 인도자를 따라 부르는 노래〕

66 온 땅이여 하나님께 즐거운 소리를 낼지어다

2 그의 이름의 영광을 찬양하고 영화롭게 찬송할지어다

3 하나님께 아뢰기를 주의 일이 어찌 그리 엄위하신지요 주의 큰 권능으로 말미암아 주의 원수가 주께 복종할 것이며

4 온 땅이 주께 경배하고 주를 노래하며 주의 이름을 노래하리이다 할지어다 (셀라)

5 와서 하나님께서 행하신 것을 보라 사람의 아들들에게 행하심이 엄위하시도다

6 하나님이 바다를 변하여 육지가 되게 하셨으므로 무리가 걸어서 강을 건너고 우리가 거기서 주로 말미암아 기뻐하였도다

7 그가 그의 능력으로 영원히 다스리시며 그의 눈으로 나라들을 살피시나니 거역하는 자들은 교만하지 말지어다 (셀라)

8 만민들아 우리 하나님을 송축하며 그의 찬양 소리를 들리게 할지어다

9 그는 우리 영혼을 살려 두시고 우리의 실족함을 허락하지 아니하시는 주시로다

10 하나님이여 주께서 우리를 시험하시되 우리를 단련하시기를 은을 단련함 같이 하셨으며

11 우리를 끌어 그물에 걸리게 하시며 어

려운 짐을 우리 허리에 매어 두셨으며

12 사람들이 우리 머리를 타고 가게 하셨나이다 우리가 불과 물을 통과하였더니 주께서 우리를 끌어내사 풍부한 곳에 들이셨나이다

13 내가 번제물을 가지고 주의 집에 들어가서 나의 서원을 주께 갚으리니

14 이는 내 입술이 낸 것이요 내 환난 때에 내 입이 말한 것이니이다

15 내가 숫양의 향기와 함께 살진 것으로 주께 번제를 드리며 수소와 염소를 드리리이다 (셀라)

16 하나님을 두려워하는 너희들아 다 와서 들으라 하나님이 나의 영혼을 위하여 행하신 일을 내가 선포하리로다

17 내가 나의 입으로 그에게 부르짖으며 나의 혀로 높이 찬송하였도다

18 내가 나의 마음에 죄악을 품었더라면

주께서 듣지 아니하시리라

19 그러나 하나님이 실로 들으셨음이여 내 기도 소리에 귀를 기울이셨도다

20 하나님을 찬송하리로다 그가 내 기도를 물리치지 아니하시고 그의 인자하심을 내게서 거두지도 아니하셨도다

〔시 곧 노래, 인도자를 따라 현악에 맞춘 것〕

67 하나님은 우리에게 은혜를 베푸사 복을 주시고 그의 얼굴 빛을 우리에게 비추사 (셀라)

2 주의 도를 땅 위에, 주의 구원을 모든 나라에게 알리소서

3 하나님이여 민족들이 주를 찬송하게 하시며 모든 민족들이 주를 찬송하게 하소서

4 온 백성은 기쁘고 즐겁게 노래할지니 주는 민족들을 공평히 심판하시며 땅 위의 나라들을 다스리실 것임이니이다

(셀라)

5 하나님이여 민족들이 주를 찬송하게 하시며 모든 민족으로 주를 찬송하게 하소서

6 땅이 그의 소산을 내어 주었으니 하나님 곧 우리 하나님이 우리에게 복을 주시리로다

7 하나님이 우리에게 복을 주시리니 땅의 모든 끝이 하나님을 경외하리로다

〔다윗의 시, 인도자를 따라 부르는 노래〕

68 하나님이 일어나시니 원수들은 흩어지며 주를 미워하는 자들은 주 앞에서 도망하리이다

2 연기가 불려 가듯이 그들을 몰아내소서 불 앞에서 밀이 녹음 같이 악인이 하나님 앞에서 망하게 하소서

3 의인은 기뻐하여 하나님 앞에서 뛰놀며 기뻐하고 즐거워할지어다

4 하나님께 노래하며 그의 이름을 찬양하라 하늘을 타고 광야에 행하시던 이를 위하여 대로를 수축하라 그의 이름은 여호와이시니 그의 앞에서 뛰놀지어다

5 그의 거룩한 처소에 계신 하나님은 고아의 아버지시며 과부의 재판장이시라

6 하나님이 고독한 자들은 가족과 함께 살게 하시며 갇힌 자들은 이끌어 내사 형통하게 하시느니라 오직 거역하는 자들의 거처는 메마른 땅이로다

7 하나님이여 주의 백성 앞에서 앞서 나가사 광야에서 행진하셨을 때에 (셀라)

8 땅이 진동하며 하늘이 하나님 앞에서 떨어지며 저 시내 산도 하나님 곧 이스라엘의 하나님 앞에서 진동하였나이다

9 하나님이여 주께서 흡족한 비를 보내사 주의 기업이 곤핍할 때에 주께서 그것을 견고하게 하셨고

10 주의 회중을 그 가운데에 살게 하셨나
이다 하나님이여 주께서 가난한 자를
위하여 주의 은택을 준비하셨나이다

11 주께서 말씀을 주시니 소식을 공포하는
여자들은 큰 무리라

12 여러 군대의 왕들이 도망하고 도망하니
집에 있던 여자들도 탈취물을 나누도다

13 너희가 양 우리에 누울 때에는 그 날개
를 은으로 입히고 그 깃을 황금으로 입
힌 비둘기 같도다

14 전능하신 이가 왕들을 그 중에서 흩으
실 때에는 살몬에 눈이 날림 같도다

15 바산의 산은 하나님의 산임이여 바산의
산은 높은 산이로다

16 너희 높은 산들아 어찌하여 하나님이
계시려 하는 산을 시기하여 보느냐 진
실로 여호와께서 이 산에 영원히 계시
리로다

17 하나님의 병거는 천천이요 만만이라 주
께서 그 중에 계심이 시내 산 성소에
계심 같도다

18 주께서 높은 곳으로 오르시며 사로잡은
자들을 취하시고 선물들을 사람들에게
서 받으시며 반역자들로부터도 받으시
니 여호와 하나님이 그들과 함께 계시
기 때문이로다

19 날마다 우리 짐을 지시는 주 곧 우리
의 구원이신 하나님을 찬송할지로다
(셀라)

20 하나님은 우리에게 구원의 하나님이시
라 사망에서 벗어남은 주 여호와로 말
미암거니와

21 그의 원수들의 머리 곧 죄를 짓고 다니
는 자의 정수리는 하나님이 쳐서 깨뜨
리시리로다

22 주께서 말씀하시기를 내가 그들을 바산

에서 돌아오게 하며 바다 깊은 곳에서

도로 나오게 하고

23 네가 그들을 심히 치고 그들의 피에 네

발을 잠그게 하며 네 집의 개의 혀로

네 원수들에게서 제 분깃을 얻게 하리

라 하시도다

24 하나님이여 그들이 주께서 행차하심을

보았으니 곧 나의 하나님, 나의 왕이 성

소로 행차하시는 것이라

25 소고 치는 처녀들 중에서 노래 부르는

자들은 앞서고 악기를 연주하는 자들은

뒤따르나이다

26 이스라엘의 근원에서 나온 너희여 대회

중에 하나님 곧 주를 송축할지어다

27 거기에는 그들을 주관하는 작은 베냐민

과 유다의 고관과 그들의 무리와 스불

론의 고관과 납달리의 고관이 있도다

28 네 하나님이 너의 힘을 명령하셨도다

하나님이여 우리를 위하여 행하신 것을

견고하게 하소서

29 예루살렘에 있는 주의 전을 위하여 왕

들이 주께 예물을 드리리이다

30 갈밭의 들짐승과 수소의 무리와 만민의

송아지를 꾸짖으시고 은 조각을 발 아

래에 밟으소서 그가 전쟁을 즐기는 백

성을 흩으셨도다

31 고관들은 애굽에서 나오고 구스인은 하

나님을 향하여 그 손을 신속히 들리

로다

32 땅의 왕국들아 하나님께 노래하고 주께

찬송할지어다 (셀라)

33 옛적 하늘들의 하늘을 타신 자에게 찬

송하라 주께서 그 소리를 내시니 웅장

한 소리로다

34 너희는 하나님께 능력을 돌릴지어다 그

의 위엄이 이스라엘 위에 있고 그의 능

력이 구름 속에 있도다

35 하나님이여 위엄을 성소에서 나타내시나이다 이스라엘의 하나님은 그의 백성에게 힘과 능력을 주시나니 하나님을 찬송할지어다

〔다윗의 시, 인도자를 따라 소산님에 맞춘 노래〕

69 하나님이여 나를 구원하소서 물들이 내 영혼에까지 흘러 들어왔나이다

2 나는 설 곳이 없는 깊은 수렁에 빠지며 깊은 물에 들어가니 큰 물이 내게 넘치나이다

3 내가 부르짖음으로 피곤하여 나의 목이 마르며 나의 하나님을 바라서 나의 눈이 쇠하였나이다

4 까닭 없이 나를 미워하는 자가 나의 머리털보다 많고 부당하게 나의 원수가 되어 나를 끊으려 하는 자가 강하였으니 내가 빼앗지 아니한 것도 물어 주게

되었나이다

5 하나님이여 주는 나의 우매함을 아시오니 나의 죄가 주 앞에서 숨김이 없나이다

6 주 만군의 여호와여 주를 바라는 자들이 나를 인하여 수치를 당하게 하지 마옵소서 이스라엘의 하나님이여 주를 찾는 자가 나로 말미암아 욕을 당하게 하지 마옵소서

7 내가 주를 위하여 비방을 받았사오니 수치가 나의 얼굴에 덮였나이다

8 내가 나의 형제에게는 객이 되고 나의 어머니의 자녀에게는 낯선 사람이 되었나이다

9 주의 집을 위하는 열성이 나를 삼키고 주를 비방하는 비방이 내게 미쳤나이다

10 내가 곡하고 금식하였더니 그것이 도리어 나의 욕이 되었으며

11 내가 굵은 베로 내 옷을 삼았더니 내가
그들의 말거리가 되었나이다

12 성문에 앉은 자가 나를 비난하며 독주
에 취한 무리가 나를 두고 노래하나이다

13 여호와여 나를 반기시는 때에 내가 주
께 기도하오니 하나님이여 많은 인자와
구원의 진리로 내게 응답하소서

14 나를 수렁에서 건지사 빠지지 말게 하
시고 나를 미워하는 자에게서와 깊은
물에서 건지소서

15 큰 물이 나를 휩쓸거나 깊음이 나를 삼
키지 못하게 하시며 웅덩이가 내 위에
덮쳐 그것의 입을 닫지 못하게 하소서

16 여호와여 주의 인자하심이 선하시오니
내게 응답하시며 주의 많은 긍휼에 따
라 내게로 돌이키소서

17 주의 얼굴을 주의 종에게서 숨기지 마
소서 내가 환난 중에 있사오니 속히 내

게 응답하소서

18 내 영혼에게 가까이하사 구원하시며 내
원수로 말미암아 나를 속량하소서

19 주께서 나의 비방과 수치와 능욕을 아
시나이다 나의 대적자들이 다 주님 앞
에 있나이다

20 비방이 나의 마음을 상하게 하여 근심
이 충만하니 불쌍히 여길 자를 바라나
없고 긍휼히 여길 자를 바라나 찾지 못
하였나이다

21 그들이 쓸개를 나의 음식물로 주며 목
마를 때에는 초를 마시게 하였사오니

22 그들의 밥상이 올무가 되게 하시며 그
들의 평안이 덫이 되게 하소서

23 그들의 눈이 어두워 보지 못하게 하시
며 그들의 허리가 항상 떨리게 하소서

24 주의 분노를 그들의 위에 부으시며 주
의 맹렬하신 노가 그들에게 미치게 하

소서

25 그들의 거처가 황폐하게 하시며 그들의 장막에 사는 자가 없게 하소서

26 무릇 그들이 주께서 치신 자를 핍박하며 주께서 상하게 하신 자의 슬픔을 말하였사오니

27 그들의 죄악에 죄악을 더하사 주의 공의에 들어오지 못하게 하소서

28 그들을 생명책에서 지우사 의인들과 함께 기록되지 말게 하소서

29 오직 나는 가난하고 슬프오니 하나님이여 주의 구원으로 나를 높이소서

30 내가 노래로 하나님의 이름을 찬송하며 감사함으로 하나님을 위대하시다 하리니

31 이것이 소 곧 뿔과 굽이 있는 황소를 드림보다 여호와를 더욱 기쁘시게 함이 될 것이라

32 곤고한 자가 이를 보고 기뻐하나니 하나님을 찾는 너희들아 너희 마음을 소생하게 할지어다

33 여호와는 궁핍한 자의 소리를 들으시며 자기로 말미암아 간힌 자를 멸시하지 아니하시나니

34 천지가 그를 찬송할 것이요 바다와 그 중의 모든 생물도 그리할지로다

35 하나님이 시온을 구원하시고 유다 성읍들을 건설하시리니 무리가 거기에 살며 소유를 삼으리로다

36 그의 종들의 후손이 또한 이를 상속하고 그의 이름을 사랑하는 자가 그 중에 살리로다

〔다윗의 시로 기념식에서 인도자를 따라 부르는 노래〕

70 하나님이여 나를 건지소서 여호와여 속히 나를 도우소서

2 나의 영혼을 찾는 자들이 수치와 무안

을 당하게 하시며 나의 상함을 기뻐하는 자들이 뒤로 물러가 수모를 당하게 하소서

3 아하, 아하 하는 자들이 자기 수치로 말미암아 뒤로 물러가게 하소서

4 주를 찾는 모든 자들이 주로 말미암아 기뻐하고 즐거워하게 하시며 주의 구원을 사랑하는 자들이 항상 말하기를 하나님은 위대하시다 하게 하소서

5 나는 가난하고 궁핍하오니 하나님이여 속히 내게 임하소서 주는 나의 도움이시요 나를 건지시는 이시오니 여호와여 지체하지 마소서

71 여호와여 내가 주께 피하오니 내가 영원히 수치를 당하게 하지 마소서

2 주의 의로 나를 건지시며 나를 풀어 주시며 주의 귀를 내게 기울이사 나를 구원하소서

3 주는 내가 항상 피하여 숨을 바위가 되소서 주께서 나를 구원하라 명령하셨으니 이는 주께서 나의 반석이시요 나의 요새이심이니이다

4 나의 하나님이여 나를 악인의 손 곧 불의한 자와 흉악한 자의 장중에서 피하게 하소서

5 주 여호와여 주는 나의 소망이시요 내가 어릴 때부터 신뢰한 이시라

6 내가 모태에서부터 주를 의지하였으며 나의 어머니의 배에서부터 주께서 나를 택하셨사오니 나는 항상 주를 찬송하리이다

7 나는 무리에게 이상한 징조 같이 되었사오나 주는 나의 견고한 피난처시오니

8 주를 찬송함과 주께 영광 돌림이 종일토록 내 입에 가득하리이다

9 늙을 때에 나를 버리지 마시며 내 힘이

쇠약할 때에 나를 떠나지 마소서

10 내 원수들이 내게 대하여 말하며 내 영

혼을 엿보는 자들이 서로 꾀하여

11 이르기를 하나님이 그를 버리셨은즉 따

라 잡으라 건질 자가 없다 하오니

12 하나님이여 나를 멀리 하지 마소서 나

의 하나님이여 속히 나를 도우소서

13 내 영혼을 대적하는 자들이 수치와 멸

망을 당하게 하시며 나를 모해하려 하

는 자들에게는 욕과 수욕이 덮이게 하

소서

14 나는 항상 소망을 품고 주를 더욱더욱

찬송하리이다

15 내가 측량할 수 없는 주의 공의와 구원

을 내 입으로 종일 전하리이다

16 내가 주 여호와의 능하신 행적을 가지

고 오겠사오며 주의 공의만 전하겠나

이다

17 하나님이여 나를 어려서부터 교훈하셨

으므로 내가 지금까지 주의 기이한 일

들을 전하였나이다

18 하나님이여 내가 늙어 백발이 될 때에

도 나를 버리지 마시며 내가 주의 힘을

후대에 전하고 주의 능력을 장래의 모

든 사람에게 전하기까지 나를 버리지

마소서

19 하나님이여 주의 의가 또한 지극히 높

으시니이다 하나님이여 주께서 큰 일을

행하셨사오니 누가 주와 같으리이까

20 우리에게 여러 가지 심한 고난을 보이

신 주께서 우리를 다시 살리시며 땅 깊

은 곳에서 다시 이끌어 올리시리이다

21 나를 더욱 창대하게 하시고 돌이키사

나를 위로하소서

22 나의 하나님이여 내가 또 비파로 주를

찬양하며 주의 성실을 찬양하리이다 이

스라엘의 거룩하신 주여 내가 수금으로 주를 찬양하리이다

23 내가 주를 찬양할 때에 나의 입술이 기뻐 외치며 주께서 속량하신 내 영혼이 즐거워하리이다

24 나의 혀도 종일토록 주의 의를 작은 소리로 읊조리오리니 나를 모해하려 하던 자들이 수치와 무안을 당함이니이다

〔솔로몬의 시〕

72 하나님이여 주의 판단력을 왕에게 주시고 주의 공의를 왕의 아들에게 주소서

2 그가 주의 백성을 공의로 재판하며 주의 가난한 자를 정의로 재판하리니

3 의로 말미암아 산들이 백성에게 평강을 주며 작은 산들도 그리하리로다

4 그가 가난한 백성의 억울함을 풀어 주며 궁핍한 자의 자손을 구원하며 압박하는 자를 꺾으리로다

5 그들이 해가 있을 동안에도 주를 두려워하며 달이 있을 동안에도 대대로 그리하리로다

6 그는 벤 풀 위에 내리는 비 같이, 땅을 적시는 소낙비 같이 내리리니

7 그의 날에 의인이 흥왕하여 평강의 풍성함이 달이 다할 때까지 이르리로다

8 그가 바다에서부터 바다까지와 강에서부터 땅 끝까지 다스리리니

9 광야에 사는 자는 그 앞에 굽히며 그의 원수들은 티끌을 핥을 것이며

10 다시스와 섬의 왕들이 조공을 바치며 스바와 시바 왕들이 예물을 드리리로다

11 모든 왕이 그의 앞에 부복하며 모든 민족이 다 그를 섬기리로다

12 그는 궁핍한 자가 부르짖을 때에 건지며 도움이 없는 가난한 자도 건지며

13 그는 가난한 자와 궁핍한 자를 불쌍히

여기며 궁핍한 자의 생명을 구원하며

14 그들의 생명을 압박과 강포에서 구원하리니 그들의 피가 그의 눈 앞에서 존귀히 여김을 받으리로다

15 그들이 생존하여 스바의 금을 그에게 드리며 사람들이 그를 위하여 항상 기도하고 종일 찬송하리로다

16 산 꼭대기의 땅에도 곡식이 풍성하고 그것의 열매가 레바논 같이 흔들리며 성에 있는 자가 땅의 풀 같이 왕성하리로다

17 그의 이름이 영구함이여 그의 이름이 해와 같이 장구하리로다 사람들이 그로 말미암아 복을 받으리니 모든 민족이 다 그를 복되다 하리로다

18 홀로 기이한 일들을 행하시는 여호와 하나님 곧 이스라엘의 하나님을 찬송하며

19 그 영화로운 이름을 영원히 찬송할지어다 온 땅에 그의 영광이 충만할지어다 아멘 아멘

20 이새의 아들 다윗의 기도가 끝나니라

제 삼 권

〔아삽의 시〕

73 하나님이 참으로 이스라엘 중 마음이 정결한 자에게 선을 행하시나

2 나는 거의 넘어질 뻔하였고 나의 걸음이 미끄러질 뻔하였으니

3 이는 내가 악인의 형통함을 보고 오만한 자를 질투하였음이로다

4 그들은 죽을 때에도 고통이 없고 그 힘이 강건하며

5 사람들이 당하는 고난이 그들에게는 없고 사람들이 당하는 재앙도 그들에게는 없나니

6 그러므로 교만이 그들의 목걸이요 강포가 그들의 옷이며

7 살찜으로 그들의 눈이 솟아나며 그들의

소득은 마음의 소원보다 많으며

8 그들은 능욕하며 악하게 말하며 높은

데서 거만하게 말하며

9 그들의 입은 하늘에 두고 그들의 혀는

땅에 두루 다니도다

10 그러므로 그의 백성이 이리로 돌아와서

잔에 가득한 물을 다 마시며

11 말하기를 하나님이 어찌 알랴 지존자에

게 지식이 있으랴 하는도다

12 볼지어다 이들은 악인들이라도 항상 평

안하고 재물은 더욱 불어나도다

13 내가 내 마음을 깨끗하게 하며 내 손을

씻어 무죄하다 한 것이 실로 헛되도다

14 나는 종일 재난을 당하며 아침마다 징

벌을 받았도다

15 내가 만일 스스로 이르기를 내가 그들

처럼 말하리라 하였더라면 나는 주의

아들들의 세대에 대하여 악행을 행하였

으리이다

16 내가 어쩌면 이를 알까 하여 생각한즉

그것이 내게 심한 고통이 되었더니

17 하나님의 성소에 들어갈 때에야 그들의

종말을 내가 깨달았나이다

18 주께서 참으로 그들을 미끄러운 곳에

두시며 파멸에 던지시니

19 그들이 어찌하여 그리 갑자기 황폐되었

는가 놀랄 정도로 그들은 전멸하였나

이다

20 주여 사람이 깬 후에는 꿈을 무시함 같

이 주께서 깨신 후에는 그들의 형상을

멸시하시리이다

21 내 마음이 산란하며 내 양심이 찔렸나

이다

22 내가 이같이 우매 무지함으로 주 앞에

짐승이오나

23 내가 항상 주와 함께 하니 주께서 내

오른손을 붙드셨나이다

24 주의 교훈으로 나를 인도하시고 후에는

영광으로 나를 영접하시리니

25 하늘에서는 주 외에 누가 내게 있으리

요 땅에서는 주 밖에 내가 사모할 이

없나이다

26 내 육체와 마음은 쇠약하나 하나님은

내 마음의 반석이시요 영원한 분깃이

시라

27 무릇 주를 멀리하는 자는 망하리니 음

녀 같이 주를 떠난 자를 주께서 다 멸

하셨나이다

28 하나님께 가까이 함이 내게 복이라 내

가 주 여호와를 나의 피난처로 삼아 주

의 모든 행적을 전파하리이다

〔아삽의 마스길〕

74 하나님이여 주께서 어찌하여 우리를

영원히 버리시나이까 어찌하여 주께서

기르시는 양을 향하여 진노의 연기를

뿜으시나이까

2 옛적부터 얻으시고 속량하사 주의 기업

의 지파로 삼으신 주의 회중을 기억하

시며 주께서 계시던 시온 산도 생각하

소서

3 영구히 파멸된 곳을 향하여 주의 발을

옮겨 놓으소서 원수가 성소에서 모든

악을 행하였나이다

4 주의 대적이 주의 회중 가운데에서 떠

들며 자기들의 깃발을 세워 표적으로

삼았으니

5 그들은 마치 도끼를 들어 삼림을 베는

사람 같으니이다

6 이제 그들이 도끼와 철퇴로 성소의 모

든 조각품을 쳐서 부수고

7 주의 성소를 불사르며 주의 이름이 계

신 곳을 더럽혀 땅에 엎었나이다

8 그들이 마음속으로 이르기를 우리가 그들을 진멸하자 하고 이 땅에 있는 하나님의 모든 회당을 불살랐나이다

9 우리의 표적은 보이지 아니하며 선지자도 더 이상 없으며 이런 일이 얼마나 오랠는지 우리 중에 아는 자도 없나이다

10 하나님이여 대적이 언제까지 비방하겠으며 원수가 주의 이름을 영원히 능욕하리이까

11 주께서 어찌하여 주의 손 곧 주의 오른손을 거두시나이까 주의 품에서 손을 빼내시어 그들을 멸하소서

12 하나님은 예로부터 나의 왕이시라 사람에게 구원을 베푸셨나이다

13 주께서 주의 능력으로 바다를 나누시고 물 가운데 용들의 머리를 깨뜨리셨으며

14 리워야단의 머리를 부수시고 그것을 사

막에 사는 자에게 음식물로 주셨으며

15 주께서 바위를 쪼개어 큰 물을 내시며 주께서 늘 흐르는 강들을 마르게 하셨나이다

16 낮도 주의 것이요 밤도 주의 것이라 주께서 빛과 해를 마련하셨으며

17 주께서 땅의 경계를 정하시며 주께서 여름과 겨울을 만드셨나이다

18 여호와여 이것을 기억하소서 원수가 주를 비방하며 우매한 백성이 주의 이름을 능욕하였나이다

19 주의 멧비둘기의 생명을 들짐승에게 주지 마시며 주의 가난한 자의 목숨을 영원히 잊지 마소서

20 그 언약을 눈여겨 보소서 무릇 땅의 어두운 곳에 포악한 자의 처소가 가득하나이다

21 학대 받은 자가 부끄러이 돌아가게 하

지 마시고 가난한 자와 궁핍한 자가 주

의 이름을 찬송하게 하소서

22 하나님이여 일어나 주의 원통함을 푸시

고 우매한 자가 종일 주를 비방하는 것

을 기억하소서

23 주의 대적들의 소리를 잊지 마소서 일

어나 주께 항거하는 자의 떠드는 소리

가 항상 주께 상달되나이다

〔아삽의 시, 인도자를 따라 알다스헷에 맞춘 노래〕

75 하나님이여 우리가 주께 감사하고 감사

함은 주의 이름이 가까움이라 사람들

이 주의 기이한 일들을 전파하나이다

2 주의 말씀이 내가 정한 기약이 이르면

내가 바르게 심판하리니

3 땅의 기둥은 내가 세웠거니와 땅과

그 모든 주민이 소멸되리라 하시도다

(셀라)

4 내가 오만한 자들에게 오만하게 행하지

말라 하며 악인들에게 뿔을 들지 말라

하였노니

5 너희 뿔을 높이 들지 말며 교만한 목으

로 말하지 말지어다

6 무릇 높이는 일이 동쪽에서나 서쪽에서

말미암지 아니하며 남쪽에서도 말미암

지 아니하고

7 오직 재판장이신 하나님이 이를 낮추시

고 저를 높이시느니라

8 여호와의 손에 잔이 있어 술 거품이 일

어나는도다 속에 섞은 것이 가득한 그

잔을 하나님이 쏟아 내시나니 실로 그

찌꺼기까지도 땅의 모든 악인이 기울여

마시리로다

9 나는 야곱의 하나님을 영원히 선포하며

찬양하며

10 또 악인들의 뿔을 다 베고 의인의 뿔은

높이 들리로다

〔아삽의 시, 인도자를 따라 현악에 맞춘 노래〕

76 하나님은 유다에 알려지셨으며 그의

이름이 이스라엘에 크시도다

2 그의 장막은 살렘에 있음이여 그의 처

소는 시온에 있도다

3 거기에서 그가 화살과 방패와 칼과 전

쟁을 없이하셨도다 (셀라)

4 주는 약탈한 산에서 영화로우시며 존귀

하시도다

5 마음이 강한 자도 가진 것을 빼앗기고

잠에 빠질 것이며 장사들도 모두 그들

에게 도움을 줄 손을 만날 수 없도다

6 야곱의 하나님이여 주께서 꾸짖으시매

병거와 말이 다 깊이 잠들었나이다

7 주께서는 경외 받을 이시니 주께서 한

번 노하실 때에 누가 주의 목전에 서리

이까

8 주께서 하늘에서 판결을 선포하시매 땅

이 두려워 잠잠하였나니

9 곧 하나님이 땅의 모든 온유한 자를 구

원하시려고 심판하러 일어나신 때에로

다 (셀라)

10 진실로 사람의 노여움은 주를 찬송하게

될 것이요 그 남은 노여움은 주께서 금

하시리이다

11 너희는 여호와 너희 하나님께 서원하고

갚으라 사방에 있는 모든 사람도 마땅

히 경외할 이에게 예물을 드릴지로다

12 그가 고관들의 기를 꺾으시리니 그는

세상의 왕들에게 두려움이시로다

〔아삽의 시, 인도자를 따라 여두둔의 법칙에 따라 부르는 노래〕

77 내가 내 음성으로 하나님께 부르짖으

리니 내 음성으로 하나님께 부르짖으면

내게 귀를 기울이시리로다

2 나의 환난 날에 내가 주를 찾았으며 밤

에는 내 손을 들고 거두지 아니하였나

니 내 영혼이 위로 받기를 거절하였도다

3 내가 하나님을 기억하고 불안하여 근심

하니 내 심령이 상하도다 (셀라)

4 주께서 내가 눈을 붙이지 못하게 하시

니 내가 괴로워 말할 수 없나이다

5 내가 옛날 곧 지나간 세월을 생각하였

사오며

6 밤에 부른 노래를 내가 기억하여 내 심

령으로, 내가 내 마음으로 간구하기를

7 주께서 영원히 버리실까, 다시는 은혜

를 베풀지 아니하실까,

8 그의 인자하심은 영원히 끝났는가, 그

의 약속하심도 영구히 폐하였는가,

9 하나님이 그가 베푸실 은혜를 잊으셨는

가, 노하심으로 그가 베푸실 긍휼을 그

치셨는가 하였나이다 (셀라)

10 또 내가 말하기를 이는 나의 잘못이라

지존자의 오른손의 해

11 곧 여호와의 일들을 기억하며 주께서 옛

적에 행하신 기이한 일을 기억하리이다

12 또 주의 모든 일을 작은 소리로 읊조리

며 주의 행사를 낮은 소리로 되뇌이리

이다

13 하나님이여 주의 도는 극히 거룩하시오

니 하나님과 같이 위대하신 신이 누구

오니이까

14 주는 기이한 일을 행하신 하나님이시라

민족들 중에 주의 능력을 알리시고

15 주의 팔로 주의 백성 곧 야곱과 요셉의

자손을 속량하셨나이다 (셀라)

16 하나님이여 물들이 주를 보았나이다 물

들이 주를 보고 두려워하며 깊음도 진

동하였고

17 구름이 물을 쏟고 궁창이 소리를 내며

주의 화살도 날아갔나이다

18 회오리바람 중에 주의 우렛소리가 있으

며 번개가 세계를 비추며 땅이 흔들리

고 움직였나이다

19 주의 길이 바다에 있었고 주의 곧은 길

이 큰 물에 있었으나 주의 발자취를 알

수 없었나이다

20 주의 백성을 양 떼 같이 모세와 아론의

손으로 인도하셨나이다

〔아삽의 마스길〕

78 내 백성이여, 내 율법을 들으며 내 입

의 말에 귀를 기울일지어다

2 내가 입을 열어 비유로 말하며 예로부

터 감추어졌던 것을 드러내려 하니

3 이는 우리가 들어서 아는 바요 우리의

조상들이 우리에게 전한 바라

4 우리가 이를 그들의 자손에게 숨기지

아니하고 여호와의 영예와 그의 능력과

그가 행하신 기이한 사적을 후대에 전

하리로다

5 여호와께서 증거를 야곱에게 세우시며

법도를 이스라엘에게 정하시고 우리 조

상들에게 명령하사 그들의 자손에게 알

리라 하셨으니

6 이는 그들로 후대 곧 태어날 자손에게

이를 알게 하고 그들은 일어나 그들의

자손에게 일러서

7 그들로 그들의 소망을 하나님께 두며

하나님께서 행하신 일을 잊지 아니하고

오직 그의 계명을 지켜서

8 그들의 조상들 곧 완고하고 패역하여 그

들의 마음이 정직하지 못하며 그 심령

이 하나님께 충성하지 아니하는 세대

와 같이 되지 아니하게 하려 하심이로다

9 에브라임 자손은 무기를 갖추며 활을

가졌으나 전쟁의 날에 물러갔도다

10 그들이 하나님의 언약을 지키지 아니하

고 그의 율법 준행을 거절하며

11 여호와께서 행하신 것과 그들에게 보이

신 그의 기이한 일을 잊었도다

12 옛적에 하나님이 애굽 땅 소안 들에서

기이한 일을 그들의 조상들의 목전에서

행하셨으되

13 그가 바다를 갈라 물을 무더기 같이 서

게 하시고 그들을 지나가게 하셨으며

14 낮에는 구름으로, 밤에는 불빛으로 인

도하셨으며

15 광야에서 반석을 쪼개시고 매우 깊은

곳에서 나오는 물처럼 흡족하게 마시게

하셨으며

16 또 바위에서 시내를 내사 물이 강 같이

흐르게 하셨으나

17 그들은 계속해서 하나님께 범죄하여 메

마른 땅에서 지존자를 배반하였도다

18 그들이 그들의 탐욕대로 음식을 구하여

그들의 심중에 하나님을 시험하였으며

19 그뿐 아니라 하나님을 대적하여 말하기

를 하나님이 광야에서 식탁을 베푸실

수 있으랴

20 보라 그가 반석을 쳐서 물을 내시니 시

내가 넘쳤으나 그가 능히 떡도 주시며

자기 백성을 위하여 고기도 예비하시랴

하였도다

21 그러므로 여호와께서 듣고 노하셨으며

야곱에게 불 같이 노하셨고 또한 이스

라엘에게 진노가 불타 올랐으니

22 이는 하나님을 믿지 아니하며 그의 구

원을 의지하지 아니한 때문이로다

23 그러나 그가 위의 궁창을 명령하시며

하늘 문을 여시고

24 그들에게 만나를 비 같이 내려 먹이시

며 하늘 양식을 그들에게 주셨나니

25 사람이 힘센 자의 떡을 먹었으며 그가

음식을 그들에게 충족히 주셨도다

26 그가 동풍을 하늘에서 일게 하시며 그의 권능으로 남풍을 인도하시고

27 먼지처럼 많은 고기를 비 같이 내리시고 나는 새를 바다의 모래 같이 내리셨도다

28 그가 그것들을 그들의 진중에 떨어지게 하사 그들의 거처에 두르셨으므로

29 그들이 먹고 심히 배불렀나니 하나님이 그들의 원대로 그들에게 주셨도다

30 그러나 그들이 그들의 욕심을 버리지 아니하여 그들의 먹을 것이 아직 그들의 입에 있을 때에

31 하나님이 그들에게 노염을 나타내사 그들 중 강한 자를 죽이시며 이스라엘의 청년을 쳐 엎드러뜨리셨도다

32 이러함에도 그들은 여전히 범죄하여 그의 기이한 일들을 믿지 아니하였으므로

33 하나님이 그들의 날들을 헛되이 보내게 하시며 그들의 햇수를 두려움으로 보내게 하셨도다

34 하나님이 그들을 죽이실 때에 그들이 그에게 구하며 돌이켜 하나님을 간절히 찾았고

35 하나님이 그들의 반석이시며 지존하신 하나님이 그들의 구속자이심을 기억하였도다

36 그러나 그들이 입으로 그에게 아첨하며 자기 혀로 그에게 거짓을 말하였으니

37 이는 하나님께 향하는 그들의 마음이 정함이 없으며 그의 언약에 성실하지 아니하였음이로다

38 오직 하나님은 긍휼하시므로 죄악을 덮어 주시어 멸망시키지 아니하시고 그의 진노를 여러 번 돌이키시며 그의 모든 분을 다 쏟아 내지 아니하셨으니

39 그들은 육체이며 가고 다시 돌아오지

못하는 바람임을 기억하셨음이라

40 그들이 광야에서 그에게 반항하며 사막에서 그를 슬프시게 함이 몇 번인가

41 그들이 돌이켜 하나님을 거듭거듭 시험하며 이스라엘의 거룩하신 이를 노엽게 하였도다

42 그들이 그의 권능의 손을 기억하지 아니하며 대적에게서 그들을 구원하신 날도 기억하지 아니하였도다

43 그 때에 하나님이 애굽에서 그의 표적들을, 소안 들에서 그의 징조들을 나타내사

44 그들의 강과 시내를 피로 변하여 그들로 마실 수 없게 하시며

45 쇠파리 떼를 그들에게 보내어 그들을 물게 하시고 개구리를 보내어 해하게 하셨으며

46 그들의 토산물을 황충에게 주셨고 그들이 수고한 것을 메뚜기에게 주셨으며

47 그들의 포도나무를 우박으로, 그들의 뽕나무를 서리로 죽이셨으며

48 그들의 가축을 우박에, 그들의 양 떼를 번갯불에 넘기셨으며

49 그의 맹렬한 노여움과 진노와 분노와 고난 곧 재앙의 천사들을 그들에게 내려보내셨으며

50 그는 진노로 길을 닦으사 그들의 목숨이 죽음을 면하지 못하게 하시고 그들의 생명을 전염병에 붙이셨으며

51 애굽에서 모든 장자 곧 함의 장막에 있는 그들의 기력의 처음 것을 치셨으나

52 그가 자기 백성은 양 같이 인도하여 내시고 광야에서 양 떼 같이 지도하셨도다

53 그들을 안전히 인도하시니 그들은 두려움이 없었으나 그들의 원수는 바다에 빠졌도다

54 그들을 그의 성소의 영역 곧 그의 오른

손으로 만드신 산으로 인도하시고

55 또 나라를 그들의 앞에서 쫓아내시며

줄을 쳐서 그들의 소유를 분배하시고

이스라엘의 지파들이 그들의 장막에 살

게 하셨도다

56 그러나 그들은 지존하신 하나님을 시험

하고 반항하여 그의 명령을 지키지 아

니하며

57 그들의 조상들 같이 배반하고 거짓을

행하여 속이는 활 같이 빗나가서

58 자기 산당들로 그의 노여움을 일으키며

그들의 조각한 우상들로 그를 진노하게

하였으매

59 하나님이 들으시고 분내어 이스라엘을

크게 미워하사

60 사람 가운데 세우신 장막 곧 실로의 성

막을 떠나시고

61 그가 그의 능력을 포로에게 넘겨 주시

며 그의 영광을 대적의 손에 붙이시고

62 그가 그의 소유 때문에 분내사 그의 백

성을 칼에 넘기셨으니

63 그들의 청년은 불에 살라지고 그들의 처

녀들은 혼인 노래를 들을 수 없었으며

64 그들의 제사장들은 칼에 엎드러지고 그

들의 과부들은 애곡도 하지 못하였도다

65 그 때에 주께서 잠에서 깨어난 것처럼,

포도주를 마시고 고함치는 용사처럼 일

어나사

66 그의 대적들을 쳐 물리쳐서 영원히 그

들에게 욕되게 하셨도다

67 또 요셉의 장막을 버리시며 에브라임

지파를 택하지 아니하시고

68 오직 유다 지파와 그가 사랑하시는 시

온 산을 택하시며

69 그의 성소를 산의 높음 같이, 영원히 두

신 땅 같이 지으셨도다

70 또 그의 종 다윗을 택하시되 양의 우리

에서 취하시며

71 젖 양을 지키는 중에서 그를 이끌어 내

사 그의 백성인 야곱, 그의 소유인 이

스라엘을 기르게 하셨더니

72 이에 그가 그들을 자기 마음의 완전함

으로 기르고 그의 손의 능숙함으로 그

들을 지도하였도다

〔아삽의 시〕

79 하나님이여 이방 나라들이 주의 기업의

땅에 들어와서 주의 성전을 더럽히고 예

루살렘이 돌무더기가 되게 하였나이다

2 그들이 주의 종들의 시체를 공중의 새

에게 밥으로, 주의 성도들의 육체를 땅

의 짐승에게 주며

3 그들의 피를 예루살렘 사방에 물 같이

흘렸으나 그들을 매장하는 자가 없었나

이다

4 우리는 우리 이웃에게 비방거리가 되며

우리를 에워싼 자에게 조소와 조롱거리

가 되었나이다

5 여호와여 어느 때까지니이까 영원히 노

하시리이까 주의 질투가 불붙듯 하시리

이까

6 주를 알지 아니하는 민족들과 주의 이

름을 부르지 아니하는 나라들에게 주의

노를 쏟으소서

7 그들이 야곱을 삼키고 그의 거처를 황

폐하게 함이니이다

8 우리 조상들의 죄악을 기억하지 마시고

주의 긍휼로 우리를 속히 영접하소서

우리가 매우 가련하게 되었나이다

9 우리 구원의 하나님이여 주의 이름의

영광스러운 행사를 위하여 우리를 도우

시며 주의 이름을 증거하기 위하여 우

리를 건지시며 우리 죄를 사하소서

10 이방 나라들이 어찌하여 그들의 하나님

이 어디 있느냐 말하나이까 주의 종들

이 피 흘림에 대한 복수를 우리의 목전

에서 이방 나라에게 보여 주소서

11 갇힌 자의 탄식을 주의 앞에 이르게 하

시며 죽이기로 정해진 자도 주의 크신

능력을 따라 보존하소서

12 주여 우리 이웃이 주를 비방한 그 비방

을 그들의 품에 칠 배나 갚으소서

13 우리는 주의 백성이요 주의 목장의 양

이니 우리는 영원히 주께 감사하며 주

의 영예를 대대에 전하리이다

〔아삽의 시, 인도자를 따라 소산님에듯에 맞춘 노래〕

80 요셉을 양 떼 같이 인도하시는 이스라

엘의 목자여 귀를 기울이소서 그룹 사

이에 좌정하신 이여 빛을 비추소서

2 에브라임과 베냐민과 므낫세 앞에서 주

의 능력을 나타내사 우리를 구원하러

오소서

3 하나님이여 우리를 돌이키시고 주의 얼

굴빛을 비추사 우리가 구원을 얻게 하

소서

4 만군의 하나님 여호와여 주의 백성의 기

도에 대하여 어느 때까지 노하시리이까

5 주께서 그들에게 눈물의 양식을 먹이시

며 많은 눈물을 마시게 하셨나이다

6 우리를 우리 이웃에게 다툼거리가 되게

하시니 우리 원수들이 서로 비웃나이다

7 만군의 하나님이여 우리를 회복하여 주

시고 주의 얼굴의 광채를 비추사 우리

가 구원을 얻게 하소서

8 주께서 한 포도나무를 애굽에서 가져다

가 민족들을 쫓아내시고 그것을 심으셨

나이다

9 주께서 그 앞서 가꾸셨으므로 그 뿌리

가 깊이 박혀서 땅에 가득하며

10 그 그늘이 산들을 가리고 그 가지는 하

나님의 백향목 같으며

11 그 가지가 바다까지 뻗고 넝쿨이 강까

지 미쳤거늘

12 주께서 어찌하여 그 담을 허시사 길을

지나가는 모든 이들이 그것을 따게 하

셨나이까

13 숲 속의 멧돼지들이 상해하며 들짐승들

이 먹나이다

14 만군의 하나님이여 구하옵나니 돌아오

소서 하늘에서 굽어보시고 이 포도나무

를 돌보소서

15 주의 오른손으로 심으신 줄기요 주를

위하여 힘있게 하신 가지니이다

16 그것이 불타고 베임을 당하며 주의 면

책으로 말미암아 멸망하오니

17 주의 오른쪽에 있는 자 곧 주를 위하여

힘있게 하신 인자에게 주의 손을 얹으

소서

18 그리하시면 우리가 주에게서 물러가지

아니하오리니 우리를 소생하게 하소서

우리가 주의 이름을 부르리이다

19 만군의 하나님 여호와여 우리를 돌이켜

주시고 주의 얼굴의 광채를 우리에게

비추소서 우리가 구원을 얻으리이다

〔아삽의 시, 인도자를 따라 깃딧에 맞춘 노래〕

81 우리의 능력이 되시는 하나님을 향하여

기쁘게 노래하며 야곱의 하나님을 향하

여 즐거이 소리칠지어다

2 시를 읊으며 소고를 치고 아름다운 수

금에 비파를 아우를지어다

3 초하루와 보름과 우리의 명절에 나팔을

불지어다

4 이는 이스라엘의 율례요 야곱의 하나님

의 규례로다

5 하나님이 애굽 땅을 치러 나아가시던 때에 요셉의 족속 중에 이를 증거로 세우셨도다 거기서 내가 알지 못하던 말씀을 들었나니

6 이르시되 내가 그의 어깨에서 짐을 벗기고 그의 손에서 광주리를 놓게 하였도다

7 네가 고난 중에 부르짖으매 내가 너를 건졌고 우렛소리의 은밀한 곳에서 네게 응답하며 므리바 물 가에서 너를 시험하였도다 (셀라)

8 내 백성이여 들으라 내가 네게 증언하리라 이스라엘이여 내게 듣기를 원하노라

9 너희 중에 다른 신을 두지 말며 이방 신에게 절하지 말지어다

10 나는 너를 애굽 땅에서 인도하여 낸 여호와 네 하나님이니 네 입을 크게 열라 내가 채우리라 하였으나

11 내 백성이 내 소리를 듣지 아니하며 이스라엘이 나를 원하지 아니하였도다

12 그러므로 내가 그의 마음을 완악한 대로 버려 두어 그의 임의대로 행하게 하였도다

13 내 백성아 내 말을 들으라 이스라엘아 내 도를 따르라

14 그리하면 내가 속히 그들의 원수를 누르고 내 손을 돌려 그들의 대적들을 치리니

15 여호와를 미워하는 자는 그에게 복종하는 체할지라도 그들의 시대는 영원히 계속되리라

16 또 내가 기름진 밀을 그들에게 먹이며 반석에서 나오는 꿀로 너를 만족하게 하리라 하셨도다

〔아삽의 시〕

82 하나님은 신들의 모임 가운데에 서시

며 하나님은 그들 가운데에서 재판하시

느니라

2 너희가 불공평한 판단을 하며 악인의

낯 보기를 언제까지 하려느냐 (셀라)

3 가난한 자와 고아를 위하여 판단하며

곤란한 자와 빈궁한 자에게 공의를 베

풀지며

4 가난한 자와 궁핍한 자를 구원하여 악

인들의 손에서 건질지니라 하시는도다

5 그들은 알지도 못하고 깨닫지도 못하여

흑암 중에 왕래하니 땅의 모든 터가 흔

들리도다

6 내가 말하기를 너희는 신들이며 다 지

존자의 아들들이라 하였으나

7 그러나 너희는 사람처럼 죽으며 고관의

하나 같이 넘어지리로다

8 하나님이여 일어나사 세상을 심판하소

서 모든 나라가 주의 소유이기 때문이

니이다

〔아삽의 시 곧 노래〕

83 하나님이여 침묵하지 마소서 하나님이

여 잠잠하지 마시고 조용하지 마소서

2 무릇 주의 원수들이 떠들며 주를 미워

하는 자들이 머리를 들었나이다

3 그들이 주의 백성을 치려 하여 간계를

꾀하며 주께서 숨기신 자를 치려고 서

로 의논하여

4 말하기를 가서 그들을 멸하여 다시 나

라가 되지 못하게 하여 이스라엘의 이

름으로 다시는 기억되지 못하게 하자

하나이다

5 그들이 한마음으로 의논하고 주를 대적

하여 서로 동맹하니

6 곧 에돔의 장막과 이스마엘인과 모압과

하갈인이며

7 그발과 암몬과 아말렉이며 블레셋과 두

로 사람이요

8 앗수르도 그들과 연합하여 롯 자손의 도움이 되었나이다 (셀라)

9 주는 미디안인에게 행하신 것 같이, 기손 시내에서 시스라와 야빈에게 행하신 것 같이 그들에게도 행하소서

10 그들은 엔돌에서 패망하여 땅에 거름이 되었나이다

11 그들의 귀인들이 오렙과 스엡 같게 하시며 그들의 모든 고관들은 세바와 살문나와 같게 하소서

12 그들이 말하기를 우리가 하나님의 목장을 우리의 소유로 취하자 하였나이다

13 나의 하나님이여 그들이 굴러가는 검불 같게 하시며 바람에 날리는 지푸라기 같게 하소서

14 삼림을 사르는 불과 산에 붙는 불길 같이

15 주의 광풍으로 그들을 쫓으시며 주의

폭풍으로 그들을 두렵게 하소서

16 여호와여 그들의 얼굴에 수치가 가득하게 하사 그들이 주의 이름을 찾게 하소서

17 그들로 수치를 당하여 영원히 놀라게 하시며 낭패와 멸망을 당하게 하사

18 여호와라 이름하신 주만 온 세계의 지존자로 알게 하소서

〔고라 자손의 시, 인도자를 따라 깃딧에 맞춘 노래〕

84 만군의 여호와여 주의 장막이 어찌 그리 사랑스러운지요

2 내 영혼이 여호와의 궁정을 사모하여 쇠약함이여 내 마음과 육체가 살아 계시는 하나님께 부르짖나이다

3 나의 왕, 나의 하나님, 만군의 여호와여 주의 제단에서 참새도 제 집을 얻고 제비도 새끼 둘 보금자리를 얻었나이다

4 주의 집에 사는 자들은 복이 있나니 그들이 항상 주를 찬송하리이다 (셀라)

5 주께 힘을 얻고 그 마음에 시온의 대로가 있는 자는 복이 있나이다

6 그들이 눈물 골짜기로 지나갈 때에 그곳에 많은 샘이 있을 것이며 이른 비가 복을 채워 주나이다

7 그들은 힘을 얻고 더 얻어 나아가 시온에서 하나님 앞에 각기 나타나리이다

8 만군의 하나님 여호와여 내 기도를 들으소서 야곱의 하나님이여 귀를 기울이소서 (셀라)

9 우리 방패이신 하나님이여 주께서 기름 부으신 자의 얼굴을 살펴 보옵소서

10 주의 궁정에서의 한 날이 다른 곳에서의 천 날보다 나은즉 악인의 장막에 사는 것보다 내 하나님의 성전 문지기로 있는 것이 좋사오니

11 여호와 하나님은 해요 방패이시라 여호와께서 은혜와 영화를 주시며 정직하게 행하는 자에게 좋은 것을 아끼지 아니하실 것임이니이다

12 만군의 여호와여 주께 의지하는 자는 복이 있나이다

〔고라 자손의 시, 인도자를 따라 부르는 노래〕

85 여호와여 주께서 주의 땅에 은혜를 베푸사 야곱의 포로 된 자들이 돌아오게 하셨으며

2 주의 백성의 죄악을 사하시고 그들의 모든 죄를 덮으셨나이다 (셀라)

3 주의 모든 분노를 거두시며 주의 진노를 돌이키셨나이다

4 우리 구원의 하나님이여 우리를 돌이키시고 우리에게 향하신 주의 분노를 거두소서

5 주께서 우리에게 영원히 노하시며 대대에 진노하시겠나이까

6 주께서 우리를 다시 살리사 주의 백성

이 주를 기뻐하도록 하지 아니하시겠나

이까

7 여호와여 주의 인자하심을 우리에게 보

이시며 주의 구원을 우리에게 주소서

8 내가 하나님 여호와께서 하실 말씀을

들으리니 무릇 그의 백성, 그의 성도들

에게 화평을 말씀하실 것이라 그들은

다시 어리석은 데로 돌아가지 말지로다

9 진실로 그의 구원이 그를 경외하는 자

에게 가까우니 영광이 우리 땅에 머무

르리이다

10 인애와 진리가 같이 만나고 의와 화평

이 서로 입맞추었으며

11 진리는 땅에서 솟아나고 의는 하늘에서

굽어보도다

12 여호와께서 좋은 것을 주시리니 우리

땅이 그 산물을 내리로다

13 의가 주의 앞에 앞서 가며 주의 길을

닦으리로다

〔다윗의 기도〕

86 여호와여 나는 가난하고 궁핍하오니

주의 귀를 기울여 내게 응답하소서

2 나는 경건하오니 내 영혼을 보존하소서

내 주 하나님이여 주를 의지하는 종을

구원하소서

3 주여 내게 은혜를 베푸소서 내가 종일

주께 부르짖나이다

4 주여 내 영혼이 주를 우러러보오니 주

여 내 영혼을 기쁘게 하소서

5 주는 선하사 사죄하기를 즐거워하시며

주께 부르짖는 자에게 인자함이 후하심

이니이다

6 여호와여 나의 기도에 귀를 기울이시고

내가 간구하는 소리를 들으소서

7 나의 환난 날에 내가 주께 부르짖으리

니 주께서 내게 응답하시리이다

8 주여 신들 중에 주와 같은 자 없사오며 주의 행하심과 같은 일도 없나이다

9 주여 주께서 지으신 모든 민족이 와서 주의 앞에 경배하며 주의 이름에 영광을 돌리리이다

10 무릇 주는 위대하사 기이한 일들을 행하시오니 주만이 하나님이시니이다

11 여호와여 주의 도를 내게 가르치소서 내가 주의 진리에 행하오리니 일심으로 주의 이름을 경외하게 하소서

12 주 나의 하나님이여 내가 전심으로 주를 찬송하고 영원토록 주의 이름에 영광을 돌리오리니

13 이는 내게 향하신 주의 인자하심이 크사 내 영혼을 깊은 스올에서 건지셨음이니이다

14 하나님이여 교만한 자들이 일어나 나를 치고 포악한 자의 무리가 내 영혼을 찾

았사오며 자기 앞에 주를 두지 아니하였나이다

15 그러나 주여 주는 긍휼히 여기시며 은혜를 베푸시며 노하기를 더디하시며 인자와 진실이 풍성하신 하나님이시오니

16 내게로 돌이키사 내게 은혜를 베푸소서 주의 종에게 힘을 주시고 주의 여종의 아들을 구원하소서

17 은총의 표적을 내게 보이소서 그러면 나를 미워하는 그들이 보고 부끄러워하오리니 여호와여 주는 나를 돕고 위로하시는 이시니이다

〔고라 자손의 시 곧 노래〕

87 그의 터전이 성산에 있음이여

2 여호와께서 야곱의 모든 거처보다 시온의 문들을 사랑하시는도다

3 하나님의 성이여 너를 가리켜 영광스럽다 말하는도다 (셀라)

4 나는 라합과 바벨론이 나를 아는 자 중에 있다 말하리라 보라 블레셋과 두로와 구스여 이것들도 거기서 났다 하리로다

5 시온에 대하여 말하기를 이 사람, 저 사람이 거기서 났다고 말하리니 지존자가 친히 시온을 세우리라 하는도다

6 여호와께서 민족들을 등록하실 때에는 그 수를 세시며 이 사람이 거기서 났다 하시리로다 (셀라)

7 노래하는 자와 뛰어 노는 자들이 말하기를 나의 모든 근원이 네게 있다 하리로다

〔고라 자손의 찬송 시 곧 에스라인 헤만의 마스길, 인도자를 따라 마할랏르안놋에 맞춘 노래〕

88 여호와 내 구원의 하나님이여 내가 주야로 주 앞에서 부르짖었사오니

2 나의 기도가 주 앞에 이르게 하시며 나의 부르짖음에 주의 귀를 기울여 주소서

3 무릇 나의 영혼에는 재난이 가득하며 나의 생명은 스올에 가까웠사오니

4 나는 무덤에 내려가는 자 같이 인정되고 힘없는 용사와 같으며

5 죽은 자 중에 던져진 바 되었으며 죽임을 당하여 무덤에 누운 자 같으니이다 주께서 그들을 다시 기억하지 아니하시니 그들은 주의 손에서 끊어진 자니이다

6 주께서 나를 깊은 웅덩이와 어둡고 음침한 곳에 두셨사오며

7 주의 노가 나를 심히 누르시고 주의 모든 파도가 나를 괴롭게 하셨나이다 (셀라)

8 주께서 내가 아는 자를 내게서 멀리 떠나게 하시고 나를 그들에게 가증한 것이 되게 하셨사오니 나는 갇혀서 나갈 수 없게 되었나이다

9 곤란으로 말미암아 내 눈이 쇠하였나이다 여호와여 내가 매일 주를 부르며 주

를 향하여 나의 두 손을 들었나이다

10 주께서 죽은 자에게 기이한 일을 보이

시겠나이까 유령들이 일어나 주를 찬송

하리이까 (셀라)

11 주의 인자하심을 무덤에서, 주의 성실

하심을 멸망 중에서 선포할 수 있으리

이까

12 흑암 중에서 주의 기적과 잊음의 땅에

서 주의 공의를 알 수 있으리이까

13 여호와여 오직 내가 주께 부르짖었사오

니 아침에 나의 기도가 주의 앞에 이르

리이다

14 여호와여 어찌하여 나의 영혼을 버리시

며 어찌하여 주의 얼굴을 내게서 숨기

시나이까

15 내가 어릴 적부터 고난을 당하여 죽게

되었사오며 주께서 두렵게 하실 때에

당황하였나이다

16 주의 진노가 내게 넘치고 주의 두려움

이 나를 끊었나이다

17 이런 일이 물 같이 종일 나를 에우며

함께 나를 둘러쌌나이다

18 주는 내게서 사랑하는 자와 친구를 멀

리 떠나게 하시며 내가 아는 자를 흑암

에 두셨나이다

〔에스라인 에단의 마스길〕

89 내가 여호와의 인자하심을 영원히 노

래하며 주의 성실하심을 내 입으로 대

대에 알게 하리이다

2 내가 말하기를 인자하심을 영원히 세우

시며 주의 성실하심을 하늘에서 견고히

하시리라 하였나이다

3 주께서 이르시되 나는 내가 택한 자와

언약을 맺으며 내 종 다윗에게 맹세하

기를

4 내가 네 자손을 영원히 견고히 하며 네

왕위를 대대에 세우리라 하셨나이다

(셀라)

5 여호와여 주의 기이한 일을 하늘이 찬
양할 것이요 주의 성실도 거룩한 자들
의 모임 가운데에서 찬양하리이다

6 무릇 구름 위에서 능히 여호와와 비교
할 자 누구며 신들 중에서 여호와와 같
은 자 누구리이까

7 하나님은 거룩한 자의 모임 가운데에서
매우 무서워할 이시오며 둘러 있는 모
든 자 위에 더욱 두려워할 이시니이다

8 여호와 만군의 하나님이여 주와 같이
능력 있는 이가 누구리이까 여호와여
주의 성실하심이 주를 둘렀나이다

9 주께서 바다의 파도를 다스리시며 그 파
도가 일어날 때에 잔잔하게 하시나이다

10 주께서 라합을 죽임 당한 자 같이 깨뜨
리시고 주의 원수를 주의 능력의 팔로

흩으셨나이다

11 하늘이 주의 것이요 땅도 주의 것이라
세계와 그 중에 충만한 것을 주께서 건
설하셨나이다

12 남북을 주께서 창조하셨으니 다볼과 헤
르몬이 주의 이름으로 말미암아 즐거워
하나이다

13 주의 팔에 능력이 있사오며 주의 손은
강하고 주의 오른손은 높이 들리우셨나
이다

14 의와 공의가 주의 보좌의 기초라 인자
함과 진실함이 주 앞에 있나이다

15 즐겁게 소리칠 줄 아는 백성은 복이 있
나니 여호와여 그들이 주의 얼굴 빛 안
에서 다니리로다

16 그들은 종일 주의 이름 때문에 기뻐하
며 주의 공의로 말미암아 높아지오니

17 주는 그들의 힘의 영광이심이라 우리의

189

뽤이 주의 은총으로 높아지오리니

높아지리로다

18 우리의 방패는 여호와께 속하였고 우리

의 왕은 이스라엘의 거룩한 이에게 속

하였기 때문이니이다

19 그 때에 주께서 환상 중에 주의 성도들

에게 말씀하여 이르시기를 내가 능력

있는 용사에게는 돕는 힘을 더하며 백

성 중에서 택함 받은 자를 높였으되

20 내가 내 종 다윗을 찾아내어 나의 거룩

한 기름을 그에게 부었도다

21 내 손이 그와 함께 하여 견고하게 하고

내 팔이 그를 힘이 있게 하리로다

22 원수가 그에게서 강탈하지 못하며 악한

자가 그를 곤고하게 못하리로다

23 내가 그의 앞에서 그 대적들을 박멸하

며 그를 미워하는 자들을 치려니와

24 나의 성실함과 인자함이 그와 함께 하

리니 내 이름으로 말미암아 그의 뿔이

25 내가 또 그의 손을 바다 위에 놓으며

오른손을 강들 위에 놓으리니

26 그가 내게 부르기를 주는 나의 아버지

시요 나의 하나님이시요 나의 구원의

바위시라 하리로다

27 내가 또 그를 장자로 삼고 세상 왕들에

게 지존자가 되게 하며

28 그를 위하여 나의 인자함을 영원히 지키

고 그와 맺은 나의 언약을 굳게 세우며

29 또 그의 후손을 영구하게 하여 그의 왕

위를 하늘의 날과 같게 하리로다

30 만일 그의 자손이 내 법을 버리며 내

규례대로 행하지 아니하며

31 내 율례를 깨뜨리며 내 계명을 지키지

아니하면

32 내가 회초리로 그들의 죄를 다스리며

채찍으로 그들의 죄악을 벌하리로다

33 그러나 나의 인자함을 그에게서 다 거

두지는 아니하며 나의 성실함도 폐하지

아니하며

34 내 언약을 깨뜨리지 아니하고 내 입술

에서 낸 것은 변하지 아니하리로다

35 내가 나의 거룩함으로 한 번 맹세하였

은즉 다윗에게 거짓말을 하지 아니할

것이라

36 그의 후손이 장구하고 그의 왕위는 해

같이 내 앞에 항상 있으며

37 또 궁창의 확실한 증인인 달 같이 영원

히 견고하게 되리라 하셨도다 (셀라)

38 그러나 주께서 주의 기름 부음 받은 자

에게 노하사 물리치셔서 버리셨으며

39 주의 종의 언약을 미워하사 그의 관을

땅에 던져 욕되게 하셨으며

40 그의 모든 울타리를 파괴하시며 그 요

새를 무너뜨리셨으므로

41 길로 지나가는 자들에게 다 탈취를 당

하며 그의 이웃에게 욕을 당하나이다

42 주께서 그의 대적들의 오른손을 높이시

고 그들의 모든 원수들은 기쁘게 하셨

으나

43 그의 칼날은 둔하게 하사 그가 전장에

서 더 이상 버티지 못하게 하셨으며

44 그의 영광을 그치게 하시고 그의 왕위

를 땅에 엎으셨으며

45 그의 젊은 날들을 짧게 하시고 그를 수

치로 덮으셨나이다 (셀라)

46 여호와여 언제까지니이까 스스로 영원

히 숨기시리이까 주의 노가 언제까지

불붙듯 하시겠나이까

47 나의 때가 얼마나 짧은지 기억하소서

주께서 모든 사람을 어찌 그리 허무하

게 창조하셨는지요

48 누가 살아서 죽음을 보지 아니하고 자

기의 영혼을 스올의 권세에서 건지리이

까 (셀라)

49 주여 주의 성실하심으로 다윗에게 맹세

하신 그 전의 인자하심이 어디 있나이까

50 주는 주의 종들이 받은 비방을 기억하

소서 많은 민족의 비방이 내 품에 있사

오니

51 여호와여 이 비방은 주의 원수들이 주

의 기름 부음 받은 자의 행동을 비방한

것이로소이다

52 여호와를 영원히 찬송할지어다 아멘

아멘

제 사 권

〔하나님의 사람 모세의 기도〕

90 주여 주는 대대에 우리의 거처가 되셨

나이다

2 산이 생기기 전, 땅과 세계도 주께서

조성하시기 전 곧 영원부터 영원까지

주는 하나님이시니이다

3 주께서 사람을 티끌로 돌아가게 하시고

말씀하시기를 너희 인생들은 돌아가라

하셨사오니

4 주의 목전에는 천 년이 지나간 어제 같

으며 밤의 한 순간 같을 뿐임이니이다

5 주께서 그들을 홍수처럼 쓸어가시나이

다 그들은 잠깐 자는 것 같으며 아침에

돋는 풀 같으니이다

6 풀은 아침에 꽃이 피어 자라다가 저녁

에는 시들어 마르나이다

7 우리는 주의 노에 소멸되며 주의 분내

심에 놀라나이다

8 주께서 우리의 죄악을 주의 앞에 놓으

시며 우리의 은밀한 죄를 주의 얼굴 빛

가운데에 두셨사오니

9 우리의 모든 날이 주의 분노 중에 지나

가며 우리의 평생이 순식간에 다하였나

이다

10 우리의 연수가 칠십이요 강건하면 팔십

이라도 그 연수의 자랑은 수고와 슬픔뿐

이요 신속히 가니 우리가 날아가나이다

11 누가 주의 노여움의 능력을 알며 누가

주의 진노의 두려움을 알리이까

12 우리에게 우리 날 계수함을 가르치사

지혜로운 마음을 얻게 하소서

13 여호와여 돌아오소서 언제까지니이까

주의 종들을 불쌍히 여기소서

14 아침에 주의 인자하심이 우리를 만족하

게 하사 우리를 일생 동안 즐겁고 기쁘

게 하소서

15 우리를 괴롭게 하신 날수대로와 우리가

화를 당한 연수대로 우리를 기쁘게 하

소서

16 주께서 행하신 일을 주의 종들에게 나

타내시며 주의 영광을 그들의 자손에게

나타내소서

17 주 우리 하나님의 은총을 우리에게 내

리게 하사 우리의 손이 행한 일을 우리

에게 견고하게 하소서 우리의 손이 행

한 일을 견고하게 하소서

91 지존자의 은밀한 곳에 거주하며 전능자

의 그늘 아래에 사는 자여,

2 나는 여호와를 향하여 말하기를 그는

나의 피난처요 나의 요새요 내가 의뢰

하는 하나님이라 하리니

3 이는 그가 너를 새 사냥꾼의 올무에서

와 심한 전염병에서 건지실 것임이로다

4 그가 너를 그의 깃으로 덮으시리니 네

가 그의 날개 아래에 피하리로다 그의

진실함은 방패와 손 방패가 되시나니

5 너는 밤에 찾아오는 공포와 낮에 날아

드는 화살과

6 어두울 때 퍼지는 전염병과 밝을 때

닥쳐오는 재앙을 두려워하지 아니하리

로다

7 천 명이 네 왼쪽에서, 만 명이 네 오른

쪽에서 엎드러지나 이 재앙이 네게 가

까이 하지 못하리로다

8 오직 너는 똑똑히 보리니 악인들의 보

응을 네가 보리로다

9 네가 말하기를 여호와는 나의 피난처시

라 하고 지존자를 너의 거처로 삼았으

므로

10 화가 네게 미치지 못하며 재앙이 네 장

막에 가까이 오지 못하리니

11 그가 너를 위하여 그의 천사들을 명령

하사 네 모든 길에서 너를 지키게 하심

이라

12 그들이 그들의 손으로 너를 붙들어 발

이 돌에 부딪히지 아니하게 하리로다

13 네가 사자와 독사를 밟으며 젊은 사자

와 뱀을 발로 누르리로다

14 하나님이 이르시되 그가 나를 사랑한즉

내가 그를 건지리라 그가 내 이름을 안

즉 내가 그를 높이리라

15 그가 내게 간구하리니 내가 그에게 응

답하리라 그들이 환난 당할 때에 내가

그와 함께 하여 그를 건지고 영화롭게

하리라

16 내가 그를 장수하게 함으로 그를 만족

하게 하며 나의 구원을 그에게 보이리

라 하시도다

〔안식일의 찬송 시〕

92 1-3 지존자여 십현금과 비파와 수금

으로 여호와께 감사하며 주의 이름을

찬양하고 아침마다 주의 인자하심을 알

리며 밤마다 주의 성실하심을 베풂이

좋으니이다

4 여호와여 주께서 행하신 일로 나를 기

쁘게 하셨으니 주의 손이 행하신 일로

말미암아 내가 높이 외치리이다

5 여호와여 주께서 행하신 일이 어찌 그

리 크신지요 주의 생각이 매우 깊으시

니이다

6 어리석은 자도 알지 못하며 무지한 자

도 이를 깨닫지 못하나이다

7 악인들은 풀 같이 자라고 악을 행하는

자들은 다 흥왕할지라도 영원히 멸망하

리이다

8 여호와여 주는 영원토록 지존하시니

이다

9 여호와여 주의 원수들은 패망하리이다

정녕 주의 원수들은 패망하리니 죄악을

행하는 자들은 다 흩어지리이다

10 그러나 주께서 내 뿔을 들소의 뿔 같이

높이셨으며 내게 신선한 기름을 부으셨

나이다

11 내 원수들이 보응 받는 것을 내 눈으로

보며 일어나 나를 치는 행악자들이 보

응 받는 것을 내 귀로 들었도다

12 의인은 종려나무 같이 번성하며 레바논

의 백향목 같이 성장하리로다

13 이는 여호와의 집에 심겼음이여 우리

하나님의 뜰 안에서 번성하리로다

14 그는 늙어도 여전히 결실하며 진액이

풍족하고 빛이 청청하니

15 여호와의 정직하심과 나의 바위 되심과

그에게는 불의가 없음이 선포되리로다

93 여호와께서 다스리시니 스스로 권위를

입으셨도다 여호와께서 능력의 옷을 입

으시며 띠를 띠셨으므로 세계도 견고히

서서 흔들리지 아니하는도다

2 주의 보좌는 예로부터 견고히 섰으며

주는 영원부터 계셨나이다

3 여호와여 큰 물이 소리를 높였고 큰 물

195

이 그 소리를 높였으니 큰 물이 그 물

결을 높이나이다

4 높이 계신 여호와의 능력은 많은 물 소

리와 바다의 큰 파도보다 크니이다

5 여호와여 주의 증거들이 매우 확실하고

거룩함이 주의 집에 합당하니 여호와는

영원무궁하시리이다

94 여호와여 복수하시는 하나님이여 복수

하시는 하나님이여 빛을 비추어 주소서

2 세계를 심판하시는 주여 일어나사 교만

한 자들에게 마땅한 벌을 주소서

3 여호와여 악인이 언제까지, 악인이 언

제까지 개가를 부르리이까

4 그들이 마구 지껄이며 오만하게 떠들며

죄악을 행하는 자들이 다 자만하나이다

5 여호와여 그들이 주의 백성을 짓밟으며

주의 소유를 곤고하게 하며

6 과부와 나그네를 죽이며 고아들을 살해

하며

7 말하기를 여호와가 보지 못하며 야곱

의 하나님이 알아차리지 못하리라 하

나이다

8 백성 중의 어리석은 자들아 너희는 생

각하라 무지한 자들아 너희가 언제나

지혜로울까

9 귀를 지으신 이가 듣지 아니하시랴 눈

을 만드신 이가 보지 아니하시랴

10 뭇 백성을 징벌하시는 이 곧 지식으로

사람을 교훈하시는 이가 징벌하지 아니

하시랴

11 여호와께서는 사람의 생각이 허무함을

아시느니라

12 여호와여 주로부터 징벌을 받으며 주의

법으로 교훈하심을 받는 자가 복이 있

나니

13 이런 사람에게는 환난의 날을 피하게

하사 악인을 위하여 구덩이를 팔 때까

지 평안을 주시리이다

14 여호와께서는 자기 백성을 버리지 아니

하시며 자기의 소유를 외면하지 아니하

시리로다

15 심판이 의로 돌아가리니 마음이 정직한

자가 다 따르리로다

16 누가 나를 위하여 일어나서 행악자들을

치며 누가 나를 위하여 일어나서 악행

하는 자들을 칠까

17 여호와께서 내게 도움이 되지 아니하셨

더면 내 영혼이 벌써 침묵 속에 잠겼으

리로다

18 여호와여 나의 발이 미끄러진다고 말

할 때에 주의 인자하심이 나를 붙드셨

사오며

19 내 속에 근심이 많을 때에 주의 위안이

내 영혼을 즐겁게 하시나이다

20 율례를 빙자하고 재난을 꾸미는 악한

재판장이 어찌 주와 어울리리이까

21 그들이 모여 의인의 영혼을 치려 하며

무죄한 자를 정죄하여 피를 흘리려 하나

22 여호와는 나의 요새이시요 나의 하나님

은 내가 피할 반석이시라

23 그들의 죄악을 그들에게로 되돌리시며

그들의 악으로 말미암아 그들을 끊으시

리니 여호와 우리 하나님이 그들을 끊

으시리로다

95 오라 우리가 여호와께 노래하며 우리

의 구원의 반석을 향하여 즐거이 외치자

2 우리가 감사함으로 그 앞에 나아가며

시를 지어 즐거이 그를 노래하자

3 여호와는 크신 하나님이시요 모든 신들

보다 크신 왕이시기 때문이로다

4 땅의 깊은 곳이 그의 손 안에 있으며

산들의 높은 곳도 그의 것이로다

5 바다도 그의 것이라 그가 만드셨고 육

지도 그의 손이 지으셨도다

6 오라 우리가 굽혀 경배하며 우리를 지

으신 여호와 앞에 무릎을 꿇자

7 그는 우리의 하나님이시요 우리는 그가

기르시는 백성이며 그의 손이 돌보시는

양이기 때문이라 너희가 오늘 그의 음

성을 듣거든

8 너희는 므리바에서와 같이 또 광야의

맛사에서 지냈던 날과 같이 너희 마음

을 완악하게 하지 말지어다

9 그 때에 너희 조상들이 내가 행한 일을

보고서도 나를 시험하고 조사하였도다

10 내가 사십 년 동안 그 세대로 말미암아

근심하여 이르기를 그들은 마음이 미혹

된 백성이라 내 길을 알지 못한다 하였

도다

11 그러므로 내가 노하여 맹세하기를 그들

은 내 안식에 들어오지 못하리라 하였

도다

96 새 노래로 여호와께 노래하라 온 땅이

여 여호와께 노래할지어다

2 여호와께 노래하여 그의 이름을 송축하

며 그의 구원을 날마다 전파할지어다

3 그의 영광을 백성들 가운데에, 그의 기

이한 행적을 만민 가운데에 선포할지

어다

4 여호와는 위대하시니 지극히 찬양할 것

이요 모든 신들보다 경외할 것임이여

5 만국의 모든 신들은 우상들이지만 여호

와께서는 하늘을 지으셨음이로다

6 존귀와 위엄이 그의 앞에 있으며 능력

과 아름다움이 그의 성소에 있도다

7 만국의 족속들아 영광과 권능을 여호와

께 돌릴지어다 여호와께 돌릴지어다

8 여호와의 이름에 합당한 영광을 그에게

돌릴지어다 예물을 들고 그의 궁정에

들어갈지어다

9 아름답고 거룩한 것으로 여호와께 예배

할지어다 온 땅이여 그 앞에서 떨지어다

10 모든 나라 가운데서 이르기를 여호와께

서 다스리시니 세계가 굳게 서고 흔들

리지 않으리라 그가 만민을 공평하게

심판하시리라 할지로다

11 하늘은 기뻐하고 땅은 즐거워하며 바다

와 거기에 충만한 것이 외치고

12 밭과 그 가운데에 있는 모든 것은 즐거

워할지로다 그 때 숲의 모든 나무들이

여호와 앞에서 즐거이 노래하리니

13 그가 임하시되 땅을 심판하러 임하실

것임이라 그가 의로 세계를 심판하시며

그의 진실하심으로 백성을 심판하시리

로다

97 여호와께서 다스리시나니 땅은 즐거워

하며 허다한 섬은 기뻐할지어다

2 구름과 흑암이 그를 둘렀고 의와 공평

이 그의 보좌의 기초로다

3 불이 그의 앞에서 나와 사방의 대적들

을 불사르시는도다

4 그의 번개가 세계를 비추니 땅이 보고

떨었도다

5 산들이 여호와의 앞 곧 온 땅의 주 앞

에서 밀랍 같이 녹았도다

6 하늘이 그의 의를 선포하니 모든 백성

이 그의 영광을 보았도다

7 조각한 신상을 섬기며 허무한 것으로

자랑하는 자는 다 수치를 당할 것이라

너희 신들아 여호와께 경배할지어다

8 여호와여 시온이 주의 심판을 듣고 기뻐

하며 유다의 딸들이 즐거워하였나이다

9 여호와여 주는 온 땅 위에 지존하시고

모든 신들보다 위에 계시니이다

10 여호와를 사랑하는 너희여 악을 미워하라 그가 그의 성도의 영혼을 보전하사 악인의 손에서 건지시느니라

11 의인을 위하여 빛을 뿌리고 마음이 정직한 자를 위하여 기쁨을 뿌리시는도다

12 의인이여 너희는 여호와로 말미암아 기뻐하며 그의 거룩한 이름에 감사할지어다

〔시〕

98 새 노래로 여호와께 찬송하라 그는 기이한 일을 행하사 그의 오른손과 거룩한 팔로 자기를 위하여 구원을 베푸셨음이로다

2 여호와께서 그의 구원을 알게 하시며 그의 공의를 뭇 나라의 목전에서 명백히 나타내셨도다

3 그가 이스라엘의 집에 베푸신 인자와 성실을 기억하셨으므로 땅 끝까지 이르는 모든 것이 우리 하나님의 구원을 보았도다

4 온 땅이여 여호와께 즐거이 소리칠지어다 소리 내어 즐겁게 노래하며 찬송할지어다

5 수금으로 여호와를 노래하라 수금과 음성으로 노래할지어다

6 나팔과 호각 소리로 왕이신 여호와 앞에 즐겁게 소리칠지어다

7 바다와 거기 충만한 것과 세계와 그 중에 거주하는 자는 다 외칠지어다

8 여호와 앞에서 큰 물은 박수할지어다 산악이 함께 즐겁게 노래할지어다

9 그가 땅을 심판하러 임하실 것임이로다 그가 의로 세계를 판단하시며 공평으로 그의 백성을 심판하시리로다

99 여호와께서 다스리시니 만민이 떨 것이요 여호와께서 그룹 사이에 좌정하시

니 땅이 흔들릴 것이로다

2 시온에 계시는 여호와는 위대하시고 모든 민족보다 높으시도다

3 주의 크고 두려운 이름을 찬송할지니 그는 거룩하심이로다

4 능력 있는 왕은 정의를 사랑하느니라 주께서 공의를 견고하게 세우시고 주께서 야곱에게 정의와 공의를 행하시나이다

5 너희는 여호와 우리 하나님을 높여 그의 발등상 앞에서 경배할지어다 그는 거룩하시도다

6 그의 제사장들 중에는 모세와 아론이 있고 그의 이름을 부르는 자들 중에는 사무엘이 있도다 그들이 여호와께 간구하매 응답하셨도다

7 여호와께서 구름 기둥 가운데서 그들에게 말씀하시니 그들은 그가 그들에게 주신 증거와 율례를 지켰도다

8 여호와 우리 하나님이여 주께서는 그들에게 응답하셨고 그들의 행한 대로 갚기는 하셨으나 그들을 용서하신 하나님이시니이다

9 너희는 여호와 우리 하나님을 높이고 그 성산에서 예배할지어다 여호와 우리 하나님은 거룩하심이로다

〔감사의 시〕

100 온 땅이여 여호와께 즐거운 찬송을 부를지어다

2 기쁨으로 여호와를 섬기며 노래하면서 그의 앞에 나아갈지어다

3 여호와가 우리 하나님이신 줄 너희는 알지어다 그는 우리를 지으신 이요 우리는 그의 것이니 그의 백성이요 그의 기르시는 양이로다

4 감사함으로 그의 문에 들어가며 찬송함으로 그의 궁정에 들어가서 그에게 감

사하며 그의 이름을 송축할지어다

5 여호와는 선하시니 그의 인자하심이 영원하고 그의 성실하심이 대대에 이르리로다

〔다윗의 시〕

101 내가 인자와 정의를 노래하겠나이다 여호와여 내가 주께 찬양하리이다

2 내가 완전한 길을 주목하오리니 주께서 어느 때나 내게 임하시겠나이까 내가 완전한 마음으로 내 집 안에서 행하리이다

3 나는 비천한 것을 내 눈 앞에 두지 아니할 것이요 배교자들의 행위를 내가 미워하오리니 나는 그 어느 것도 붙들지 아니하리이다

4 사악한 마음이 내게서 떠날 것이니 악한 일을 내가 알지 아니하리로다

5 자기의 이웃을 은근히 헐뜯는 자를 내

가 멸할 것이요 눈이 높고 마음이 교만한 자를 내가 용납하지 아니하리로다

6 내 눈이 이 땅의 충성된 자를 살펴 나와 함께 살게 하리니 완전한 길에 행하는 자가 나를 따르리로다

7 거짓을 행하는 자는 내 집 안에 거주하지 못하며 거짓말하는 자는 내 목전에 서지 못하리로다

8 아침마다 내가 이 땅의 모든 악인을 멸하리니 악을 행하는 자는 여호와의 성에서 다 끊어지리로다

〔고난 당한 자가 마음이 상하여
그의 근심을 여호와 앞에 토로하는 기도〕

102 여호와여 내 기도를 들으시고 나의 부르짖음을 주께 상달하게 하소서

2 나의 괴로운 날에 주의 얼굴을 내게서 숨기지 마소서 주의 귀를 내게 기울이사 내가 부르짖는 날에 속히 내게 응답하소서

3 내 날이 연기 같이 소멸하며 내 뼈가

숯 같이 탔음이니이다

4 내가 음식 먹기도 잊었으므로 내 마음

이 풀 같이 시들고 말라 버렸사오며

5 나의 탄식 소리로 말미암아 나의 살이

뼈에 붙었나이다

6 나는 광야의 올빼미 같고 황폐한 곳의

부엉이 같이 되었사오며

7 내가 밤을 새우니 지붕 위의 외로운 참

새 같으니이다

8 내 원수들이 종일 나를 비방하며 내게

대항하여 미칠 듯이 날뛰는 자들이 나

를 가리켜 맹세하나이다

9 나는 재를 양식 같이 먹으며 나는 눈물

섞인 물을 마셨나이다

10 주의 분노와 진노로 말미암음이라 주께

서 나를 들어서 던지셨나이다

11 내 날이 기울어지는 그림자 같고 내가

풀의 시들어짐 같으니이다

12 여호와여 주는 영원히 계시고 주에 대

한 기억은 대대에 이르리이다

13 주께서 일어나사 시온을 긍휼히 여기시

리니 지금은 그에게 은혜를 베푸실 때

라 정한 기한이 다가옴이니이다

14 주의 종들이 시온의 돌들을 즐거워하며

그의 티끌도 은혜를 받나이다

15 이에 뭇 나라가 여호와의 이름을 경외

하며 이 땅의 모든 왕들이 주의 영광을

경외하리니

16 여호와께서 시온을 건설하시고 그의 영

광 중에 나타나셨음이라

17 여호와께서 빈궁한 자의 기도를 돌아보

시며 그들의 기도를 멸시하지 아니하셨

도다

18 이 일이 장래 세대를 위하여 기록되리

니 창조함을 받을 백성이 여호와를 찬

양하리로다

19 여호와께서 그의 높은 성소에서 굽어보시며 하늘에서 땅을 살펴 보셨으니

20 이는 갇힌 자의 탄식을 들으시며 죽이기로 정한 자를 해방하사

21 여호와의 이름을 시온에서, 그 영예를 예루살렘에서 선포하게 하려 하심이라

22 그 때에 민족들과 나라들이 함께 모여 여호와를 섬기리로다

23 그가 내 힘을 중도에 쇠약하게 하시며 내 날을 짧게 하셨도다

24 나의 말이 나의 하나님이여 나의 중년에 나를 데려가지 마옵소서 주의 연대는 대대에 무궁하니이다

25 주께서 옛적에 땅의 기초를 놓으셨사오며 하늘도 주의 손으로 지으신 바니이다

26 천지는 없어지려니와 주는 영존하시겠고 그것들은 다 옷 같이 낡으리니 의복

같이 바꾸시면 바뀌려니와

27 주는 한결같으시고 주의 연대는 무궁하리이다

28 주의 종들의 자손은 항상 안전히 거주하고 그의 후손은 주 앞에 굳게 서리이다 하였도다

〔다윗의 시〕

103 내 영혼아 여호와를 송축하라 내 속에 있는 것들아 다 그의 거룩한 이름을 송축하라

2 내 영혼아 여호와를 송축하며 그의 모든 은택을 잊지 말지어다

3 그가 네 모든 죄악을 사하시며 네 모든 병을 고치시며

4 네 생명을 파멸에서 속량하시고 인자와 긍휼로 관을 씌우시며

5 좋은 것으로 네 소원을 만족하게 하사 네 청춘을 독수리 같이 새롭게 하시는

도다

우리에게서 멀리 옮기셨으며

6 여호와께서 공의로운 일을 행하시며 억압 당하는 모든 자를 위하여 심판하시는도다

13 아버지가 자식을 긍휼히 여김 같이 여호와께서는 자기를 경외하는 자를 긍휼히 여기시나니

7 그의 행위를 모세에게, 그의 행사를 이스라엘 자손에게 알리셨도다

14 이는 그가 우리의 체질을 아시며 우리가 단지 먼지뿐임을 기억하심이로다

8 여호와는 긍휼이 많으시고 은혜로우시며 노하기를 더디 하시고 인자하심이 풍부하시도다

15 인생은 그 날이 풀과 같으며 그 영화가 들의 꽃과 같도다

9 자주 경책하지 아니하시며 노를 영원히 품지 아니하시리로다

16 그것은 바람이 지나가면 없어지나니 그 있던 자리도 다시 알지 못하거니와

10 우리의 죄를 따라 우리를 처벌하지는 아니하시며 우리의 죄악을 따라 우리에게 그대로 갚지는 아니하셨으니

17 여호와의 인자하심은 자기를 경외하는 자에게 영원부터 영원까지 이르며 그의 의는 자손의 자손에게 이르리니

11 이는 하늘이 땅에서 높음 같이 그를 경외하는 자에게 그의 인자하심이 크심이로다

18 곧 그의 언약을 지키고 그의 법도를 기억하여 행하는 자에게로다

19 여호와께서 그의 보좌를 하늘에 세우시고 그의 왕권으로 만유를 다스리시도다

12 동이 서에서 먼 것 같이 우리의 죄과를

20 능력이 있어 여호와의 말씀을 행하며

그의 말씀의 소리를 듣는 여호와의 천

사들이여 여호와를 송축하라

21 그에게 수종들며 그의 뜻을 행하는 모

든 천군이여 여호와를 송축하라

22 여호와의 지으심을 받고 그가 다스리시

는 모든 곳에 있는 너희여 여호와를 송

축하라 내 영혼아 여호와를 송축하라

104 내 영혼아 여호와를 송축하라 여호와

나의 하나님이여 주는 심히 위대하시며

존귀와 권위로 옷 입으셨나이다

2 주께서 옷을 입음 같이 빛을 입으시며

하늘을 휘장 같이 치시며

3 물에 자기 누각의 들보를 얹으시며 구

름으로 자기 수레를 삼으시고 바람 날

개로 다니시며

4 바람을 자기 사신으로 삼으시고 불꽃으

로 자기 사역자를 삼으시며

5 땅에 기초를 놓으사 영원히 흔들리지

아니하게 하셨나이다

6 옷으로 덮음 같이 주께서 땅을 깊은 바

다로 덮으시매 물이 산들 위로 솟아올

랐으나

7 주께서 꾸짖으시니 물은 도망하며 주의

우렛소리로 말미암아 빨리 가며

8 주께서 그들을 위하여 정하여 주신 곳

으로 흘러갔고 산은 오르고 골짜기는

내려갔나이다

9 주께서 물의 경계를 정하여 넘치지 못

하게 하시며 다시 돌아와 땅을 덮지 못

하게 하셨나이다

10 여호와께서 샘을 골짜기에서 솟아나게

하시고 산 사이에 흐르게 하사

11 각종 들짐승에게 마시게 하시니 들나귀

들도 해갈하며

12 공중의 새들도 그 가에서 깃들이며 나

뭇가지 사이에서 지저귀는도다

13 그가 그의 누각에서부터 산에 물을 부

어 주시니 주께서 하시는 일의 결실이

땅을 만족시켜 주는도다

14 그가 가축을 위한 풀과 사람을 위한 채

소를 자라게 하시며 땅에서 먹을 것이

나게 하셔서

15 사람의 마음을 기쁘게 하는 포도주와

사람의 얼굴을 윤택하게 하는 기름과

사람의 마음을 힘있게 하는 양식을 주

셨도다

16 여호와의 나무에는 물이 흡족함이여 곧

그가 심으신 레바논 백향목들이로다

17 새들이 그 속에 깃들임이여 학은 잣나

무로 집을 삼는도다

18 높은 산들은 산양을 위함이여 바위는

너구리의 피난처로다

19 여호와께서 달로 절기를 정하심이여 해

는 그 지는 때를 알도다

20 주께서 흑암을 지어 밤이 되게 하시니

삼림의 모든 짐승이 기어나오나이다

21 젊은 사자들은 그들의 먹이를 쫓아 부

르짖으며 그들의 먹이를 하나님께 구하

다가

22 해가 돋으면 물러가서 그들의 굴 속에

눕고

23 사람은 나와서 일하며 저녁까지 수고하

는도다

24 여호와여 주께서 하신 일이 어찌 그리

많은지요 주께서 지혜로 그들을 다 지

으셨으니 주께서 지으신 것들이 땅에

가득하니이다

25 거기에는 크고 넓은 바다가 있고 그 속

에는 생물 곧 크고 작은 동물들이 무수

하니이다

26 그 곳에는 배들이 다니며 주께서 지으

신 리워야단이 그 속에서 노나이다

27 이것들은 다 주께서 때를 따라 먹을 것
을 주시기를 바라나이다

28 주께서 주신즉 그들이 받으며 주께서
손을 펴신즉 그들이 좋은 것으로 만족
하다가

29 주께서 낯을 숨기신즉 그들이 떨고 주
께서 그들의 호흡을 거두신즉 그들은
죽어 먼지로 돌아가나이다

30 주의 영을 보내어 그들을 창조하사 지
면을 새롭게 하시나이다

31 여호와의 영광이 영원히 계속할지며 여
호와는 자신께서 행하시는 일들로 말미
암아 즐거워하시리로다

32 그가 땅을 보신즉 땅이 진동하며 산들
을 만지신즉 연기가 나는도다

33 내가 평생토록 여호와께 노래하며 내가
살아 있는 동안 내 하나님을 찬양하리
로다

34 나의 기도를 기쁘게 여기시기를 바라나
니 나는 여호와로 말미암아 즐거워하리
로다

35 죄인들을 땅에서 소멸하시며 악인들을
다시 있지 못하게 하시리로다 내 영혼
아 여호와를 송축하라 할렐루야

105 여호와께 감사하고 그의 이름을 불러
아뢰며 그가 하는 일을 만민 중에 알게
할지어다

2 그에게 노래하며 그를 찬양하며 그의
모든 기이한 일들을 말할지어다

3 그의 거룩한 이름을 자랑하라 여호와를
구하는 자들은 마음이 즐거울지로다

4 여호와와 그의 능력을 구할지어다 그의
얼굴을 항상 구할지어다

5-6 그의 종 아브라함의 후손 곧 택하신 야
곱의 자손 너희는 그가 행하신 기적과
그의 이적과 그의 입의 판단을 기억할

지어다

7　그는 여호와 우리 하나님이시라 그의

판단이 온 땅에 있도다

8　그는 그의 언약 곧 천 대에 걸쳐 명령

하신 말씀을 영원히 기억하셨으니

9　이것은 아브라함과 맺은 언약이고 이삭

에게 하신 맹세이며

10　야곱에게 세우신 율례 곧 이스라엘에게

하신 영원한 언약이라

11　이르시기를 내가 가나안 땅을 네게 주

어 너희에게 할당된 소유가 되게 하리

라 하셨도다

12　그 때에 그들의 사람 수가 적어 그 땅

의 나그네가 되었고

13　이 족속에게서 저 족속에게로, 이 나라

에서 다른 민족에게로 떠돌아다녔도다

14　그러나 그는 사람이 그들을 억압하는

것을 용납하지 아니하시고 그들로 말미

암아 왕들을 꾸짖어

15　이르시기를 나의 기름 부은 자를 손대

지 말며 나의 선지자들을 해하지 말라

하셨도다

16　그가 또 그 땅에 기근이 들게 하사 그

들이 의지하고 있는 양식을 다 끊으셨

도다

17　그가 한 사람을 앞서 보내셨음이여 요

셉이 종으로 팔렸도다

18　그의 발은 차꼬를 차고 그의 몸은 쇠사

슬에 매였으니

19　곧 여호와의 말씀이 응할 때까지라 그

의 말씀이 그를 단련하였도다

20　왕이 사람을 보내어 그를 석방함이여

뭇 백성의 통치자가 그를 자유롭게 하

였도다

21　그를 그의 집의 주관자로 삼아 그의 모

든 소유를 관리하게 하고

22 그의 뜻대로 모든 신하를 다스리며 그의 지혜로 장로들을 교훈하게 하였도다

23 이에 이스라엘이 애굽에 들어감이여 야곱이 함의 땅에 나그네가 되었도다

24 여호와께서 자기의 백성을 크게 번성하게 하사 그의 대적들보다 강하게 하셨으며

25 또 그 대적들의 마음이 변하게 하여 그의 백성을 미워하게 하시며 그의 종들에게 교활하게 행하게 하셨도다

26 그리하여 그는 그의 종 모세와 그의 택하신 아론을 보내시니

27 그들이 그들의 백성 중에서 여호와의 표적을 보이고 함의 땅에서 징조들을 행하였도다

28 여호와께서 흑암을 보내사 그곳을 어둡게 하셨으나 그들은 그의 말씀을 지키지 아니하였도다

29 그들의 물도 변하여 피가 되게 하사 그들의 물고기를 죽이셨도다

30 그 땅에 개구리가 많아져서 왕의 궁실에도 있었도다

31 여호와께서 말씀하신즉 파리 떼가 오며 그들의 온 영토에 이가 생겼도다

32 비 대신 우박을 내리시며 그들의 땅에 화염을 내리셨도다

33 그들의 포도나무와 무화과나무를 치시며 그들의 지경에 있는 나무를 찍으셨도다

34 여호와께서 말씀하신즉 황충과 수많은 메뚜기가 몰려와

35 그들의 땅에 있는 모든 채소를 먹으며 그들의 밭에 있는 열매를 먹었도다

36 또 여호와께서 그들의 기력의 시작인 그 땅의 모든 장자를 치셨도다

37 마침내 그들을 인도하여 은 금을 가지

고 나오게 하시니 그의 지파 중에 비틀

거리는 자가 하나도 없었도다

38 그들이 떠날 때에 애굽이 기뻐하였으니

그들이 그들을 두려워함이로다

39 여호와께서 낮에는 구름을 펴사 덮개를

삼으시고 밤에는 불로 밝히셨으며

40 그들이 구한즉 메추라기를 가져 오시고

또 하늘의 양식으로 그들을 만족하게

하셨도다

41 반석을 여신즉 물이 흘러나와 마른 땅

에 강 같이 흘렀으니

42 이는 그의 거룩한 말씀과 그의 종 아브

라함을 기억하셨음이로다

43 그의 백성이 즐겁게 나오게 하시며 그

의 택한 자는 노래하며 나오게 하시고

44 여러 나라의 땅을 그들에게 주시며 민

족들이 수고한 것을 소유로 가지게 하

셨으니

45 이는 그들이 그의 율례를 지키고 그의

율법을 따르게 하려 하심이로다 할렐

루야

106 할렐루야 여호와께 감사하라 그는 선

하시며 그 인자하심이 영원함이로다

2 누가 능히 여호와의 권능을 다 말하며

주께서 받으실 찬양을 다 선포하랴

3 정의를 지키는 자들과 항상 공의를 행

하는 자는 복이 있도다

4 여호와여 주의 백성에게 베푸시는 은혜

로 나를 기억하시며 주의 구원으로 나

를 돌보사

5 내가 주의 택하신 자가 형통함을 보고

주의 나라의 기쁨을 나누어 가지게 하

사 주의 유산을 자랑하게 하소서

6 우리가 우리의 조상들처럼 범죄하여 사

악을 행하며 악을 지었나이다

7 우리의 조상들이 애굽에 있을 때 주의

기이한 일들을 깨닫지 못하며 주의 크

신 인자를 기억하지 아니하고 바다 곧

홍해에서 거역하였나이다

8 그러나 여호와께서는 자기의 이름을 위

하여 그들을 구원하셨으니 그의 큰 권

능을 만인이 알게 하려 하심이로다

9 이에 홍해를 꾸짖으시니 곧 마르니 그

들을 인도하여 바다 건너가기를 마치

광야를 지나감 같게 하사

10 그들을 그 미워하는 자의 손에서 구원

하시며 그 원수의 손에서 구원하셨고

11 그들의 대적들은 물로 덮으시매 그들

중에서 하나도 살아 남지 못하였도다

12 이에 그들이 그의 말씀을 믿고 그를 찬

양하는 노래를 불렀도다

13 그러나 그들은 그가 행하신 일을 곧 잊

어버리며 그의 가르침을 기다리지 아니

하고

14 광야에서 욕심을 크게 내며 사막에서

하나님을 시험하였도다

15 그러므로 여호와께서는 그들이 요구한

것을 그들에게 주셨을지라도 그들의 영

혼은 쇠약하게 하셨도다

16 그들이 진영에서 모세와 여호와의 거룩

한 자 아론을 질투하매

17 땅이 갈라져 다단을 삼키며 아비람의

당을 덮었고

18 불이 그들의 당에 붙음이여 화염이 악

인들을 살랐도다

19 그들이 호렙에서 송아지를 만들고 부어

만든 우상을 경배하여

20 자기 영광을 풀 먹는 소의 형상으로 바

꾸었도다

21 애굽에서 큰 일을 행하신 그의 구원자

하나님을 그들이 잊었나니

22 그는 함의 땅에서 기사와 홍해에서 놀

랄 만한 일을 행하신 이시로다

23 그러므로 여호와께서 그들을 멸하리라 하셨으나 그가 택하신 모세가 그 어려움 가운데에서 그의 앞에 서서 그의 노를 돌이켜 멸하시지 아니하게 하였도다

24 그들이 그 기쁨의 땅을 멸시하며 그 말씀을 믿지 아니하고

25 그들의 장막에서 원망하며 여호와의 음성을 듣지 아니하였도다

26 이러므로 그가 그의 손을 들어 그들에게 맹세하기를 그들이 광야에 엎드러지게 하고

27 또 그들의 후손을 뭇 백성 중에 엎드러뜨리며 여러 나라로 흩어지게 하리라 하셨도다

28 그들이 또 브올의 바알과 연합하여 죽은 자에게 제사한 음식을 먹어서

29 그 행위로 주를 격노하게 함으로써 재

앙이 그들 중에 크게 유행하였도다

30 그 때에 비느하스가 일어서서 중재하니 이에 재앙이 그쳤도다

31 이 일이 그의 의로 인정되었으니 대대로 영원까지로다

32 그들이 또 므리바 물에서 여호와를 노하시게 하였으므로 그들 때문에 재난이 모세에게 이르렀나니

33 이는 그들이 그의 뜻을 거역함으로 말미암아 모세가 그의 입술로 망령되이 말하였음이로다

34 그들은 여호와께서 멸하라고 말씀하신 그 이방 민족들을 멸하지 아니하고

35 그 이방 나라들과 섞여서 그들의 행위를 배우며

36 그들의 우상들을 섬기므로 그것들이 그들에게 올무가 되었도다

37 그들이 그들의 자녀를 악귀들에게 희생

제물로 바쳤도다

38 무죄한 피 곧 그들의 자녀의 피를 흘려

가나안의 우상들에게 제사하므로 그 땅

이 피로 더러워졌도다

39 그들은 그들의 행위로 더러워지니 그들

의 행동이 음탕하도다

40 그러므로 여호와께서 자기 백성에게 맹

렬히 노하시며 자기의 유업을 미워하사

41 그들을 이방 나라의 손에 넘기시매 그

들을 미워하는 자들이 그들을 다스렸

도다

42 그들이 원수들의 압박을 받고 그들의

수하에 복종하게 되었도다

43 여호와께서 여러 번 그들을 건지시나

그들은 교묘하게 거역하며 자기 죄악으

로 말미암아 낮아짐을 당하였도다

44 그러나 여호와께서 그들의 부르짖음을

들으실 때에 그들의 고통을 돌보시며

45 그들을 위하여 그의 언약을 기억하시고

그 크신 인자하심을 따라 뜻을 돌이키사

46 그들을 사로잡은 모든 자에게서 긍휼히

여김을 받게 하셨도다

47 여호와 우리 하나님이여 우리를 구원하

사 여러 나라로부터 모으시고 우리가

주의 거룩하신 이름을 감사하며 주의

영예를 찬양하게 하소서

48 여호와 이스라엘의 하나님을 영원부터

영원까지 찬양할지어다 모든 백성들아

아멘 할지어다 할렐루야

제 오 권

107 여호와께 감사하라 그는 선하시며 그

인자하심이 영원함이로다

2 여호와의 속량을 받은 자들은 이같이

말할지어다 여호와께서 대적의 손에서

그들을 속량하사

3 동서 남북 각 지방에서부터 모으셨도다

4　그들이 광야 사막 길에서 방황하며 거주할 성읍을 찾지 못하고

5　주리고 목이 말라 그들의 영혼이 그들 안에서 피곤하였도다

6　이에 그들이 근심 중에 여호와께 부르짖으매 그들의 고통에서 건지시고

7　또 바른 길로 인도하사 거주할 성읍에 이르게 하셨도다

8　여호와의 인자하심과 인생에게 행하신 기적으로 말미암아 그를 찬송할지로다

9　그가 사모하는 영혼에게 만족을 주시며 주린 영혼에게 좋은 것으로 채워주심이로다

10　사람이 흑암과 사망의 그늘에 앉으며 곤고와 쇠사슬에 매임은

11　하나님의 말씀을 거역하며 지존자의 뜻을 멸시함이라

12　그러므로 그가 고통을 주어 그들의 마음을 겸손하게 하셨으니 그들이 엎드러져도 돕는 자가 없었도다

13　이에 그들이 그 환난 중에 여호와께 부르짖으매 그들의 고통에서 구원하시되

14　흑암과 사망의 그늘에서 인도하여 내시고 그들의 얽어 맨 줄을 끊으셨도다

15　여호와의 인자하심과 인생에게 행하신 기적으로 말미암아 그를 찬송할지로다

16　그가 놋문을 깨뜨리시며 쇠빗장을 꺾으셨음이로다

17　미련한 자들은 그들의 죄악의 길을 따르고 그들의 악을 범하기 때문에 고난을 받아

18　그들은 그들의 모든 음식물을 싫어하게 되어 사망의 문에 이르렀도다

19　이에 그들이 그들의 고통 때문에 여호와께 부르짖으매 그가 그들의 고통에서 그들을 구원하시되

20 그가 그의 말씀을 보내어 그들을 고치시고 위험한 지경에서 건지시는도다

21 여호와의 인자하심과 인생에게 행하신 기적으로 말미암아 그를 찬송할지로다

22 감사제를 드리며 노래하여 그가 행하신 일을 선포할지로다

23 배들을 바다에 띄우며 큰 물에서 일을 하는 자는

24 여호와께서 행하신 일들과 그의 기이한 일들을 깊은 바다에서 보나니

25 여호와께서 명령하신즉 광풍이 일어나 바다 물결을 일으키는도다

26 그들이 하늘로 솟구쳤다가 깊은 곳으로 내려가나니 그 위험 때문에 그들의 영혼이 녹는도다

27 그들이 이리저리 구르며 취한 자 같이 비틀거리니 그들의 모든 지각이 혼돈 속에 빠지는도다

28 이에 그들이 그들의 고통 때문에 여호와께 부르짖으매 그가 그들의 고통에서 그들을 인도하여 내시고

29 광풍을 고요하게 하사 물결도 잔잔하게 하시는도다

30 그들이 평온함으로 말미암아 기뻐하는 중에 여호와께서 그들이 바라는 항구로 인도하시는도다

31 여호와의 인자하심과 인생에게 행하신 기적으로 말미암아 그를 찬송할지로다

32 백성의 모임에서 그를 높이며 장로들의 자리에서 그를 찬송할지로다

33 여호와께서는 강이 변하여 광야가 되게 하시며 샘이 변하여 마른 땅이 되게 하시며

34 그 주민의 악으로 말미암아 옥토가 변하여 염전이 되게 하시며

35 또 광야가 변하여 못이 되게 하시며 마

른 땅이 변하여 샘물이 되게 하시고

36 주린 자들로 거기에 살게 하사 그들이

거주할 성읍을 준비하게 하시고

37 밭에 파종하며 포도원을 재배하여 풍성

한 소출을 거두게 하시며

38 또 복을 주사 그들이 크게 번성하게 하

시고 그의 가축이 감소하지 아니하게

하실지라도

39 다시 압박과 재난과 우환을 통하여 그

들의 수를 줄이시며 낮추시는도다

40 여호와께서 고관들에게는 능욕을 쏟아

부으시고 길 없는 황야에서 유리하게

하시나

41 궁핍한 자는 그의 고통으로부터 건져

주시고 그의 가족을 양 떼 같이 지켜

주시나니

42 정직한 자는 보고 기뻐하며 모든 사악

한 자는 자기 입을 봉하리로다

43 지혜 있는 자들은 이러한 일들을 지켜

보고 여호와의 인자하심을 깨달으리

로다

〔다윗의 찬송 시〕

108 하나님이여 내 마음을 정하였사오니

내가 노래하며 나의 마음을 다하여 찬

양하리로다

2 비파야, 수금아, 깰지어다 내가 새벽을

깨우리로다

3 여호와여 내가 만민 중에서 주께 감사

하고 뭇 나라 중에서 주를 찬양하오리

니

4 주의 인자하심이 하늘보다 높으시며 주

의 진실은 궁창에까지 이르나이다

5 하나님이여 주는 하늘 위에 높이 들리

시며 주의 영광이 온 땅에서 높임 받으

시기를 원하나이다

6 주께서 사랑하시는 자들을 건지시기 위

하여 우리에게 응답하사 오른손으로 구

원하소서

7 하나님이 그의 성소에서 말씀하시되 내

가 기뻐하리라 내가 세겜을 나누며 숙

곳 골짜기를 측량하리라

8 길르앗이 내 것이요 므낫세도 내 것이

며 에브라임은 내 머리의 투구요 유다

는 나의 규이며

9 모압은 내 목욕통이라 에돔에는 내 신

발을 벗어 던질지며 블레셋 위에서 내

가 외치리라 하셨도다

10 누가 나를 이끌어 견고한 성읍으로 인

도해 들이며 누가 나를 에돔으로 인도

할꼬

11 하나님이여 주께서 우리를 버리지 아

니하셨나이까 하나님이여 주께서 우리

의 군대들과 함께 나아가지 아니하시나

이다

12 우리를 도와 대적을 치게 하소서 사람

의 구원은 헛됨이니이다

13 우리가 하나님을 의지하고 용감히 행하

리니 그는 우리의 대적들을 밟으실 자

이심이로다

〔다윗의 시, 인도자를 따라 부르는 노래〕

109 내가 찬양하는 하나님이여 잠잠하지

마옵소서

2 그들이 악한 입과 거짓된 입을 열어 나

를 치며 속이는 혀로 내게 말하며

3 또 미워하는 말로 나를 두르고 까닭 없

이 나를 공격하였음이니이다

4 나는 사랑하나 그들은 도리어 나를 대

적하니 나는 기도할 뿐이라

5 그들이 악으로 나의 선을 갚으며 미워

함으로 나의 사랑을 갚았사오니

6 악인이 그를 다스리게 하시며 사탄이

그의 오른쪽에 서게 하소서

7 그가 심판을 받을 때에 죄인이 되어 나오게 하시며 그의 기도가 죄로 변하게 하시며

8 그의 연수를 짧게 하시며 그의 직분을 타인이 빼앗게 하시며

9 그의 자녀는 고아가 되고 그의 아내는 과부가 되며

10 그의 자녀들은 유리하며 구걸하고 그들의 황폐한 집을 떠나 빌어먹게 하소서

11 고리대금하는 자가 그의 소유를 다 빼앗게 하시며 그가 수고한 것을 낯선 사람이 탈취하게 하시며

12 그에게 인애를 베풀 자가 없게 하시며 그의 고아에게 은혜를 베풀 자도 없게 하시며

13 그의 자손이 끊어지게 하시며 후대에 그들의 이름이 지워지게 하소서

14 여호와는 그의 조상들의 죄악을 기억하시며 그의 어머니의 죄를 지워 버리지 마시고

15 그 죄악을 항상 여호와 앞에 있게 하사 그들의 기억을 땅에서 끊으소서

16 그가 인자를 베풀 일을 생각하지 아니하고 가난하고 궁핍한 자와 마음이 상한 자를 핍박하여 죽이려 하였기 때문이니이다

17 그가 저주하기를 좋아하더니 그것이 자기에게 임하고 축복하기를 기뻐하지 아니하더니 복이 그를 멀리 떠났으며

18 또 저주하기를 옷 입듯 하더니 저주가 물 같이 그의 몸 속으로 들어가며 기름 같이 그의 뼈 속으로 들어갔나이다

19 저주가 그에게는 입는 옷 같고 항상 띠는 띠와 같게 하소서

20 이는 나의 대적들이 곧 내 영혼을 대적하여 악담하는 자들이 여호와께 받는

보응이니이다

21 그러나 주 여호와여 주의 이름으로 말미암아 나를 선대하소서 주의 인자하심이 선하시오니 나를 건지소서

22 나는 가난하고 궁핍하여 나의 중심이 상함이니이다

23 나는 석양 그림자 같이 지나가고 또 메뚜기 같이 불려 가오며

24 금식하므로 내 무릎이 흔들리고 내 육체는 수척하오며

25 나는 또 그들의 비방거리라 그들이 나를 보면 머리를 흔드나이다

26 여호와 나의 하나님이여 나를 도우시며 주의 인자하심을 따라 나를 구원하소서

27 이것이 주의 손이 하신 일인 줄을 그들이 알게 하소서 주 여호와께서 이를 행하셨나이다

28 그들은 내게 저주하여도 주는 내게 복을 주소서 그들은 일어날 때에 수치를 당할지라도 주의 종은 즐거워하리이다

29 나의 대적들이 욕을 옷 입듯 하게 하시며 자기 수치를 겉옷 같이 입게 하소서

30 내가 입으로 여호와께 크게 감사하며 많은 사람 중에서 찬송하리니

31 그가 궁핍한 자의 오른쪽에 서사 그의 영혼을 심판하려 하는 자들에게서 구원하실 것임이로다

〔다윗의 시〕

110 여호와께서 내 주에게 말씀하시기를 내가 네 원수들로 네 발판이 되게 하기까지 너는 내 오른쪽에 앉아 있으라 하셨도다

2 여호와께서 시온에서부터 주의 권능의 규를 내보내시리니 주는 원수들 중에서 다스리소서

3 주의 권능의 날에 주의 백성이 거룩한

옷을 입고 즐거이 헌신하니 새벽 이슬 같은 주의 청년들이 주께 나오는도다

4 여호와는 맹세하고 변하지 아니하시리라 이르시기를 너는 멜기세덱의 서열을 따라 영원한 제사장이라 하셨도다

5 주의 오른쪽에 계신 주께서 그의 노하시는 날에 왕들을 쳐서 깨뜨리실 것이라

6 뭇 나라를 심판하여 시체로 가득하게 하시고 여러 나라의 머리를 쳐서 깨뜨리시며

7 길 가의 시냇물을 마시므로 그의 머리를 드시리로다

111 할렐루야, 내가 정직한 자들의 모임과 회중 가운데에서 전심으로 여호와께 감사하리로다

2 여호와께서 행하시는 일들이 크시오니 이를 즐거워하는 자들이 다 기리는도다

3 그의 행하시는 일이 존귀하고 엄위하며

그의 의가 영원히 서 있도다

4 그의 기적을 사람이 기억하게 하셨으니 여호와는 은혜로우시고 자비로우시도다

5 여호와께서 자기를 경외하는 자들에게 양식을 주시며 그의 언약을 영원히 기억하시리로다

6 그가 그들에게 뭇 나라의 기업을 주사 그가 행하시는 일의 능력을 그들에게 알리셨도다

7 그의 손이 하는 일은 진실과 정의이며 그의 법도는 다 확실하니

8 영원무궁토록 정하신 바요 진실과 정의로 행하신 바로다

9 여호와께서 그의 백성을 속량하시며 그의 언약을 영원히 세우셨으니 그의 이름이 거룩하고 지존하시도다

10 여호와를 경외함이 지혜의 근본이라 그의 계명을 지키는 자는 다 훌륭한 지각

을 가진 자이니 여호와를 찬양함이 영

원히 계속되리로다

112 할렐루야, 여호와를 경외하며 그의 계

명을 크게 즐거워하는 자는 복이 있도다

2 그의 후손이 땅에서 강성함이여 정직한

자들의 후손에게 복이 있으리로다

3 부와 재물이 그의 집에 있음이여 그의

공의가 영구히 서 있으리로다

4 정직한 자들에게는 흑암 중에 빛이 일

어나나니 그는 자비롭고 긍휼이 많으며

의로운 이로다

5 은혜를 베풀며 꾸어 주는 자는 잘 되나

니 그 일을 정의로 행하리로다

6 그는 영원히 흔들리지 아니함이여 의인

은 영원히 기억되리로다

7 그는 흉한 소문을 두려워하지 아니함이

여 여호와를 의뢰하고 그의 마음을 굳

게 정하였도다

8 그의 마음이 견고하여 두려워하지 아니

할 것이라 그의 대적들이 받는 보응을

마침내 보리로다

9 그가 재물을 흩어 빈궁한 자들에게 주

었으니 그의 의가 영구히 있고 그의 뿔

이 영광 중에 들리리로다

10 악인은 이를 보고 한탄하여 이를 갈면

서 소멸되리니 악인들의 욕망은 사라지

리로다

113 할렐루야, 여호와의 종들아 찬양하라

여호와의 이름을 찬양하라

2 이제부터 영원까지 여호와의 이름을 찬

송할지로다

3 해 돋는 데에서부터 해 지는 데에까지

여호와의 이름이 찬양을 받으시리로다

4 여호와는 모든 나라보다 높으시며 그의

영광은 하늘보다 높으시도다

5 여호와 우리 하나님과 같은 이가 누구

리요 높은 곳에 앉으셨으나

6 스스로 낮추사 천지를 살피시고

7 가난한 자를 먼지 더미에서 일으키시며

궁핍한 자를 거름 더미에서 들어 세워

8 지도자들 곧 그의 백성의 지도자들과

함께 세우시며

9 또 임신하지 못하던 여자를 집에 살게

하사 자녀들을 즐겁게 하는 어머니가

되게 하시는도다 할렐루야

114 이스라엘이 애굽에서 나오며 야곱의

집안이 언어가 다른 민족에게서 나올

때에

2 유다는 여호와의 성소가 되고 이스라엘

은 그의 영토가 되었도다

3 바다가 보고 도망하며 요단은 물러갔

으니

4 산들은 숫양들 같이 뛰놀며 작은 산들

은 어린 양들 같이 뛰었도다

5 바다야 네가 도망함은 어찌함이며 요단

아 네가 물러감은 어찌함인가

6 너희 산들아 숫양들 같이 뛰놀며 작은

산들아 어린 양들 같이 뛰놂은 어찌함

인가

7 땅이여 너는 주 앞 곧 야곱의 하나님

앞에서 떨지어다

8 그가 반석을 쳐서 못물이 되게 하시며

차돌로 샘물이 되게 하셨도다

115 여호와여 영광을 우리에게 돌리지 마

옵소서 우리에게 돌리지 마옵소서 오직

주는 인자하시고 진실하시므로 주의 이

름에만 영광을 돌리소서

2 어찌하여 뭇 나라가 그들의 하나님이

이제 어디 있느냐 말하게 하리이까

3 오직 우리 하나님은 하늘에 계셔서 원

하시는 모든 것을 행하셨나이다

4 그들의 우상들은 은과 금이요 사람이

손으로 만든 것이라

5 입이 있어도 말하지 못하며 눈이 있어도 보지 못하며

6 귀가 있어도 듣지 못하며 코가 있어도 냄새 맡지 못하며

7 손이 있어도 만지지 못하며 발이 있어도 걷지 못하며 목구멍이 있어도 작은 소리조차 내지 못하느니라

8 우상들을 만드는 자들과 그것을 의지하는 자들이 다 그와 같으리로다

9 이스라엘아 여호와를 의지하라 그는 너희의 도움이시요 너희의 방패시로다

10 아론의 집이여 여호와를 의지하라 그는 너희의 도움이시요 너희의 방패시로다

11 여호와를 경외하는 자들아 너희는 여호와를 의지하여라 그는 너희의 도움이시요 너희의 방패시로다

12 여호와께서 우리를 생각하사 복을 주시되 이스라엘 집에도 복을 주시고 아론의 집에도 복을 주시며

13 높은 사람이나 낮은 사람을 막론하고 여호와를 경외하는 자들에게 복을 주시리로다

14 여호와께서 너희를 곧 너희와 너희의 자손을 더욱 번창하게 하시기를 원하노라

15 너희는 천지를 지으신 여호와께 복을 받는 자로다

16 하늘은 여호와의 하늘이라도 땅은 사람에게 주셨도다

17 죽은 자들은 여호와를 찬양하지 못하나니 적막한 데로 내려가는 자들은 아무도 찬양하지 못하리로다

18 우리는 이제부터 영원까지 여호와를 송축하리로다 할렐루야

116 여호와께서 내 음성과 내 간구를 들으

시므로 내가 그를 사랑하는도다

2 그의 귀를 내게 기울이셨으므로 내가

평생에 기도하리로다

3 사망의 줄이 나를 두르고 스올의 고통

이 내게 이르므로 내가 환난과 슬픔을

만났을 때에

4 내가 여호와의 이름으로 기도하기를 여

호와여 주께 구하오니 내 영혼을 건지

소서 하였도다

5 여호와는 은혜로우시며 의로우시며 우

리 하나님은 긍휼이 많으시도다

6 여호와께서는 순진한 자를 지키시나니

내가 어려울 때에 나를 구원하셨도다

7 내 영혼아 네 평안함으로 돌아갈지어다

여호와께서 너를 후대하심이로다

8 주께서 내 영혼을 사망에서, 내 눈을 눈

물에서, 내 발을 넘어짐에서 건지셨나

이다

9 내가 생명이 있는 땅에서 여호와 앞에

행하리로다

10 내가 크게 고통을 당하였다고 말할 때

에도 나는 믿었도다

11 내가 놀라서 이르기를 모든 사람이 거

짓말쟁이라 하였도다

12 내게 주신 모든 은혜를 내가 여호와께

무엇으로 보답할까

13 내가 구원의 잔을 들고 여호와의 이름

을 부르며

14 여호와의 모든 백성 앞에서 나는 나의

서원을 여호와께 갚으리로다

15 그의 경건한 자들의 죽음은 여호와께서

보시기에 귀중한 것이로다

16 여호와여 나는 진실로 주의 종이요 주

의 여종의 아들 곧 주의 종이라 주께서

나의 결박을 푸셨나이다

17 내가 주께 감사제를 드리고 여호와의

이름을 부르리이다

18 내가 여호와께 서원한 것을 그의 모든

백성이 보는 앞에서 내가 지키리로다

19 예루살렘아, 네 한가운데에서 곧 여호

와의 성전 뜰에서 지키리로다 할렐루야

117 너희 모든 나라들아 여호와를 찬양하

며 너희 모든 백성들아 그를 찬송할지

어다

2 우리에게 향하신 여호와의 인자하심이

크시고 여호와의 진실하심이 영원함이

로다 할렐루야

118 여호와께 감사하라 그는 선하시며 그

의 인자하심이 영원함이로다

2 이제 이스라엘은 말하기를 그의 인자하

심이 영원하다 할지로다

3 이제 아론의 집은 말하기를 그의 인자

하심이 영원하다 할지로다

4 이제 여호와를 경외하는 자는 말하기를

그의 인자하심이 영원하다 할지로다

5 내가 고통 중에 여호와께 부르짖었더니

여호와께서 응답하시고 나를 넓은 곳에

세우셨도다

6 여호와는 내 편이시라 내가 두려워하지

아니하리니 사람이 내게 어찌할까

7 여호와께서 내 편이 되사 나를 돕는 자

들 중에 계시니 그러므로 나를 미워하

는 자들에게 보응하시는 것을 내가 보

리로다

8 여호와께 피하는 것이 사람을 신뢰하는

것보다 나으며

9 여호와께 피하는 것이 고관들을 신뢰하

는 것보다 낫도다

10 뭇 나라가 나를 에워쌌으니 내가 여호

와의 이름으로 그들을 끊으리로다

11 그들이 나를 에워싸고 에워쌌으니 내가

여호와의 이름으로 그들을 끊으리로다

12 그들이 벌들처럼 나를 에워쌌으나 가시덤불의 불 같이 타 없어졌나니 내가 여호와의 이름으로 그들을 끊으리로다

13 너는 나를 밀쳐 넘어뜨리려 하였으나 여호와께서는 나를 도우셨도다

14 여호와는 나의 능력과 찬송이시요 또 나의 구원이 되셨도다

15 의인들의 장막에는 기쁜 소리, 구원의 소리가 있음이여 여호와의 오른손이 권능을 베푸시며

16 여호와의 오른손이 높이 들렸으며 여호와의 오른손이 권능을 베푸시는도다

17 내가 죽지 않고 살아서 여호와께서 하시는 일을 선포하리로다

18 여호와께서 나를 심히 경책하셨어도 죽음에는 넘기지 아니하셨도다

19 내게 의의 문들을 열지어다 내가 그리로 들어가서 여호와께 감사하리로다

20 이는 여호와의 문이라 의인들이 그리로 들어가리로다

21 주께서 내게 응답하시고 나의 구원이 되셨으니 내가 주께 감사하리이다

22 건축자가 버린 돌이 집 모퉁이의 머릿돌이 되었나니

23 이는 여호와께서 행하신 것이요 우리 눈에 기이한 바로다

24 이 날은 여호와께서 정하신 것이라 이 날에 우리가 즐거워하고 기뻐하리로다

25 여호와여 구하옵나니 이제 구원하소서 여호와여 우리가 구하옵나니 이제 형통하게 하소서

26 여호와의 이름으로 오는 자가 복이 있음이여 우리가 여호와의 집에서 너희를 축복하였도다

27 여호와는 하나님이시라 그가 우리에게 빛을 비추셨으니 밧줄로 절기 제물을

제단 뿔에 맬지어다

28 주는 나의 하나님이시라 내가 주께 감

사하리이다 주는 나의 하나님이시라 내

가 주를 높이리이다

29 여호와께 감사하라 그는 선하시며 그의

인자하심이 영원함이로다

119 행위가 온전하여 여호와의 율법을 따

라 행하는 자들은 복이 있음이여

2 여호와의 증거들을 지키고 전심으로 여

호와를 구하는 자는 복이 있도다

3 참으로 그들은 불의를 행하지 아니하고

주의 도를 행하는도다

4 주께서 명령하사 주의 법도를 잘 지키

게 하셨나이다

5 내 길을 굳게 정하사 주의 율례를 지키

게 하소서

6 내가 주의 모든 계명에 주의할 때에는

부끄럽지 아니하리이다

7 내가 주의 의로운 판단을 배울 때에는

정직한 마음으로 주께 감사하리이다

8 내가 주의 율례들을 지키오리니 나를

아주 버리지 마옵소서

9 청년이 무엇으로 그의 행실을 깨끗하

게 하리이까 주의 말씀만 지킬 따름이

니이다

10 내가 전심으로 주를 찾았사오니 주의

계명에서 떠나지 말게 하소서

11 내가 주께 범죄하지 아니하려 하여 주

의 말씀을 내 마음에 두었나이다

12 찬송을 받으실 주 여호와여 주의 율례

들을 내게 가르치소서

13 주의 입의 모든 규례들을 나의 입술로

선포하였으며

14 내가 모든 재물을 즐거워함 같이 주의

증거들의 도를 즐거워하였나이다

15 내가 주의 법도들을 작은 소리로 읊조

리며 주의 길들에 주의하며

16 주의 율례들을 즐거워하며 주의 말씀을 잊지 아니하리이다

17 주의 종을 후대하여 살게 하소서 그리하시면 주의 말씀을 지키리이다

18 내 눈을 열어서 주의 율법에서 놀라운 것을 보게 하소서

19 나는 땅에서 나그네가 되었사오니 주의 계명들을 내게 숨기지 마소서

20 주의 규례들을 항상 사모함으로 내 마음이 상하나이다

21 교만하여 저주를 받으며 주의 계명들에서 떠나는 자들을 주께서 꾸짖으셨나이다

22 내가 주의 교훈들을 지켰사오니 비방과 멸시를 내게서 떠나게 하소서

23 고관들도 앉아서 나를 비방하였사오나 주의 종은 주의 율례들을 작은 소리로

읊조렸나이다

24 주의 증거들은 나의 즐거움이요 나의 충고자니이다

25 내 영혼이 진토에 붙었사오니 주의 말씀대로 나를 살아나게 하소서

26 내가 나의 행위를 아뢰매 주께서 내게 응답하셨사오니 주의 율례들을 내게 가르치소서

27 나에게 주의 법도들의 길을 깨닫게 하여 주소서 그리하시면 내가 주의 기이한 일들을 작은 소리로 읊조리리이다

28 나의 영혼이 눌림으로 말미암아 녹사오니 주의 말씀대로 나를 세우소서

29 거짓 행위를 내게서 떠나게 하시고 주의 법을 내게 은혜로이 베푸소서

30 내가 성실한 길을 택하고 주의 규례들을 내 앞에 두었나이다

31 내가 주의 증거들에 매달렸사오니 여호

와여 내가 수치를 당하지 말게 하소서

32 주께서 내 마음을 넓히시면 내가 주의

계명들의 길로 달려가리이다

33 여호와여 주의 율례들의 도를 내게 가

르치소서 내가 끝까지 지키리이다

34 나로 하여금 깨닫게 하여 주소서 내가

주의 법을 준행하며 전심으로 지키리

이다

35 나로 하여금 주의 계명들의 길로 행하

게 하소서 내가 이를 즐거워함이니이다

36 내 마음을 주의 증거들에게 향하게 하

시고 탐욕으로 향하지 말게 하소서

37 내 눈을 돌이켜 허탄한 것을 보지 말게

하시고 주의 길에서 나를 살아나게 하

소서

38 주를 경외하게 하는 주의 말씀을 주의

종에게 세우소서

39 내가 두려워하는 비방을 내게서 떠나게

하소서 주의 규례들은 선하심이니이다

40 내가 주의 법도들을 사모하였사오니 주

의 의로 나를 살아나게 하소서

41 여호와여 주의 말씀대로 주의 인자하심

과 주의 구원을 내게 임하게 하소서

42 그리하시면 내가 나를 비방하는 자들에

게 대답할 말이 있사오리니 내가 주의

말씀을 의지함이니이다

43 진리의 말씀이 내 입에서 조금도 떠나

지 말게 하소서 내가 주의 규례를 바랐

음이니이다

44 내가 주의 율법을 항상 지키리이다 영

원히 지키리이다

45 내가 주의 법도들을 구하였사오니 자유

롭게 걸어갈 것이오며

46 또 왕들 앞에서 주의 교훈들을 말할 때

에 수치를 당하지 아니하겠사오며

47 내가 사랑하는 주의 계명들을 스스로

즐거워하며

48 또 내가 사랑하는 주의 계명들을 향하여 내 손을 들고 주의 율례들을 작은 소리로 읊조리리이다

49 주의 종에게 하신 말씀을 기억하소서 주께서 내게 소망을 가지게 하셨나이다

50 이 말씀은 나의 고난 중의 위로라 주의 말씀이 나를 살리셨기 때문이니이다

51 교만한 자들이 나를 심히 조롱하였어도 나는 주의 법을 떠나지 아니하였나이다

52 여호와여 주의 옛 규례들을 내가 기억하고 스스로 위로하였나이다

53 주의 율법을 버린 악인들로 말미암아 내가 맹렬한 분노에 사로잡혔나이다

54 내가 나그네 된 집에서 주의 율례들이 나의 노래가 되었나이다

55 여호와여 내가 밤에 주의 이름을 기억하고 주의 법을 지켰나이다

56 내 소유는 이것이니 곧 주의 법도들을 지킨 것이니이다

57 여호와는 나의 분깃이시니 나는 주의 말씀을 지키리라 하였나이다

58 내가 전심으로 주께 간구하였사오니 주의 말씀대로 내게 은혜를 베푸소서

59 내가 내 행위를 생각하고 주의 증거들을 향하여 내 발길을 돌이켰사오며

60 주의 계명들을 지키기에 신속히 하고 지체하지 아니하였나이다

61 악인들의 줄이 내게 두루 얽혔을지라도 나는 주의 법을 잊지 아니하였나이다

62 내가 주의 의로운 규례들로 말미암아 밤중에 일어나 주께 감사하리이다

63 나는 주를 경외하는 모든 자들과 주의 법도들을 지키는 자들의 친구라

64 여호와여 주의 인자하심이 땅에 충만하였사오니 주의 율례들로 나를 가르

치소서

65 여호와여 주의 말씀대로 주의 종을 선대하셨나이다

66 내가 주의 계명들을 믿었사오니 좋은 명철과 지식을 내게 가르치소서

67 고난 당하기 전에는 내가 그릇 행하였더니 이제는 주의 말씀을 지키나이다

68 주는 선하사 선을 행하시오니 주의 율례들로 나를 가르치소서

69 교만한 자들이 거짓을 지어 나를 치려하였사오나 나는 전심으로 주의 법도들을 지키리이다

70 그들의 마음은 살져서 기름덩이 같으나 나는 주의 법을 즐거워하나이다

71 고난 당한 것이 내게 유익이라 이로 말미암아 내가 주의 율례들을 배우게 되었나이다

72 주의 입의 법이 내게는 천천 금은보다

좋으니이다

73 주의 손이 나를 만들고 세우셨사오니 내가 깨달아 주의 계명들을 배우게 하소서

74 주를 경외하는 자들이 나를 보고 기뻐하는 것은 내가 주의 말씀을 바라는 까닭이니이다

75 여호와여 내가 알거니와 주의 심판은 의로우시고 주께서 나를 괴롭게 하심은 성실하심 때문이니이다

76 구하오니 주의 종에게 하신 말씀대로 주의 인자하심이 나의 위안이 되게 하시며

77 주의 긍휼히 여기심이 내게 임하사 내가 살게 하소서 주의 법은 나의 즐거움이니이다

78 교만한 자들이 거짓으로 나를 엎드러뜨렸으니 그들이 수치를 당하게 하소서

나는 주의 법도들을 작은 소리로 읊조리리이다

79 주를 경외하는 자들이 내게 돌아오게 하소서 그리하시면 그들이 주의 증거들을 알리이다

80 내 마음으로 주의 율례들에 완전하게 하사 내가 수치를 당하지 아니하게 하소서

81 나의 영혼이 주의 구원을 사모하기에 피곤하오나 나는 주의 말씀을 바라나이다

82 나의 말이 주께서 언제나 나를 안위하실까 하면서 내 눈이 주의 말씀을 바라기에 피곤하니이다

83 내가 연기 속의 가죽 부대 같이 되었으나 주의 율례들을 잊지 아니하나이다

84 주의 종의 날이 얼마나 되나이까 나를 핍박하는 자들을 주께서 언제나 심판하시리이까

85 주의 법을 따르지 아니하는 교만한 자들이 나를 해하려고 웅덩이를 팠나이다

86 주의 모든 계명들은 신실하니이다 그들이 이유 없이 나를 핍박하오니 나를 도우소서

87 그들이 나를 세상에서 거의 멸하였으나 나는 주의 법도들을 버리지 아니하였사오니

88 주의 인자하심을 따라 나를 살아나게 하소서 그리하시면 주의 입의 교훈들을 내가 지키리이다

89 여호와여 주의 말씀은 영원히 하늘에 굳게 섰사오며

90 주의 성실하심은 대대에 이르나이다 주께서 땅을 세우셨으므로 땅이 항상 있사오니

91 천지가 주의 규례들대로 오늘까지 있음

은 만물이 주의 종이 된 까닭이니이다

이다

92 주의 법이 나의 즐거움이 되지 아니하였더면 내가 내 고난 중에 멸망하였으리이다

93 내가 주의 법도들을 영원히 잊지 아니하오니 주께서 이것들 때문에 나를 살게 하심이니이다

94 나는 주의 것이오니 나를 구원하소서 내가 주의 법도들만을 찾았나이다

95 악인들이 나를 멸하려고 엿보오나 나는 주의 증거들만을 생각하겠나이다

96 내가 보니 모든 완전한 것이 다 끝이 있어도 주의 계명들은 심히 넓으니이다

97 내가 주의 법을 어찌 그리 사랑하는지요 내가 그것을 종일 작은 소리로 읊조리나이다

98 주의 계명들이 항상 나와 함께 하므로 그것들이 나를 원수보다 지혜롭게 하나

99 내가 주의 증거들을 늘 읊조리므로 나의 명철함이 나의 모든 스승보다 나으며

100 주의 법도들을 지키므로 나의 명철함이 노인보다 나으니이다

101 내가 주의 말씀을 지키려고 발을 금하여 모든 악한 길로 가지 아니하였사오며

102 주께서 나를 가르치셨으므로 내가 주의 규례들에서 떠나지 아니하였나이다

103 주의 말씀의 맛이 내게 어찌 그리 단지요 내 입에 꿀보다 더 다니이다

104 주의 법도들로 말미암아 내가 명철하게 되었으므로 모든 거짓 행위를 미워하나이다

105 주의 말씀은 내 발에 등이요 내 길에 빛이니이다

106 주의 의로운 규례들을 지키기로 맹세하고 굳게 정하였나이다

107 나의 고난이 매우 심하오니 여호와여

주의 말씀대로 나를 살아나게 하소서

108 여호와여 구하오니 내 입이 드리는 자

원제물을 받으시고 주의 공의를 내게

가르치소서

109 나의 생명이 항상 위기에 있사오나 나

는 주의 법을 잊지 아니하나이다

110 악인들이 나를 해하려고 올무를 놓았사

오나 나는 주의 법도들에서 떠나지 아

니하였나이다

111 주의 증거들로 내가 영원히 나의 기업

을 삼았사오니 이는 내 마음의 즐거움

이 됨이니이다

112 내가 주의 율례들을 영원히 행하려고

내 마음을 기울였나이다

113 내가 두 마음 품는 자들을 미워하고 주

의 법을 사랑하나이다

114 주는 나의 은신처요 방패시라 내가 주

의 말씀을 바라나이다

115 너희 행악자들이여 나를 떠날지어다 나

는 내 하나님의 계명들을 지키리로다

116 주의 말씀대로 나를 붙들어 살게 하시

고 내 소망이 부끄럽지 않게 하소서

117 나를 붙드소서 그리하시면 내가 구원을

얻고 주의 율례들에 항상 주의하리이다

118 주의 율례들에서 떠나는 자는 주께서

다 멸시하셨으니 그들의 속임수는 허무

함이니이다

119 주께서 세상의 모든 악인들을 찌꺼기

같이 버리시니 그러므로 내가 주의 증

거들을 사랑하나이다

120 내 육체가 주를 두려워함으로 떨며 내

가 또 주의 심판을 두려워하나이다

121 내가 정의와 공의를 행하였사오니 나

를 박해하는 자들에게 나를 넘기지 마

옵소서

122 주의 종을 보증하사 복을 얻게 하시고

교만한 자들이 나를 박해하지 못하게

하소서

123 내 눈이 주의 구원과 주의 의로운 말씀

을 사모하기에 피곤하니이다

124 주의 인자하심대로 주의 종에게 행하사

내게 주의 율례들을 가르치소서

125 나는 주의 종이오니 나를 깨닫게 하사

주의 증거들을 알게 하소서

126 그들이 주의 법을 폐하였사오니 지금은

여호와께서 일하실 때니이다

127 그러므로 내가 주의 계명들을 금 곧 순

금보다 더 사랑하나이다

128 그러므로 내가 범사에 모든 주의 법도

들을 바르게 여기고 모든 거짓 행위를

미워하나이다

129 주의 증거들은 놀라우므로 내 영혼이

이를 지키나이다

130 주의 말씀을 열면 빛이 비치어 우둔한

사람들을 깨닫게 하나이다

131 내가 주의 계명들을 사모하므로 내가

입을 열고 헐떡였나이다

132 주의 이름을 사랑하는 자들에게 베푸시

던 대로 내게 돌이키사 내게 은혜를 베

푸소서

133 나의 발걸음을 주의 말씀에 굳게 세우

시고 어떤 죄악도 나를 주관하지 못하

게 하소서

134 사람의 박해에서 나를 구원하소서 그리

하시면 내가 주의 법도들을 지키리이다

135 주의 얼굴을 주의 종에게 비추시고 주

의 율례로 나를 가르치소서

136 그들이 주의 법을 지키지 아니하므로

내 눈물이 시냇물 같이 흐르나이다

137 여호와여 주는 의로우시고 주의 판단은

옳으니이다

138 주께서 명령하신 증거들은 의롭고 지극히 성실하니이다

139 내 대적들이 주의 말씀을 잊어버렸으므로 내 열정이 나를 삼켰나이다

140 주의 말씀이 심히 순수하므로 주의 종이 이를 사랑하나이다

141 내가 미천하여 멸시를 당하나 주의 법도를 잊지 아니하였나이다

142 주의 의는 영원한 의요 주의 율법은 진리로소이다

143 환난과 우환이 내게 미쳤으나 주의 계명은 나의 즐거움이니이다

144 주의 증거들은 영원히 의로우시니 나로 하여금 깨닫게 하사 살게 하소서

145 여호와여 내가 전심으로 부르짖었사오니 내게 응답하소서 내가 주의 교훈들을 지키리이다

146 내가 주께 부르짖었사오니 나를 구원하소서 내가 주의 증거들을 지키리이다

147 내가 날이 밝기 전에 부르짖으며 주의 말씀을 바랐사오며

148 주의 말씀을 조용히 읊조리려고 내가 새벽녘에 눈을 떴나이다

149 주의 인자하심을 따라 내 소리를 들으소서 여호와여 주의 규례들을 따라 나를 살리소서

150 악을 따르는 자들이 가까이 왔사오니 그들은 주의 법에서 머니이다

151 여호와여 주께서 가까이 계시오니 주의 모든 계명들은 진리니이다

152 내가 전부터 주의 증거들을 알고 있었으므로 주께서 영원히 세우신 것인 줄을 알았나이다

153 나의 고난을 보시고 나를 건지소서 내가 주의 율법을 잊지 아니함이니이다

154 주께서 나를 변호하시고 나를 구하사

주의 말씀대로 나를 살리소서

155 구원이 악인들에게서 멀어짐은 그들이

주의 율례들을 구하지 아니함이니이다

156 여호와여 주의 긍휼이 많으오니 주의

규례들에 따라 나를 살리소서

157 나를 핍박하는 자들과 나의 대적들이

많으나 나는 주의 증거들에서 떠나지

아니하였나이다

158 주의 말씀을 지키지 아니하는 거짓된

자들을 내가 보고 슬퍼하였나이다

159 내가 주의 법도들을 사랑함을 보옵소서

여호와여 주의 인자하심을 따라 나를

살리소서

160 주의 말씀의 강령은 진리이오니 주의

의로운 모든 규례들은 영원하리이다

161 고관들이 거짓으로 나를 핍박하오나 나

의 마음은 주의 말씀만 경외하나이다

162 사람이 많은 탈취물을 얻은 것처럼 나

는 주의 말씀을 즐거워하나이다

163 나는 거짓을 미워하며 싫어하고 주의

율법을 사랑하나이다

164 주의 의로운 규례들로 말미암아 내가

하루 일곱 번씩 주를 찬양하나이다

165 주의 법을 사랑하는 자에게는 큰 평안

이 있으니 그들에게 장애물이 없으리

이다

166 여호와여 내가 주의 구원을 바라며 주

의 계명들을 행하였나이다

167 내 영혼이 주의 증거들을 지켰사오며

내가 이를 지극히 사랑하나이다

168 내가 주의 법도들과 증거들을 지켰사오

니 나의 모든 행위가 주 앞에 있음이니

이다

169 여호와여 나의 부르짖음이 주의 앞에

이르게 하시고 주의 말씀대로 나를 깨

닫게 하소서

170 나의 간구가 주의 앞에 이르게 하시고
주의 말씀대로 나를 건지소서

171 주께서 율례를 내게 가르치시므로 내
입술이 주를 찬양하리이다

172 주의 모든 계명들이 의로우므로 내 혀
가 주의 말씀을 노래하리이다

173 내가 주의 법도들을 택하였사오니 주의
손이 항상 나의 도움이 되게 하소서

174 여호와여 내가 주의 구원을 사모하였사
오며 주의 율법을 즐거워하나이다

175 내 영혼을 살게 하소서 그리하시면 주
를 찬송하리이다 주의 규례들이 나를
돕게 하소서

176 잃은 양 같이 내가 방황하오니 주의 종
을 찾으소서 내가 주의 계명들을 잊지
아니함이니이다

〔성전에 올라가는 노래〕

120 내가 환난 중에 여호와께 부르짖었더

니 내게 응답하셨도다

2 여호와여 거짓된 입술과 속이는 혀에서
내 생명을 건져 주소서

3 너 속이는 혀여 무엇을 네게 주며 무엇
을 네게 더할꼬

4 장사의 날카로운 화살과 로뎀 나무 숯
불이리로다

5 메섹에 머물며 게달의 장막 중에 머무
는 것이 내게 화로다

6 내가 화평을 미워하는 자들과 함께 오
래 거주하였도다

7 나는 화평을 원할지라도 내가 말할 때
에 그들은 싸우려 하는도다

〔성전에 올라가는 노래〕

121 내가 산을 향하여 눈을 들리라 나의
도움이 어디서 올까

2 나의 도움은 천지를 지으신 여호와에게
서로다

3 여호와께서 너를 실족하지 아니하게 하시며 너를 지키시는 이가 졸지 아니하시리로다

4 이스라엘을 지키시는 이는 졸지도 아니하시고 주무시지도 아니하시리로다

5 여호와는 너를 지키시는 이시라 여호와께서 네 오른쪽에서 네 그늘이 되시나니

6 낮의 해가 너를 상하게 하지 아니하며 밤의 달도 너를 해치지 아니하리로다

7 여호와께서 너를 지켜 모든 환난을 면하게 하시며 또 네 영혼을 지키시리로다

8 여호와께서 너의 출입을 지금부터 영원까지 지키시리로다

〔다윗의 시 곧 성전에 올라가는 노래〕

122 사람이 내게 말하기를 여호와의 집에 올라가자 할 때에 내가 기뻐하였도다

2 예루살렘아 우리 발이 네 성문 안에 섰도다

3 예루살렘아 너는 잘 짜여진 성읍과 같이 건설되었도다

4 지파들 곧 여호와의 지파들이 여호와의 이름에 감사하려고 이스라엘의 전례대로 그리로 올라가는도다

5 거기에 심판의 보좌를 두셨으니 곧 다윗의 집의 보좌로다

6 예루살렘을 위하여 평안을 구하라 예루살렘을 사랑하는 자는 형통하리로다

7 네 성 안에는 평안이 있고 네 궁중에는 형통함이 있을지어다

8 내가 내 형제와 친구를 위하여 이제 말하리니 네 가운데에 평안이 있을지어다

9 여호와 우리 하나님의 집을 위하여 내가 너를 위하여 복을 구하리로다

〔성전에 올라가는 노래〕

123 하늘에 계시는 주여 내가 눈을 들어 주께 향하나이다

2 상전의 손을 바라보는 종들의 눈 같이,

여주인의 손을 바라보는 여종의 눈 같

이 우리의 눈이 여호와 우리 하나님을

바라보며 우리에게 은혜 베풀어 주시기

를 기다리나이다

3 여호와여 우리에게 은혜를 베푸시고 또

은혜를 베푸소서 심한 멸시가 우리에게

넘치나이다

4 안일한 자의 조소와 교만한 자의 멸시

가 우리 영혼에 넘치나이다

〔다윗의 시 곧 성전에 올라가는 노래〕

124 이스라엘은 이제 말하기를 여호와께

서 우리 편에 계시지 아니하셨더라면

우리가 어떻게 하였으랴

2 사람들이 우리를 치러 일어날 때에 여

호와께서 우리 편에 계시지 아니하셨더

라면

3 그 때에 그들의 노여움이 우리에게 맹

렬하여 우리를 산 채로 삼켰을 것이며

4 그 때에 물이 우리를 휩쓸며 시내가 우

리 영혼을 삼켰을 것이며

5 그 때에 넘치는 물이 우리 영혼을 삼켰

을 것이라 할 것이로다

6 우리를 내주어 그들의 이에 씹히지 아

니하게 하신 여호와를 찬송할지로다

7 우리의 영혼이 사냥꾼의 올무에서 벗어

난 새 같이 되었나니 올무가 끊어지므

로 우리가 벗어났도다

8 우리의 도움은 천지를 지으신 여호와의

이름에 있도다

〔성전에 올라가는 노래〕

125 여호와를 의지하는 자는 시온 산이

흔들리지 아니하고 영원히 있음 같도다

2 산들이 예루살렘을 두름과 같이 여호와

께서 그의 백성을 지금부터 영원까지

두르시리로다

3 악인의 규가 의인들의 땅에서는 그 권세를 누리지 못하리니 이는 의인들로 하여금 죄악에 손을 대지 아니하게 함이로다

4 여호와여 선한 자들과 마음이 정직한 자들에게 선대하소서

5 자기의 굽은 길로 치우치는 자들은 여호와께서 죄를 범하는 자들과 함께 다니게 하시리로다 이스라엘에게는 평강이 있을지어다

〔성전에 올라가는 노래〕

126 여호와께서 시온의 포로를 돌려 보내실 때에 우리는 꿈꾸는 것 같았도다

2 그 때에 우리 입에는 웃음이 가득하고 우리 혀에는 찬양이 찼었도다 그 때에 뭇 나라 가운데에서 말하기를 여호와께서 그들을 위하여 큰 일을 행하셨다 하였도다

3 여호와께서 우리를 위하여 큰 일을 행하셨으니 우리는 기쁘도다

4 여호와여 우리의 포로를 남방 시내들 같이 돌려 보내소서

5 눈물을 흘리며 씨를 뿌리는 자는 기쁨으로 거두리로다

6 울며 씨를 뿌리러 나가는 자는 반드시 기쁨으로 그 곡식 단을 가지고 돌아오리로다

〔솔로몬의 시 곧 성전에 올라가는 노래〕

127 여호와께서 집을 세우지 아니하시면 세우는 자의 수고가 헛되며 여호와께서 성을 지키지 아니하시면 파수꾼의 깨어 있음이 헛되도다

2 너희가 일찍이 일어나고 늦게 누우며 수고의 떡을 먹음이 헛되도다 그러므로 여호와께서 그의 사랑하시는 자에게는 잠을 주시는도다

3 보라 자식들은 여호와의 기업이요 태의 열매는 그의 상급이로다

4 젊은 자의 자식은 장사의 수중의 화살 같으니

5 이것이 그의 화살통에 가득한 자는 복되도다 그들이 성문에서 그들의 원수와 담판할 때에 수치를 당하지 아니하리로다

〔성전에 올라가는 노래〕

128 여호와를 경외하며 그의 길을 걷는 자마다 복이 있도다

2 네가 네 손이 수고한 대로 먹을 것이라 네가 복되고 형통하리로다

3 네 집 안방에 있는 네 아내는 결실한 포도나무 같으며 네 식탁에 둘러 앉은 자식들은 어린 감람나무 같으리로다

4 여호와를 경외하는 자는 이같이 복을 얻으리로다

5 여호와께서 시온에서 네게 복을 주실지어다 너는 평생에 예루살렘의 번영을 보며

6 네 자식의 자식을 볼지어다 이스라엘에게 평강이 있을지로다

〔성전에 올라가는 노래〕

129 이스라엘은 이제 말하기를 그들이 내가 어릴 때부터 여러 번 나를 괴롭혔도다

2 그들이 내가 어릴 때부터 여러 번 나를 괴롭혔으나 나를 이기지 못하였도다

3 밭 가는 자들이 내 등을 갈아 그 고랑을 길게 지었도다

4 여호와께서는 의로우사 악인들의 줄을 끊으셨도다

5 무릇 시온을 미워하는 자들은 수치를 당하여 물러갈지어다

6 그들은 지붕의 풀과 같을지어다 그것은 자라기 전에 마르는 것이라

7 이런 것은 베는 자의 손과 묶는 자의

품에 차지 아니하나니

8 지나가는 자들도 여호와의 복이 너희에

게 있을지어다 하거나 우리가 여호와의

이름으로 너희에게 축복한다 하지 아니

하느니라

〔성전에 올라가는 노래〕

130 여호와여 내가 깊은 곳에서 주께 부

르짖었나이다

2 주여 내 소리를 들으시며 나의 부르짖

는 소리에 귀를 기울이소서

3 여호와여 주께서 죄악을 지켜보실진대

주여 누가 서리이까

4 그러나 사유하심이 주께 있음은 주를

경외하게 하심이니이다

5 나 곧 내 영혼은 여호와를 기다리며 나

는 주의 말씀을 바라는도다

6 파수꾼이 아침을 기다림보다 내 영혼이

주를 더 기다리나니 참으로 파수꾼이

아침을 기다림보다 더하도다

7 이스라엘아 여호와를 바랄지어다 여호

와께서는 인자하심과 풍성한 속량이 있

음이라

8 그가 이스라엘을 그의 모든 죄악에서

속량하시리로다

〔다윗의 시 곧 성전에 올라가는 노래〕

131 여호와여 내 마음이 교만하지 아니하

고 내 눈이 오만하지 아니하오며 내가

큰 일과 감당하지 못할 놀라운 일을 하

려고 힘쓰지 아니하나이다

2 실로 내가 내 영혼으로 고요하고 평온

하게 하기를 젖 뗀 아이가 그의 어머니

품에 있음 같게 하였나니 내 영혼이 젖

뗀 아이와 같도다

3 이스라엘아 지금부터 영원까지 여호와

를 바랄지어다

〔성전에 올라가는 노래〕

132 여호와여 다윗을 위하여 그의 모든 겸손을 기억하소서

2 그가 여호와께 맹세하며 야곱의 전능자에게 서원하기를

3 내가 내 장막 집에 들어가지 아니하며 내 침상에 오르지 아니하고

4 내 눈으로 잠들게 하지 아니하며 내 눈꺼풀로 졸게 하지 아니하기를

5 여호와의 처소 곧 야곱의 전능자의 성막을 발견하기까지 하리라 하였나이다

6 우리가 그것이 에브라다에 있다 함을 들었더니 나무 밭에서 찾았도다

7 우리가 그의 계신 곳으로 들어가서 그의 발등상 앞에서 엎드려 예배하리로다

8 여호와여 일어나사 주의 권능의 궤와 함께 평안한 곳으로 들어가소서

9 주의 제사장들은 의를 옷 입고 주의 성도들은 즐거이 외칠지어다

10 주의 종 다윗을 위하여 주의 기름 부음 받은 자의 얼굴을 외면하지 마옵소서

11 여호와께서 다윗에게 성실히 맹세하셨으니 변하지 아니하실지라 이르시기를 네 몸의 소생을 네 왕위에 둘지라

12 네 자손이 내 언약과 그들에게 교훈하는 내 증거를 지킬진대 그들의 후손도 영원히 네 왕위에 앉으리라 하셨도다

13 여호와께서 시온을 택하시고 자기 거처를 삼고자 하여 이르시기를

14 이는 내가 영원히 쉴 곳이라 내가 여기 거주할 것은 이를 원하였음이로다

15 내가 이 성의 식료품에 풍족히 복을 주고 떡으로 그 빈민을 만족하게 하리로다

16 내가 그 제사장들에게 구원을 옷 입히리니 그 성도들은 즐거이 외치리로다

17 내가 거기서 다윗에게 뿔이 나게 할 것

이라 내가 내 기름 부음 받은 자를 위

하여 등을 준비하였도다

18 내가 그의 원수에게는 수치를 옷 입히

고 그에게는 왕관이 빛나게 하리라 하

셨도다

〔다윗의 시 곧 성전에 올라가는 노래〕

133 보라 형제가 연합하여 동거함이 어찌

그리 선하고 아름다운고

2 머리에 있는 보배로운 기름이 수염 곧

아론의 수염에 흘러서 그의 옷깃까지

내림 같고

3 헐몬의 이슬이 시온의 산들에 내림 같

도다 거기서 여호와께서 복을 명령하셨

나니 곧 영생이로다

〔성전에 올라가는 노래〕

134 보라 밤에 여호와의 성전에 서 있는

여호와의 모든 종들아 여호와를 송축

하라

2 성소를 향하여 너희 손을 들고 여호와

를 송축하라

3 천지를 지으신 여호와께서 시온에서 네

게 복을 주실지어다

135 할렐루야 여호와의 이름을 찬송하라

여호와의 종들아 찬송하라

2 여호와의 집 우리 여호와의 성전 곧 우

리 하나님의 성전 뜰에 서 있는 너희여

3 여호와를 찬송하라 여호와는 선하시며

그의 이름이 아름다우니 그의 이름을

찬양하라

4 여호와께서 자기를 위하여 야곱 곧 이

스라엘을 자기의 특별한 소유로 택하셨

음이로다

5 내가 알거니와 여호와께서는 위대하시

며 우리 주는 모든 신들보다 위대하시

도다

6 여호와께서 그가 기뻐하시는 모든 일을

천지와 바다와 모든 깊은 데서 다 행하

셨도다

7 안개를 땅 끝에서 일으키시며 비를 위

하여 번개를 만드시며 바람을 그 곳간

에서 내시는도다

8 그가 애굽의 처음 난 자를 사람부터 짐

승까지 치셨도다

9 애굽이여 여호와께서 네게 행한 표적들

과 징조들을 바로와 그의 모든 신하들

에게 보내셨도다

10 그가 많은 나라를 치시고 강한 왕들을

죽이셨나니

11 곧 아모리인의 왕 시혼과 바산 왕 옥과

가나안의 모든 국왕이로다

12 그들의 땅을 기업으로 주시되 자기 백

성 이스라엘에게 기업으로 주셨도다

13 여호와여 주의 이름이 영원하시니이다

여호와여 주를 기념함이 대대에 이르리

이다

14 여호와께서 자기 백성을 판단하시며

그의 종들로 말미암아 위로를 받으시

리로다

15 열국의 우상은 은금이요 사람의 손으로

만든 것이라

16 입이 있어도 말하지 못하며 눈이 있어

도 보지 못하며

17 귀가 있어도 듣지 못하며 그들의 입에

는 아무 호흡도 없나니

18 그것을 만든 자와 그것을 의지하는 자

가 다 그것과 같으리로다

19 이스라엘 족속아 여호와를 송축하라 아

론의 족속아 여호와를 송축하라

20 레위 족속아 여호와를 송축하라 여호

와를 경외하는 너희들아 여호와를 송

축하라

21 예루살렘에 계시는 여호와는 시온에서

찬송을 받으실지어다 할렐루야

136 여호와께 감사하라 그는 선하시며 그

인자하심이 영원함이로다

2 신들 중에 뛰어난 하나님께 감사하라

그 인자하심이 영원함이로다

3 주들 중에 뛰어난 주께 감사하라 그 인

자하심이 영원함이로다

4 홀로 큰 기이한 일들을 행하시는 이에게

감사하라 그 인자하심이 영원함이로다

5 지혜로 하늘을 지으신 이에게 감사하라

그 인자하심이 영원함이로다

6 땅을 물 위에 펴신 이에게 감사하라 그

인자하심이 영원함이로다

7 큰 빛들을 지으신 이에게 감사하라 그

인자하심이 영원함이로다

8 해로 낮을 주관하게 하신 이에게 감사

하라 그 인자하심이 영원함이로다

9 달과 별들로 밤을 주관하게 하신 이에

게 감사하라 그 인자하심이 영원함이

로다

10 애굽의 장자를 치신 이에게 감사하라

그 인자하심이 영원함이로다

11 이스라엘을 그들 중에서 인도하여 내신

이에게 감사하라 그 인자하심이 영원함

이로다

12 강한 손과 펴신 팔로 인도하여 내신 이

에게 감사하라 그 인자하심이 영원함이

로다

13 홍해를 가르신 이에게 감사하라 그 인

자하심이 영원함이로다

14 이스라엘을 그 가운데로 통과하게 하신

이에게 감사하라 그 인자하심이 영원함

이로다

15 바로와 그의 군대를 홍해에 엎드러뜨리

신 이에게 감사하라 그 인자하심이 영

원함이로다

16 그의 백성을 인도하여 광야를 통과하게

하신 이에게 감사하라 그 인자하심이

영원함이로다

17 큰 왕들을 치신 이에게 감사하라 그 인

자하심이 영원함이로다

18 유명한 왕들을 죽이신 이에게 감사하라

그 인자하심이 영원함이로다

19 아모리인의 왕 시혼을 죽이신 이에게

감사하라 그 인자하심이 영원함이로다

20 바산 왕 옥을 죽이신 이에게 감사하라

그 인자하심이 영원함이로다

21 그들의 땅을 기업으로 주신 이에게 감

사하라 그 인자하심이 영원함이로다

22 곧 그 종 이스라엘에게 기업으로 주신

이에게 감사하라 그 인자하심이 영원함

이로다

23 우리를 비천한 가운데에서도 기억해 주

신 이에게 감사하라 그 인자하심이 영

원함이로다

24 우리를 우리의 대적에게서 건지신 이

에게 감사하라 그 인자하심이 영원함

이로다

25 모든 육체에게 먹을 것을 주신 이에게

감사하라 그 인자하심이 영원함이로다

26 하늘의 하나님께 감사하라 그 인자하심

이 영원함이로다

137 우리가 바벨론의 여러 강변 거기에

앉아서 시온을 기억하며 울었도다

2 그 중의 버드나무에 우리가 우리의 수

금을 걸었나니

3 이는 우리를 사로잡은 자가 거기서 우

리에게 노래를 청하며 우리를 황폐하게

한 자가 기쁨을 청하고 자기들을 위하

여 시온의 노래 중 하나를 노래하라 함

이로다

4 우리가 이방 땅에서 어찌 여호와의 노

래를 부를까

5 예루살렘아 내가 너를 잊을진대 내 오른손이 그의 재주를 잊을지로다

6 내가 예루살렘을 기억하지 아니하거나 내가 가장 즐거워하는 것보다 더 즐거워하지 아니할진대 내 혀가 내 입천장에 붙을지로다

7 여호와여 예루살렘이 멸망하던 날을 기억하시고 에돔 자손을 치소서 그들의 말이 헐어 버리라 헐어 버리라 그 기초까지 헐어 버리라 하였나이다

8 멸망할 딸 바벨론아 네가 우리에게 행한 대로 네게 갚는 자가 복이 있으리로다

9 네 어린 것들을 바위에 메어치는 자는 복이 있으리로다

〔다윗의 시〕

138 내가 전심으로 주께 감사하며 신들 앞에서 주께 찬송하리이다

2 내가 주의 성전을 향하여 예배하며 주의 인자하심과 성실하심으로 말미암아 주의 이름에 감사하오리니 이는 주께서 주의 말씀을 주의 모든 이름보다 높게 하셨음이라

3 내가 간구하는 날에 주께서 응답하시고 내 영혼에 힘을 주어 나를 강하게 하셨나이다

4 여호와여 세상의 모든 왕들이 주께 감사할 것은 그들이 주의 입의 말씀을 들음이오며

5 그들이 여호와의 도를 노래할 것은 여호와의 영광이 크심이니이다

6 여호와께서는 높이 계셔도 낮은 자를 굽어살피시며 멀리서도 교만한 자를 아심이니이다

7 내가 환난 중에 다닐지라도 주께서 나를 살아나게 하시고 주의 손을 펴사 내

원수들의 분노를 막으시며 주의 오른손

이 나를 구원하시리이다

8 여호와께서 나를 위하여 보상해 주시리

이다 여호와여 주의 인자하심이 영원하

오니 주의 손으로 지으신 것을 버리지

마옵소서

〔다윗의 시, 인도자를 따라 부르는 노래〕

139 여호와여 주께서 나를 살펴 보셨으므

로 나를 아시나이다

2 주께서 내가 앉고 일어섬을 아시고 멀

리서도 나의 생각을 밝히 아시오며

3 나의 모든 길과 내가 눕는 것을 살펴

보셨으므로 나의 모든 행위를 익히 아

시오니

4 여호와여 내 혀의 말을 알지 못하시는

것이 하나도 없으시니이다

5 주께서 나의 앞뒤를 둘러싸시고 내게

안수하셨나이다

6 이 지식이 내게 너무 기이하니 높아서

내가 능히 미치지 못하나이다

7 내가 주의 영을 떠나 어디로 가며 주의

앞에서 어디로 피하리이까

8 내가 하늘에 올라갈지라도 거기 계시며

스올에 내 자리를 펼지라도 거기 계시

니이다

9 내가 새벽 날개를 치며 바다 끝에 가서

거주할지라도

10 거기서도 주의 손이 나를 인도하시며

주의 오른손이 나를 붙드시리이다

11 내가 혹시 말하기를 흑암이 반드시 나

를 덮고 나를 두른 빛은 밤이 되리라

할지라도

12 주에게서는 흑암이 숨기지 못하며 밤이

낮과 같이 비추이나니 주에게는 흑암과

빛이 같음이니이다

13 주께서 내 내장을 지으시며 나의 모태

에서 나를 만드셨나이다

14 내가 주께 감사하옴은 나를 지으심이 심히 기묘하심이라 주께서 하시는 일이 기이함을 내 영혼이 잘 아나이다

15 내가 은밀한 데서 지음을 받고 땅의 깊은 곳에서 기이하게 지음을 받은 때에 나의 형체가 주의 앞에 숨겨지지 못하였나이다

16 내 형질이 이루어지기 전에 주의 눈이 보셨으며 나를 위하여 정한 날이 하루도 되기 전에 주의 책에 다 기록이 되었나이다

17 하나님이여 주의 생각이 내게 어찌 그리 보배로우신지요 그 수가 어찌 그리 많은지요

18 내가 세려고 할지라도 그 수가 모래보다 많도소이다 내가 깰 때에도 여전히 주와 함께 있나이다

19 하나님이여 주께서 반드시 악인을 죽이시리이다 피 흘리기를 즐기는 자들아 나를 떠날지어다

20 그들이 주를 대하여 악하게 말하며 주의 원수들이 주의 이름으로 헛되이 맹세하나이다

21 여호와여 내가 주를 미워하는 자들을 미워하지 아니하오며 주를 치러 일어나는 자들을 미워하지 아니하나이까

22 내가 그들을 심히 미워하니 그들은 나의 원수들이니이다

23 하나님이여 나를 살피사 내 마음을 아시며 나를 시험하사 내 뜻을 아옵소서

24 내게 무슨 악한 행위가 있나 보시고 나를 영원한 길로 인도하소서

〔다윗의 시, 인도자를 따라 부르는 노래〕

140 여호와여 악인에게서 나를 건지시며 포악한 자에게서 나를 보전하소서

2 그들이 마음속으로 악을 꾀하고 싸우기 위하여 매일 모이오며

3 뱀 같이 그 혀를 날카롭게 하니 그 입술 아래에는 독사의 독이 있나이다 (셀라)

4 여호와여 나를 지키사 악인의 손에 빠지지 않게 하시며 나를 보전하사 포악한 자에게서 벗어나게 하소서 그들은 나의 걸음을 밀치려 하나이다

5 교만한 자가 나를 해하려고 올무와 줄을 놓으며 길 곁에 그물을 치며 함정을 두었나이다 (셀라)

6 내가 여호와께 말하기를 주는 나의 하나님이시니 여호와여 나의 간구하는 소리에 귀를 기울이소서 하였나이다

7 내 구원의 능력이신 주 여호와여 전쟁의 날에 주께서 내 머리를 가려 주셨나이다

8 여호와여 악인의 소원을 허락하지 마시며 그의 악한 꾀를 이루지 못하게 하소서

그들이 스스로 높일까 하나이다 (셀라)

9 나를 에워싸는 자들이 그들의 머리를 들 때에 그들의 입술의 재난이 그들을 덮게 하소서

10 뜨거운 숯불이 그들 위에 떨어지게 하시며 불 가운데와 깊은 웅덩이에 그들로 하여금 빠져 다시 일어나지 못하게 하소서

11 악담하는 자는 세상에서 굳게 서지 못하며 포악한 자는 재앙이 따라서 패망하게 하리이다

12 내가 알거니와 여호와는 고난 당하는 자를 변호해 주시며 궁핍한 자에게 정의를 베푸시리이다

13 진실로 의인들이 주의 이름에 감사하며 정직한 자들이 주의 앞에서 살리이다

〔다윗의 시〕

141 여호와여 내가 주를 불렀사오니 속히

253

내게 오시옵소서 내가 주께 부르짖을

때에 내 음성에 귀를 기울이소서

2 나의 기도가 주의 앞에 분향함과 같이

되며 나의 손 드는 것이 저녁 제사 같

이 되게 하소서

3 여호와여 내 입에 파수꾼을 세우시고

내 입술의 문을 지키소서

4 내 마음이 악한 일에 기울어 죄악을 행

하는 자들과 함께 악을 행하지 말게 하

시며 그들의 진수성찬을 먹지 말게 하

소서

5 의인이 나를 칠지라도 은혜로 여기며

책망할지라도 머리의 기름 같이 여겨서

내 머리가 이를 거절하지 아니할지라

그들의 재난 중에도 내가 항상 기도하

리로다

6 그들의 재판관들이 바위 곁에 내려 던

져졌도다 내 말이 달므로 무리가 들으

리로다

7 사람이 밭 갈아 흙을 부스러뜨림 같이

우리의 해골이 스올 입구에 흩어졌도다

8 주 여호와여 내 눈이 주께 향하며 내가

주께 피하오니 내 영혼을 빈궁한 대로

버려 두지 마옵소서

9 나를 지키사 그들이 나를 잡으려고 놓

은 올무와 악을 행하는 자들의 함정에

서 벗어나게 하옵소서

10 악인은 자기 그물에 걸리게 하시고 나

만은 온전히 면하게 하소서

〔다윗이 굴에 있을 때에 지은 마스길 곧 기도〕

142 내가 소리 내어 여호와께 부르짖으며

소리 내어 여호와께 간구하는도다

2 내가 내 원통함을 그의 앞에 토로하며

내 우환을 그의 앞에 진술하는도다

3 내 영이 내 속에서 상할 때에도 주께서

내 길을 아셨나이다 내가 가는 길에 그

들이 나를 잡으려고 올무를 숨겼나이다

4 오른쪽을 살펴 보소서 나를 아는 이도 없고 나의 피난처도 없고 내 영혼을 돌보는 이도 없나이다

5 여호와여 내가 주께 부르짖어 말하기를 주는 나의 피난처시요 살아 있는 사람들의 땅에서 나의 분깃이시라 하였나이다

6 나의 부르짖음을 들으소서 나는 심히 비천하니이다 나를 핍박하는 자들에게서 나를 건지소서 그들은 나보다 강하니이다

7 내 영혼을 옥에서 이끌어 내사 주의 이름을 감사하게 하소서 주께서 나에게 갚아 주시리니 의인들이 나를 두르리이다

〔다윗의 시〕

143 여호와여 내 기도를 들으시며 내 간구에 귀를 기울이시고 주의 진실과 의로 내게 응답하소서

2 주의 종에게 심판을 행하지 마소서 주의 눈 앞에는 의로운 인생이 하나도 없나이다

3 원수가 내 영혼을 핍박하며 내 생명을 땅에 엎어서 나로 죽은 지 오랜 자 같이 나를 암흑 속에 두었나이다

4 그러므로 내 심령이 속에서 상하며 내 마음이 내 속에서 참담하니이다

5 내가 옛날을 기억하고 주의 모든 행하신 것을 읊조리며 주의 손이 행하는 일을 생각하고

6 주를 향하여 손을 펴고 내 영혼이 마른 땅 같이 주를 사모하나이다 (셀라)

7 여호와여 속히 내게 응답하소서 내 영이 피곤하니이다 주의 얼굴을 내게서 숨기지 마소서 내가 무덤에 내려가는 자 같을까 두려워하나이다

8 아침에 나로 하여금 주의 인자한 말씀

을 듣게 하소서 내가 주를 의뢰함이니

이다 내가 다닐 길을 알게 하소서 내가

내 영혼을 주께 드림이니이다

9 여호와여 나를 내 원수들에게서 건지소

서 내가 주께 피하여 숨었나이다

10 주는 나의 하나님이시니 나를 가르쳐

주의 뜻을 행하게 하소서 주의 영은 선

하시니 나를 공평한 땅에 인도하소서

11 여호와여 주의 이름을 위하여 나를 살

리시고 주의 의로 내 영혼을 환난에서

끌어내소서

12 주의 인자하심으로 나의 원수들을 끊

으시고 내 영혼을 괴롭게 하는 자를 다

멸하소서 나는 주의 종이니이다

〔다윗의 시〕

144 나의 반석이신 여호와를 찬송하리로

다 그가 내 손을 가르쳐 싸우게 하시며

손가락을 가르쳐 전쟁하게 하시는도다

2 여호와는 나의 사랑이시요 나의 요새이

시요 나의 산성이시요 나를 건지시는

이시요 나의 방패이시니 내가 그에게

피하였고 그가 내 백성을 내게 복종하

게 하셨나이다

3 여호와여 사람이 무엇이기에 주께서 그

를 알아 주시며 인생이 무엇이기에 그

를 생각하시나이까

4 사람은 헛것 같고 그의 날은 지나가는

그림자 같으니이다

5 여호와여 주의 하늘을 드리우고 강림하

시며 산들에 접촉하사 연기를 내게 하

소서

6 번개를 번쩍이사 원수들을 흩으시며 주

의 화살을 쏘아 그들을 무찌르소서

7 위에서부터 주의 손을 펴사 나를 큰 물

과 이방인의 손에서 구하여 건지소서

8 그들의 입은 거짓을 말하며 그의 오른

손은 거짓의 오른손이니이다

9 하나님이여 내가 주께 새 노래로 노래하며 열 줄 비파로 주를 찬양하리이다

10 주는 왕들에게 구원을 베푸시는 자시요 그의 종 다윗을 그 해하려는 칼에서 구하시는 자시니이다

11 이방인의 손에서 나를 구하여 건지소서 그들의 입은 거짓을 말하며 그 오른손은 거짓의 오른손이니이다

12 우리 아들들은 어리다가 장성한 나무들과 같으며 우리 딸들은 궁전의 양식대로 아름답게 다듬은 모퉁잇돌들과 같으며

13 우리의 곳간에는 백곡이 가득하며 우리의 양은 들에서 천천과 만만으로 번성하며

14 우리 수소는 무겁게 실었으며 또 우리를 침노하는 일이나 우리가 나아가 막는 일이 없으며 우리 거리에는 슬피 부르짖음이 없을진대

15 이러한 백성은 복이 있나니 여호와를 자기 하나님으로 삼는 백성은 복이 있도다

〔다윗의 찬송시〕

145 왕이신 나의 하나님이여 내가 주를 높이고 영원히 주의 이름을 송축하리이다

2 내가 날마다 주를 송축하며 영원히 주의 이름을 송축하리이다

3 여호와는 위대하시니 크게 찬양할 것이라 그의 위대하심을 측량하지 못하리로다

4 대대로 주께서 행하시는 일을 크게 찬양하며 주의 능한 일을 선포하리로다

5 주의 존귀하고 영광스러운 위엄과 주의 기이한 일들을 나는 작은 소리로 읊조

리리이다

6 사람들은 주의 두려운 일의 권능을 말할 것이요 나도 주의 위대하심을 선포하리이다

7 그들이 주의 크신 은혜를 기념하여 말하며 주의 의를 노래하리이다

8 여호와는 은혜로우시며 긍휼이 많으시며 노하기를 더디 하시며 인자하심이 크시도다

9 여호와께서는 모든 것을 선대하시며 그 지으신 모든 것에 긍휼을 베푸시는도다

10 여호와여 주께서 지으신 모든 것들이 주께 감사하며 주의 성도들이 주를 송축하리이다

11 그들이 주의 나라의 영광을 말하며 주의 업적을 일러서

12 주의 업적과 주의 나라의 위엄 있는 영광을 인생들에게 알게 하리이다

13 주의 나라는 영원한 나라이니 주의 통치는 대대에 이르리이다

14 여호와께서는 모든 넘어지는 자들을 붙드시며 비굴한 자들을 일으키시는도다

15 모든 사람의 눈이 주를 앙망하오니 주는 때를 따라 그들에게 먹을 것을 주시며

16 손을 펴사 모든 생물의 소원을 만족하게 하시나이다

17 여호와께서는 그 모든 행위에 의로우시며 그 모든 일에 은혜로우시도다

18 여호와께서는 자기에게 간구하는 모든 자 곧 진실하게 간구하는 모든 자에게 가까이 하시는도다

19 그는 자기를 경외하는 자들의 소원을 이루시며 또 그들의 부르짖음을 들으사 구원하시리로다

20 여호와께서 자기를 사랑하는 자들은 다

보호하시고 악인들은 다 멸하시리로다

21 내 입이 여호와의 영예를 말하며 모든

육체가 그의 거룩하신 이름을 영원히

송축할지로다

146 할렐루야 내 영혼아 여호와를 찬양

하라

2 나의 생전에 여호와를 찬양하며 나의

평생에 내 하나님을 찬송하리로다

3 귀인들을 의지하지 말며 도울 힘이 없

는 인생도 의지하지 말지니

4 그의 호흡이 끊어지면 흙으로 돌아가서

그 날에 그의 생각이 소멸하리로다

5 야곱의 하나님을 자기의 도움으로 삼으

며 여호와 자기 하나님에게 자기의 소

망을 두는 자는 복이 있도다

6 여호와는 천지와 바다와 그 중의 만물

을 지으시며 영원히 진실함을 지키시며

7 억눌린 사람들을 위해 정의로 심판하시

며 주린 자들에게 먹을 것을 주시는 이

시로다 여호와께서는 갇힌 자들에게 자

유를 주시는도다

8 여호와께서 맹인들의 눈을 여시며 여호

와께서 비굴한 자들을 일으키시며 여호

와께서 의인들을 사랑하시며

9 여호와께서 나그네들을 보호하시며 고

아와 과부를 붙드시고 악인들의 길은

굽게 하시는도다

10 시온아 여호와는 영원히 다스리시고 네

하나님은 대대로 통치하시리로다 할렐

루야

147 할렐루야 우리 하나님을 찬양하는 일

이 선함이여 찬송하는 일이 아름답고

마땅하도다

2 여호와께서 예루살렘을 세우시며 이스

라엘의 흩어진 자들을 모으시며

3 상심한 자들을 고치시며 그들의 상처를

싸매시는도다

4 그가 별들의 수효를 세시고 그것들을

다 이름대로 부르시는도다

5 우리 주는 위대하시며 능력이 많으시며

그의 지혜가 무궁하시도다

6 여호와께서 겸손한 자들은 붙드시고 악

인들은 땅에 엎드러뜨리시는도다

7 감사함으로 여호와께 노래하며 수금으

로 하나님께 찬양할지어다

8 그가 구름으로 하늘을 덮으시며 땅을

위하여 비를 준비하시며 산에 풀이 자

라게 하시며

9 들짐승과 우는 까마귀 새끼에게 먹을

것을 주시는도다

10 여호와는 말의 힘이 세다 하여 기뻐하

지 아니하시며 사람의 다리가 억세다

하여 기뻐하지 아니하시고

11 여호와는 자기를 경외하는 자들과 그의

인자하심을 바라는 자들을 기뻐하시는

도다

12 예루살렘아 여호와를 찬송할지어다 시

온아 네 하나님을 찬양할지어다

13 그가 네 문빗장을 견고히 하시고 네 가

운데에 있는 너의 자녀들에게 복을 주

셨으며

14 네 경내를 평안하게 하시고 아름다운

밀로 너를 배불리시며

15 그의 명령을 땅에 보내시니 그의 말씀

이 속히 달리는도다

16 눈을 양털 같이 내리시며 서리를 재 같

이 흩으시며

17 우박을 떡 부스러기 같이 뿌리시나니

누가 능히 그의 추위를 감당하리요

18 그의 말씀을 보내사 그것들을 녹이시고

바람을 불게 하신즉 물이 흐르는도다

19 그가 그의 말씀을 야곱에게 보이시며

그의 율례와 규례를 이스라엘에게 보이시는도다

20 그는 어느 민족에게도 이와 같이 행하지 아니하셨나니 그들은 그의 법도를 알지 못하였도다 할렐루야

148 할렐루야 하늘에서 여호와를 찬양하며 높은 데서 그를 찬양할지어다

2 그의 모든 천사여 찬양하며 모든 군대여 그를 찬양할지어다

3 해와 달아 그를 찬양하며 밝은 별들아 다 그를 찬양할지어다

4 하늘의 하늘도 그를 찬양하며 하늘 위에 있는 물들도 그를 찬양할지어다

5 그것들이 여호와의 이름을 찬양함은 그가 명령하시므로 지음을 받았음이로다

6 그가 또 그것들을 영원히 세우시고 폐하지 못할 명령을 정하셨도다

7 너희 용들과 바다여 땅에서 여호와를 찬양하라

8 불과 우박과 눈과 안개와 그의 말씀을 따르는 광풍이며

9 산들과 모든 작은 산과 과수와 모든 백향목이며

10 짐승과 모든 가축과 기는 것과 나는 새며

11 세상의 왕들과 모든 백성들과 고관들과 땅의 모든 재판관들이며

12 총각과 처녀와 노인과 아이들아

13 여호와의 이름을 찬양할지어다 그의 이름이 홀로 높으시며 그의 영광이 땅과 하늘 위에 뛰어나심이로다

14 그가 그의 백성의 뿔을 높이셨으니 그는 모든 성도 곧 그를 가까이 하는 백성 이스라엘 자손의 찬양 받을 이시로다 할렐루야

149 할렐루야 새 노래로 여호와께 노래하며 성도의 모임 가운데에서 찬양할지

어다

2 이스라엘은 자기를 지으신 이로 말미암아 즐거워하며 시온의 주민은 그들의 왕으로 말미암아 즐거워할지어다

3 춤 추며 그의 이름을 찬양하며 소고와 수금으로 그를 찬양할지어다

4 여호와께서는 자기 백성을 기뻐하시며 겸손한 자를 구원으로 아름답게 하심이로다

5 성도들은 영광 중에 즐거워하며 그들의 침상에서 기쁨으로 노래할지어다

6 그들의 입에는 하나님에 대한 찬양이 있고 그들의 손에는 두 날 가진 칼이 있도다

7 이것으로 뭇 나라에 보수하며 민족들을 벌하며

8 그들의 왕들은 사슬로, 그들의 귀인은 철고랑으로 결박하고

9 기록한 판결대로 그들에게 시행할지로다 이런 영광은 그의 모든 성도에게 있도다 할렐루야

150 할렐루야 그의 성소에서 하나님을 찬양하며 그의 권능의 궁창에서 그를 찬양할지어다

2 그의 능하신 행동을 찬양하며 그의 지극히 위대하심을 따라 찬양할지어다

3 나팔 소리로 찬양하며 비파와 수금으로 찬양할지어다

4 소고 치며 춤 추어 찬양하며 현악과 퉁소로 찬양할지어다

5 큰 소리 나는 제금으로 찬양하며 높은 소리 나는 제금으로 찬양할지어다

6 호흡이 있는 자마다 여호와를 찬양할지어다 할렐루야

잠언

솔로몬의 잠언

1 다윗의 아들 이스라엘 왕 솔로몬의 잠언이라

2 이는 지혜와 훈계를 알게 하며 명철의 말씀을 깨닫게 하며

3 지혜롭게, 공의롭게, 정의롭게, 정직하게 행할 일에 대하여 훈계를 받게 하며

4 어리석은 자를 슬기롭게 하며 젊은 자에게 지식과 근신함을 주기 위한 것이니

5 지혜 있는 자는 듣고 학식이 더할 것이요 명철한 자는 지략을 얻을 것이라

6 잠언과 비유와 지혜 있는 자의 말과 그 오묘한 말을 깨달으리라

젊은이에게 주는 교훈

7 여호와를 경외하는 것이 지식의 근본이거늘 미련한 자는 지혜와 훈계를 멸시하느니라

8 내 아들아 네 아비의 훈계를 들으며 네

어미의 법을 떠나지 말라

9 이는 네 머리의 아름다운 관이요 네 목의 금 사슬이니라

10 내 아들아 악한 자가 너를 꾈지라도 따르지 말라

11 그들이 네게 말하기를 우리와 함께 가자 우리가 가만히 엎드렸다가 사람의 피를 흘리자 죄 없는 자를 까닭 없이 숨어 기다리다가

12 스올 같이 그들을 산 채로 삼키며 무덤에 내려가는 자들 같이 통으로 삼키자

13 우리가 온갖 보화를 얻으며 빼앗은 것으로 우리 집을 채우리니

14 너는 우리와 함께 제비를 뽑고 우리가 함께 전대 하나만 두자 할지라도

15 내 아들아 그들과 함께 길에 다니지 말라 네 발을 금하여 그 길을 밟지 말라

16 대저 그 발은 악으로 달려가며 피를 흘

리는 데 빠름이니라

17 새가 보는 데서 그물을 치면 헛일이겠거늘

18 그들이 가만히 엎드림은 자기의 피를 흘릴 뿐이요 숨어 기다림은 자기의 생명을 해할 뿐이니

19 이익을 탐하는 모든 자의 길은 다 이러하여 자기의 생명을 잃게 하느니라

지혜가 부른다

20 지혜가 길거리에서 부르며 광장에서 소리를 높이며

21 시끄러운 길목에서 소리를 지르며 성문 어귀와 성중에서 그 소리를 발하여 이르되

22 너희 어리석은 자들은 어리석음을 좋아하며 거만한 자들은 거만을 기뻐하며 미련한 자들은 지식을 미워하니 어느 때까지 하겠느냐

23 나의 책망을 듣고 돌이키라 보라 내가 나의 영을 너희에게 부어 주며 내 말을 너희에게 보이리라

24 내가 불렀으나 너희가 듣기 싫어하였고 내가 손을 폈으나 돌아보는 자가 없었고

25 도리어 나의 모든 교훈을 멸시하며 나의 책망을 받지 아니하였은즉

26 너희가 재앙을 만날 때에 내가 웃을 것이며 너희에게 두려움이 임할 때에 내가 비웃으리라

27 너희의 두려움이 광풍 같이 임하겠고 너희의 재앙이 폭풍 같이 이르겠고 너희에게 근심과 슬픔이 임하리니

28 그 때에 너희가 나를 부르리라 그래도 내가 대답하지 아니하겠고 부지런히 나를 찾으리라 그래도 나를 만나지 못하리니

29 대저 너희가 지식을 미워하며 여호와

경외하기를 즐거워하지 아니하며

30 나의 교훈을 받지 아니하고 나의 모든

책망을 업신여겼음이니라

31 그러므로 자기 행위의 열매를 먹으며

자기 꾀에 배부르리라

32 어리석은 자의 퇴보는 자기를 죽이며

미련한 자의 안일은 자기를 멸망시키려

니와

33 오직 내 말을 듣는 자는 평안히 살며

재앙의 두려움이 없이 안전하리라

지혜가 주는 유익

2 내 아들아 네가 만일 나의 말을 받으며

나의 계명을 네게 간직하며

2 네 귀를 지혜에 기울이며 네 마음을 명

철에 두며

3 지식을 불러 구하며 명철을 얻으려고

소리를 높이며

4 은을 구하는 것 같이 그것을 구하며 감

추어진 보배를 찾는 것 같이 그것을 찾

으면

5 여호와 경외하기를 깨달으며 하나님을

알게 되리니

6 대저 여호와는 지혜를 주시며 지식과

명철을 그 입에서 내심이며

7 그는 정직한 자를 위하여 완전한 지혜

를 예비하시며 행실이 온전한 자에게

방패가 되시나니

8 대저 그는 정의의 길을 보호하시며 그

의 성도들의 길을 보전하려 하심이니라

9 그런즉 네가 공의와 정의와 정직 곧 모

든 선한 길을 깨달을 것이라

10 곧 지혜가 네 마음에 들어가며 지식이

네 영혼을 즐겁게 할 것이요

11 근신이 너를 지키며 명철이 너를 보호

하여

12 악한 자의 길과 패역을 말하는 자에게

서 건져 내리라

13 이 무리는 정직한 길을 떠나 어두운 길로 행하며

14 행악하기를 기뻐하며 악인의 패역을 즐거워하나니

15 그 길은 구부러지고 그 행위는 패역하니라

16 지혜가 또 너를 음녀에게서, 말로 호리는 이방 계집에게서 구원하리니

17 그는 젊은 시절의 짝을 버리며 그의 하나님의 언약을 잊어버린 자라

18 그의 집은 사망으로, 그의 길은 스올로 기울어졌나니

19 누구든지 그에게로 가는 자는 돌아오지 못하며 또 생명 길을 얻지 못하느니라

20 지혜가 너를 선한 자의 길로 행하게 하며 또 의인의 길을 지키게 하리니

21 대저 정직한 자는 땅에 거하며 완전한

자는 땅에 남아 있으리라

22 그러나 악인은 땅에서 끊어지겠고 간사한 자는 땅에서 뽑히리라

젊은이에게 주는 교훈

3 내 아들아 나의 법을 잊어버리지 말고 네 마음으로 나의 명령을 지키라

2 그리하면 그것이 네가 장수하여 많은 해를 누리게 하며 평강을 더하게 하리라

3 인자와 진리가 네게서 떠나지 말게 하고 그것을 네 목에 매며 네 마음판에 새기라

4 그리하면 네가 하나님과 사람 앞에서 은총과 귀중히 여김을 받으리라

5 너는 마음을 다하여 여호와를 신뢰하고 네 명철을 의지하지 말라

6 너는 범사에 그를 인정하라 그리하면 네 길을 지도하시리라

7 스스로 지혜롭게 여기지 말지어다 여호와를 경외하며 악을 떠날지어다

8 이것이 네 몸에 양약이 되어 네 골수를 윤택하게 하리라

9 네 재물과 네 소산물의 처음 익은 열매로 여호와를 공경하라

10 그리하면 네 창고가 가득히 차고 네 포도즙 틀에 새 포도즙이 넘치리라

11 내 아들아 여호와의 징계를 경히 여기지 말라 그 꾸지람을 싫어하지 말라

12 대저 여호와께서 그 사랑하시는 자를 징계하시기를 마치 아비가 그 기뻐하는 아들을 징계함 같이 하시느니라

13 지혜를 얻은 자와 명철을 얻은 자는 복이 있나니

14 이는 지혜를 얻는 것이 은을 얻는 것보다 낫고 그 이익이 정금보다 나음이니라

15 지혜는 진주보다 귀하니 네가 사모하는

모든 것으로도 이에 비교할 수 없도다

16 그의 오른손에는 장수가 있고 그의 왼손에는 부귀가 있나니

17 그 길은 즐거운 길이요 그의 지름길은 다 평강이니라

18 지혜는 그 얻은 자에게 생명 나무라 지혜를 가진 자는 복되도다

19 여호와께서는 지혜로 땅에 터를 놓으셨으며 명철로 하늘을 견고히 세우셨고

20 그의 지식으로 깊은 바다를 갈라지게 하셨으며 공중에서 이슬이 내리게 하셨느니라

21 내 아들아 완전한 지혜와 근신을 지키고 이것들이 네 눈 앞에서 떠나지 말게 하라

22 그리하면 그것이 네 영혼의 생명이 되며 네 목에 장식이 되리니

23 네가 네 길을 평안히 행하겠고 네 발이

거치지 아니하겠으며

24 네가 누울 때에 두려워하지 아니하겠고

네가 누운즉 네 잠이 달리로다

25 너는 갑작스러운 두려움도 악인에게 닥

치는 멸망도 두려워하지 말라

26 대저 여호와는 네가 의지할 이시니라

네 발을 지켜 걸리지 않게 하시리라

27 네 손이 선을 베풀 힘이 있거든 마땅히

받을 자에게 베풀기를 아끼지 말며

28 네게 있거든 이웃에게 이르기를 갔다가

다시 오라 내일 주겠노라 하지 말며

29 네 이웃이 네 곁에서 평안히 살거든 그

를 해하려고 꾀하지 말며

30 사람이 네게 악을 행하지 아니하였거든

까닭 없이 더불어 다투지 말며

31 포학한 자를 부러워하지 말며 그의 어

떤 행위도 따르지 말라

32 대저 패역한 자는 여호와께서 미워하시

나 정직한 자에게는 그의 교통하심이

있으며

33 악인의 집에는 여호와의 저주가 있거니

와 의인의 집에는 복이 있느니라

34 진실로 그는 거만한 자를 비웃으시며

겸손한 자에게 은혜를 베푸시나니

35 지혜로운 자는 영광을 기업으로 받거니

와 미련한 자의 영달함은 수치가 되느

니라

지혜와 명철을 얻으라

4 아들들아 아비의 훈계를 들으며 명철을

얻기에 주의하라

2 내가 선한 도리를 너희에게 전하노니

내 법을 떠나지 말라

3 나도 내 아버지에게 아들이었으며 내

어머니 보기에 유약한 외아들이었노라

4 아버지가 내게 가르쳐 이르기를 내 말

을 네 마음에 두라 내 명령을 지키라

그리하면 살리라

정직한 길로 너를 인도하였은즉

5 지혜를 얻으며 명철을 얻으라 내 입의
말을 잊지 말며 어기지 말라

12 다닐 때에 네 걸음이 곤고하지 아니하
겠고 달려갈 때에 실족하지 아니하리라

6 지혜를 버리지 말라 그가 너를 보호
하리라 그를 사랑하라 그가 너를 지키
리라

13 훈계를 굳게 잡아 놓치지 말고 지키라
이것이 네 생명이니라

7 지혜가 제일이니 지혜를 얻으라 네가
얻은 모든 것을 가지고 명철을 얻을지
니라

14 사악한 자의 길에 들어가지 말며 악인
의 길로 다니지 말지어다

8 그를 높이라 그리하면 그가 너를 높이
들리라 만일 그를 품으면 그가 너를 영
화롭게 하리라

15 그의 길을 피하고 지나가지 말며 돌이
켜 떠나갈지어다

16 그들은 악을 행하지 못하면 자지 못하
며 사람을 넘어뜨리지 못하면 잠이 오
지 아니하며

9 그가 아름다운 관을 네 머리에 두겠고
영화로운 면류관을 네게 주리라 하셨느
니라

17 불의의 떡을 먹으며 강포의 술을 마심
이니라

18 의인의 길은 돋는 햇살 같아서 크게 빛
나 한낮의 광명에 이르거니와

10 내 아들아 들으라 내 말을 받으라 그리
하면 네 생명의 해가 길리라

19 악인의 길은 어둠 같아서 그가 걸려 넘
어져도 그것이 무엇인지 깨닫지 못하느

11 내가 지혜로운 길을 네게 가르쳤으며

니라

20 내 아들아 내 말에 주의하며 내가 말하

는 것에 네 귀를 기울이라

21 그것을 네 눈에서 떠나게 하지 말며 네

마음 속에 지키라

22 그것은 얻는 자에게 생명이 되며 그의

온 육체의 건강이 됨이니라

23 모든 지킬 만한 것 중에 더욱 네 마음

을 지키라 생명의 근원이 이에서 남이

니라

24 구부러진 말을 네 입에서 버리며 비뚤

어진 말을 네 입술에서 멀리 하라

25 네 눈은 바로 보며 네 눈꺼풀은 네 앞

을 곧게 살펴

26 네 발이 행할 길을 평탄하게 하며 네

모든 길을 든든히 하라

27 좌로나 우로나 치우치지 말고 네 발을

악에서 떠나게 하라

사지와 스올로 가지 말라

5 내 아들아 내 지혜에 주의하며 내 명철

에 네 귀를 기울여서

2 근신을 지키며 네 입술로 지식을 지키

도록 하라

3 대저 음녀의 입술은 꿀을 떨어뜨리며

그의 입은 기름보다 미끄러우나

4 나중은 쑥 같이 쓰고 두 날 가진 칼 같

이 날카로우며

5 그의 발은 사지로 내려가며 그의 걸음

은 스올로 나아가나니

6 그는 생명의 평탄한 길을 찾지 못하며

자기 길이 든든하지 못하여도 그것을

깨닫지 못하느니라

7 그런즉 아들들아 나에게 들으며 내 입

의 말을 버리지 말고

8 네 길을 그에게서 멀리 하라 그의 집

문에도 가까이 가지 말라

9 두렵건대 네 존영이 남에게 잃어버리게 되며 네 수한이 잔인한 자에게 빼앗기게 될까 하노라

10 두렵건대 타인이 네 재물로 충족하게 되며 네 수고한 것이 외인의 집에 있게 될까 하노라

11 두렵건대 마지막에 이르러 네 몸, 네 육체가 쇠약할 때에 네가 한탄하여

12 말하기를 내가 어찌하여 훈계를 싫어하며 내 마음이 꾸지람을 가벼이 여기고

13 내 선생의 목소리를 청종하지 아니하며 나를 가르치는 이에게 귀를 기울이지 아니하였던고

14 많은 무리들이 모인 중에서 큰 악에 빠지게 되었노라 하게 될까 염려하노라

15 너는 네 우물에서 물을 마시며 네 샘에서 흐르는 물을 마시라

16 어찌하여 네 샘물을 집 밖으로 넘치게 하며 네 도랑물을 거리로 흘러가게 하겠느냐

17 그 물이 네게만 있게 하고 타인과 더불어 그것을 나누지 말라

18 네 샘으로 복되게 하라 네가 젊어서 취한 아내를 즐거워하라

19 그는 사랑스러운 암사슴 같고 아름다운 암노루 같으니 너는 그의 품을 항상 족하게 여기며 그의 사랑을 항상 연모하라

20 내 아들아 어찌하여 음녀를 연모하겠으며 어찌하여 이방 계집의 가슴을 안겠느냐

21 대저 사람의 길은 여호와의 눈 앞에 있나니 그가 그 사람의 모든 길을 평탄하게 하시느니라

22 악인은 자기의 악에 걸리며 그 죄의 줄에 매이나니

23 그는 훈계를 받지 아니함으로 말미암아

죽겠고 심히 미련함으로 말미암아 혼미

하게 되느니라

실제적 교훈

6 내 아들아 네가 만일 이웃을 위하여 담

보하며 타인을 위하여 보증하였으면

2 네 입의 말로 네가 얽혔으며 네 입의

말로 인하여 잡히게 되었느니라

3 내 아들아 네가 네 이웃의 손에 빠졌은

즉 이같이 하라 너는 곧 가서 겸손히

네 이웃에게 간구하여 스스로 구원하되

4 네 눈을 잠들게 하지 말며 눈꺼풀을 감

기게 하지 말고

5 노루가 사냥꾼의 손에서 벗어나는 것

같이, 새가 그물 치는 자의 손에서 벗

어나는 것 같이 스스로 구원하라

6 게으른 자여 개미에게 가서 그가 하는

것을 보고 지혜를 얻으라

7 개미는 두령도 없고 감독자도 없고 통

치자도 없으되

8 먹을 것을 여름 동안에 예비하며 추수

때에 양식을 모으느니라

9 게으른 자여 네가 어느 때까지 누워 있

겠느냐 네가 어느 때에 잠이 깨어 일어

나겠느냐

10 좀더 자자, 좀더 졸자, 손을 모으고 좀

더 누워 있자 하면

11 네 빈궁이 강도 같이 오며 네 곤핍이

군사 같이 이르리라

12 불량하고 악한 자는 구부러진 말을 하

고 다니며

13 눈짓을 하며 발로 뜻을 보이며 손가락

질을 하며

14 그의 마음에 패역을 품으며 항상 악을

꾀하여 다툼을 일으키는 자라

15 그러므로 그의 재앙이 갑자기 내려 당

장에 멸망하여 살릴 길이 없으리라

16 여호와께서 미워하시는 것 곧 그의 마음에 싫어하시는 것이 예닐곱 가지이니

17 곧 교만한 눈과 거짓된 혀와 무죄한 자의 피를 흘리는 손과

18 악한 계교를 꾀하는 마음과 빨리 악으로 달려가는 발과

19 거짓을 말하는 망령된 증인과 및 형제 사이를 이간하는 자이니라

훈계와 명령

20 내 아들아 네 아비의 명령을 지키며 네 어미의 법을 떠나지 말고

21 그것을 항상 네 마음에 새기며 네 목에 매라

22 그것이 네가 다닐 때에 너를 인도하며 네가 잘 때에 너를 보호하며 네가 깰 때에 너와 더불어 말하리니

23 대저 명령은 등불이요 법은 빛이요 훈계의 책망은 곧 생명의 길이라

24 이것이 너를 지켜 악한 여인에게, 이방 여인의 혀로 호리는 말에 빠지지 않게 하리라

25 네 마음에 그의 아름다움을 탐하지 말며 그 눈꺼풀에 홀리지 말라

26 음녀로 말미암아 사람이 한 조각 떡만 남게 됨이며 음란한 여인은 귀한 생명을 사냥함이니라

27 사람이 불을 품에 품고서야 어찌 그의 옷이 타지 아니하겠으며

28 사람이 숯불을 밟고서야 어찌 그의 발이 데지 아니하겠느냐

29 남의 아내와 통간하는 자도 이와 같을 것이라 그를 만지는 자마다 벌을 면하지 못하리라

30 도둑이 만일 주릴 때에 배를 채우려고 도둑질하면 사람이 그를 멸시하지는 아니하려니와

31 들키면 칠 배를 갚아야 하리니 심지어

자기 집에 있는 것을 다 내주게 되리라

32 여인과 간음하는 자는 무지한 자라 이

것을 행하는 자는 자기의 영혼을 망하

게 하며

33 상함과 능욕을 받고 부끄러움을 씻을

수 없게 되나니

34 남편이 투기로 분노하여 원수 갚는 날

에 용서하지 아니하고

35 어떤 보상도 받지 아니하며 많은 선물

을 줄지라도 듣지 아니하리라

음녀의 길로 치우치지 말라

7 내 아들아 내 말을 지키며 내 계명을

간직하라

2 내 계명을 지켜 살며 내 법을 네 눈동

자처럼 지키라

3 이것을 네 손가락에 매며 이것을 네 마

음판에 새기라

4 지혜에게 너는 내 누이라 하며 명철에

게 너는 내 친족이라 하라

5 그리하면 이것이 너를 지켜서 음녀에

게, 말로 호리는 이방 여인에게 빠지지

않게 하리라

6 내가 내 집 들창으로, 살창으로 내다

보다가

7 어리석은 자 중에, 젊은이 가운데에 한

지혜 없는 자를 보았노라

8 그가 거리를 지나 음녀의 골목 모퉁이

로 가까이 하여 그의 집쪽으로 가는데

9 저물 때, 황혼 때, 깊은 밤 흑암 중에라

10 그 때에 기생의 옷을 입은 간교한 여인

이 그를 맞으니

11 이 여인은 떠들며 완악하며 그의 발이

집에 머물지 아니하여

12 어떤 때에는 거리, 어떤 때에는 광장

또 모퉁이마다 서서 사람을 기다리는

자라

13 그 여인이 그를 붙잡고 그에게 입맞추

며 부끄러움을 모르는 얼굴로 그에게

말하되

14 내가 화목제를 드려 서원한 것을 오늘

갚았노라

15 이러므로 내가 너를 맞으려고 나와 네

얼굴을 찾다가 너를 만났도다

16 내 침상에는 요와 애굽의 무늬 있는 이

불을 폈고

17 몰약과 침향과 계피를 뿌렸노라

18 오라 우리가 아침까지 흡족하게 서로

사랑하며 사랑함으로 희락하자

19 남편은 집을 떠나 먼 길을 갔는데

20 은 주머니를 가졌은즉 보름 날에나 집

에 돌아오리라 하여

21 여러 가지 고운 말로 유혹하며 입술의

호리는 말로 꾀므로

22 젊은이가 곧 그를 따랐으니 소가 도수

장으로 가는 것 같고 미련한 자가 벌을

받으려고 쇠사슬에 매이러 가는 것과

같도다

23 필경은 화살이 그 간을 뚫게 되리라 새

가 빨리 그물로 들어가되 그의 생명을

잃어버릴 줄을 알지 못함과 같으니라

24 이제 아들들아 내 말을 듣고 내 입의

말에 주의하라

25 네 마음이 음녀의 길로 치우치지 말며

그 길에 미혹되지 말지어다

26 대저 그가 많은 사람을 상하여 엎드러

지게 하였나니 그에게 죽은 자가 허다

하니라

27 그의 집은 스올의 길이라 사망의 방으

로 내려가느니라

지혜와 명철 찬양

8 지혜가 부르지 아니하느냐 명철이 소리

를 높이지 아니하느냐

2 그가 길 가의 높은 곳과 네거리에 서며

3 성문 곁과 문 어귀와 여러 출입하는 문

에서 불러 이르되

4 사람들아 내가 너희를 부르며 내가 인

자들에게 소리를 높이노라

5 어리석은 자들아 너희는 명철할지니라

미련한 자들아 너희는 마음이 밝을지

니라

6 너희는 들을지어다 내가 가장 선한 것

을 말하리라 내 입술을 열어 정직을 내

리라

7 내 입은 진리를 말하며 내 입술은 악을

미워하느니라

8 내 입의 말은 다 의로운즉 그 가운데에

굽은 것과 패역한 것이 없나니

9 이는 다 총명 있는 자가 밝히 아는 바

요 지식 얻은 자가 정직하게 여기는 바

니라

10 너희가 은을 받지 말고 나의 훈계를 받

으며 정금보다 지식을 얻으라

11 대저 지혜는 진주보다 나으므로 원하는

모든 것을 이에 비교할 수 없음이니라

12 나 지혜는 명철로 주소를 삼으며 지식

과 근신을 찾아 얻나니

13 여호와를 경외하는 것은 악을 미워하는

것이라 나는 교만과 거만과 악한 행실

과 패역한 입을 미워하느니라

14 내게는 계략과 참 지식이 있으며 나는

명철이라 내게 능력이 있으므로

15 나로 말미암아 왕들이 치리하며 방백들

이 공의를 세우며

16 나로 말미암아 재상과 존귀한 자 곧 모

든 의로운 재판관들이 다스리느니라

17 나를 사랑하는 자들이 나의 사랑을 입

으며 나를 간절히 찾는 자가 나를 만날

것이니라

18 부귀가 내게 있고 장구한 재물과 공의
도 그러하니라

19 내 열매는 금이나 정금보다 나으며 내
소득은 순은보다 나으니라

20 나는 정의로운 길로 행하며 공의로운
길 가운데로 다니나니

21 이는 나를 사랑하는 자가 재물을 얻어
서 그 곳간에 채우게 하려 함이니라

22 여호와께서 그 조화의 시작 곧 태초에
일하시기 전에 나를 가지셨으며

23 만세 전부터, 태초부터, 땅이 생기기 전
부터 내가 세움을 받았나니

24 아직 바다가 생기지 아니하였고 큰 샘
들이 있기 전에 내가 이미 났으며

25 산이 세워지기 전에, 언덕이 생기기 전
에 내가 이미 났으니

26 하나님이 아직 땅도, 들도, 세상 진토의

근원도 짓지 아니하셨을 때에라

27 그가 하늘을 지으시며 궁창을 해면에
두르실 때에 내가 거기 있었고

28 그가 위로 구름 하늘을 견고하게 하시
며 바다의 샘들을 힘 있게 하시며

29 바다의 한계를 정하여 물이 명령을 거
스르지 못하게 하시며 또 땅의 기초를
정하실 때에

30 내가 그 곁에 있어서 창조자가 되어 날
마다 그의 기뻐하신 바가 되었으며 항
상 그 앞에서 즐거워하였으며

31 사람이 거처할 땅에서 즐거워하며 인자
들을 기뻐하였느니라

32 아들들아 이제 내게 들으라 내 도를 지
키는 자가 복이 있느니라

33 훈계를 들어서 지혜를 얻으라 그것을
버리지 말라

34 누구든지 내게 들으며 날마다 내 문 곁

에서 기다리며 문설주 옆에서 기다리는

자는 복이 있나니

35 대저 나를 얻는 자는 생명을 얻고 여호

와께 은총을 얻을 것임이니라

36 그러나 나를 잃는 자는 자기의 영혼을

해하는 자라 나를 미워하는 자는 사망

을 사랑하느니라

지혜와 어리석음

9 지혜가 그의 집을 짓고 일곱 기둥을 다

듬고

2 짐승을 잡으며 포도주를 혼합하여 상을

갖추고

3 자기의 여종을 보내어 성중 높은 곳에

서 불러 이르기를

4 어리석은 자는 이리로 돌이키라 또 지

혜 없는 자에게 이르기를

5 너는 와서 내 식물을 먹으며 내 혼합한

포도주를 마시고

6 어리석음을 버리고 생명을 얻으라 명철

의 길을 행하라 하느니라

7 거만한 자를 징계하는 자는 도리어 능

욕을 받고 악인을 책망하는 자는 도리

어 흠이 잡히느니라

8 거만한 자를 책망하지 말라 그가 너를

미워할까 두려우니라 지혜 있는 자를

책망하라 그가 너를 사랑하리라

9 지혜 있는 자에게 교훈을 더하라 그가

더욱 지혜로워질 것이요 의로운 사람을

가르치라 그의 학식이 더하리라

10 여호와를 경외하는 것이 지혜의 근본

이요 거룩하신 자를 아는 것이 명철이

니라

11 나 지혜로 말미암아 네 날이 많아질 것

이요 네 생명의 해가 네게 더하리라

12 네가 만일 지혜로우면 그 지혜가 네게

유익할 것이나 네가 만일 거만하면 너

홀로 해를 당하리라

13 미련한 여인이 떠들며 어리석어서 아무

것도 알지 못하고

14 자기 집 문에 앉으며 성읍 높은 곳에

있는 자리에 앉아서

15 자기 길을 바로 가는 행인들을 불러 이

르되

16 어리석은 자는 이리로 돌이키라 또 지

혜 없는 자에게 이르기를

17 도둑질한 물이 달고 몰래 먹는 떡이 맛

이 있다 하는도다

18 오직 그 어리석은 자는 죽은 자들이 거

기 있는 것과 그의 객들이 스올 깊은

곳에 있는 것을 알지 못하느니라

솔로몬의 잠언

10 솔로몬의 잠언이라 지혜로운 아들은 아

비를 기쁘게 하거니와 미련한 아들은

어미의 근심이니라

2 불의의 재물은 무익하여도 공의는 죽음

에서 건지느니라

3 여호와께서 의인의 영혼은 주리지 않게

하시나 악인의 소욕은 물리치시느니라

4 손을 게으르게 놀리는 자는 가난하게

되고 손이 부지런한 자는 부하게 되느

니라

5 여름에 거두는 자는 지혜로운 아들이나

추수 때에 자는 자는 부끄러움을 끼치

는 아들이니라

6 의인의 머리에는 복이 임하나 악인의

입은 독을 머금었느니라

7 의인을 기념할 때에는 칭찬하거니와 악

인의 이름은 썩게 되느니라

8 마음이 지혜로운 자는 계명을 받거니와

입이 미련한 자는 멸망하리라

9 바른 길로 행하는 자는 걸음이 평안하

려니와 굽은 길로 행하는 자는 드러나

리라

10 눈짓하는 자는 근심을 끼치고 입이 미

련한 자는 멸망하느니라

11 의인의 입은 생명의 샘이라도 악인의

입은 독을 머금었느니라

12 미움은 다툼을 일으켜도 사랑은 모든

허물을 가리느니라

13 명철한 자의 입술에는 지혜가 있어도

지혜 없는 자의 등을 위하여는 채찍이

있느니라

14 지혜로운 자는 지식을 간직하거니와 미

련한 자의 입은 멸망에 가까우니라

15 부자의 재물은 그의 견고한 성이요 가

난한 자의 궁핍은 그의 멸망이니라

16 의인의 수고는 생명에 이르고 악인의

소득은 죄에 이르느니라

17 훈계를 지키는 자는 생명 길로 행하여

도 징계를 버리는 자는 그릇 가느니라

18 미움을 감추는 자는 거짓된 입술을 가

진 자요 중상하는 자는 미련한 자이니라

19 말이 많으면 허물을 면하기 어려우나

그 입술을 제어하는 자는 지혜가 있느

니라

20 의인의 혀는 순은과 같거니와 악인의

마음은 가치가 적으니라

21 의인의 입술은 여러 사람을 교육하나

미련한 자는 지식이 없어 죽느니라

22 여호와께서 주시는 복은 사람을 부하

게 하고 근심을 겸하여 주지 아니하시

느니라

23 미련한 자는 행악으로 낙을 삼는 것 같

이 명철한 자는 지혜로 낙을 삼느니라

24 악인에게는 그의 두려워하는 것이 임하

거니와 의인은 그 원하는 것이 이루어

지느니라

25 회오리바람이 지나가면 악인은 없어져

도 의인은 영원한 기초 같으니라

26 게으른 자는 그 부리는 사람에게 마치 이에 식초 같고 눈에 연기 같으니라

27 여호와를 경외하면 장수하느니라 그러나 악인의 수명은 짧아지느니라

28 의인의 소망은 즐거움을 이루어도 악인의 소망은 끊어지느니라

29 여호와의 도가 정직한 자에게는 산성이요 행악하는 자에게는 멸망이니라

30 의인은 영영히 이동되지 아니하여도 악인은 땅에 거하지 못하게 되느니라

31 의인의 입은 지혜를 내어도 패역한 혀는 베임을 당할 것이니라

32 의인의 입술은 기쁘게 할 것을 알거늘 악인의 입은 패역을 말하느니라

11 속이는 저울은 여호와께서 미워하시나 공평한 추는 그가 기뻐하시느니라

2 교만이 오면 욕도 오거니와 겸손한 자

에게는 지혜가 있느니라

3 정직한 자의 성실은 자기를 인도하거니와 사악한 자의 패역은 자기를 망하게 하느니라

4 재물은 진노하시는 날에 무익하나 공의는 죽음에서 건지느니라

5 완전한 자의 공의는 자기의 길을 곧게 하려니와 악한 자는 자기의 악으로 말미암아 넘어지리라

6 정직한 자의 공의는 자기를 건지려니와 사악한 자는 자기의 악에 잡히리라

7 악인은 죽을 때에 그 소망이 끊어지나니 불의의 소망이 없어지느니라

8 의인은 환난에서 구원을 얻으나 악인은 자기의 길로 가느니라

9 악인은 입으로 그의 이웃을 망하게 하여도 의인은 그의 지식으로 말미암아 구원을 얻느니라

10 의인이 형통하면 성읍이 즐거워하고 악인이 패망하면 기뻐 외치느니라

11 성읍은 정직한 자의 축복으로 인하여 진흥하고 악한 자의 입으로 말미암아 무너지느니라

12 지혜 없는 자는 그의 이웃을 멸시하나 명철한 자는 잠잠하느니라

13 두루 다니며 한담하는 자는 남의 비밀을 누설하나 마음이 신실한 자는 그런 것을 숨기느니라

14 지략이 없으면 백성이 망하여도 지략이 많으면 평안을 누리느니라

15 타인을 위하여 보증이 되는 자는 손해를 당하여도 보증이 되기를 싫어하는 자는 평안하니라

16 유덕한 여자는 존영을 얻고 근면한 남자는 재물을 얻느니라

17 인자한 자는 자기의 영혼을 이롭게 하고 잔인한 자는 자기의 몸을 해롭게 하느니라

18 악인의 삯은 허무하되 공의를 뿌린 자의 상은 확실하니라

19 공의를 굳게 지키는 자는 생명에 이르고 악을 따르는 자는 사망에 이르느니라

20 마음이 굽은 자는 여호와께 미움을 받아도 행위가 온전한 자는 그의 기뻐하심을 받느니라

21 악인은 피차 손을 잡을지라도 벌을 면하지 못할 것이나 의인의 자손은 구원을 얻으리라

22 아름다운 여인이 삼가지 아니하는 것은 마치 돼지 코에 금 고리 같으니라

23 의인의 소원은 오직 선하나 악인의 소망은 진노를 이루느니라

24 흩어 구제하여도 더욱 부하게 되는 일이 있나니 과도히 아껴도 가난하게 될

뿐이니라

25 구제를 좋아하는 자는 풍족하여질 것이요 남을 윤택하게 하는 자는 자기도 윤택하여지리라

26 곡식을 내놓지 아니하는 자는 백성에게 저주를 받을 것이나 파는 자는 그의 머리에 복이 임하리라

27 선을 간절히 구하는 자는 은총을 얻으려니와 악을 더듬어 찾는 자에게는 악이 임하리라

28 자기의 재물을 의지하는 자는 패망하려니와 의인은 푸른 잎사귀 같아서 번성하리라

29 자기 집을 해롭게 하는 자의 소득은 바람이라 미련한 자는 마음이 지혜로운 자의 종이 되리라

30 의인의 열매는 생명 나무라 지혜로운 자는 사람을 얻느니라

31 보라 의인이라도 이 세상에서 보응을 받겠거든 하물며 악인과 죄인이리요

12 훈계를 좋아하는 자는 지식을 좋아하거니와 징계를 싫어하는 자는 짐승과 같으니라

2 선인은 여호와께 은총을 받으려니와 악을 꾀하는 자는 정죄하심을 받으리라

3 사람이 악으로서 굳게 서지 못하거니와 의인의 뿌리는 움직이지 아니하느니라

4 어진 여인은 그 지아비의 면류관이나 욕을 끼치는 여인은 그 지아비의 뼈가 썩음 같게 하느니라

5 의인의 생각은 정직하여도 악인의 도모는 속임이니라

6 악인의 말은 사람을 엿보아 피를 흘리자 하는 것이거니와 정직한 자의 입은 사람을 구원하느니라

7 악인은 엎드러져서 소멸되려니와 의인

의 집은 서 있으리라

8 사람은 그 지혜대로 칭찬을 받으려니와

마음이 굽은 자는 멸시를 받으리라

9 비천히 여김을 받을지라도 종을 부리는

자는 스스로 높은 체하고도 음식이 핍

절한 자보다 나으니라

10 의인은 자기의 가축의 생명을 돌보나

악인의 긍휼은 잔인이니라

11 자기의 토지를 경작하는 자는 먹을 것

이 많거니와 방탕한 것을 따르는 자는

지혜가 없느니라

12 악인은 불의의 이익을 탐하나 의인은

그 뿌리로 말미암아 결실하느니라

13 악인은 입술의 허물로 말미암아 그물에

걸려도 의인은 환난에서 벗어나느니라

14 사람은 입의 열매로 말미암아 복록에

족하며 그 손이 행하는 대로 자기가 받

느니라

15 미련한 자는 자기 행위를 바른 줄로 여

기나 지혜로운 자는 권고를 듣느니라

16 미련한 자는 당장 분노를 나타내거니와

슬기로운 자는 수욕을 참느니라

17 진리를 말하는 자는 의를 나타내어도

거짓 증인은 속이는 말을 하느니라

18 칼로 찌름 같이 함부로 말하는 자가 있

거니와 지혜로운 자의 혀는 양약과 같

으니라

19 진실한 입술은 영원히 보존되거니와 거

짓 혀는 잠시 동안만 있을 뿐이니라

20 악을 꾀하는 자의 마음에는 속임이 있

고 화평을 의논하는 자에게는 희락이

있느니라

21 의인에게는 어떤 재앙도 임하지 아니하

려니와 악인에게는 앙화가 가득하리라

22 거짓 입술은 여호와께 미움을 받아도

진실하게 행하는 자는 그의 기뻐하심을

받느니라

23 슬기로운 자는 지식을 감추어도 미련한

자의 마음은 미련한 것을 전파하느니라

24 부지런한 자의 손은 사람을 다스리게

되어도 게으른 자는 부림을 받느니라

25 근심이 사람의 마음에 있으면 그것으로

번뇌하게 되나 선한 말은 그것을 즐겁

게 하느니라

26 의인은 그 이웃의 인도자가 되나 악인

의 소행은 자신을 미혹하느니라

27 게으른 자는 그 잡을 것도 사냥하지 아

니하나니 사람의 부귀는 부지런한 것이

니라

28 공의로운 길에 생명이 있나니 그 길에

는 사망이 없느니라

13 지혜로운 아들은 아비의 훈계를 들으나

거만한 자는 꾸지람을 즐겨 듣지 아니

하느니라

2 사람은 입의 열매로 인하여 복록을 누

리거니와 마음이 궤사한 자는 강포를

당하느니라

3 입을 지키는 자는 자기의 생명을 보전

하나 입술을 크게 벌리는 자에게는 멸

망이 오느니라

4 게으른 자는 마음으로 원하여도 얻지

못하나 부지런한 자의 마음은 풍족함을

얻느니라

5 의인은 거짓말을 미워하나 악인은 행위

가 흉악하여 부끄러운 데에 이르느니라

6 공의는 행실이 정직한 자를 보호하고

악은 죄인을 패망하게 하느니라

7 스스로 부한 체하여도 아무 것도 없는

자가 있고 스스로 가난한 체하여도 재

물이 많은 자가 있느니라

8 사람의 재물이 자기 생명의 속전일 수

있으나 가난한 자는 협박을 받을 일이

없느니라

9 의인의 빛은 환하게 빛나고 악인의 등

불은 꺼지느니라

10 교만에서는 다툼만 일어날 뿐이라 권면

을 듣는 자는 지혜가 있느니라

11 망령되이 얻은 재물은 줄어가고 손으로

모은 것은 늘어가느니라

12 소망이 더디 이루어지면 그것이 마음을

상하게 하거니와 소원이 이루어지는 것

은 곧 생명 나무니라

13 말씀을 멸시하는 자는 자기에게 패망을

이루고 계명을 두려워하는 자는 상을

받느니라

14 지혜 있는 자의 교훈은 생명의 샘이니

사망의 그물에서 벗어나게 하느니라

15 선한 지혜는 은혜를 베푸나 사악한 자

의 길은 험하니라

16 무릇 슬기로운 자는 지식으로 행하거니

와 미련한 자는 자기의 미련한 것을 나

타내느니라

17 악한 사자는 재앙에 빠져도 충성된 사

신은 양약이 되느니라

18 훈계를 저버리는 자에게는 궁핍과 수욕

이 이르거니와 경계를 받는 자는 존영

을 받느니라

19 소원을 성취하면 마음에 달아도 미련한

자는 악에서 떠나기를 싫어하느니라

20 지혜로운 자와 동행하면 지혜를 얻고

미련한 자와 사귀면 해를 받느니라

21 재앙은 죄인을 따르고 선한 보응은 의

인에게 이르느니라

22 선인은 그 산업을 자자 손손에게 끼쳐

도 죄인의 재물은 의인을 위하여 쌓이

느니라

23 가난한 자는 밭을 경작함으로 양식이

많아지거니와 불의로 말미암아 가산을

287

탕진하는 자가 있느니라

24 매를 아끼는 자는 그의 자식을 미워함이라 자식을 사랑하는 자는 근실히 징계하느니라

25 의인은 포식하여도 악인의 배는 주리느니라

14 지혜로운 여인은 자기 집을 세우되 미련한 여인은 자기 손으로 그것을 허느니라

2 정직하게 행하는 자는 여호와를 경외하여도 패역하게 행하는 자는 여호와를 경멸하느니라

3 미련한 자는 교만하여 입으로 매를 자청하고 지혜로운 자의 입술은 자기를 보전하느니라

4 소가 없으면 구유는 깨끗하려니와 소의 힘으로 얻는 것이 많으니라

5 신실한 증인은 거짓말을 아니하여도 거짓 증인은 거짓말을 뱉느니라

6 거만한 자는 지혜를 구하여도 얻지 못하거니와 명철한 자는 지식 얻기가 쉬우니라

7 너는 미련한 자의 앞을 떠나라 그 입술에 지식 있음을 보지 못함이니라

8 슬기로운 자의 지혜는 자기의 길을 아는 것이라도 미련한 자의 어리석음은 속이는 것이니라

9 미련한 자는 죄를 심상히 여겨도 정직한 자 중에는 은혜가 있느니라

10 마음의 고통은 자기가 알고 마음의 즐거움은 타인이 참여하지 못하느니라

11 악한 자의 집은 망하겠고 정직한 자의 장막은 흥하리라

12 어떤 길은 사람이 보기에 바르나 필경은 사망의 길이니라

13 웃을 때에도 마음에 슬픔이 있고 즐거

움의 끝에도 근심이 있느니라

14 마음이 굽은 자는 자기 행위로 보응이 가득하겠고 선한 사람도 자기의 행위로 그러하리라

15 어리석은 자는 온갖 말을 믿으나 슬기로운 자는 자기의 행동을 삼가느니라

16 지혜로운 자는 두려워하여 악을 떠나나 어리석은 자는 방자하여 스스로 믿느니라

17 노하기를 속히 하는 자는 어리석은 일을 행하고 악한 계교를 꾀하는 자는 미움을 받느니라

18 어리석은 자는 어리석음으로 기업을 삼아도 슬기로운 자는 지식으로 면류관을 삼느니라

19 악인은 선인 앞에 엎드리고 불의한 자는 의인의 문에 엎드리느니라

20 가난한 자는 이웃에게도 미움을 받게

되나 부요한 자는 친구가 많으니라

21 이웃을 업신여기는 자는 죄를 범하는 자요 빈곤한 자를 불쌍히 여기는 자는 복이 있는 자니라

22 악을 도모하는 자는 잘못 가는 것이 아니냐 선을 도모하는 자에게는 인자와 진리가 있으리라

23 모든 수고에는 이익이 있어도 입술의 말은 궁핍을 이룰 뿐이니라

24 지혜로운 자의 재물은 그의 면류관이요 미련한 자의 소유는 다만 미련한 것이니라

25 진실한 증인은 사람의 생명을 구원하여도 거짓말을 뱉는 사람은 속이느니라

26 여호와를 경외하는 자에게는 견고한 의뢰가 있나니 그 자녀들에게 피난처가 있으리라

27 여호와를 경외하는 것은 생명의 샘이니

사망의 그물에서 벗어나게 하느니라

28 백성이 많은 것은 왕의 영광이요 백성이 적은 것은 주권자의 패망이니라

29 노하기를 더디 하는 자는 크게 명철하여도 마음이 조급한 자는 어리석음을 나타내느니라

30 평온한 마음은 육신의 생명이나 시기는 뼈를 썩게 하느니라

31 가난한 사람을 학대하는 자는 그를 지으신 이를 멸시하는 자요 궁핍한 사람을 불쌍히 여기는 자는 주를 공경하는 자니라

32 악인은 그의 환난에 엎드러져도 의인은 그의 죽음에도 소망이 있느니라

33 지혜는 명철한 자의 마음에 머물거니와 미련한 자의 속에 있는 것은 나타나느니라

34 공의는 나라를 영화롭게 하고 죄는 백성을 욕되게 하느니라

35 슬기롭게 행하는 신하는 왕에게 은총을 입고 욕을 끼치는 신하는 그의 진노를 당하느니라

15 유순한 대답은 분노를 쉬게 하여도 과격한 말은 노를 격동하느니라

2 지혜 있는 자의 혀는 지식을 선히 베풀고 미련한 자의 입은 미련한 것을 쏟느니라

3 여호와의 눈은 어디서든지 악인과 선인을 감찰하시느니라

4 온순한 혀는 곧 생명 나무이지만 패역한 혀는 마음을 상하게 하느니라

5 아비의 훈계를 업신여기는 자는 미련한 자요 경계를 받는 자는 슬기를 얻을 자니라

6 의인의 집에는 많은 보물이 있어도 악인의 소득은 고통이 되느니라

7 지혜로운 자의 입술은 지식을 전파하 여도 미련한 자의 마음은 정함이 없느 니라

8 악인의 제사는 여호와께서 미워하셔도 정직한 자의 기도는 그가 기뻐하시느 니라

9 악인의 길은 여호와께서 미워하셔도 공의를 따라가는 자는 그가 사랑하시느 니라

10 도를 배반하는 자는 엄한 징계를 받을 것이요 견책을 싫어하는 자는 죽을 것 이니라

11 스올과 아바돈도 여호와의 앞에 드러나 거든 하물며 사람의 마음이리요

12 거만한 자는 견책 받기를 좋아하지 아 니하며 지혜 있는 자에게로 가지도 아 니하느니라

13 마음의 즐거움은 얼굴을 빛나게 하여도 마음의 근심은 심령을 상하게 하느니라

14 명철한 자의 마음은 지식을 요구하고 미련한 자의 입은 미련한 것을 즐기느 니라

15 고난 받는 자는 그 날이 다 험악하나 마음이 즐거운 자는 항상 잔치하느니라

16 가산이 적어도 여호와를 경외하는 것이 크게 부하고 번뇌하는 것보다 나으니라

17 채소를 먹으며 서로 사랑하는 것이 살 진 소를 먹으며 서로 미워하는 것보다 나으니라

18 분을 쉽게 내는 자는 다툼을 일으켜도 노하기를 더디 하는 자는 시비를 그치 게 하느니라

19 게으른 자의 길은 가시 울타리 같으나 정직한 자의 길은 대로니라

20 지혜로운 아들은 아비를 즐겁게 하여도 미련한 자는 어미를 업신여기느니라

21 무지한 자는 미련한 것을 즐겨 하여도

명철한 자는 그 길을 바르게 하느니라

22 의논이 없으면 경영이 무너지고 지략이

많으면 경영이 성립하느니라

23 사람은 그 입의 대답으로 말미암아 기

쁨을 얻나니 때에 맞는 말이 얼마나 아

름다운고

24 지혜로운 자는 위로 향한 생명 길로 말

미암음으로 그 아래에 있는 스올을 떠

나게 되느니라

25 여호와는 교만한 자의 집을 허시며 과

부의 지계를 정하시느니라

26 악한 꾀는 여호와께서 미워하시나 선한

말은 정결하니라

27 이익을 탐하는 자는 자기 집을 해롭게

하나 뇌물을 싫어하는 자는 살게 되느

니라

28 의인의 마음은 대답할 말을 깊이 생각

하여도 악인의 입은 악을 쏟느니라

29 여호와는 악인을 멀리 하시고 의인의

기도를 들으시느니라

30 눈이 밝은 것은 마음을 기쁘게 하고 좋

은 기별은 뼈를 윤택하게 하느니라

31 생명의 경계를 듣는 귀는 지혜로운 자

가운데에 있느니라

32 훈계 받기를 싫어하는 자는 자기의 영

혼을 경히 여김이라 견책을 달게 받는

자는 지식을 얻느니라

33 여호와를 경외하는 것은 지혜의 훈계라

겸손은 존귀의 길잡이니라

16 마음의 경영은 사람에게 있어도 말의

응답은 여호와께로부터 나오느니라

2 사람의 행위가 자기 보기에는 모두 깨

끗하여도 여호와는 심령을 감찰하시느

니라

3 너의 행사를 여호와께 맡기라 그리하면

네가 경영하는 것이 이루어지리라

4 여호와께서 온갖 것을 그 쓰임에 적당하게 지으셨나니 악인도 악한 날에 적당하게 하셨느니라

5 무릇 마음이 교만한 자를 여호와께서 미워하시나니 피차 손을 잡을지라도 벌을 면하지 못하리라

6 인자와 진리로 인하여 죄악이 속하게 되고 여호와를 경외함으로 말미암아 악에서 떠나게 되느니라

7 사람의 행위가 여호와를 기쁘시게 하면 그 사람의 원수라도 그와 더불어 화목하게 하시느니라

8 적은 소득이 공의를 겸하면 많은 소득이 불의를 겸한 것보다 나으니라

9 사람이 마음으로 자기의 길을 계획할지라도 그의 걸음을 인도하시는 이는 여호와시니라

10 하나님의 말씀이 왕의 입술에 있은즉 재판할 때에 그의 입이 그르치지 아니하리라

11 공평한 저울과 접시 저울은 여호와의 것이요 주머니 속의 저울추도 다 그가 지으신 것이니라

12 악을 행하는 것은 왕들이 미워할 바니 이는 그 보좌가 공의로 말미암아 굳게 섬이니라

13 의로운 입술은 왕들이 기뻐하는 것이요 정직하게 말하는 자는 그들의 사랑을 입느니라

14 왕의 진노는 죽음의 사자들과 같아도 지혜로운 사람은 그것을 쉬게 하리라

15 왕의 희색은 생명을 뜻하나니 그의 은택이 늦은 비를 내리는 구름과 같으니라

16 지혜를 얻는 것이 금을 얻는 것보다 얼마나 나은고 명철을 얻는 것이 은을 얻

293

는 것보다 더욱 나으니라

17 악을 떠나는 것은 정직한 사람의 대로

이니 자기의 길을 지키는 자는 자기의

영혼을 보전하느니라

18 교만은 패망의 선봉이요 거만한 마음은

넘어짐의 앞잡이니라

19 겸손한 자와 함께 하여 마음을 낮추는

것이 교만한 자와 함께 하여 탈취물을

나누는 것보다 나으니라

20 삼가 말씀에 주의하는 자는 좋은 것을

얻나니 여호와를 의지하는 자는 복이

있느니라

21 마음이 지혜로운 자는 명철하다 일컬

음을 받고 입이 선한 자는 남의 학식을

더하게 하느니라

22 명철한 자에게는 그 명철이 생명의 샘

이 되거니와 미련한 자에게는 그 미련

한 것이 징계가 되느니라

23 지혜로운 자의 마음은 그의 입을 슬기

롭게 하고 또 그의 입술에 지식을 더하

느니라

24 선한 말은 꿀송이 같아서 마음에 달고

뼈에 양약이 되느니라

25 어떤 길은 사람이 보기에 바르나 필경

은 사망의 길이니라

26 고되게 일하는 자는 식욕으로 말미암아

애쓰나니 이는 그의 입이 자기를 독촉

함이니라

27 불량한 자는 악을 꾀하나니 그 입술에

는 맹렬한 불 같은 것이 있느니라

28 패역한 자는 다툼을 일으키고 말쟁이는

친한 벗을 이간하느니라

29 강포한 사람은 그 이웃을 꾀어 좋지 아

니한 길로 인도하느니라

30 눈짓을 하는 자는 패역한 일을 도모하

며 입술을 닫는 자는 악한 일을 이루느

니라

31 백발은 영화의 면류관이라 공의로운 길에서 얻으리라

32 노하기를 더디하는 자는 용사보다 낫고 자기의 마음을 다스리는 자는 성을 빼앗는 자보다 나으니라

33 제비는 사람이 뽑으나 모든 일을 작정하기는 여호와께 있느니라

17 마른 떡 한 조각만 있고도 화목하는 것이 제육이 집에 가득하고도 다투는 것보다 나으니라

2 슬기로운 종은 부끄러운 짓을 하는 주인의 아들을 다스리겠고 또 형제들 중에서 유업을 나누어 얻으리라

3 도가니는 은을, 풀무는 금을 연단하거니와 여호와는 마음을 연단하시느니라

4 악을 행하는 자는 사악한 입술이 하는 말을 잘 듣고 거짓말을 하는 자는 악한

혀가 하는 말에 귀를 기울이느니라

5 가난한 자를 조롱하는 자는 그를 지으신 주를 멸시하는 자요 사람의 재앙을 기뻐하는 자는 형벌을 면하지 못할 자니라

6 손자는 노인의 면류관이요 아비는 자식의 영화니라

7 지나친 말을 하는 것도 미련한 자에게 합당하지 아니하거든 하물며 거짓말을 하는 것이 존귀한 자에게 합당하겠느냐

8 뇌물은 그 임자가 보기에 보석 같은즉 그가 어디로 향하든지 형통하게 하느니라

9 허물을 덮어 주는 자는 사랑을 구하는 자요 그것을 거듭 말하는 자는 친한 벗을 이간하는 자니라

10 한 마디 말로 총명한 자에게 충고하는 것이 매 백 대로 미련한 자를 때리는

것보다 더욱 깊이 박히느니라

11 악한 자는 반역만 힘쓰나니 그러므로

그에게 잔인한 사자가 보냄을 받으리라

12 차라리 새끼 빼앗긴 암곰을 만날지언정

미련한 일을 행하는 미련한 자를 만나

지 말 것이니라

13 누구든지 악으로 선을 갚으면 악이 그

집을 떠나지 아니하리라

14 다투는 시작은 둑에서 물이 새는 것 같

은즉 싸움이 일어나기 전에 시비를 그

칠 것이니라

15 악인을 의롭다 하고 의인을 악하다 하

는 이 두 사람은 다 여호와께 미움을

받느니라

16 미련한 자는 무지하거늘 손에 값을 가

지고 지혜를 사려 함은 어찜인고

17 친구는 사랑이 끊어지지 아니하고 형제

는 위급한 때를 위하여 났느니라

18 지혜 없는 자는 남의 손을 잡고 그의

이웃 앞에서 보증이 되느니라

19 다툼을 좋아하는 자는 죄과를 좋아하는

자요 자기 문을 높이는 자는 파괴를 구

하는 자니라

20 마음이 굽은 자는 복을 얻지 못하고 혀

가 패역한 자는 재앙에 빠지느니라

21 미련한 자를 낳는 자는 근심을 당하나

니 미련한 자의 아비는 낙이 없느니라

22 마음의 즐거움은 양약이라도 심령의 근

심은 뼈를 마르게 하느니라

23 악인은 사람의 품에서 뇌물을 받고 재

판을 굽게 하느니라

24 지혜는 명철한 자 앞에 있거늘 미련한

자는 눈을 땅 끝에 두느니라

25 미련한 아들은 그 아비의 근심이 되고

그 어미의 고통이 되느니라

26 의인을 벌하는 것과 귀인을 정직하다고

때리는 것은 선하지 못하니라

27 말을 아끼는 자는 지식이 있고 성품이

냉철한 자는 명철하니라

28 미련한 자라도 잠잠하면 지혜로운 자로

여겨지고 그의 입술을 닫으면 슬기로운

자로 여겨지느니라

18 무리에게서 스스로 갈라지는 자는 자기

소욕을 따르는 자라 온갖 참 지혜를 배

척하느니라

2 미련한 자는 명철을 기뻐하지 아니하

고 자기의 의사를 드러내기만 기뻐하느

니라

3 악한 자가 이를 때에는 멸시도 따라오

고 부끄러운 것이 이를 때에는 능욕도

함께 오느니라

4 명철한 사람의 입의 말은 깊은 물과 같

고 지혜의 샘은 솟구쳐 흐르는 내와 같

으니라

5 악인을 두둔하는 것과 재판할 때에 의

인을 억울하게 하는 것이 선하지 아니

하니라

6 미련한 자의 입술은 다툼을 일으키고

그의 입은 매를 자청하느니라

7 미련한 자의 입은 그의 멸망이 되고 그

의 입술은 그의 영혼의 그물이 되느니라

8 남의 말하기를 좋아하는 자의 말은 별

식과 같아서 뱃속 깊은 데로 내려가느

니라

9 자기의 일을 게을리하는 자는 패가하는

자의 형제니라

10 여호와의 이름은 견고한 망대라 의인은

그리로 달려가서 안전함을 얻느니라

11 부자의 재물은 그의 견고한 성이라 그

가 높은 성벽 같이 여기느니라

12 사람의 마음의 교만은 멸망의 선봉이요

겸손은 존귀의 길잡이니라

13 사연을 듣기 전에 대답하는 자는 미련하여 욕을 당하느니라

14 사람의 심령은 그의 병을 능히 이기려니와 심령이 상하면 그것을 누가 일으키겠느냐

15 명철한 자의 마음은 지식을 얻고 지혜로운 자의 귀는 지식을 구하느니라

16 사람의 선물은 그의 길을 넓게 하며 또 존귀한 자 앞으로 그를 인도하느니라

17 송사에서는 먼저 온 사람의 말이 바른 것 같으나 그의 상대자가 와서 밝히느니라

18 제비 뽑는 것은 다툼을 그치게 하여 강한 자 사이에 해결하게 하느니라

19 노엽게 한 형제와 화목하기가 견고한 성을 취하기보다 어려운즉 이러한 다툼은 산성 문빗장 같으니라

20 사람은 입에서 나오는 열매로 말미암아 배부르게 되나니 곧 그의 입술에서 나는 것으로 말미암아 만족하게 되느니라

21 죽고 사는 것이 혀의 힘에 달렸나니 혀를 쓰기 좋아하는 자는 혀의 열매를 먹으리라

22 아내를 얻는 자는 복을 얻고 여호와께 은총을 받는 자니라

23 가난한 자는 간절한 말로 구하여도 부자는 엄한 말로 대답하느니라

24 많은 친구를 얻는 자는 해를 당하게 되거니와 어떤 친구는 형제보다 친밀하니라

19 가난하여도 성실하게 행하는 자는 입술이 패역하고 미련한 자보다 나으니라

2 지식 없는 소원은 선하지 못하고 발이 급한 사람은 잘못 가느니라

3 사람이 미련하므로 자기 길을 굽게 하고 마음으로 여호와를 원망하느니라

4 재물은 많은 친구를 더하게 하나 가난 한즉 친구가 끊어지느니라

5 거짓 증인은 벌을 면하지 못할 것이요 거짓말을 하는 자도 피하지 못하리라

6 너그러운 사람에게는 은혜를 구하는 자 가 많고 선물 주기를 좋아하는 자에게 는 사람마다 친구가 되느니라

7 가난한 자는 그의 형제들에게도 미움을 받거든 하물며 친구야 그를 멀리 하지 아니하겠느냐 따라가며 말하려 할지라 도 그들이 없어졌으리라

8 지혜를 얻는 자는 자기 영혼을 사랑하 고 명철을 지키는 자는 복을 얻느니라

9 거짓 증인은 벌을 면하지 못할 것이요 거짓말을 뱉는 자는 망할 것이니라

10 미련한 자가 사치하는 것이 적당하지 못 하거든 하물며 종이 방백을 다스림이랴

11 노하기를 더디 하는 것이 사람의 슬기 요 허물을 용서하는 것이 자기의 영광 이니라

12 왕의 노함은 사자의 부르짖음 같고 그 의 은택은 풀 위의 이슬 같으니라

13 미련한 아들은 그의 아비의 재앙이요 다투는 아내는 이어 떨어지는 물방울이 니라

14 집과 재물은 조상에게서 상속하거니와 슬기로운 아내는 여호와께로서 말미암 느니라

15 게으름이 사람으로 깊이 잠들게 하나니 태만한 사람은 주릴 것이니라

16 계명을 지키는 자는 자기의 영혼을 지 키거니와 자기의 행실을 삼가지 아니하 는 자는 죽으리라

17 가난한 자를 불쌍히 여기는 것은 여호 와께 꾸어 드리는 것이니 그의 선행을 그에게 갚아 주시리라

18 네가 네 아들에게 희망이 있은즉 그를 징계하되 죽일 마음은 두지 말지니라

19 노하기를 맹렬히 하는 자는 벌을 받을 것이라 네가 그를 건져 주면 다시 그런 일이 생기리라

20 너는 권고를 들으며 훈계를 받으라 그리하면 네가 필경은 지혜롭게 되리라

21 사람의 마음에는 많은 계획이 있어도 오직 여호와의 뜻만이 완전히 서리라

22 사람은 자기의 인자함으로 남에게 사모함을 받느니라 가난한 자는 거짓말하는 자보다 나으니라

23 여호와를 경외하는 것은 사람으로 생명에 이르게 하는 것이라 경외하는 자는 족하게 지내고 재앙을 당하지 아니하느니라

24 게으른 자는 자기의 손을 그릇에 넣고서도 입으로 올리기를 괴로워하느니라

25 거만한 자를 때리라 그리하면 어리석은 자도 지혜를 얻으리라 명철한 자를 견책하라 그리하면 그가 지식을 얻으리라

26 아비를 구박하고 어미를 쫓아내는 자는 부끄러움을 끼치며 능욕을 부르는 자식이니라

27 내 아들아 지식의 말씀에서 떠나게 하는 교훈을 듣지 말지니라

28 망령된 증인은 정의를 업신여기고 악인의 입은 죄악을 삼키느니라

29 심판은 거만한 자를 위하여 예비된 것이요 채찍은 어리석은 자의 등을 위하여 예비된 것이니라

20 포도주는 거만하게 하는 것이요 독주는 떠들게 하는 것이라 이에 미혹되는 자마다 지혜가 없느니라

2 왕의 진노는 사자의 부르짖음 같으니 그를 노하게 하는 것은 자기의 생명을

해하는 것이니라

3 다툼을 멀리 하는 것이 사람에게 영광

이거늘 미련한 자마다 다툼을 일으키느

니라

4 게으른 자는 가을에 밭 갈지 아니하나

니 그러므로 거둘 때에는 구걸할지라도

얻지 못하리라

5 사람의 마음에 있는 모략은 깊은 물 같

으니라 그럴지라도 명철한 사람은 그것

을 길어 내느니라

6 많은 사람이 각기 자기의 인자함을 자

랑하나니 충성된 자를 누가 만날 수 있

으랴

7 온전하게 행하는 자가 의인이라 그의

후손에게 복이 있느니라

8 심판 자리에 앉은 왕은 그의 눈으로 모

든 악을 흩어지게 하느니라

9 내가 내 마음을 정하게 하였다 내 죄를

깨끗하게 하였다 할 자가 누구냐

10 한결같지 않은 저울 추와 한결같지 않

은 되는 다 여호와께서 미워하시느니라

11 비록 아이라도 자기의 동작으로 자기

품행이 청결한 여부와 정직한 여부를

나타내느니라

12 듣는 귀와 보는 눈은 다 여호와께서 지

으신 것이니라

13 너는 잠자기를 좋아하지 말라 네가 빈

궁하게 될까 두려우니라 네 눈을 뜨라

그리하면 양식이 족하리라

14 물건을 사는 자가 좋지 못하다 좋지 못

하다 하다가 돌아간 후에는 자랑하느

니라

15 세상에 금도 있고 진주도 많거니와 지

혜로운 입술이 더욱 귀한 보배니라

16 타인을 위하여 보증 선 자의 옷을 취하

라 외인들을 위하여 보증 선 자는 그의

몸을 볼모 잡을지니라

17 속이고 취한 음식물은 사람에게 맛이 좋은 듯하나 후에는 그의 입에 모래가 가득하게 되리라

18 경영은 의논함으로 성취하나니 지략을 베풀고 전쟁할지니라

19 두루 다니며 한담하는 자는 남의 비밀을 누설하나니 입술을 벌린 자를 사귀지 말지니라

20 자기의 아비나 어미를 저주하는 자는 그의 등불이 흑암 중에 꺼짐을 당하리라

21 처음에 속히 잡은 산업은 마침내 복이 되지 아니하느니라

22 너는 악을 갚겠다 말하지 말고 여호와를 기다리라 그가 너를 구원하시리라

23 한결같지 않은 저울 추는 여호와께서 미워하시는 것이요 속이는 저울은 좋지 못한 것이니라

24 사람의 걸음은 여호와로 말미암나니 사람이 어찌 자기의 길을 알 수 있으랴

25 함부로 이 물건은 거룩하다 하여 서원하고 그 후에 살피면 그것이 그 사람에게 덫이 되느니라

26 지혜로운 왕은 악인들을 키질하며 타작하는 바퀴를 그들 위에 굴리느니라

27 사람의 영혼은 여호와의 등불이라 사람의 깊은 속을 살피느니라

28 왕은 인자와 진리로 스스로 보호하고 그의 왕위도 인자함으로 말미암아 견고하니라

29 젊은 자의 영화는 그의 힘이요 늙은 자의 아름다움은 백발이니라

30 상하게 때리는 것이 악을 없이하나니 매는 사람 속에 깊이 들어가느니라

21 왕의 마음이 여호와의 손에 있음이 마치 봇물과 같아서 그가 임의로 인도하

시느니라

2 사람의 행위가 자기 보기에는 모두 정

직하여도 여호와는 마음을 감찰하시느

니라

3 공의와 정의를 행하는 것은 제사 드리

는 것보다 여호와께서 기쁘게 여기시느

니라

4 눈이 높은 것과 마음이 교만한 것과 악

인이 형통한 것은 다 죄니라

5 부지런한 자의 경영은 풍부함에 이를

것이나 조급한 자는 궁핍함에 이를 따

름이니라

6 속이는 말로 재물을 모으는 것은 죽음

을 구하는 것이라 곧 불려다니는 안개

니라

7 악인의 강포는 자기를 소멸하나니 이는

정의를 행하기 싫어함이니라

8 죄를 크게 범한 자의 길은 심히 구부러

지고 깨끗한 자의 길은 곧으니라

9 다투는 여인과 함께 큰 집에서 사는 것

보다 움막에서 사는 것이 나으니라

10 악인의 마음은 남의 재앙을 원하나니

그 이웃도 그 앞에서 은혜를 입지 못하

느니라

11 거만한 자가 벌을 받으면 어리석은 자

도 지혜를 얻겠고 지혜로운 자가 교훈

을 받으면 지식이 더하리라

12 의로우신 자는 악인의 집을 감찰하시고

악인을 환난에 던지시느니라

13 귀를 막고 가난한 자가 부르짖는 소리

를 듣지 아니하면 자기가 부르짖을 때

에도 들을 자가 없으리라

14 은밀한 선물은 노를 쉽게 하고 품 안의

뇌물은 맹렬한 분을 그치게 하느니라

15 정의를 행하는 것이 의인에게는 즐거움

이요 죄인에게는 패망이니라

303

16 명철의 길을 떠난 사람은 사망의 회중에 거하리라

17 연락을 좋아하는 자는 가난하게 되고 술과 기름을 좋아하는 자는 부하게 되지 못하느니라

18 악인은 의인의 속전이 되고 사악한 자는 정직한 자의 대신이 되느니라

19 다투며 성내는 여인과 함께 사는 것보다 광야에서 사는 것이 나으니라

20 지혜 있는 자의 집에는 귀한 보배와 기름이 있으나 미련한 자는 이것을 다 삼켜 버리느니라

21 공의와 인자를 따라 구하는 자는 생명과 공의와 영광을 얻느니라

22 지혜로운 자는 용사의 성에 올라가서 그 성이 의지하는 방벽을 허느니라

23 입과 혀를 지키는 자는 자기의 영혼을 환난에서 보전하느니라

24 무례하고 교만한 자를 이름하여 망령된 자라 하나니 이는 넘치는 교만으로 행함이니라

25 게으른 자의 욕망이 자기를 죽이나니 이는 자기의 손으로 일하기를 싫어함이니라

26 어떤 자는 종일토록 탐하기만 하나 의인은 아끼지 아니하고 베푸느니라

27 악인의 제물은 본래 가증하거든 하물며 악한 뜻으로 드리는 것이랴

28 거짓 증인은 패망하려니와 확실히 들은 사람의 말은 힘이 있느니라

29 악인은 자기의 얼굴을 굳게 하나 정직한 자는 자기의 행위를 삼가느니라

30 지혜로도 못하고, 명철로도 못하고 모략으로도 여호와를 당하지 못하느니라

31 싸울 날을 위하여 마병을 예비하거니와 이김은 여호와께 있느니라

22 많은 재물보다 명예를 택할 것이요 은

이나 금보다 은총을 더욱 택할 것이니라

2 가난한 자와 부한 자가 함께 살거니와

그 모두를 지으신 이는 여호와시니라

3 슬기로운 자는 재앙을 보면 숨어 피하

여도 어리석은 자는 나가다가 해를 받

느니라

4 겸손과 여호와를 경외함의 보상은 재물

과 영광과 생명이니라

5 패역한 자의 길에는 가시와 올무가 있

거니와 영혼을 지키는 자는 이를 멀리

하느니라

6 마땅히 행할 길을 아이에게 가르치라

그리하면 늙어도 그것을 떠나지 아니하

리라

7 부자는 가난한 자를 주관하고 빚진 자

는 채주의 종이 되느니라

8 악을 뿌리는 자는 재앙을 거두리니 그

분노의 기세가 쇠하리라

9 선한 눈을 가진 자는 복을 받으리니 이

는 양식을 가난한 자에게 줌이니라

10 거만한 자를 쫓아내면 다툼이 쉬고 싸

움과 수욕이 그치느니라

11 마음의 정결을 사모하는 자의 입술에는

덕이 있으므로 임금이 그의 친구가 되

느니라

12 여호와의 눈은 지식 있는 사람을 지키

시나 사악한 사람의 말은 패하게 하시

느니라

13 게으른 자는 말하기를 사자가 밖에 있

은즉 내가 나가면 거리에서 찢기겠다

하느니라

14 음녀의 입은 깊은 함정이라 여호와의

노를 당한 자는 거기 빠지리라

15 아이의 마음에는 미련한 것이 얽혔으나

징계하는 채찍이 이를 멀리 쫓아내리라

16 이익을 얻으려고 가난한 자를 학대하는 자와 부자에게 주는 자는 가난하여질 뿐이니라

17 너는 귀를 기울여 지혜 있는 자의 말씀을 들으며 내 지식에 마음을 둘지어다

18 이것을 네 속에 보존하며 네 입술 위에 함께 있게 함이 아름다우니라

19 내가 네게 여호와를 의뢰하게 하려 하여 이것을 오늘 특별히 네게 알게 하였노니

20 내가 모략과 지식의 아름다운 것을 너를 위해 기록하여

21 네가 진리의 확실한 말씀을 깨닫게 하며 또 너를 보내는 자에게 진리의 말씀으로 회답하게 하려 함이 아니냐

22 약한 자를 그가 약하다고 탈취하지 말며 곤고한 자를 성문에서 압제하지 말라

23 대저 여호와께서 신원하여 주시고 또 그를 노략하는 자의 생명을 빼앗으시리라

24 노를 품는 자와 사귀지 말며 울분한 자와 동행하지 말지니

25 그의 행위를 본받아 네 영혼을 올무에 빠뜨릴까 두려움이니라

26 너는 사람과 더불어 손을 잡지 말며 남의 빚에 보증을 서지 말라

27 만일 갚을 것이 네게 없으면 네 누운 침상도 빼앗길 것이라 네가 어찌 그리 하겠느냐

28 네 선조가 세운 옛 지계석을 옮기지 말지니라

29 네가 자기의 일에 능숙한 사람을 보았느냐 이러한 사람은 왕 앞에 설 것이요 천한 자 앞에 서지 아니하리라

23 네가 관원과 함께 앉아 음식을 먹게 되거든 삼가 네 앞에 있는 자가 누구인지를 생각하며

2 네가 만일 음식을 탐하는 자이거든 네 목에 칼을 둘 것이니라

3 그의 맛있는 음식을 탐하지 말라 그것은 속이는 음식이니라

4 부자 되기에 애쓰지 말고 네 사사로운 지혜를 버릴지어다

5 네가 어찌 허무한 것에 주목하겠느냐 정녕히 재물은 스스로 날개를 내어 하늘을 나는 독수리처럼 날아가리라

6 악한 눈이 있는 자의 음식을 먹지 말며 그의 맛있는 음식을 탐하지 말지어다

7 대저 그 마음의 생각이 어떠하면 그 위인도 그러한즉 그가 네게 먹고 마시라 할지라도 그의 마음은 너와 함께 하지 아니함이라

8 네가 조금 먹은 것도 토하겠고 네 아름다운 말도 헛된 데로 돌아가리라

9 미련한 자의 귀에 말하지 말지니 이는 그가 네 지혜로운 말을 업신여길 것임이니라

10 옛 지계석을 옮기지 말며 고아들의 밭을 침범하지 말지어다

11 대저 그들의 구속자는 강하시니 그가 너를 대적하여 그들의 원한을 풀어 주시리라

12 훈계에 착심하며 지식의 말씀에 귀를 기울이라

13 아이를 훈계하지 아니하려고 하지 말라 채찍으로 그를 때릴지라도 그가 죽지 아니하리라

14 네가 그를 채찍으로 때리면 그의 영혼을 스올에서 구원하리라

15 내 아들아 만일 네 마음이 지혜로우면 나 곧 내 마음이 즐겁겠고

16 만일 네 입술이 정직을 말하면 내 속이 유쾌하리라

17 네 마음으로 죄인의 형통을 부러워하지

말고 항상 여호와를 경외하라

18 정녕히 네 장래가 있겠고 네 소망이 끊

어지지 아니하리라

19 내 아들아 너는 듣고 지혜를 얻어 네

마음을 바른 길로 인도할지니라

20 술을 즐겨 하는 자들과 고기를 탐하는

자들과도 더불어 사귀지 말라

21 술 취하고 음식을 탐하는 자는 가난하

여질 것이요 잠 자기를 즐겨 하는 자는

해어진 옷을 입을 것임이니라

22 너를 낳은 아비에게 청종하고 네 늙은

어미를 경히 여기지 말지니라

23 진리를 사되 팔지는 말며 지혜와 훈계

와 명철도 그리할지니라

24 의인의 아비는 크게 즐거울 것이요 지

혜로운 자식을 낳은 자는 그로 말미암

아 즐거울 것이니라

25 네 부모를 즐겁게 하며 너를 낳은 어미

를 기쁘게 하라

26 내 아들아 네 마음을 내게 주며 네 눈

으로 내 길을 즐거워할지어다

27 대저 음녀는 깊은 구덩이요 이방 여인

은 좁은 함정이라

28 참으로 그는 강도 같이 매복하며 사람

들 중에 사악한 자가 많아지게 하느니라

29 재앙이 뉘게 있느뇨 근심이 뉘게 있느

뇨 분쟁이 뉘게 있느뇨 원망이 뉘게 있

느뇨 까닭 없는 상처가 뉘게 있느뇨 붉

은 눈이 뉘게 있느뇨

30 술에 잠긴 자에게 있고 혼합한 술을 구

하러 다니는 자에게 있느니라

31 포도주는 붉고 잔에서 번쩍이며 순하

게 내려가나니 너는 그것을 보지도 말

지어다

32 그것이 마침내 뱀 같이 물 것이요 독사

같이 쏠 것이며

33 또 네 눈에는 괴이한 것이 보일 것이요
네 마음은 구부러진 말을 할 것이며

34 너는 바다 가운데에 누운 자 같을 것이
요 돛대 위에 누운 자 같을 것이며

35 네가 스스로 말하기를 사람이 나를 때
려도 나는 아프지 아니하고 나를 상하
게 하여도 내게 감각이 없도다 내가 언
제나 깰까 다시 술을 찾겠다 하리라

24 너는 악인의 형통함을 부러워하지 말
며 그와 함께 있으려고 하지도 말지어다

2 그들의 마음은 강포를 품고 그들의 입
술은 재앙을 말함이니라

3 집은 지혜로 말미암아 건축되고 명철로
말미암아 견고하게 되며

4 또 방들은 지식으로 말미암아 각종 귀
하고 아름다운 보배로 채우게 되느니라

5 지혜 있는 자는 강하고 지식 있는 자는

힘을 더하나니

6 너는 전략으로 싸우라 승리는 지략이
많음에 있느니라

7 지혜는 너무 높아서 미련한 자가 미치
지 못할 것이므로 그는 성문에서 입을
열지 못하느니라

8 악행하기를 꾀하는 자를 일컬어 사악한
자라 하느니라

9 미련한 자의 생각은 죄요 거만한 자는
사람에게 미움을 받느니라

10 네가 만일 환난 날에 낙담하면 네 힘이
미약함을 보임이니라

11 너는 사망으로 끌려가는 자를 건져 주
며 살륙을 당하게 된 자를 구원하지 아
니하려고 하지 말라

12 네가 말하기를 나는 그것을 알지 못하
였노라 할지라도 마음을 저울질 하시는
이가 어찌 통찰하지 못하시겠으며 네

영혼을 지키시는 이가 어찌 알지 못하시겠느냐 그가 각 사람의 행위대로 보응하시리라

13 내 아들아 꿀을 먹으라 이것이 좋으니라 송이꿀을 먹으라 이것이 네 입에 다니라

14 지혜가 네 영혼에게 이와 같은 줄을 알라 이것을 얻으면 정녕히 네 장래가 있겠고 네 소망이 끊어지지 아니하리라

15 악한 자여 의인의 집을 엿보지 말며 그가 쉬는 처소를 헐지 말지니라

16 대저 의인은 일곱 번 넘어질지라도 다시 일어나려니와 악인은 재앙으로 말미암아 엎드러지느니라

17 네 원수가 넘어질 때에 즐거워하지 말며 그가 엎드러질 때에 마음에 기뻐하지 말라

18 여호와께서 이것을 보시고 기뻐하지 아니하사 그의 진노를 그에게서 옮기실까 두려우니라

19 너는 행악자들로 말미암아 분을 품지 말며 악인의 형통함을 부러워하지 말라

20 대저 행악자는 장래가 없겠고 악인의 등불은 꺼지리라

21 내 아들아 여호와와 왕을 경외하고 반역자와 더불어 사귀지 말라

22 대저 그들의 재앙은 속히 임하리니 그 둘의 멸망을 누가 알랴

23 이것도 지혜로운 자들의 말씀이라 재판할 때에 낯을 보아 주는 것이 옳지 못하니라

24 악인에게 네가 옳다 하는 자는 백성에게 저주를 받을 것이요 국민에게 미움을 받으려니와

25 오직 그를 견책하는 자는 기쁨을 얻을 것이요 또 좋은 복을 받으리라

26 적당한 말로 대답함은 입맞춤과 같으니라

27 네 일을 밖에서 다스리며 너를 위하여 밭에서 준비하고 그 후에 네 집을 세울지니라

28 너는 까닭 없이 네 이웃을 쳐서 증인이 되지 말며 네 입술로 속이지 말지니라

29 너는 그가 내게 행함 같이 나도 그에게 행하여 그가 행한 대로 그 사람에게 갚겠다 말하지 말지니라

30 내가 게으른 자의 밭과 지혜 없는 자의 포도원을 지나며 본즉

31 가시덤불이 그 전부에 퍼졌으며 그 지면이 거친 풀로 덮였고 돌담이 무너져 있기로

32 내가 보고 생각이 깊었고 내가 보고 훈계를 받았노라

33 네가 좀더 자자, 좀더 졸자, 손을 모으고 좀더 누워 있자 하니

34 네 빈궁이 강도 같이 오며 네 곤핍이 군사 같이 이르리라

솔로몬의 잠언

25 이것도 솔로몬의 잠언이요 유다 왕 히스기야의 신하들이 편집한 것이니라

2 일을 숨기는 것은 하나님의 영화요 일을 살피는 것은 왕의 영화니라

3 하늘의 높음과 땅의 깊음 같이 왕의 마음은 헤아릴 수 없느니라

4 은에서 찌꺼기를 제하라 그리하면 장색의 쓸 만한 그릇이 나올 것이요

5 왕 앞에서 악한 자를 제하라 그리하면 그의 왕위가 의로 말미암아 견고히 서리라

6 왕 앞에서 스스로 높은 체하지 말며 대인들의 자리에 서지 말라

7 이는 사람이 네게 이리로 올라오라고

말하는 것이 네 눈에 보이는 귀인 앞에

서 저리로 내려가라고 말하는 것보다

나음이니라

8 너는 서둘러 나가서 다투지 말라 마침

내 네가 이웃에게서 욕을 보게 될 때에

네가 어찌할 줄을 알지 못할까 두려우

니라

9 너는 이웃과 다투거든 변론만 하고 남

의 은밀한 일은 누설하지 말라

10 듣는 자가 너를 꾸짖을 터이요 또 네게

대한 악평이 네게서 떠나지 아니할까

두려우니라

11 경우에 합당한 말은 아로새긴 은 쟁반

에 금 사과니라

12 슬기로운 자의 책망은 청종하는 귀에

금 고리와 정금 장식이니라

13 충성된 사자는 그를 보낸 이에게 마치

추수하는 날에 얼음 냉수 같아서 능히

그 주인의 마음을 시원하게 하느니라

14 선물한다고 거짓 자랑하는 자는 비 없

는 구름과 바람 같으니라

15 오래 참으면 관원도 설득할 수 있나니

부드러운 혀는 뼈를 꺾느니라

16 너는 꿀을 보거든 족하리만큼 먹으라

과식함으로 토할까 두려우니라

17 너는 이웃집에 자주 다니지 말라 그가

너를 싫어하며 미워할까 두려우니라

18 자기의 이웃을 쳐서 거짓 증거하는 사

람은 방망이요 칼이요 뾰족한 화살이

니라

19 환난 날에 진실하지 못한 자를 의뢰하

는 것은 부러진 이와 위골된 발 같으

니라

20 마음이 상한 자에게 노래하는 것은 추

운 날에 옷을 벗음 같고 소다 위에 식

초를 부음 같으니라

21 네 원수가 배고파하거든 음식을 먹이고

목말라하거든 물을 마시게 하라

22 그리 하는 것은 핀 숯을 그의 머리에

놓는 것과 일반이요 여호와께서 네게

갚아 주시리라

23 북풍이 비를 일으킴 같이 참소하는 혀

는 사람의 얼굴에 분을 일으키느니라

24 다투는 여인과 함께 큰 집에서 사는

것보다 움막에서 혼자 사는 것이 나으

니라

25 먼 땅에서 오는 좋은 기별은 목마른 사

람에게 냉수와 같으니라

26 의인이 악인 앞에 굴복하는 것은 우물

이 흐려짐과 샘이 더러워짐과 같으니라

27 꿀을 많이 먹는 것이 좋지 못하고 자기

의 영예를 구하는 것이 헛되니라

28 자기의 마음을 제어하지 아니하는 자는

성읍이 무너지고 성벽이 없는 것과 같

으니라

26 미련한 자에게는 영예가 적당하지 아

니하니 마치 여름에 눈 오는 것과 추수

때에 비 오는 것 같으니라

2 까닭 없는 저주는 참새가 떠도는 것과

제비가 날아가는 것 같이 이루어지지

아니하느니라

3 말에게는 채찍이요 나귀에게는 재갈이

요 미련한 자의 등에는 막대기니라

4 미련한 자의 어리석은 것을 따라 대답

하지 말라 두렵건대 너도 그와 같을까

하노라

5 미련한 자에게는 그의 어리석음을 따라

대답하라 두렵건대 그가 스스로 지혜롭

게 여길까 하노라

6 미련한 자 편에 기별하는 것은 자기의

발을 베어 버림과 해를 받음과 같으니라

7 저는 자의 다리는 힘 없이 달렸나니 미

련한 자의 입의 잠언도 그러하니라

8 미련한 자에게 영예를 주는 것은 돌을 물매에 매는 것과 같으니라

9 미련한 자의 입의 잠언은 술 취한 자가 손에 든 가시나무 같으니라

10 장인이 온갖 것을 만들지라도 미련한 자를 고용하는 것은 지나가는 행인을 고용함과 같으니라

11 개가 그 토한 것을 도로 먹는 것 같이 미련한 자는 그 미련한 것을 거듭 행하느니라

12 네가 스스로 지혜롭게 여기는 자를 보느냐 그보다 미련한 자에게 오히려 희망이 있느니라

13 게으른 자는 길에 사자가 있다 거리에 사자가 있다 하느니라

14 문짝이 돌쩌귀를 따라서 도는 것 같이 게으른 자는 침상에서 도느니라

15 게으른 자는 그 손을 그릇에 넣고도 입으로 올리기를 괴로워하느니라

16 게으른 자는 사리에 맞게 대답하는 사람 일곱보다 자기를 지혜롭게 여기느니라

17 길로 지나가다가 자기와 상관 없는 다툼을 간섭하는 자는 개의 귀를 잡는 자와 같으니라

18 횃불을 던지며 화살을 쏘아서 사람을 죽이는 미친 사람이 있나니

19 자기의 이웃을 속이고 말하기를 내가 희롱하였노라 하는 자도 그러하니라

20 나무가 다하면 불이 꺼지고 말쟁이가 없어지면 다툼이 쉬느니라

21 숯불 위에 숯을 더하는 것과 타는 불에 나무를 더하는 것 같이 다툼을 좋아하는 자는 시비를 일으키느니라

22 남의 말 하기를 좋아하는 자의 말은 별식과 같아서 뱃속 깊은 데로 내려가느

니라

23 온유한 입술에 악한 마음은 낮은 은을 입힌 토기니라

24 원수는 입술로는 꾸미고 속으로는 속임을 품나니

25 그 말이 좋을지라도 믿지 말 것은 그 마음에 일곱 가지 가증한 것이 있음이니라

26 속임으로 그 미움을 감출지라도 그의 악이 회중 앞에 드러나리라

27 함정을 파는 자는 그것에 빠질 것이요 돌을 굴리는 자는 도리어 그것에 치이리라

28 거짓말 하는 자는 자기가 해한 자를 미워하고 아첨하는 입은 패망을 일으키느니라

27 너는 내일 일을 자랑하지 말라 하루 동안에 무슨 일이 일어날는지 네가 알

수 없음이니라

2 타인이 너를 칭찬하게 하고 네 입으로는 하지 말며 외인이 너를 칭찬하게 하고 네 입술로는 하지 말지니라

3 돌은 무겁고 모래도 가볍지 아니하거니와 미련한 자의 분노는 이 둘보다 무거우니라

4 분은 잔인하고 노는 창수 같거니와 투기 앞에야 누가 서리요

5 면책은 숨은 사랑보다 나으니라

6 친구의 아픈 책망은 충직으로 말미암는 것이나 원수의 잦은 입맞춤은 거짓에서 난 것이니라

7 배부른 자는 꿀이라도 싫어하고 주린 자에게는 쓴 것이라도 다니라

8 고향을 떠나 유리하는 사람은 보금자리를 떠나 떠도는 새와 같으니라

9 기름과 향이 사람의 마음을 즐겁게 하

나니 친구의 충성된 권고가 이와 같이 아름다우니라

10 네 친구와 네 아비의 친구를 버리지 말며 네 환난 날에 형제의 집에 들어가지 말지어다 가까운 이웃이 먼 형제보다 나으니라

11 내 아들아 지혜를 얻고 내 마음을 기쁘게 하라 그리하면 나를 비방하는 자에게 내가 대답할 수 있으리라

12 슬기로운 자는 재앙을 보면 숨어 피하여도 어리석은 자들은 나가다가 해를 받느니라

13 타인을 위하여 보증 선 자의 옷을 취하라 외인들을 위하여 보증 선 자는 그의 몸을 볼모 잡을지니라

14 이른 아침에 큰 소리로 자기 이웃을 축복하면 도리어 저주 같이 여기게 되리라

15 다투는 여자는 비 오는 날에 이어 떨어지는 물방울이라

16 그를 제어하기가 바람을 제어하는 것 같고 오른손으로 기름을 움키는 것 같으니라

17 철이 철을 날카롭게 하는 것 같이 사람이 그의 친구의 얼굴을 빛나게 하느니라

18 무화과나무를 지키는 자는 그 과실을 먹고 자기 주인에게 시중드는 자는 영화를 얻느니라

19 물에 비치면 얼굴이 서로 같은 것 같이 사람의 마음도 서로 비치느니라

20 스올과 아바돈은 만족함이 없고 사람의 눈도 만족함이 없느니라

21 도가니로 은을, 풀무로 금을, 칭찬으로 사람을 단련하느니라

22 미련한 자를 곡물과 함께 절구에 넣고 공이로 찧을지라도 그의 미련은 벗겨지지 아니하느니라

23 네 양 떼의 형편을 부지런히 살피며 네

소 떼에게 마음을 두라

24 대저 재물은 영원히 있지 못하나니 면

류관이 어찌 대대에 있으랴

25 풀을 벤 후에는 새로 움이 돋나니 산에

서 꼴을 거둘 것이니라

26 어린 양의 털은 네 옷이 되며 염소는

밭을 사는 값이 되며

27 염소의 젖은 넉넉하여 너와 네 집의 음식

이 되며 네 여종의 먹을 것이 되느니라

28 악인은 쫓아오는 자가 없어도 도망하

나 의인은 사자 같이 담대하니라

2 나라는 죄가 있으면 주관자가 많아져도

명철과 지식 있는 사람으로 말미암아

장구하게 되느니라

3 가난한 자를 학대하는 가난한 자는 곡

식을 남기지 아니하는 폭우 같으니라

4 율법을 버린 자는 악인을 칭찬하나 율

법을 지키는 자는 악인을 대적하느니라

5 악인은 정의를 깨닫지 못하나 여호와를

찾는 자는 모든 것을 깨닫느니라

6 가난하여도 성실하게 행하는 자는 부유

하면서 굽게 행하는 자보다 나으니라

7 율법을 지키는 자는 지혜로운 아들이요

음식을 탐하는 자와 사귀는 자는 아비

를 욕되게 하는 자니라

8 중한 변리로 자기 재산을 늘리는 것은

가난한 사람을 불쌍히 여기는 자를 위

해 그 재산을 저축하는 것이니라

9 사람이 귀를 돌려 율법을 듣지 아니하

면 그의 기도도 가증하니라

10 정직한 자를 악한 길로 유인하는 자는

스스로 자기 함정에 빠져도 성실한 자

는 복을 받느니라

11 부자는 자기를 지혜롭게 여기나 가난해

도 명철한 자는 자기를 살펴 아느니라

12 의인이 득의하면 큰 영화가 있고 악인

이 일어나면 사람이 숨느니라

13 자기의 죄를 숨기는 자는 형통하지 못

하나 죄를 자복하고 버리는 자는 불쌍

히 여김을 받으리라

14 항상 경외하는 자는 복되거니와 마음을

완악하게 하는 자는 재앙에 빠지리라

15 가난한 백성을 압제하는 악한 관원은

부르짖는 사자와 주린 곰 같으니라

16 무지한 치리자는 포학을 크게 행하거니

와 탐욕을 미워하는 자는 장수하리라

17 사람의 피를 흘린 자는 함정으로 달려

갈 것이니 그를 막지 말지니라

18 성실하게 행하는 자는 구원을 받을 것

이나 굽은 길로 행하는 자는 곧 넘어지

리라

19 자기의 토지를 경작하는 자는 먹을 것

이 많으려니와 방탕을 따르는 자는 궁

핍함이 많으리라

20 충성된 자는 복이 많아도 속히 부하고

자 하는 자는 형벌을 면하지 못하리라

21 사람의 낯을 보아 주는 것이 좋지 못하

고 한 조각 떡으로 말미암아 사람이 범

법하는 것도 그러하니라

22 악한 눈이 있는 자는 재물을 얻기에만

급하고 빈궁이 자기에게로 임할 줄은

알지 못하느니라

23 사람을 경책하는 자는 혀로 아첨하는

자보다 나중에 더욱 사랑을 받느니라

24 부모의 물건을 도둑질하고서도 죄가 아

니라 하는 자는 멸망 받게 하는 자의

동류니라

25 욕심이 많은 자는 다툼을 일으키나 여호

와를 의지하는 자는 풍족하게 되느니라

26 자기의 마음을 믿는 자는 미련한 자요

지혜롭게 행하는 자는 구원을 얻을 자

니라

27 가난한 자를 구제하는 자는 궁핍하지 아니하려니와 못 본 체하는 자에게는 저주가 크리라

28 악인이 일어나면 사람이 숨고 그가 멸망하면 의인이 많아지느니라

29 자주 책망을 받으면서도 목이 곧은 사람은 갑자기 패망을 당하고 피하지 못하리라

2 의인이 많아지면 백성이 즐거워하고 악인이 권세를 잡으면 백성이 탄식하느니라

3 지혜를 사모하는 자는 아비를 즐겁게 하여도 창기와 사귀는 자는 재물을 잃느니라

4 왕은 정의로 나라를 견고하게 하나 뇌물을 억지로 내게 하는 자는 나라를 멸망시키느니라

5 이웃에게 아첨하는 것은 그의 발 앞에 그물을 치는 것이니라

6 악인이 범죄하는 것은 스스로 올무가 되게 하는 것이나 의인은 노래하고 기뻐하느니라

7 의인은 가난한 자의 사정을 알아 주나 악인은 알아 줄 지식이 없느니라

8 거만한 자는 성읍을 요란하게 하여도 슬기로운 자는 노를 그치게 하느니라

9 지혜로운 자와 미련한 자가 다투면 지혜로운 자가 노하든지 웃든지 그 다툼은 그침이 없느니라

10 피 흘리기를 좋아하는 자는 온전한 자를 미워하고 정직한 자의 생명을 찾느니라

11 어리석은 자는 자기의 노를 다 드러내어도 지혜로운 자는 그것을 억제하느니라

12 관원이 거짓말을 들으면 그의 하인들은 다 악하게 되느니라

13 가난한 자와 포학한 자가 섞여 살거니와 여호와께서는 그 모두의 눈에 빛을 주시느니라

14 왕이 가난한 자를 성실히 신원하면 그의 왕위가 영원히 견고하리라

15 채찍과 꾸지람이 지혜를 주거늘 임의로 행하게 버려 둔 자식은 어미를 욕되게 하느니라

16 악인이 많아지면 죄도 많아지나니 의인은 그들의 망함을 보리라

17 네 자식을 징계하라 그리하면 그가 너를 평안하게 하겠고 또 네 마음에 기쁨을 주리라

18 묵시가 없으면 백성이 방자히 행하거니와 율법을 지키는 자는 복이 있느니라

19 종은 말로만 하면 고치지 아니하나니

이는 그가 알고도 따르지 아니함이니라

20 네가 말이 조급한 사람을 보느냐 그보다 미련한 자에게 오히려 희망이 있느니라

21 종을 어렸을 때부터 곱게 양육하면 그가 나중에는 자식인 체하리라

22 노하는 자는 다툼을 일으키고 성내는 자는 범죄함이 많으니라

23 사람이 교만하면 낮아지게 되겠고 마음이 겸손하면 영예를 얻으리라

24 도둑과 짝하는 자는 자기의 영혼을 미워하는 자라 그는 저주를 들어도 진술하지 아니하느니라

25 사람을 두려워하면 올무에 걸리게 되거니와 여호와를 의지하는 자는 안전하리라

26 주권자에게 은혜를 구하는 자가 많으나 사람의 일의 작정은 여호와께로 말미암

느니라

27 불의한 자는 의인에게 미움을 받고 바

르게 행하는 자는 악인에게 미움을 받

느니라

아굴의 잠언

30 이 말씀은 야게의 아들 아굴의 잠언이

니 그가 이디엘 곧 이디엘과 우갈에게

이른 것이니라

2 나는 다른 사람에게 비하면 짐승이라

내게는 사람의 총명이 있지 아니하니라

3 나는 지혜를 배우지 못하였고 또 거룩

하신 자를 아는 지식이 없거니와

4 하늘에 올라갔다가 내려온 자가 누구인

지, 바람을 그 장중에 모은 자가 누구

인지, 물을 옷에 싼 자가 누구인지, 땅

의 모든 끝을 정한 자가 누구인지, 그

의 이름이 무엇인지, 그의 아들의 이름

이 무엇인지 너는 아느냐

5 하나님의 말씀은 다 순전하며 하나님은

그를 의지하는 자의 방패시니라

6 너는 그의 말씀에 더하지 말라 그가 너

를 책망하시겠고 너는 거짓말하는 자가

될까 두려우니라

7 내가 두 가지 일을 주께 구하였사오니

내가 죽기 전에 내게 거절하지 마시옵

소서

8 곧 헛된 것과 거짓말을 내게서 멀리 하

옵시며 나를 가난하게도 마옵시고 부하

게도 마옵시고 오직 필요한 양식으로

나를 먹이시옵소서

9 혹 내가 배불러서 하나님을 모른다 여

호와가 누구냐 할까 하오며 혹 내가 가

난하여 도둑질하고 내 하나님의 이름을

욕되게 할까 두려워함이니이다

10 너는 종을 그의 상전에게 비방하지 말

라 그가 너를 저주하겠고 너는 죄책을

당할까 두려우니라

11 아비를 저주하며 어미를 축복하지 아니 하는 무리가 있느니라

12 스스로 깨끗한 자로 여기면서도 자기의 더러운 것을 씻지 아니하는 무리가 있 느니라

13 눈이 심히 높으며 눈꺼풀이 높이 들린 무리가 있느니라

14 앞니는 장검 같고 어금니는 군도 같아 서 가난한 자를 땅에서 삼키며 궁핍한 자를 사람 중에서 삼키는 무리가 있느 니라

15 거머리에게는 두 딸이 있어 다오 다오 하느니라 족한 줄을 알지 못하여 족하 다 하지 아니하는 것 서넛이 있나니

16 곧 스올과 아이 배지 못하는 태와 물로 채울 수 없는 땅과 족하다 하지 아니하 는 불이니라

17 아비를 조롱하며 어미 순종하기를 싫어 하는 자의 눈은 골짜기의 까마귀에게 쪼이고 독수리 새끼에게 먹히리라

18 내가 심히 기이히 여기고도 깨닫지 못 하는 것 서넛이 있나니

19 곧 공중에 날아다니는 독수리의 자취와 반석 위로 기어 다니는 뱀의 자취와 바 다로 지나다니는 배의 자취와 남자가 여자와 함께 한 자취며

20 음녀의 자취도 그러하니라 그가 먹고 그의 입을 씻음 같이 말하기를 내가 악 을 행하지 아니하였다 하느니라

21 세상을 진동시키며 세상이 견딜 수 없 게 하는 것 서넛이 있나니

22 곧 종이 임금된 것과 미련한 자가 음식 으로 배부른 것과

23 미움 받는 여자가 시집 간 것과 여종이 주모를 이은 것이니라

24 땅에 작고도 가장 지혜로운 것 넷이 있나니

25 곧 힘이 없는 종류로되 먹을 것을 여름에 준비하는 개미와

26 약한 종류로되 집을 바위 사이에 짓는 사반과

27 임금이 없으되 다 떼를 지어 나아가는 메뚜기와

28 손에 잡힐 만하여도 왕궁에 있는 도마뱀이니라

29 잘 걸으며 위풍 있게 다니는 것 서넛이 있나니

30 곧 짐승 중에 가장 강하여 아무 짐승 앞에서도 물러가지 아니하는 사자와

31 사냥개와 숫염소와 및 당할 수 없는 왕이니라

32 만일 네가 미련하여 스스로 높은 체하였거나 혹 악한 일을 도모하였거든 네

손으로 입을 막으라

33 대저 젖을 저으면 엉긴 젖이 되고 코를 비틀면 피가 나는 것 같이 노를 격동하면 다툼이 남이니라

르무엘 왕을 훈계한 잠언

31 르무엘 왕이 말씀한 바 곧 그의 어머니가 그를 훈계한 잠언이라

2 내 아들아 내가 무엇을 말하랴 내 태에서 난 아들아 내가 무엇을 말하랴 서원대로 얻은 아들아 내가 무엇을 말하랴

3 네 힘을 여자들에게 쓰지 말며 왕들을 멸망시키는 일을 행하지 말지어다

4 르무엘아 포도주를 마시는 것이 왕들에게 마땅하지 아니하고 왕들에게 마땅하지 아니하며 독주를 찾는 것이 주권자들에게 마땅하지 않도다

5 술을 마시다가 법을 잊어버리고 모든 곤고한 자들의 송사를 굽게 할까 두려

우니라

6 독주는 죽게 된 자에게, 포도주는 마음

에 근심하는 자에게 줄지어다

7 그는 마시고 자기의 빈궁한 것을 잊어

버리겠고 다시 자기의 고통을 기억하지

아니하리라

8 너는 말 못하는 자와 모든 고독한 자의

송사를 위하여 입을 열지니라

9 너는 입을 열어 공의로 재판하여 곤고

한 자와 궁핍한 자를 신원할지니라

현숙한 아내

10 누가 현숙한 여인을 찾아 얻겠느냐 그

의 값은 진주보다 더 하니라

11 그런 자의 남편의 마음은 그를 믿나니

산업이 핍절하지 아니하겠으며

12 그런 자는 살아 있는 동안에 그의 남편

에게 선을 행하고 악을 행하지 아니하

느니라

13 그는 양털과 삼을 구하여 부지런히 손

으로 일하며

14 상인의 배와 같아서 먼 데서 양식을 가

져 오며

15 밤이 새기 전에 일어나서 자기 집안 사

람들에게 음식을 나누어 주며 여종들에

게 일을 정하여 맡기며

16 밭을 살펴 보고 사며 자기의 손으로 번

것을 가지고 포도원을 일구며

17 힘 있게 허리를 묶으며 자기의 팔을 강

하게 하며

18 자기의 장사가 잘 되는 줄을 깨닫고 밤

에 등불을 끄지 아니하며

19 손으로 솜뭉치를 들고 손가락으로 가락

을 잡으며

20 그는 곤고한 자에게 손을 펴며 궁핍한

자를 위하여 손을 내밀며

21 자기 집 사람들은 다 홍색 옷을 입었으

므로 눈이 와도 그는 자기 집 사람들을

위하여 염려하지 아니하며

22 그는 자기를 위하여 아름다운 이불을

지으며 세마포와 자색 옷을 입으며

23 그의 남편은 그 땅의 장로들과 함께 성

문에 앉으며 사람들의 인정을 받으며

24 그는 베로 옷을 지어 팔며 띠를 만들어

상인들에게 맡기며

25 능력과 존귀로 옷을 삼고 후일을 웃으며

26 입을 열어 지혜를 베풀며 그의 혀로 인

애의 법을 말하며

27 자기의 집안 일을 보살피고 게을리 얻

은 양식을 먹지 아니하나니

28 그의 자식들은 일어나 감사하며 그의

남편은 칭찬하기를

29 덕행 있는 여자가 많으나 그대는 모든

여자보다 뛰어나다 하느니라

30 고운 것도 거짓되고 아름다운 것도 헛

되나 오직 여호와를 경외하는 여자는

칭찬을 받을 것이라

31 그 손의 열매가 그에게로 돌아갈 것이

요 그 행한 일로 말미암아 성문에서 칭

찬을 받으리라

전
도
서

모든 것이 헛되다

1 다윗의 아들 예루살렘 왕 전도자의 말

씀이라

2 전도자가 이르되 헛되고 헛되며 헛되고

헛되니 모든 것이 헛되도다

3 해 아래에서 수고하는 모든 수고가 사

람에게 무엇이 유익한가

4 한 세대는 가고 한 세대는 오되 땅은

영원히 있도다

5 해는 뜨고 해는 지되 그 떴던 곳으로

빨리 돌아가고

6 바람은 남으로 불다가 북으로 돌아가며

이리 돌며 저리 돌아 바람은 그 불던

곳으로 돌아가고

7 모든 강물은 다 바다로 흐르되 바다를

채우지 못하며 강물은 어느 곳으로 흐

르든지 그리로 연하여 흐르느니라

8 모든 만물이 피곤하다는 것을 사람이

말로 다 말할 수는 없나니 눈은 보아도

족함이 없고 귀는 들어도 가득 차지 아

니하도다

9 이미 있던 것이 후에 다시 있겠고 이미

한 일을 후에 다시 할지라 해 아래에는

새 것이 없나니

10 무엇을 가리켜 이르기를 보라 이것이

새 것이라 할 것이 있으랴 우리가 있기

오래 전 세대들에도 이미 있었느니라

11 이전 세대들이 기억됨이 없으니 장래

세대도 그 후 세대들과 함께 기억됨이

없으리라

지혜가 많으면 번뇌도 많다

12 나 전도자는 예루살렘에서 이스라엘 왕

이 되어

13 마음을 다하며 지혜를 써서 하늘 아래

에서 행하는 모든 일을 연구하며 살핀

즉 이는 괴로운 것이니 하나님이 인생

들에게 주사 수고하게 하신 것이라

14 내가 해 아래에서 행하는 모든 일을 보

았노라 보라 모두 다 헛되어 바람을 잡

으려는 것이로다

15 구부러진 것도 곧게 할 수 없고 모자란

것도 셀 수 없도다

16 내가 내 마음 속으로 말하여 이르기를

보라 내가 크게 되고 지혜를 더 많이

얻었으므로 나보다 먼저 예루살렘에 있

던 모든 사람들보다 낫다 하였나니 내

마음이 지혜와 지식을 많이 만나 보았

음이로다

17 내가 다시 지혜를 알고자 하며 미친 것

들과 미련한 것들을 알고자 하여 마음

을 썼으나 이것도 바람을 잡으려는 것

인 줄을 깨달았도다

18 지혜가 많으면 번뇌도 많으니 지식을

더하는 자는 근심을 더하느니라

즐거움도 헛되다

2 나는 내 마음에 이르기를 자, 내가 시

험삼아 너를 즐겁게 하리니 너는 낙을

누리라 하였으나 보라 이것도 헛되도다

2 내가 웃음에 관하여 말하여 이르기를

그것은 미친 것이라 하였고 희락에 대

하여 이르기를 이것이 무슨 소용이 있

는가 하였노라

3 내가 내 마음으로 깊이 생각하기를 내

가 어떻게 하여야 내 마음을 지혜로 다

스리면서 술로 내 육신을 즐겁게 할까

또 내가 어떻게 하여야 천하의 인생들

이 그들의 인생을 살아가는 동안 어떤

것이 선한 일인지를 알아볼 때까지 내

어리석음을 꼭 붙잡아 둘까 하여

4 나의 사업을 크게 하였노라 내가 나를

위하여 집들을 짓고 포도원을 일구며

5 여러 동산과 과원을 만들고 그 가운데

에 각종 과목을 심었으며

6 나를 위하여 수목을 기르는 삼림에 물을 주기 위하여 못들을 팠으며

7 남녀 노비들을 사기도 하였고 나를 위하여 집에서 종들을 낳기도 하였으며 나보다 먼저 예루살렘에 있던 모든 자들보다도 내가 소와 양 떼의 소유를 더 많이 가졌으며

8 은 금과 왕들이 소유한 보배와 여러 지방의 보배를 나를 위하여 쌓고 또 노래하는 남녀들과 인생들이 기뻐하는 처첩들을 많이 두었노라

9 내가 이같이 창성하여 나보다 먼저 예루살렘에 있던 모든 자들보다 더 창성하니 내 지혜도 내게 여전하도다

10 무엇이든지 내 눈이 원하는 것을 내가 금하지 아니하며 무엇이든지 내 마음이 즐거워하는 것을 내가 막지 아니하였

으니 이는 나의 모든 수고를 내 마음이 기뻐하였음이라 이것이 나의 모든 수고로 말미암아 얻은 몫이로다

11 그 후에 내가 생각해 본즉 내 손으로 한 모든 일과 내가 수고한 모든 것이 다 헛되어 바람을 잡는 것이며 해 아래에서 무익한 것이로다

지혜자나 우매자나

12 내가 돌이켜 지혜와 망령됨과 어리석음을 보았나니 왕 뒤에 오는 자는 무슨 일을 행할까 이미 행한 지 오래 전의 일일 뿐이리라

13 내가 보니 지혜가 우매보다 뛰어남이 빛이 어둠보다 뛰어남 같도다

14 지혜자는 그의 눈이 그의 머리 속에 있고 우매자는 어둠 속에 다니지만 그들 모두가 당하는 일이 모두 같으리라는 것을 나도 깨달아 알았도다

15 내가 내 마음속으로 이르기를 우매자가 당한 것을 나도 당하리니 내게 지혜가 있었다 한들 내게 무슨 유익이 있으리요 하였도다 이에 내가 내 마음속으로 이르기를 이것도 헛되도다 하였도다

16 지혜자도 우매자와 함께 영원하도록 기억함을 얻지 못하나니 후일에는 모두 다 잊어버린 지 오랠 것임이라 오호라 지혜자의 죽음이 우매자의 죽음과 일반이로다

17 이러므로 내가 사는 것을 미워하였노니 이는 해 아래에서 하는 일이 내게 괴로움이요 모두 다 헛되어 바람을 잡으려는 것이기 때문이로다

수고도 헛되다

18 내가 해 아래에서 내가 한 모든 수고를 미워하였노니 이는 내 뒤를 이을 이에게 남겨 주게 됨이라

19 그 사람이 지혜자일지, 우매자일지야 누가 알랴마는 내가 해 아래에서 내 지혜를 다하여 수고한 모든 결과를 그가 다 관리하리니 이것도 헛되도다

20 이러므로 내가 해 아래에서 한 모든 수고에 대하여 내가 내 마음에 실망하였도다

21 어떤 사람은 그 지혜와 지식과 재주를 다하여 수고하였어도 그가 얻은 것을 수고하지 아니한 자에게 그의 몫으로 넘겨 주리니 이것도 헛된 것이며 큰 악이로다

22 사람이 해 아래에서 행하는 모든 수고와 마음에 애쓰는 것이 무슨 소득이 있으랴

23 일평생에 근심하며 수고하는 것이 슬픔뿐이라 그의 마음이 밤에도 쉬지 못하나니 이것도 헛되도다

24 사람이 먹고 마시며 수고하는 것보다

그의 마음을 더 기쁘게 하는 것은 없나

니 내가 이것도 본즉 하나님의 손에서

나오는 것이로다

25 아, 먹고 즐기는 일을 누가 나보다 더

해 보았으랴

26 하나님은 그가 기뻐하시는 자에게는 지

혜와 지식과 희락을 주시나 죄인에게는

노고를 주시고 그가 모아 쌓게 하사 하

나님을 기뻐하는 자에게 그가 주게 하

시지만 이것도 헛되어 바람을 잡는 것

이로다

모든 일에 때가 있다

3 범사에 기한이 있고 천하 만사가 다 때

가 있나니

2 날 때가 있고 죽을 때가 있으며 심을

때가 있고 심은 것을 뽑을 때가 있으며

3 죽일 때가 있고 치료할 때가 있으며 헐

때가 있고 세울 때가 있으며

4 울 때가 있고 웃을 때가 있으며 슬퍼할

때가 있고 춤출 때가 있으며

5 돌을 던져 버릴 때가 있고 돌을 거둘

때가 있으며 안을 때가 있고 안는 일을

멀리 할 때가 있으며

6 찾을 때가 있고 잃을 때가 있으며 지킬

때가 있고 버릴 때가 있으며

7 찢을 때가 있고 꿰맬 때가 있으며 잠잠

할 때가 있고 말할 때가 있으며

8 사랑할 때가 있고 미워할 때가 있으며

전쟁할 때가 있고 평화할 때가 있느니라

9 일하는 자가 그의 수고로 말미암아 무

슨 이익이 있으랴

10 하나님이 인생들에게 노고를 주사 애쓰

게 하신 것을 내가 보았노라

11 하나님이 모든 것을 지으시되 때를 따

라 아름답게 하셨고 또 사람들에게는

영원을 사모하는 마음을 주셨느니라 그

러나 하나님이 하시는 일의 시종을 사

람으로 측량할 수 없게 하셨도다

12 사람들이 사는 동안에 기뻐하며 선을

행하는 것보다 더 나은 것이 없는 줄을

내가 알았고

13 사람마다 먹고 마시는 것과 수고함으로

낙을 누리는 그것이 하나님의 선물인

줄도 또한 알았도다

14 하나님께서 행하시는 모든 것은 영원히

있을 것이라 그 위에 더 할 수도 없고

그것에서 덜 할 수도 없나니 하나님이

이같이 행하심은 사람들이 그의 앞에서

경외하게 하려 하심인 줄을 내가 알았

도다

15 이제 있는 것이 옛적에 있었고 장래에

있을 것도 옛적에 있었나니 하나님은

이미 지난 것을 다시 찾으시느니라

16 또 내가 해 아래에서 보건대 재판하는

곳 거기에도 악이 있고 정의를 행하는

곳 거기에도 악이 있도다

17 내가 내 마음속으로 이르기를 의인과

악인을 하나님이 심판하시리니 이는 모

든 소망하는 일과 모든 행사에 때가 있

음이라 하였으며

18 내가 내 마음속으로 이르기를 인생들의

일에 대하여 하나님이 그들을 시험하시

리니 그들이 자기가 짐승과 다름이 없

는 줄을 깨닫게 하려 하심이라 하였노라

19 인생이 당하는 일을 짐승도 당하나니

그들이 당하는 일이 일반이라 다 동일

한 호흡이 있어서 짐승이 죽음 같이 사

람도 죽으니 사람이 짐승보다 뛰어남이

없음은 모든 것이 헛됨이로다

20 다 흙으로 말미암았으므로 다 흙으로

돌아가나니 다 한 곳으로 가거니와

21 인생들의 혼은 위로 올라가고 짐승의 혼은 아래 곧 땅으로 내려가는 줄을 누가 알랴

22 그러므로 나는 사람이 자기 일에 즐거워하는 것보다 더 나은 것이 없음을 보았나니 이는 그것이 그의 몫이기 때문이라 아, 그의 뒤에 일어날 일이 무엇인지를 보게 하려고 그를 도로 데리고 올 자가 누구이랴

학대, 수고, 동무

4 내가 다시 해 아래에서 행하는 모든 학대를 살펴 보았도다 보라 학대 받는 자들의 눈물이로다 그들에게 위로자가 없도다 그들을 학대하는 자들의 손에는 권세가 있으나 그들에게는 위로자가 없도다

2 그러므로 나는 아직 살아 있는 산 자들보다 죽은 지 오랜 죽은 자들을 더 복되다 하였으며

3 이 둘보다도 아직 출생하지 아니하여 해 아래에서 행하는 악한 일을 보지 못한 자가 더 복되다 하였노라

4 내가 또 본즉 사람이 모든 수고와 모든 재주로 말미암아 이웃에게 시기를 받으니 이것도 헛되어 바람을 잡는 것이로다

5 우매자는 팔짱을 끼고 있으면서 자기의 몸만 축내는도다

6 두 손에 가득하고 수고하며 바람을 잡는 것보다 한 손에만 가득하고 평온함이 더 나으니라

7 내가 또 다시 해 아래에서 헛된 것을 보았도다

8 어떤 사람은 아들도 없고 형제도 없이 홀로 있으나 그의 모든 수고에는 끝이 없도다 또 비록 그의 눈은 부요를 족하게 여기지 아니하면서 이르기를 내가

누구를 위하여는 이같이 수고하고 나를

위하여는 행복을 누리지 못하게 하는가

하여도 이것도 헛되어 불행한 노고로다

9 두 사람이 한 사람보다 나음은 그들이

수고함으로 좋은 상을 얻을 것임이라

10 혹시 그들이 넘어지면 하나가 그 동무

를 붙들어 일으키려니와 홀로 있어 넘

어지고 붙들어 일으킬 자가 없는 자에

게는 화가 있으리라

11 또 두 사람이 함께 누우면 따뜻하거니

와 한 사람이면 어찌 따뜻하랴

12 한 사람이면 패하겠거니와 두 사람이면

맞설 수 있나니 세 겹 줄은 쉽게 끊어

지지 아니하느니라

가난하게 태어나서 왕이 되어도

13 가난하여도 지혜로운 젊은이가 늙고 둔

하여 경고를 더 받을 줄 모르는 왕보다

나으니

14 그는 자기의 나라에서 가난하게 태어났

을지라도 감옥에서 나와 왕이 되었음이

니라

15 내가 본즉 해 아래에서 다니는 인생들

이 왕의 다음 자리에 있다가 왕을 대신

하여 일어난 젊은이와 함께 있고

16 그의 치리를 받는 모든 백성들이 무수

하였을지라도 후에 오는 자들은 그를

기뻐하지 아니하리니 이것도 헛되어 바

람을 잡는 것이로다

하나님을 경외하라

5 너는 하나님의 집에 들어갈 때에 네 발

을 삼갈지어다 가까이 하여 말씀을 듣

는 것이 우매한 자들이 제물 드리는 것

보다 나으니 그들은 악을 행하면서도

깨닫지 못함이니라

2 너는 하나님 앞에서 함부로 입을 열지

말며 급한 마음으로 말을 내지 말라 하

나님은 하늘에 계시고 너는 땅에 있음

이니라 그런즉 마땅히 말을 적게 할 것

이라

3 걱정이 많으면 꿈이 생기고 말이 많으

면 우매한 자의 소리가 나타나느니라

4 네가 하나님께 서원하였거든 갚기를 더

디게 하지 말라 하나님은 우매한 자들

을 기뻐하지 아니하시나니 서원한 것을

갚으라

5 서원하고 갚지 아니하는 것보다 서원하

지 아니하는 것이 더 나으니

6 네 입으로 네 육체가 범죄하게 하지 말

라 사자 앞에서 내가 서원한 것이 실수

라고 말하지 말라 어찌 하나님께서 네

목소리로 말미암아 진노하사 네 손으로

한 것을 멸하시게 하랴

7 꿈이 많으면 헛된 일들이 많아지고 말

이 많아도 그러하니 오직 너는 하나님

을 경외할지니라

8 너는 어느 지방에서든지 빈민을 학대

하는 것과 정의와 공의를 짓밟는 것을

볼지라도 그것을 이상히 여기지 말라

높은 자는 더 높은 자가 감찰하고 또

그들보다 더 높은 자들도 있음이니라

9 땅의 소산물은 모든 사람을 위하여 있

나니 왕도 밭의 소산을 받느니라

재물과 부요와 존귀도 헛되다

10 은을 사랑하는 자는 은으로 만족하지

못하고 풍요를 사랑하는 자는 소득으로

만족하지 아니하나니 이것도 헛되도다

11 재산이 많아지면 먹는 자들도 많아지나

니 그 소유주들은 눈으로 보는 것 외에

무엇이 유익하랴

12 노동자는 먹는 것이 많든지 적든지 잠

을 달게 자거니와 부자는 그 부요함 때

문에 자지 못하느니라

13 내가 해 아래에서 큰 폐단 되는 일이 있

는 것을 보았나니 곧 소유주가 재물을

자기에게 해가 되도록 소유하는 것이라

14 그 재물이 재난을 당할 때 없어지나니

비록 아들은 낳았으나 그 손에 아무것

도 없느니라

15 그가 모태에서 벌거벗고 나왔은즉 그가

나온 대로 돌아가고 수고하여 얻은 것

을 아무것도 자기 손에 가지고 가지 못

하리니

16 이것도 큰 불행이라 어떻게 왔든지 그

대로 가리니 바람을 잡는 수고가 그에

게 무엇이 유익하랴

17 일평생을 어두운 데에서 먹으며 많은

근심과 질병과 분노가 그에게 있느니라

18 사람이 하나님께서 그에게 주신 바 그

일평생에 먹고 마시며 해 아래에서 하

는 모든 수고 중에서 낙을 보는 것이

선하고 아름다움을 내가 보았나니 그것

이 그의 몫이로다

19 또한 어떤 사람에게든지 하나님이 재물

과 부요를 그에게 주사 능히 누리게 하

시며 제 몫을 받아 수고함으로 즐거워

하게 하신 것은 하나님의 선물이라

20 그는 자기의 생명의 날을 깊이 생각

하지 아니하리니 이는 하나님이 그의 마

음에 기뻐하는 것으로 응답하심이니라

6 내가 해 아래에서 한 가지 불행한 일이

있는 것을 보았나니 이는 사람의 마음

을 무겁게 하는 것이라

2 어떤 사람은 그의 영혼이 바라는 모든

소원에 부족함이 없어 재물과 부요와

존귀를 하나님께 받았으나 하나님께서

그가 그것을 누리도록 허락하지 아니하

셨으므로 다른 사람이 누리나니 이것도

헛되어 악한 병이로다

3 사람이 비록 백 명의 자녀를 낳고 또 장수하여 사는 날이 많을지라도 그의 영혼은 그러한 행복으로 만족하지 못하고 또 그가 안장되지 못하면 나는 이르기를 낙태된 자가 그보다는 낫다 하나니

4 낙태된 자는 헛되이 왔다가 어두운 중에 가매 그의 이름이 어둠에 덮이니

5 햇빛도 보지 못하고 또 그것을 알지도 못하나 이가 그보다 더 평안함이라

6 그가 비록 천 년의 갑절을 산다 할지라도 행복을 보지 못하면 마침내 다 한 곳으로 돌아가는 것뿐이 아니냐

7 사람의 수고는 다 자기의 입을 위함이나 그 식욕은 채울 수 없느니라

8 지혜자가 우매자보다 나은 것이 무엇이냐 살아 있는 자들 앞에서 행할 줄을 아는 가난한 자에게는 무슨 유익이 있는가

9 눈으로 보는 것이 마음으로 공상하는 것보다 나으나 이것도 헛되어 바람을 잡는 것이로다

10 이미 있는 것은 무엇이든지 오래 전부터 그의 이름이 이미 불린 바 되었으며 사람이 무엇인지도 이미 안 바 되었나니 자기보다 강한 자와는 능히 다툴 수 없느니라

11 헛된 것을 더하게 하는 많은 일들이 있나니 그것들이 사람에게 무슨 유익이 있으랴

12 헛된 생명의 모든 날을 그림자 같이 보내는 일평생에 사람에게 무엇이 낙인지를 누가 알며 그 후에 해 아래에서 무슨 일이 있을 것을 누가 능히 그에게 고하리요

지혜자와 우매한 자

7 좋은 이름이 좋은 기름보다 낫고 죽는

날이 출생하는 날보다 나으며

2 초상집에 가는 것이 잔칫집에 가는 것보다 나으니 모든 사람의 끝이 이와 같이 됨이라 산 자는 이것을 그의 마음에 둘지어다

3 슬픔이 웃음보다 나음은 얼굴에 근심하는 것이 마음에 유익하기 때문이니라

4 지혜자의 마음은 초상집에 있으되 우매한 자의 마음은 혼인집에 있느니라

5 지혜로운 사람의 책망을 듣는 것이 우매한 자들의 노래를 듣는 것보다 나으니라

6 우매한 자들의 웃음 소리는 솥 밑에서 가시나무가 타는 소리 같으니 이것도 헛되니라

7 탐욕이 지혜자를 우매하게 하고 뇌물이 사람의 명철을 망하게 하느니라

8 일의 끝이 시작보다 낫고 참는 마음이

교만한 마음보다 나으니

9 급한 마음으로 노를 발하지 말라 노는 우매한 자들의 품에 머무름이니라

10 옛날이 오늘보다 나은 것이 어찜이냐 하지 말라 이렇게 묻는 것은 지혜가 아니니라

11 지혜는 유산 같이 아름답고 햇빛을 보는 자에게 유익이 되도다

12 지혜의 그늘 아래에 있음은 돈의 그늘 아래에 있음과 같으나, 지혜에 관한 지식이 더 유익함은 지혜가 그 지혜 있는 자를 살리기 때문이니라

13 하나님께서 행하시는 일을 보라 하나님께서 굽게 하신 것을 누가 능히 곧게 하겠느냐

14 형통한 날에는 기뻐하고 곤고한 날에는 되돌아 보아라 이 두 가지를 하나님이 병행하게 하사 사람이 그의 장래 일을

능히 헤아려 알지 못하게 하셨느니라

15 내 허무한 날을 사는 동안 내가 그 모든 일을 살펴 보았더니 자기의 의로움에도 불구하고 멸망하는 의인이 있고 자기의 악행에도 불구하고 장수하는 악인이 있으니

16 지나치게 의인이 되지도 말며 지나치게 지혜자도 되지 말라 어찌하여 스스로 패망하게 하겠느냐

17 지나치게 악인이 되지도 말며 지나치게 우매한 자도 되지 말라 어찌하여 기한 전에 죽으려고 하느냐

18 너는 이것도 잡으며 저것에서도 네 손을 놓지 아니하는 것이 좋으니 하나님을 경외하는 자는 이 모든 일에서 벗어날 것임이니라

19 지혜가 지혜자를 성읍 가운데에 있는 열 명의 권력자들보다 더 능력이 있게

하느니라

20 선을 행하고 전혀 죄를 범하지 아니하는 의인은 세상에 없기 때문이로다

21 또한 사람들이 하는 모든 말에 네 마음을 두지 말라 그리하면 네 종이 너를 저주하는 것을 듣지 아니하리라

22 너도 가끔 사람을 저주하였다는 것을 네 마음도 알고 있느니라

23 내가 이 모든 것을 지혜로 시험하며 스스로 이르기를 내가 지혜자가 되리라 하였으나 지혜가 나를 멀리 하였도다

24 이미 있는 것은 멀고 또 깊고 깊도다 누가 능히 통달하랴

25 내가 돌이켜 전심으로 지혜와 명철을 살피고 연구하여 악한 것이 얼마나 어리석은 것이요 어리석은 것이 얼마나 미친 것인 줄을 알고자 하였더니

26 마음은 올무와 그물 같고 손은 포승 같

은 여인은 사망보다 더 쓰다는 사실을

내가 알아내었도다 그러므로 하나님을

기쁘게 하는 자는 그 여인을 피하려니

와 죄인은 그 여인에게 붙잡히리로다

27 전도자가 이르되 보라 내가 낱낱이 살

펴 그 이치를 연구하여 이것을 깨달았

노라

28 내 마음이 계속 찾아 보았으나 아직도

찾지 못한 것이 이것이라 천 사람 가운

데서 한 사람을 내가 찾았으나 이 모든

사람들 중에서 여자는 한 사람도 찾지

못하였느니라

29 내가 깨달은 것은 오직 이것이라 곧 하

나님은 사람을 정직하게 지으셨으나 사

람이 많은 꾀들을 낸 것이니라

8 누가 지혜자와 같으며 누가 사물의 이

치를 아는 자이냐 사람의 지혜는 그의

얼굴에 광채가 나게 하나니 그의 얼굴

의 사나운 것이 변하느니라

2 내가 권하노라 왕의 명령을 지키라 이

미 하나님을 가리켜 맹세하였음이니라

3 왕 앞에서 물러가기를 급하게 하지 말

며 악한 것을 일삼지 말라 왕은 자기가

하고자 하는 것을 다 행함이니라

4 왕의 말은 권능이 있나니 누가 그에게

이르기를 왕께서 무엇을 하시나이까 할

수 있으랴

5 명령을 지키는 자는 불행을 알지 못하

리라 지혜자의 마음은 때와 판단을 분

변하나니

6 무슨 일에든지 때와 판단이 있으므로

사람에게 임하는 화가 심함이니라

7 사람이 장래 일을 알지 못하나니 장래

일을 가르칠 자가 누구이랴

8 바람을 주장하여 바람을 움직이게 할

사람도 없고 죽는 날을 주장할 사람도

없으며 전쟁할 때를 모면할 사람도 없으니 악이 그의 주민들을 건져낼 수는 없느니라

악인들과 의인들

9 내가 이 모든 것들을 보고 해 아래에서 행하는 모든 일을 마음에 두고 살핀즉 사람이 사람을 주장하여 해롭게 하는 때가 있도다

10 그런 후에 내가 본즉 악인들은 장사지낸 바 되어 거룩한 곳을 떠나 그들이 그렇게 행한 성읍 안에서 잊어버린 바 되었으니 이것도 헛되도다

11 악한 일에 관한 징벌이 속히 실행되지 아니하므로 인생들이 악을 행하는 데에 마음이 담대하도다

12 죄인은 백 번이나 악을 행하고도 장수하거니와 또한 내가 아노니 하나님을 경외하여 그를 경외하는 자들은 잘 될

것이요

13 악인은 잘 되지 못하며 장수하지 못하고 그 날이 그림자와 같으리니 이는 하나님을 경외하지 아니함이니라

14 세상에서 행해지는 헛된 일이 있나니 곧 악인들의 행위에 따라 벌을 받는 의인들도 있고 의인들의 행위에 따라 상을 받는 악인들도 있다는 것이라 내가 이르노니 이것도 헛되도다

15 이에 내가 희락을 찬양하노니 이는 사람이 먹고 마시고 즐거워하는 것보다 더 나은 것이 해 아래에는 없음이라 하나님이 사람을 해 아래에서 살게 하신 날 동안 수고하는 일 중에 그러한 일이 그와 함께 있을 것이니라

16 내가 마음을 다하여 지혜를 알고자 하며 세상에서 행해지는 일을 보았는데 밤낮으로 자지 못하는 자도 있도다

17 또 내가 하나님의 모든 행사를 살펴 보니 해 아래에서 행해지는 일을 사람이 능히 알아낼 수 없도다 사람이 아무리 애써 알아보려고 할지라도 능히 알지 못하나니 비록 지혜자가 아노라 할지라도 능히 알아내지 못하리로다

모두 다 하나님의 손 안에 있다

9 이 모든 것을 내가 마음에 두고 이 모든 것을 살펴 본즉 의인들이나 지혜자들이나 그들의 행위나 모두 다 하나님의 손 안에 있으니 사랑을 받을는지 미움을 받을는지 사람이 알지 못하는 것은 모두 그들의 미래의 일들임이니라

2 모든 사람에게 임하는 그 모든 것이 일반이라 의인과 악인, 선한 자와 깨끗한 자와 깨끗하지 아니한 자, 제사를 드리는 자와 제사를 드리지 아니하는 자에게 일어나는 일들이 모두 일반이니 선인과 죄인, 맹세하는 자와 맹세하기를 무서워하는 자가 일반이로다

3 모든 사람의 결국은 일반이라 이것은 해 아래에서 행해지는 모든 일 중의 악한 것이니 곧 인생의 마음에는 악이 가득하여 그들의 평생에 미친 마음을 품고 있다가 후에는 죽은 자들에게로 돌아가는 것이라

4 모든 산 자들 중에 들어 있는 자에게는 누구나 소망이 있음은 산 개가 죽은 사자보다 낫기 때문이니라

5 산 자들은 죽을 줄을 알되 죽은 자들은 아무것도 모르며 그들이 다시는 상을 받지 못하는 것은 그들의 이름이 잊어버린 바 됨이니라

6 그들의 사랑과 미움과 시기도 없어진 지 오래이니 해 아래에서 행하는 모든 일 중에서 그들에게 돌아갈 몫은 영원

히 없느니라

7 너는 가서 기쁨으로 네 음식물을 먹고
즐거운 마음으로 네 포도주를 마실지어
다 이는 하나님이 네가 하는 일들을 벌
써 기쁘게 받으셨음이니라

8 네 의복을 항상 희게 하며 네 머리에
향 기름을 그치지 아니하도록 할지니라

9 네 헛된 평생의 모든 날 곧 하나님이
해 아래에서 네게 주신 모든 헛된 날에
네가 사랑하는 아내와 함께 즐겁게 살
지어다 그것이 네가 평생에 해 아래에
서 수고하고 얻은 네 몫이니라

10 네 손이 일을 얻는 대로 힘을 다하여
할지어다 네가 장차 들어갈 스올에는
일도 없고 계획도 없고 지식도 없고 지
혜도 없음이니라

11 내가 다시 해 아래에서 보니 빠른 경주
자들이라고 선착하는 것이 아니며 용사

들이라고 전쟁에 승리하는 것이 아니며
지혜자들이라고 음식물을 얻는 것도 아
니며 명철자들이라고 재물을 얻는 것도
아니며 지식인들이라고 은총을 입는 것
이 아니니 이는 시기와 기회는 그들 모
두에게 임함이니라

12 분명히 사람은 자기의 시기도 알지 못
하나니 물고기들이 재난의 그물에 걸리
고 새들이 올무에 걸림 같이 인생들도
재앙의 날이 그들에게 홀연히 임하면
거기에 걸리느니라

지혜를 보고 크게 여긴 것

13 내가 또 해 아래에서 지혜를 보고 내가
크게 여긴 것이 이러하니

14 곧 작고 인구가 많지 아니한 어떤 성읍
에 큰 왕이 와서 그것을 에워싸고 큰
흉벽을 쌓고 치고자 할 때에

15 그 성읍 가운데에 가난한 지혜자가 있

어서 그의 지혜로 그 성읍을 건진 그것

이라 그러나 그 가난한 자를 기억하는

사람이 없었도다

16 그러므로 내가 이르기를 지혜가 힘보다

나으나 가난한 자의 지혜가 멸시를 받

고 그의 말들을 사람들이 듣지 아니한

다 하였노라

17 조용히 들리는 지혜자들의 말들이 우매

한 자들을 다스리는 자의 호령보다 나

으니라

18 지혜가 무기보다 나으니라 그러나 죄

인 한 사람이 많은 선을 무너지게 하느

니라

10 죽은 파리들이 향기름을 악취가 나게

만드는 것 같이 적은 우매가 지혜와 존

귀를 난처하게 만드느니라

2 지혜자의 마음은 오른쪽에 있고 우매자

의 마음은 왼쪽에 있느니라

3 우매한 자는 길을 갈 때에도 지혜가 부

족하여 각 사람에게 자기가 우매함을

말하느니라

4 주권자가 네게 분을 일으키거든 너는

네 자리를 떠나지 말라 공손함이 큰 허

물을 용서 받게 하느니라

5 내가 해 아래에서 한 가지 재난을 보았

노니 곧 주권자에게서 나오는 허물이라

6 우매한 자가 크게 높은 지위들을 얻고

부자들이 낮은 지위에 앉는도다

7 또 내가 보았노니 종들은 말을 타고 고

관들은 종들처럼 땅에 걸어 다니는도다

8 함정을 파는 자는 거기에 빠질 것이요

담을 허는 자는 뱀에게 물리리라

9 돌들을 떠내는 자는 그로 말미암아 상

할 것이요 나무들을 쪼개는 자는 그로

말미암아 위험을 당하리라

10 철 연장이 무디어졌는데도 날을 갈지

아니하면 힘이 더 드느니라 오직 지혜

는 성공하기에 유익하니라

11 주술을 베풀기 전에 뱀에게 물렸으면

술객은 소용이 없느니라

12 지혜자의 입의 말들은 은혜로우나 우매

자의 입술들은 자기를 삼키나니

13 그의 입의 말들의 시작은 우매요 그의

입의 결말들은 심히 미친 것이니라

14 우매한 자는 말을 많이 하거니와 사람

은 장래 일을 알지 못하나니 나중에 일

어날 일을 누가 그에게 알리리요

15 우매한 자들의 수고는 자신을 피곤하게

할 뿐이라 그들은 성읍에 들어갈 줄도

알지 못함이니라

16 왕은 어리고 대신들은 아침부터 잔치하

는 나라여 네게 화가 있도다

17 왕은 귀족들의 아들이요 대신들은 취하

지 아니하고 기력을 보하려고 정한 때

에 먹는 나라여 네게 복이 있도다

18 게으른즉 서까래가 내려앉고 손을 놓은

즉 집이 새느니라

19 잔치는 희락을 위하여 베푸는 것이요

포도주는 생명을 기쁘게 하는 것이나

돈은 범사에 이용되느니라

20 심중에라도 왕을 저주하지 말며 침실에

서라도 부자를 저주하지 말라 공중의

새가 그 소리를 전하고 날짐승이 그 일

을 전파할 것임이니라

지혜로운 삶

11 너는 네 떡을 물 위에 던져라 여러 날

후에 도로 찾으리라

2 일곱에게나 여덟에게 나눠 줄지어다 무

슨 재앙이 땅에 임할는지 네가 알지 못

함이니라

3 구름에 비가 가득하면 땅에 쏟아지며

나무가 남으로나 북으로나 쓰러지면 그

쓰러진 곳에 그냥 있으리라

4 풍세를 살펴보는 자는 파종하지 못할 것이요 구름만 바라보는 자는 거두지 못하리라

5 바람의 길이 어떠함과 아이 밴 자의 태에서 뼈가 어떻게 자라는지를 네가 알지 못함 같이 만사를 성취하시는 하나님의 일을 네가 알지 못하느니라

6 너는 아침에 씨를 뿌리고 저녁에도 손을 놓지 말라 이것이 잘 될는지, 저것이 잘 될는지, 혹 둘이 다 잘 될는지 알지 못함이니라

7 빛은 실로 아름다운 것이라 눈으로 해를 보는 것이 즐거운 일이로다

8 사람이 여러 해를 살면 항상 즐거워할지로다 그러나 캄캄한 날들이 많으리니 그 날들을 생각할지로다 다가올 일은 다 헛되도다

젊은이에게 주는 교훈

9 청년이여 네 어린 때를 즐거워하며 네 청년의 날들을 마음에 기뻐하여 마음에 원하는 길들과 네 눈이 보는 대로 행하라 그러나 하나님이 이 모든 일로 말미암아 너를 심판하실 줄 알라

10 그런즉 근심이 네 마음에서 떠나게 하며 악이 네 몸에서 물러가게 하라 어릴 때와 검은 머리의 시절이 다 헛되니라

12 너는 청년의 때에 너의 창조주를 기억하라 곧 곤고한 날이 이르기 전에, 나는 아무 낙이 없다고 할 해들이 가깝기 전에

2 해와 빛과 달과 별들이 어둡기 전에, 비 뒤에 구름이 다시 일어나기 전에 그리하라

3 그런 날에는 집을 지키는 자들이 떨 것이며 힘 있는 자들이 구부러질 것이며

맷돌질 하는 자들이 적으므로 그칠 것

이며 창들로 내다 보는 자가 어두워질

것이며

4 길거리 문들이 닫혀질 것이며 맷돌 소

리가 적어질 것이며 새의 소리로 말미

암아 일어날 것이며 음악하는 여자들은

다 쇠하여질 것이며

5 또한 그런 자들은 높은 곳을 두려워할

것이며 길에서는 놀랄 것이며 살구나

무가 꽃이 필 것이며 메뚜기도 짐이 될

것이며 정욕이 그치리니 이는 사람이

자기의 영원한 집으로 돌아가고 조문객

들이 거리로 왕래하게 됨이니라

6 은 줄이 풀리고 금 그릇이 깨지고 항아

리가 샘 곁에서 깨지고 바퀴가 우물 위

에서 깨지고

7 흙은 여전히 땅으로 돌아가고 영은 그

것을 주신 하나님께로 돌아가기 전에

기억하라

8 전도자가 이르되 헛되고 헛되도다 모든

것이 헛되도다

사람의 본분

9 전도자는 지혜자이어서 여전히 백성에

게 지식을 가르쳤고 또 깊이 생각하고

연구하여 잠언을 많이 지었으며

10 전도자는 힘써 아름다운 말들을 구하였

나니 진리의 말씀들을 정직하게 기록하

였느니라

11 지혜자들의 말씀들은 찌르는 채찍들 같

고 회중의 스승들의 말씀들은 잘 박힌

못 같으니 다 한 목자가 주신 바이니라

12 내 아들아 또 이것들로부터 경계를 받

으라 많은 책들을 짓는 것은 끝이 없고

많이 공부하는 것은 몸을 피곤하게 하

느니라

13 일의 결국을 다 들었으니 하나님을 경

외하고 그의 명령들을 지킬지어다 이것

이 모든 사람의 본분이니라

14 하나님은 모든 행위와 모든 은밀한 일

을 선악 간에 심판하시리라

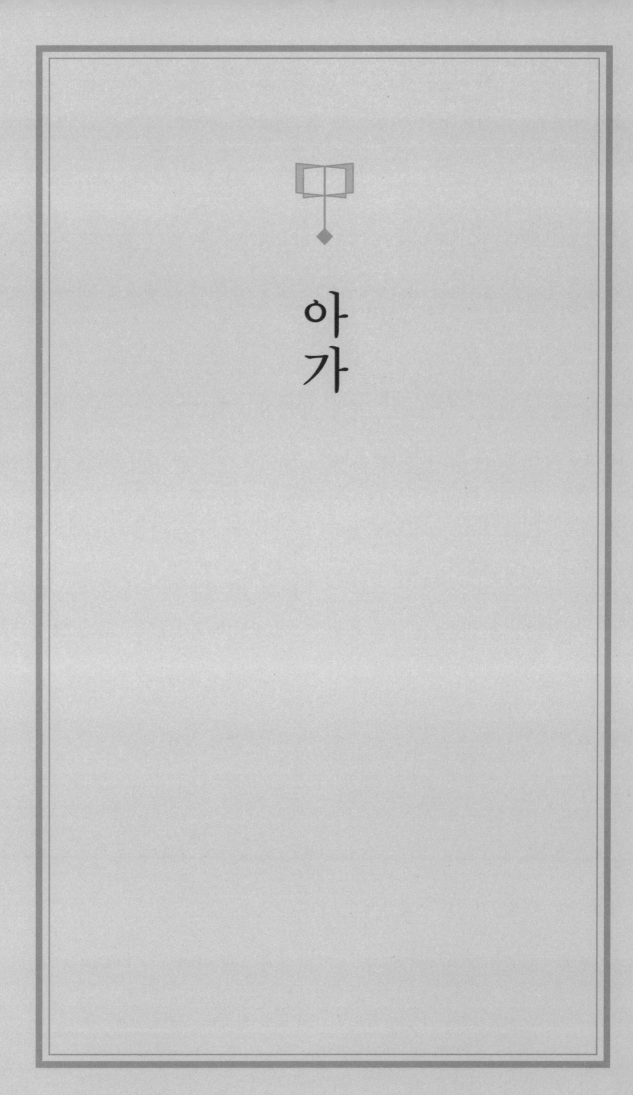

아가

1 솔로몬의 아가라

2 내게 입맞추기를 원하니 네 사랑이 포

도주보다 나음이로구나

3 네 기름이 향기로워 아름답고 네 이름

이 쏟은 향기름 같으므로 처녀들이 너

를 사랑하는구나

4 왕이 나를 그의 방으로 이끌어 들이시

니 너는 나를 인도하라 우리가 너를 따

라 달려가리라 우리가 너로 말미암아

기뻐하며 즐거워하니 네 사랑이 포도주

보다 더 진함이라 처녀들이 너를 사랑

함이 마땅하니라

5 예루살렘 딸들아 내가 비록 검으나 아

름다우니 게달의 장막 같을지라도 솔로

몬의 휘장과도 같구나

6 내가 햇볕에 쬐어서 거무스름할지라도

흘겨보지 말 것은 내 어머니의 아들들

이 나에게 노하여 포도원지기로 삼았음

이라 나의 포도원을 내가 지키지 못하

였구나

7 내 마음으로 사랑하는 자야 네가 양 치

는 곳과 정오에 쉬게 하는 곳을 내게

말하라 내가 네 친구의 양 떼 곁에서

어찌 얼굴을 가린 자 같이 되랴

8 여인 중에 어여쁜 자야 네가 알지 못하

겠거든 양 떼의 발자취를 따라 목자들

의 장막 곁에서 너의 염소 새끼를 먹일

지니라

9 내 사랑아 내가 너를 바로의 병거의 준

마에 비하였구나

10 네 두 뺨은 땋은 머리털로, 네 목은 구

슬 꿰미로 아름답구나

11 우리가 너를 위하여 금 사슬에 은을 박

아 만들리라

12 왕이 침상에 앉았을 때에 나의 나도 기

름이 향기를 뿜어냈구나

13 나의 사랑하는 자는 내 품 가운데 몰약 향주머니요

14 나의 사랑하는 자는 내게 엔게디 포도 원의 고벨화 송이로구나

15 내 사랑아 너는 어여쁘고 어여쁘다 네 눈이 비둘기 같구나

16 나의 사랑하는 자야 너는 어여쁘고 화 창하다 우리의 침상은 푸르고

17 우리 집은 백향목 들보, 잣나무 서까래 로구나

2 나는 사론의 수선화요 골짜기의 백합화 로다

2 여자들 중에 내 사랑은 가시나무 가운 데 백합화 같도다

3 남자들 중에 나의 사랑하는 자는 수풀 가운데 사과나무 같구나 내가 그 그늘 에 앉아서 심히 기뻐하였고 그 열매는 내 입에 달았도다

4 그가 나를 인도하여 잔칫집에 들어갔으 니 그 사랑은 내 위에 깃발이로구나

5 너희는 건포도로 내 힘을 돕고 사과로 나를 시원하게 하라 내가 사랑하므로 병이 생겼음이라

6 그가 왼팔로 내 머리를 고이고 오른팔 로 나를 안는구나

7 예루살렘 딸들아 내가 노루와 들사슴을 두고 너희에게 부탁한다 내 사랑이 원 하기 전에는 흔들지 말고 깨우지 말지 니라

8 내 사랑하는 자의 목소리로구나 보라 그가 산에서 달리고 작은 산을 빨리 넘 어오는구나

9 내 사랑하는 자는 노루와도 같고 어린 사슴과도 같아서 우리 벽 뒤에 서서 창 으로 들여다보며 창살 틈으로 엿보는 구나

10 나의 사랑하는 자가 내게 말하여 이르기를 나의 사랑, 내 어여쁜 자야 일어나서 함께 가자

11 겨울도 지나고 비도 그쳤고

12 지면에는 꽃이 피고 새가 노래할 때가 이르렀는데 비둘기의 소리가 우리 땅에 들리는구나

13 무화과나무에는 푸른 열매가 익었고 포도나무는 꽃을 피워 향기를 토하는구나 나의 사랑, 나의 어여쁜 자야 일어나서 함께 가자

14 바위 틈 낭떠러지 은밀한 곳에 있는 나의 비둘기야 내가 네 얼굴을 보게 하라 네 소리를 듣게 하라 네 소리는 부드럽고 네 얼굴은 아름답구나

15 우리를 위하여 여우 곧 포도원을 허는 작은 여우를 잡으라 우리의 포도원에 꽃이 피었음이라

16 내 사랑하는 자는 내게 속하였고 나는 그에게 속하였도다 그가 백합화 가운데에서 양 떼를 먹이는구나

17 내 사랑하는 자야 날이 저물고 그림자가 사라지기 전에 돌아와서 베데르 산의 노루와 어린 사슴 같을지라

3 내가 밤에 침상에서 마음으로 사랑하는 자를 찾았노라 찾아도 찾아내지 못하였노라

2 이에 내가 일어나서 성 안을 돌아다니며 마음에 사랑하는 자를 거리에서나 큰 길에서나 찾으리라 하고 찾으나 만나지 못하였노라

3 성 안을 순찰하는 자들을 만나서 묻기를 내 마음으로 사랑하는 자를 너희가 보았느냐 하고

4 그들을 지나치자마자 마음에 사랑하는 자를 만나서 그를 붙잡고 내 어머니 집

으로, 나를 잉태한 이의 방으로 가기까지 놓지 아니하였노라

5 예루살렘 딸들아 내가 노루와 들사슴을 두고 너희에게 부탁한다 사랑하는 자가 원하기 전에는 흔들지 말고 깨우지 말지니라

6 몰약과 유향과 상인의 여러 가지 향품으로 향내 풍기며 연기 기둥처럼 거친 들에서 오는 자가 누구인가

7 볼지어다 솔로몬의 가마라 이스라엘 용사 중 육십 명이 둘러쌌는데

8 다 칼을 잡고 싸움에 익숙한 사람들이라 밤의 두려움으로 말미암아 각기 허리에 칼을 찼느니라

9 솔로몬 왕이 레바논 나무로 자기의 가마를 만들었는데

10 그 기둥은 은이요 바닥은 금이요 자리는 자색 깔개라 그 안에는 예루살렘 딸들의 사랑이 엮어져 있구나

11 시온의 딸들아 나와서 솔로몬 왕을 보라 혼인날 마음이 기쁠 때에 그의 어머니가 씌운 왕관이 그 머리에 있구나

4 내 사랑 너는 어여쁘고도 어여쁘다 너울 속에 있는 네 눈이 비둘기 같고 네 머리털은 길르앗 산 기슭에 누운 염소 떼 같구나

2 네 이는 목욕장에서 나오는 털 깎인 암양 곧 새끼 없는 것은 하나도 없이 각각 쌍태를 낳은 양 같구나

3 네 입술은 홍색 실 같고 네 입은 어여쁘고 너울 속의 네 뺨은 석류 한 쪽 같구나

4 네 목은 무기를 두려고 건축한 다윗의 망대 곧 방패 천 개, 용사의 모든 방패가 달린 망대 같고

5 네 두 유방은 백합화 가운데서 꼴을 먹

　는 쌍태 어린 사슴 같구나

6 날이 저물고 그림자가 사라지기 전에

내가 몰약 산과 유향의 작은 산으로 가

리라

7 나의 사랑 너는 어여쁘고 아무 흠이 없

구나

8 내 신부야 너는 레바논에서부터 나와

함께 하고 레바논에서부터 나와 함께

가자 아마나와 스닐과 헤르몬 꼭대기에

서 사자 굴과 표범 산에서 내려오너라

9 내 누이, 내 신부야 네가 내 마음을 빼

앗았구나 네 눈으로 한 번 보는 것과

네 목의 구슬 한 꿰미로 내 마음을 빼

앗았구나

10 내 누이, 내 신부야 네 사랑이 어찌 그

리 아름다운지 네 사랑은 포도주보다

진하고 네 기름의 향기는 각양 향품보

다 향기롭구나

11 내 신부야 네 입술에서는 꿀 방울이 떨

어지고 네 혀 밑에는 꿀과 젖이 있고 네

의복의 향기는 레바논의 향기 같구나

12 내 누이, 내 신부는 잠근 동산이요 덮은

우물이요 봉한 샘이로구나

13 네게서 나는 것은 석류나무와 각종 아

름다운 과수와 고벨화와 나도풀과

14 나도와 번홍화와 창포와 계수와 각종

유향목과 몰약과 침향과 모든 귀한 향

품이요

15 너는 동산의 샘이요 생수의 우물이요

레바논에서부터 흐르는 시내로구나

16 북풍아 일어나라 남풍아 오라 나의 동

산에 불어서 향기를 날리라 나의 사랑

하는 자가 그 동산에 들어가서 그 아름

다운 열매 먹기를 원하노라

5 내 누이, 내 신부야 내가 내 동산에 들

어와서 나의 몰약과 향 재료를 거두고

나의 꿀송이와 꿀을 먹고 내 포도주와

내 우유를 마셨으니 나의 친구들아 먹으

라 나의 사랑하는 사람들아 많이 마시라

2 내가 잘지라도 마음은 깨었는데 나의 사

랑하는 자의 소리가 들리는구나 문을 두

드려 이르기를 나의 누이, 나의 사랑,

나의 비둘기, 나의 완전한 자야 문을 열

어 다오 내 머리에는 이슬이, 내 머리

털에는 밤이슬이 가득하였다 하는구나

3 내가 옷을 벗었으니 어찌 다시 입겠으

며 내가 발을 씻었으니 어찌 다시 더럽

히랴마는

4 내 사랑하는 자가 문틈으로 손을 들이

밀매 내 마음이 움직여서

5 일어나 내 사랑하는 자를 위하여 문을

열 때 몰약이 내 손에서, 몰약의 즙이

내 손가락에서 문빗장에 떨어지는구나

6 내가 내 사랑하는 자를 위하여 문을 열

었으나 그는 벌써 물러갔네 그가 말할

때에 내 혼이 나갔구나 내가 그를 찾아

도 못 만났고 불러도 응답이 없었노라

7 성 안을 순찰하는 자들이 나를 만나매

나를 쳐서 상하게 하였고 성벽을 파수하

는 자들이 나의 겉옷을 벗겨 가졌도다

8 예루살렘 딸들아 너희에게 내가 부탁한

다 너희가 내 사랑하는 자를 만나거든

내가 사랑하므로 병이 났다고 하려무나

9 여자들 가운데에 어여쁜 자야 너의 사

랑하는 자가 남의 사랑하는 자보다 나

은 것이 무엇인가 너의 사랑하는 자가

남의 사랑하는 자보다 나은 것이 무엇

이기에 이같이 우리에게 부탁하는가

10 내 사랑하는 자는 희고도 붉어 많은 사

람 가운데에 뛰어나구나

11 머리는 순금 같고 머리털은 고불고불하

고 까마귀 같이 검구나

355

12 눈은 시냇가의 비둘기 같은데 우유로 씻은 듯하고 아름답게도 박혔구나

13 뺨은 향기로운 꽃밭 같고 향기로운 풀 언덕과도 같고 입술은 백합화 같고 몰약의 즙이 뚝뚝 떨어지는구나

14 손은 황옥을 물린 황금 노리개 같고 몸은 아로새긴 상아에 청옥을 입힌 듯하구나

15 다리는 순금 받침에 세운 화반석 기둥 같고 생김새는 레바논 같으며 백향목처럼 보기 좋고

16 입은 심히 달콤하니 그 전체가 사랑스럽구나 예루살렘 딸들아 이는 내 사랑하는 자요 나의 친구로다

6 여자들 가운데에서 어여쁜 자야 네 사랑하는 자가 어디로 갔는가 네 사랑하는 자가 어디로 돌아갔는가 우리가 너와 함께 찾으리라

2 내 사랑하는 자가 자기 동산으로 내려가 향기로운 꽃밭에 이르러서 동산 가운데에서 양 떼를 먹이며 백합화를 꺾는구나

3 나는 내 사랑하는 자에게 속하였고 내 사랑하는 자는 내게 속하였으며 그가 백합화 가운데에서 그 양 떼를 먹이는도다

4 내 사랑아 너는 디르사 같이 어여쁘고, 예루살렘 같이 곱고, 깃발을 세운 군대 같이 당당하구나

5 네 눈이 나를 놀라게 하니 돌이켜 나를 보지 말라 네 머리털은 길르앗 산 기슭에 누운 염소 떼 같고

6 네 이는 목욕하고 나오는 암양 떼 같으니 쌍태를 가졌으며 새끼 없는 것은 하나도 없구나

7 너울 속의 네 뺨은 석류 한 쪽 같구나

8 왕비가 육십 명이요 후궁이 팔십 명이요 시녀가 무수하되

9 내 비둘기, 내 완전한 자는 하나뿐이로구나 그는 그의 어머니의 외딸이요 그 낳은 자가 귀중하게 여기는 자로구나 여자들이 그를 보고 복된 자라 하고 왕비와 후궁들도 그를 칭찬하는구나

10 아침 빛 같이 뚜렷하고 달 같이 아름답고 해 같이 맑고 깃발을 세운 군대 같이 당당한 여자가 누구인가

11 골짜기의 푸른 초목을 보려고 포도나무가 순이 났는가 석류나무가 꽃이 피었는가 알려고 내가 호도 동산으로 내려갔을 때에

12 부지중에 내 마음이 나를 내 귀한 백성의 수레 가운데에 이르게 하였구나

13 돌아오고 돌아오라 술람미 여자야 돌아오고 돌아오라 우리가 너를 보게 하라

너희가 어찌하여 마하나임에서 춤추는 것을 보는 것처럼 술람미 여자를 보려느냐

7 귀한 자의 딸아 신을 신은 네 발이 어찌 그리 아름다운가 네 넓적다리는 둥글어서 숙련공의 손이 만든 구슬 꿰미 같구나

2 배꼽은 섞은 포도주를 가득히 부은 둥근 잔 같고 허리는 백합화로 두른 밀단 같구나

3 두 유방은 암사슴의 쌍태 새끼 같고

4 목은 상아 망대 같구나 눈은 헤스본 바드랍빔 문 곁에 있는 연못 같고 코는 다메섹을 향한 레바논 망대 같구나

5 머리는 갈멜 산 같고 드리운 머리털은 자주 빛이 있으니 왕이 그 머리카락에 매이었구나

6 사랑아 네가 어찌 그리 아름다운지, 어

찌 그리 화창한지 즐겁게 하는구나

7 네 키는 종려나무 같고 네 유방은 그

열매송이 같구나

8 내가 말하기를 종려나무에 올라가서

그 가지를 잡으리라 하였나니 네 유방

은 포도송이 같고 네 콧김은 사과 냄

새 같고

9 네 입은 좋은 포도주 같을 것이니라 이

포도주는 내 사랑하는 자를 위하여 미

끄럽게 흘러내려서 자는 자의 입을 움

직이게 하느니라

10 나는 내 사랑하는 자에게 속하였도다

그가 나를 사모하는구나

11 내 사랑하는 자야 우리가 함께 들로 가

서 동네에서 유숙하자

12 우리가 일찍이 일어나서 포도원으로 가

서 포도 움이 돋았는지, 꽃술이 퍼졌는

지, 석류 꽃이 피었는지 보자 거기에서

내가 내 사랑을 네게 주리라

13 합환채가 향기를 뿜어내고 우리의 문 앞

에는 여러 가지 귀한 열매가 새 것, 묵

은 것으로 마련되었구나 내가 내 사랑

하는 자 너를 위하여 쌓아 둔 것이로다

8 네가 내 어머니의 젖을 먹은 오라비 같

았더라면 내가 밖에서 너를 만날 때에

입을 맞추어도 나를 업신여길 자가 없

었을 것이라

2 내가 너를 이끌어 내 어머니 집에 들이

고 네게서 교훈을 받았으리라 나는 향

기로운 술 곧 석류즙으로 네게 마시게

하겠고

3 너는 왼팔로는 내 머리를 고이고 오른

손으로는 나를 안았으리라

4 예루살렘 딸들아 내가 너희에게 부탁한

다 내 사랑하는 자가 원하기 전에는 흔

들지 말며 깨우지 말지니라

5 그의 사랑하는 자를 의지하고 거친 들에서 올라오는 여자가 누구인가 너로 말미암아 네 어머니가 고생한 곳 너를 낳은 자가 애쓴 그 곳 사과나무 아래에서 내가 너를 깨웠노라

6 너는 나를 도장 같이 마음에 품고 도장 같이 팔에 두라 사랑은 죽음 같이 강하고 질투는 스올 같이 잔인하며 불길 같이 일어나니 그 기세가 여호와의 불과 같으니라

7 많은 물도 이 사랑을 끄지 못하겠고 홍수라도 삼키지 못하나니 사람이 그의 온 가산을 다 주고 사랑과 바꾸려 할지라도 오히려 멸시를 받으리라

8 우리에게 있는 작은 누이는 아직도 유방이 없구나 그가 청혼을 받는 날에는 우리가 그를 위하여 무엇을 할까

9 그가 성벽이라면 우리는 은 망대를 그 위에 세울 것이요 그가 문이라면 우리는 백향목 판자로 두르리라

10 나는 성벽이요 내 유방은 망대 같으니 그러므로 나는 그가 보기에 화평을 얻은 자 같구나

11 솔로몬이 바알하몬에 포도원이 있어 지키는 자들에게 맡겨 두고 그들로 각기 그 열매로 말미암아 은 천을 바치게 하였구나

12 솔로몬 너는 천을 얻겠고 열매를 지키는 자도 이백을 얻으려니와 내게 속한 내 포도원은 내 앞에 있구나

13 너 동산에 거주하는 자야 친구들이 네 소리에 귀를 기울이니 내가 듣게 하려무나

14 내 사랑하는 자야 너는 빨리 달리라 향기로운 산 위에 있는 노루와도 같고 어린 사슴과도 같아라

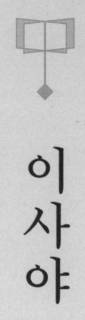

이사야

1 유다 왕 웃시야와 요담과 아하스와 히

스기야 시대에 아모스의 아들 이사야가

유다와 예루살렘에 관하여 본 계시라

여호와의 말씀

2 하늘이여 들으라 땅이여 귀를 기울이

라 여호와께서 말씀하시기를 내가 자

식을 양육하였거늘 그들이 나를 거역

하였도다

3 소는 그 임자를 알고 나귀는 그 주인의

구유를 알건마는 이스라엘은 알지 못하

고 나의 백성은 깨닫지 못하는도다 하

셨도다

4 슬프다 범죄한 나라요 허물 진 백성이

요 행악의 종자요 행위가 부패한 자식

이로다 그들이 여호와를 버리며 이스라

엘의 거룩하신 이를 만홀히 여겨 멀리

하고 물러갔도다

5 너희가 어찌하여 매를 더 맞으려고 패

역을 거듭하느냐 온 머리는 병들었고

온 마음은 피곤하였으며

6 발바닥에서 머리까지 성한 곳이 없이

상한 것과 터진 것과 새로 맞은 흔적뿐

이거늘 그것을 짜며 싸매며 기름으로

부드럽게 함을 받지 못하였도다

7 너희의 땅은 황폐하였고 너희의 성읍들

은 불에 탔고 너희의 토지는 너희 목전

에서 이방인에게 삼켜졌으며 이방인에

게 파괴됨 같이 황폐하였고

8 딸 시온은 포도원의 망대 같이, 참외밭

의 원두막 같이, 에워 싸인 성읍 같이

겨우 남았도다

9 만군의 여호와께서 우리를 위하여 생존

자를 조금 남겨 두지 아니하셨더면 우

리가 소돔 같고 고모라 같았으리로다

10 너희 소돔의 관원들아 여호와의 말씀을

들을지어다 너희 고모라의 백성아 우리

하나님의 법에 귀를 기울일지어다

11 여호와께서 말씀하시되 너희의 무수한 제물이 내게 무엇이 유익하뇨 나는 숫양의 번제와 살진 짐승의 기름에 배불렀고 나는 수송아지나 어린 양이나 숫염소의 피를 기뻐하지 아니하노라

12 너희가 내 앞에 보이러 오니 이것을 누가 너희에게 요구하였느냐 내 마당만 밟을 뿐이니라

13 헛된 제물을 다시 가져오지 말라 분향은 내가 가증히 여기는 바요 월삭과 안식일과 대회로 모이는 것도 그러하니 성회와 아울러 악을 행하는 것을 내가 견디지 못하겠노라

14 내 마음이 너희의 월삭과 정한 절기를 싫어하나니 그것이 내게 무거운 짐이라 내가 지기에 곤비하였느니라

15 너희가 손을 펼 때에 내가 내 눈을 너희에게서 가리고 너희가 많이 기도할지라도 내가 듣지 아니하리니 이는 너희의 손에 피가 가득함이라

16 너희는 스스로 씻으며 스스로 깨끗하게 하여 내 목전에서 너희 악한 행실을 버리며 행악을 그치고

17 선행을 배우며 정의를 구하며 학대 받는 자를 도와 주며 고아를 위하여 신원하며 과부를 위하여 변호하라 하셨느니라

18 여호와께서 말씀하시되 오라 우리가 서로 변론하자 너희의 죄가 주홍 같을지라도 눈과 같이 희어질 것이요 진홍 같이 붉을지라도 양털 같이 희게 되리라

19 너희가 즐겨 순종하면 땅의 아름다운 소산을 먹을 것이요

20 너희가 거절하여 배반하면 칼에 삼켜지리라 여호와의 입의 말씀이니라

죄로 가득 찬 성읍

21 신실하던 성읍이 어찌하여 창기가 되었

는고 정의가 거기에 충만하였고 공의가

그 가운데에 거하였더니 이제는 살인자

들뿐이로다

22 네 은은 찌꺼기가 되었고 네 포도주에

는 물이 섞였도다

23 네 고관들은 패역하여 도둑과 짝하며

다 뇌물을 사랑하며 예물을 구하며 고

아를 위하여 신원하지 아니하며 과부의

송사를 수리하지 아니하는도다

24 그러므로 주 만군의 여호와 이스라엘의

전능자가 말씀하시되 슬프다 내가 장차

내 대적에게 보응하여 내 마음을 편하

게 하겠고 내 원수에게 보복하리라

25 내가 또 내 손을 네게 돌려 네 찌꺼기

를 잿물로 씻듯이 녹여 청결하게 하며

네 혼잡물을 다 제하여 버리고

26 내가 네 재판관들을 처음과 같이, 네 모

사들을 본래와 같이 회복할 것이라 그

리한 후에야 네가 의의 성읍이라, 신실

한 고을이라 불리리라 하셨나니

27 시온은 정의로 구속함을 받고 그 돌아

온 자들은 공의로 구속함을 받으리라

28 그러나 패역한 자와 죄인은 함께 패망

하고 여호와를 버린 자도 멸망할 것

이라

29 너희가 기뻐하던 상수리나무로 말미암

아 너희가 부끄러움을 당할 것이요 너

희가 택한 동산으로 말미암아 수치를

당할 것이며

30 너희는 잎사귀 마른 상수리나무 같을

것이요 물 없는 동산 같으리니

31 강한 자는 삼오라기 같고 그의 행위는

불티 같아서 함께 탈 것이나 끌 사람이

없으리라

칼을 쳐서 보습을 만들고

2 아모스의 아들 이사야가 받은 바 유다

와 예루살렘에 관한 말씀이라

2 말일에 여호와의 전의 산이 모든 산 꼭

대기에 굳게 설 것이요 모든 작은 산

위에 뛰어나리니 만방이 그리로 모여들

것이라

3 많은 백성이 가며 이르기를 오라 우리

가 여호와의 산에 오르며 야곱의 하나

님의 전에 이르자 그가 그의 길을 우리

에게 가르치실 것이라 우리가 그 길로

행하리라 하리니 이는 율법이 시온에서

부터 나올 것이요 여호와의 말씀이 예

루살렘에서부터 나올 것임이니라

4 그가 열방 사이에 판단하시며 많은 백

성을 판결하시리니 무리가 그들의 칼을

쳐서 보습을 만들고 그들의 창을 쳐서

낫을 만들 것이며 이 나라와 저 나라가

다시는 칼을 들고 서로 치지 아니하며

다시는 전쟁을 연습하지 아니하리라

여호와의 날

5 야곱 족속아 오라 우리가 여호와의 빛

에 행하자

6 주께서 주의 백성 야곱 족속을 버리셨

음은 그들에게 동방 풍속이 가득하며

그들이 블레셋 사람들 같이 점을 치며

이방인과 더불어 손을 잡아 언약하였음

이라

7 그 땅에는 은금이 가득하고 보화가 무

한하며 그 땅에는 마필이 가득하고 병

거가 무수하며

8 그 땅에는 우상도 가득하므로 그들이

자기 손으로 짓고 자기 손가락으로 만

든 것을 경배하여

9 천한 자도 절하며 귀한 자도 굴복하오

니 그들을 용서하지 마옵소서

10 너희는 바위 틈에 들어가며 진토에 숨어 여호와의 위엄과 그 광대하심의 영광을 피하라

11 그 날에 눈이 높은 자가 낮아지며 교만한 자가 굴복되고 여호와께서 홀로 높임을 받으시리라

12 대저 만군의 여호와의 날이 모든 교만한 자와 거만한 자와 자고한 자에게 임하리니 그들이 낮아지리라

13 또 레바논의 높고 높은 모든 백향목과 바산의 모든 상수리나무와

14 모든 높은 산과 모든 솟아 오른 작은 언덕과

15 모든 높은 망대와 모든 견고한 성벽과

16 다시스의 모든 배와 모든 아름다운 조각물에 임하리니

17 그 날에 자고한 자는 굴복되며 교만한 자는 낮아지고 여호와께서 홀로 높임을 받으실 것이요

18 우상들은 온전히 없어질 것이며

19 사람들이 암혈과 토굴로 들어가서 여호와께서 땅을 진동시키려고 일어나실 때에 그의 위엄과 그 광대하심의 영광을 피할 것이라

20 사람이 자기를 위하여 경배하려고 만들었던 은 우상과 금 우상을 그 날에 두더지와 박쥐에게 던지고

21 암혈과 험악한 바위 틈에 들어가서 여호와께서 땅을 진동시키려고 일어나실 때에 그의 위엄과 그 광대하심의 영광을 피하리라

22 너희는 인생을 의지하지 말라 그의 호흡은 코에 있나니 셈할 가치가 어디 있느냐

예루살렘의 멸망

3 보라 주 만군의 여호와께서 예루살렘과

유다가 의뢰하며 의지하는 것을 제하여

버리시되 곧 그가 의지하는 모든 양식

과 그가 의지하는 모든 물과

2 용사와 전사와 재판관과 선지자와 복술

자와 장로와

3 오십부장과 귀인과 모사와 정교한 장인

과 능란한 요술자를 그리하실 것이며

4 그가 또 소년들을 그들의 고관으로 삼

으시며 아이들이 그들을 다스리게 하시

리니

5 백성이 서로 학대하며 각기 이웃을 잔

해하며 아이가 노인에게, 비천한 자가

존귀한 자에게 교만할 것이며

6 혹시 사람이 자기 아버지 집에서 자기

의 형제를 붙잡고 말하기를 네게는 겉

옷이 있으니 너는 우리의 통치자가 되

어 이 폐허를 네 손아래에 두라 할 것

이면

7 그 날에 그가 소리를 높여 이르기를 나

는 고치는 자가 되지 아니하겠노라 내

집에는 양식도 없고 의복도 없으니 너

희는 나를 백성의 통치자로 삼지 말라

하리라

8 예루살렘이 멸망하였고 유다가 엎드러

졌음은 그들의 언어와 행위가 여호와를

거역하여 그의 영광의 눈을 범하였음

이라

9 그들의 안색이 불리하게 증거하며 그들

의 죄를 말해 주고 숨기지 못함이 소돔

과 같으니 그들의 영혼에 화가 있을진

저 그들이 재앙을 자취하였도다

10 너희는 의인에게 복이 있으리라 말하라

그들은 그들의 행위의 열매를 먹을 것

임이요

11 악인에게는 화가 있으리니 이는 그의

손으로 행한 대로 그가 보응을 받을 것

임이니라

12 내 백성을 학대하는 자는 아이요 다스리는 자는 여자들이라 내 백성이여 네 인도자들이 너를 유혹하여 네가 다닐 길을 어지럽히느니라

여호와께서 백성을 심판하시다

13 여호와께서 변론하러 일어나시며 백성들을 심판하려고 서시도다

14 여호와께서 자기 백성의 장로들과 고관들을 심문하러 오시리니 포도원을 삼킨 자는 너희이며 가난한 자에게서 탈취한 물건이 너희의 집에 있도다

15 어찌하여 너희가 내 백성을 짓밟으며 가난한 자의 얼굴에 맷돌질하느냐 주 만군의 여호와 내가 말하였느니라 하시도다

시온의 딸들에게 말씀하시다

16 여호와께서 또 말씀하시되 시온의 딸들이 교만하여 늘인 목, 정을 통하는 눈으로 다니며 아기작거려 걸으며 발로는 쟁쟁한 소리를 낸다 하시도다

17 그러므로 주께서 시온의 딸들의 정수리에 딱지가 생기게 하시며 여호와께서 그들의 하체가 드러나게 하시리라

18 주께서 그 날에 그들이 장식한 발목 고리와 머리의 망사와 반달 장식과

19 귀 고리와 팔목 고리와 얼굴 가리개와

20 화관과 발목 사슬과 띠와 향합과 호신부와

21 반지와 코 고리와

22 예복과 겉옷과 목도리와 손 주머니와

23 손 거울과 세마포 옷과 머리 수건과 너울을 제하시리니

24 그 때에 썩은 냄새가 향기를 대신하고 노끈이 띠를 대신하고 대머리가 숱한 머리털을 대신하고 굵은 베 옷이 화

려한 옷을 대신하고 수치스러운 흔적이 아름다움을 대신할 것이며

25 너희의 장정은 칼에, 너희의 용사는 전란에 망할 것이며

26 그 성문은 슬퍼하며 곡할 것이요 시온은 황폐하여 땅에 앉으리라

4 그 날에 일곱 여자가 한 남자를 붙잡고 말하기를 우리가 우리 떡을 먹으며 우리 옷을 입으리니 다만 당신의 이름으로 우리를 부르게 하여 우리가 수치를 면하게 하라 하리라

예루살렘을 청결하게 하실 때

2 그 날에 여호와의 싹이 아름답고 영화로울 것이요 그 땅의 소산은 이스라엘의 피난한 자를 위하여 영화롭고 아름다울 것이며

3 시온에 남아 있는 자, 예루살렘에 머물러 있는 자 곧 예루살렘 안에 생존한

자 중 기록된 모든 사람은 거룩하다 칭함을 얻으리니

4 이는 주께서 심판하는 영과 소멸하는 영으로 시온의 딸들의 더러움을 씻기시며 예루살렘의 피를 그 중에서 청결하게 하실 때가 됨이라

5 여호와께서 거하시는 온 시온 산과 모든 집회 위에 낮이면 구름과 연기, 밤이면 화염의 빛을 만드시고 그 모든 영광 위에 덮개를 두시며

6 또 초막이 있어서 낮에는 더위를 피하는 그늘을 지으며 또 풍우를 피하여 숨는 곳이 되리라

포도원 노래

5 나는 내가 사랑하는 자를 위하여 노래하되 내가 사랑하는 자의 포도원을 노래하리라 내가 사랑하는 자에게 포도원이 있음이여 심히 기름진 산에로다

2 땅을 파서 돌을 제하고 극상품 포도나무를 심었도다 그 중에 망대를 세웠고 또 그 안에 술틀을 팠도다 좋은 포도 맺기를 바랐더니 들포도를 맺었도다

3 예루살렘 주민과 유다 사람들아 구하노니 이제 나와 내 포도원 사이에서 사리를 판단하라

4 내가 내 포도원을 위하여 행한 것 외에 무엇을 더할 것이 있으랴 내가 좋은 포도 맺기를 기다렸거늘 들포도를 맺음은 어찌 됨인고

5 이제 내가 내 포도원에 어떻게 행할지를 너희에게 이르리라 내가 그 울타리를 걷어 먹힘을 당하게 하며 그 담을 헐어 짓밟히게 할 것이요

6 내가 그것을 황폐하게 하리니 다시는 가지를 자름이나 북을 돋우지 못하여 찔레와 가시가 날 것이며 내가 또 구름에게 명하여 그 위에 비를 내리지 못하게 하리라 하셨으니

7 무릇 만군의 여호와의 포도원은 이스라엘 족속이요 그가 기뻐하시는 나무는 유다 사람이라 그들에게 정의를 바라셨더니 도리어 포학이요 그들에게 공의를 바라셨더니 도리어 부르짖음이었도다

사람이 저지르는 악한 일

8 가옥에 가옥을 이으며 전토에 전토를 더하여 빈 틈이 없도록 하고 이 땅 가운데에서 홀로 거주하려 하는 자들은 화 있을진저

9 만군의 여호와께서 내 귀에 말씀하시되 정녕히 허다한 가옥이 황폐하리니 크고 아름다울지라도 거주할 자가 없을 것이며

10 열흘 갈이 포도원에 겨우 포도주 한 바트가 나겠고 한 호멜의 종자를 뿌려도

간신히 한 에바가 나리라 하시도다

11 아침에 일찍이 일어나 독주를 마시며

밤이 깊도록 포도주에 취하는 자들은

화 있을진저

12 그들이 연회에는 수금과 비파와 소고와

피리와 포도주를 갖추었어도 여호와께

서 행하시는 일에 관심을 두지 아니하

며 그의 손으로 하신 일을 보지 아니하

는도다

13 그러므로 내 백성이 무지함으로 말미암

아 사로잡힐 것이요 그들의 귀한 자는

굶주릴 것이요 무리는 목마를 것이라

14 그러므로 스올이 욕심을 크게 내어 한

량 없이 그 입을 벌린즉 그들의 호화로

움과 그들의 많은 무리와 그들의 떠드

는 것과 그 중에서 즐거워하는 자가 거

기에 빠질 것이라

15 여느 사람은 구푸리고 존귀한 자는 낮

아지고 오만한 자의 눈도 낮아질 것이

로되

16 오직 만군의 여호와는 정의로우시므로

높임을 받으시며 거룩하신 하나님은 공

의로우시므로 거룩하다 일컬음을 받으

시리니

17 그 때에는 어린 양들이 자기 초장에 있

는 것 같이 풀을 먹을 것이요 유리하는

자들이 부자의 버려진 밭에서 먹으리라

18 거짓으로 끈을 삼아 죄악을 끌며 수레

줄로 함 같이 죄악을 끄는 자는 화 있

을진저

19 그들이 이르기를 그는 자기의 일을 속

속히 이루어 우리에게 보게 할 것이며

이스라엘의 거룩한 이는 자기의 계획을

속히 이루어 우리가 알게 할 것이라 하

는도다

20 악을 선하다 하며 선을 악하다 하며 흑

암으로 광명을 삼으며 광명으로 흑암을

삼으며 쓴 것으로 단 것을 삼으며 단 것

으로 쓴 것을 삼는 자들은 화 있을진저

21 스스로 지혜롭다 하며 스스로 명철하다

하는 자들은 화 있을진저

22 포도주를 마시기에 용감하며 독주를 잘

빚는 자들은 화 있을진저

23 그들은 뇌물로 말미암아 악인을 의롭다

하고 의인에게서 그 공의를 빼앗는도다

24 이로 말미암아 불꽃이 그루터기를 삼

킴 같이, 마른 풀이 불 속에 떨어짐 같

이 그들의 뿌리가 썩겠고 꽃이 티끌처

럼 날리리니 그들이 만군의 여호와의

율법을 버리며 이스라엘의 거룩하신 이

의 말씀을 멸시하였음이라

25 그러므로 여호와께서 자기 백성에게 노

를 발하시고 그들 위에 손을 들어 그

들을 치신지라 산들은 진동하며 그들

의 시체는 거리 가운데에 분토 같이 되

었도다 그럴지라도 그의 노가 돌아서지

아니하였고 그의 손이 여전히 펼쳐져

있느니라

26 또 그가 기치를 세우시고 먼 나라들을

불러 땅 끝에서부터 자기에게로 오게

하실 것이라 보라 그들이 빨리 달려올

것이로되

27 그 중에 곤핍하여 넘어지는 자도 없을

것이며 조는 자나 자는 자도 없을 것이

며 그들의 허리띠는 풀리지 아니하며

그들의 들메끈은 끊어지지 아니하며

28 그들의 화살은 날카롭고 모든 활은 당

겨졌으며 그들의 말굽은 부싯돌 같고

병거 바퀴는 회오리바람 같을 것이며

29 그들의 부르짖음은 암사자 같을 것이요

그들의 소리지름은 어린 사자들과 같을

것이라 그들이 부르짖으며 먹이를 움켜

가져가 버려도 건질 자가 없으리로다

30 그 날에 그들이 바다 물결 소리 같이 백성을 향하여 부르짖으리니 사람이 그 땅을 바라보면 흑암과 고난이 있고 빛은 구름에 가려서 어두우리라

이사야를 선지자로 부르시다

6 웃시야 왕이 죽던 해에 내가 본즉 주께서 높이 들린 보좌에 앉으셨는데 그의 옷자락은 성전에 가득하였고

2 스랍들이 모시고 섰는데 각기 여섯 날개가 있어 그 둘로는 자기의 얼굴을 가리었고 그 둘로는 자기의 발을 가리었고 그 둘로는 날며

3 서로 불러 이르되 거룩하다 거룩하다 거룩하다 만군의 여호와여 그의 영광이 온 땅에 충만하도다 하더라

4 이같이 화답하는 자의 소리로 말미암아 문지방의 터가 요동하며 성전에 연기가 충만한지라

5 그 때에 내가 말하되 화로다 나여 망하게 되었도다 나는 입술이 부정한 사람이요 나는 입술이 부정한 백성 중에 거주하면서 만군의 여호와이신 왕을 뵈었음이로다 하였더라

6 그 때에 그 스랍 중의 하나가 부젓가락으로 제단에서 집은 바 핀 숯을 손에 가지고 내게로 날아와서

7 그것을 내 입술에 대며 이르되 보라 이것이 네 입에 닿았으니 네 악이 제하여졌고 네 죄가 사하여졌느니라 하더라

8 내가 또 주의 목소리를 들으니 주께서 이르시되 내가 누구를 보내며 누가 우리를 위하여 갈꼬 하시니 그 때에 내가 이르되 내가 여기 있나이다 나를 보내소서 하였더니

9 여호와께서 이르시되 가서 이 백성에게

이르기를 너희가 듣기는 들어도 깨닫지 못할 것이요 보기는 보아도 알지 못하리라 하여

10 이 백성의 마음을 둔하게 하며 그들의 귀가 막히고 그들의 눈이 감기게 하라 염려하건대 그들이 눈으로 보고 귀로 듣고 마음으로 깨닫고 다시 돌아와 고침을 받을까 하노라 하시기로

11 내가 이르되 주여 어느 때까지니이까 하였더니 주께서 대답하시되 성읍들은 황폐하여 주민이 없으며 가옥들에는 사람이 없고 이 토지는 황폐하게 되며

12 여호와께서 사람들을 멀리 옮기셔서 이 땅 가운데에 황폐한 곳이 많을 때까지니라

13 그 중에 십분의 일이 아직 남아 있을지라도 이것도 황폐하게 될 것이나 밤나무와 상수리나무가 베임을 당하여도 그

그루터기는 남아 있는 것 같이 거룩한 씨가 이 땅의 그루터기니라 하시더라

아하스 왕에게 삼가며 조용하라 하시다

7 웃시야의 손자요 요담의 아들인 유다의 아하스 왕 때에 아람의 르신 왕과 르말리야의 아들 이스라엘의 베가 왕이 올라와서 예루살렘을 쳤으나 능히 이기지 못하니라

2 어떤 사람이 다윗의 집에 알려 이르되 아람이 에브라임과 동맹하였다 하였으므로 왕의 마음과 그의 백성의 마음이 숲이 바람에 흔들림 같이 흔들렸더라

3 그 때에 여호와께서 이사야에게 이르시되 너와 네 아들 스알야숩은 윗못 수도 끝 세탁자의 밭 큰 길에 나가서 아하스를 만나

4 그에게 이르기를 너는 삼가며 조용하라 르신과 아람과 르말리야의 아들이 심히

노할지라도 이들은 연기 나는 두 부지

깽이 그루터기에 불과하니 두려워하지

말며 낙심하지 말라

5 아람과 에브라임과 르말리야의 아들이

악한 꾀로 너를 대적하여 이르기를

6 우리가 올라가 유다를 쳐서 그것을 쓰

러뜨리고 우리를 위하여 그것을 무너뜨

리고 다브엘의 아들을 그 중에 세워 왕

으로 삼자 하였으나

7 주 여호와의 말씀이 그 일은 서지 못하

며 이루어지지 못하리라

8 대저 아람의 머리는 다메섹이요 다메섹

의 머리는 르신이며 육십오년 내에 에

브라임이 패망하여 다시는 나라를 이루

지 못할 것이며

9 에브라임의 머리는 사마리아요 사마리

아의 머리는 르말리야의 아들이니라 만

일 너희가 굳게 믿지 아니하면 너희는

굳게 서지 못하리라 하시니라

임마누엘의 징조

10 여호와께서 또 아하스에게 말씀하여 이

르시되

11 너는 네 하나님 여호와께 한 징조를 구

하되 깊은 데에서든지 높은 데에서든지

구하라 하시니

12 아하스가 이르되 나는 구하지 아니하겠

나이다 나는 여호와를 시험하지 아니하

겠나이다 한지라

13 이사야가 이르되 다윗의 집이여 원하건

대 들을지어다 너희가 사람을 괴롭히고

서 그것을 작은 일로 여겨 또 나의 하

나님을 괴롭히려 하느냐

14 그러므로 주께서 친히 징조를 너희에게

주실 것이라 보라 처녀가 잉태하여 아

들을 낳을 것이요 그의 이름을 임마누

엘이라 하리라

15 그가 악을 버리며 선을 택할 줄 알 때

가 되면 엉긴 젖과 꿀을 먹을 것이라

16 대저 이 아이가 악을 버리며 선을 택할

줄 알기 전에 네가 미워하는 두 왕의

땅이 황폐하게 되리라

17 여호와께서 에브라임이 유다를 떠날 때

부터 당하여 보지 못한 날을 너와 네

백성과 네 아버지 집에 임하게 하시리

니 곧 앗수르 왕이 오는 날이니라

18 그 날에는 여호와께서 애굽 하수에서

먼 곳의 파리와 앗수르 땅의 벌을 부르

시리니

19 다 와서 거친 골짜기와 바위 틈과 가시

나무 울타리와 모든 초장에 앉으리라

20 그 날에는 주께서 하수 저쪽에서 세내

어 온 삭도 곧 앗수르 왕으로 네 백성

의 머리 털과 발 털을 미실 것이요 수

염도 깎으시리라

21 그 날에는 사람이 한 어린 암소와 두

양을 기르리니

22 그것들이 내는 젖이 많으므로 엉긴 젖

을 먹을 것이라 그 땅 가운데에 남아

있는 자는 엉긴 젖과 꿀을 먹으리라

23 그 날에는 천 그루에 은 천 개의 가치

가 있는 포도나무가 있던 곳마다 찔레

와 가시가 날 것이라

24 온 땅에 찔레와 가시가 있으므로 화살

과 활을 가지고 그리로 갈 것이요

25 보습으로 갈던 모든 산에도 찔레와 가

시 때문에 두려워서 그리로 가지 못할

것이요 그 땅은 소를 풀어 놓으며 양이

밟는 곳이 되리라

이사야의 아들

8 여호와께서 내게 이르시되 너는 큰 서

판을 가지고 그 위에 통용 문자로 마헬

살랄하스바스라 쓰라

2 내가 진실한 증인 제사장 우리야와 여베레기야의 아들 스가랴를 불러 증언하게 하리라 하시더니

3 내가 내 아내를 가까이 하매 그가 임신하여 아들을 낳은지라 여호와께서 내게 이르시되 그의 이름을 마헬살랄하스바스라 하라

4 이는 이 아이가 내 아빠, 내 엄마라 부를 줄 알기 전에 다메섹의 재물과 사마리아의 노략물이 앗수르 왕 앞에 옮겨질 것임이라 하시니라

앗수르 왕의 침략

5 여호와께서 다시 내게 말씀하여 이르시되

6 이 백성이 천천히 흐르는 실로아 물을 버리고 르신과 르말리야의 아들을 기뻐하느니라

7 그러므로 주 내가 흉용하고 창일한 큰 하수 곧 앗수르 왕과 그의 모든 위력으로 그들을 뒤덮을 것이라 그 모든 골짜기에 차고 모든 언덕에 넘쳐

8 흘러 유다에 들어와서 가득하여 목에까지 미치리라 임마누엘이여 그가 펴는 날개가 네 땅에 가득하리라 하셨느니라

여호와께서 깨우치시다

9 너희 민족들아 함성을 질러 보아라 그러나 끝내 패망하리라 너희 먼 나라 백성들아 들을지니라 너희 허리를 동이라 그러나 끝내 패망하리라 너희 허리에 띠를 띠라 그러나 끝내 패망하리라

10 너희는 함께 계획하라 그러나 끝내 이루지 못하리라 말을 해 보아라 끝내 시행되지 못하리라 이는 하나님이 우리와 함께 계심이니라

11 여호와께서 강한 손으로 내게 알려 주시며 이 백성의 길로 가지 말 것을 내

게 깨우쳐 이르시되

12 이 백성이 반역자가 있다고 말하여도 너희는 그 모든 말을 따라 반역자가 있다고 하지 말며 그들이 두려워하는 것을 너희는 두려워하지 말며 놀라지 말고

13 만군의 여호와 그를 너희가 거룩하다 하고 그를 너희가 두려워하며 무서워할 자로 삼으라

14 그가 성소가 되시리라 그러나 이스라엘의 두 집에는 걸림돌과 걸려 넘어지는 반석이 되실 것이며 예루살렘 주민에게는 함정과 올무가 되시리니

15 많은 사람들이 그로 말미암아 걸려 넘어질 것이며 부러질 것이며 덫에 걸려 잡힐 것이니라

율법과 증거의 말씀을 따르라

16 너는 증거의 말씀을 싸매며 율법을 내 제자들 가운데에서 봉함하라

17 이제 야곱의 집에 대하여 얼굴을 가리시는 여호와를 나는 기다리며 그를 바라보리라

18 보라 나와 및 여호와께서 내게 주신 자녀들이 이스라엘 중에 징조와 예표가 되었나니 이는 시온 산에 계신 만군의 여호와께로 말미암은 것이니라

19 어떤 사람이 너희에게 말하기를 주절거리며 속살거리는 신접한 자와 마술사에게 물으라 하거든 백성이 자기 하나님께 구할 것이 아니냐 산 자를 위하여 죽은 자에게 구하겠느냐 하라

20 마땅히 율법과 증거의 말씀을 따를지니 그들이 말하는 바가 이 말씀에 맞지 아니하면 그들이 정녕 아침 빛을 보지 못하고

21 이 땅으로 헤매며 곤고하며 굶주릴 것이라 그가 굶주릴 때에 격분하여 자기

의 왕과 자기의 하나님을 저주할 것이

며 위를 쳐다보거나

22 땅을 굽어보아도 환난과 흑암과 고통의

흑암뿐이리니 그들이 심한 흑암 가운데

로 쫓겨 들어가리라

평강의 왕

9 전에 고통 받던 자들에게는 흑암이 없

으리로다 옛적에는 여호와께서 스불론

땅과 납달리 땅이 멸시를 당하게 하셨

더니 후에는 해변 길과 요단 저쪽 이방

의 갈릴리를 영화롭게 하셨느니라

2 흑암에 행하던 백성이 큰 빛을 보고 사

망의 그늘진 땅에 거주하던 자에게 빛

이 비치도다

3 주께서 이 나라를 창성하게 하시며 그

즐거움을 더하게 하셨으므로 추수하는

즐거움과 탈취물을 나눌 때의 즐거움

같이 그들이 주 앞에서 즐거워하오니

4 이는 그들이 무겁게 멘 멍에와 그들의

어깨의 채찍과 그 압제자의 막대기를

주께서 꺾으시되 미디안의 날과 같이

하셨음이니이다

5 어지러이 싸우는 군인들의 신과 피 묻

은 겉옷이 불에 섶 같이 살라지리니

6 이는 한 아기가 우리에게 났고 한 아들

을 우리에게 주신 바 되었는데 그의 어

깨에는 정사를 메었고 그의 이름은 기

묘자라, 모사라, 전능하신 하나님이라,

영존하시는 아버지라, 평강의 왕이라

할 것임이라

7 그 정사와 평강의 더함이 무궁하며 또

다윗의 왕좌와 그의 나라에 군림하여

그 나라를 굳게 세우고 지금 이후로 영

원히 정의와 공의로 그것을 보존하실

것이라 만군의 여호와의 열심이 이를

이루시리라

주께서 이스라엘을 벌하시리라

8 주께서 야곱에게 말씀을 보내시며 그것을 이스라엘에게 임하게 하셨은즉

9 모든 백성 곧 에브라임과 사마리아 주민이 알 것이어늘 그들이 교만하고 완악한 마음으로 말하기를

10 벽돌이 무너졌으나 우리는 다듬은 돌로 쌓고 뽕나무들이 찍혔으나 우리는 백향목으로 그것을 대신하리라 하는도다

11 그러므로 여호와께서 르신의 대적들을 일으켜 그를 치게 하시며 그의 원수들을 격동시키시리니

12 앞에는 아람 사람이요 뒤에는 블레셋 사람이라 그들이 모두 입을 벌려 이스라엘을 삼키리라 그럴지라도 여호와의 진노가 돌아서지 아니하며 그의 손이 여전히 펴져 있으리라

13 그리하여도 그 백성이 자기들을 치시는 이에게로 돌아오지 아니하며 만군의 여호와를 찾지 아니하도다

14 그러므로 여호와께서 하루 사이에 이스라엘 중에서 머리와 꼬리와 종려나무 가지와 갈대를 끊으시리니

15 그 머리는 곧 장로와 존귀한 자요 그 꼬리는 곧 거짓말을 가르치는 선지자라

16 백성을 인도하는 자가 그들을 미혹하니 인도를 받는 자들이 멸망을 당하는도다

17 이 백성이 모두 경건하지 아니하며 악을 행하며 모든 입으로 망령되이 말하니 그러므로 주께서 그들의 장정들을 기뻐하지 아니하시며 그들의 고아와 과부를 긍휼히 여기지 아니하시리라 그럴지라도 여호와의 진노가 돌아서지 아니하며 그의 손이 여전히 펴져 있으리라

18 대저 악행은 불 타오르는 것 같으니 곧 찔레와 가시를 삼키며 빽빽한 수풀을

살라 연기가 위로 올라가게 함과 같은 것이라

19 만군의 여호와의 진노로 말미암아 이 땅이 불타리니 백성은 불에 섶과 같을 것이라 사람이 자기의 형제를 아끼지 아니하며

20 오른쪽으로 움킬지라도 주리고 왼쪽으로 먹을지라도 배부르지 못하여 각각 자기 팔의 고기를 먹을 것이며

21 므낫세는 에브라임을, 에브라임은 므낫세를 먹을 것이요 또 그들이 합하여 유다를 치리라 그럴지라도 여호와의 진노가 돌아서지 아니하며 그의 손이 여전히 펴져 있으리라

10 불의한 법령을 만들며 불의한 말을 기록하며

2 가난한 자를 불공평하게 판결하여 가난한 내 백성의 권리를 박탈하며 과부에게 토색하고 고아의 것을 약탈하는 자는 화 있을진저

3 벌하시는 날과 멀리서 오는 환난 때에 너희가 어떻게 하려느냐 누구에게로 도망하여 도움을 구하겠으며 너희의 영화를 어느 곳에 두려느냐

4 포로 된 자 아래에 구푸리며 죽임을 당한 자 아래에 엎드러질 따름이니라 그럴지라도 여호와의 진노가 돌아서지 아니하며 그의 손이 여전히 펴져 있으리라

하나님의 도구인 앗수르

5 앗수르 사람은 화 있을진저 그는 내 진노의 막대기요 그 손의 몽둥이는 내 분노라

6 내가 그를 보내어 경건하지 아니한 나라를 치게 하며 내가 그에게 명령하여 나를 노하게 한 백성을 쳐서 탈취하며 노략하게 하며 또 그들을 길거리의 진

흙 같이 짓밟게 하려 하거니와

7 그의 뜻은 이같지 아니하며 그의 마음의 생각도 이같지 아니하고 다만 그의 마음은 허다한 나라를 파괴하며 멸절하려 하는도다

8 그가 이르기를 내 고관들은 다 왕들이 아니냐

9 갈로는 갈그미스와 같지 아니하며 하맛은 아르밧과 같지 아니하며 사마리아는 다메섹과 같지 아니하냐

10 내 손이 이미 우상을 섬기는 나라들에 미쳤나니 그들이 조각한 신상들이 예루살렘과 사마리아의 신상들보다 뛰어났느니라

11 내가 사마리아와 그의 우상들에게 행함 같이 예루살렘과 그의 우상들에게 행하지 못하겠느냐 하는도다

12 그러므로 주께서 주의 일을 시온 산과 예루살렘에 다 행하신 후에 앗수르 왕의 완악한 마음의 열매와 높은 눈의 자랑을 벌하시리라

13 그의 말에 나는 내 손의 힘과 내 지혜로 이 일을 행하였나니 나는 총명한 자라 열국의 경계선을 걷어치웠고 그들의 재물을 약탈하였으며 또 용감한 자처럼 위에 거주한 자들을 낮추었으며

14 내 손으로 열국의 재물을 얻은 것은 새의 보금자리를 얻음 같고 온 세계를 얻은 것은 내버린 알을 주움 같았으나 날개를 치거나 입을 벌리거나 지저귀는 것이 하나도 없었다 하는도다

15 도끼가 어찌 찍는 자에게 스스로 자랑하겠으며 톱이 어찌 켜는 자에게 스스로 큰 체하겠느냐 이는 막대기가 자기를 드는 자를 움직이려 하며 몽둥이가 나무 아닌 사람을 들려 함과 같음이로다

16 그러므로 주 만군의 여호와께서 살진 자를 파리하게 하시며 그의 영화 아래에 불이 붙는 것 같이 맹렬히 타게 하실 것이라

17 이스라엘의 빛은 불이 되고 그의 거룩하신 이는 불꽃이 되실 것이니라 하루 사이에 그의 가시와 찔레가 소멸되며

18 그의 숲과 기름진 밭의 영광이 전부 소멸되리니 병자가 점점 쇠약하여 감 같을 것이라

19 그의 숲에 남은 나무의 수가 희소하여 아이라도 능히 계수할 수 있으리라

남은 자만 돌아오리라

20 그 날에 이스라엘의 남은 자와 야곱 족속의 피난한 자들이 다시는 자기를 친 자를 의지하지 아니하고 이스라엘의 거룩하신 이 여호와를 진실하게 의지하리니

21 남은 자 곧 야곱의 남은 자가 능하신 하나님께로 돌아올 것이라

22 이스라엘이여 네 백성이 바다의 모래 같을지라도 남은 자만 돌아오리니 넘치는 공의로 파멸이 작정되었음이라

23 이미 작정된 파멸을 주 만군의 여호와께서 온 세계 중에 끝까지 행하시리라

주께서 앗수르를 멸하시리라

24 그러므로 주 만군의 여호와께서 이르시되 시온에 거주하는 내 백성들아 앗수르가 애굽이 한 것처럼 막대기로 너를 때리며 몽둥이를 들어 너를 칠지라도 그를 두려워하지 말라

25 내가 오래지 아니하여 네게는 분을 그치고 그들은 내 진노로 멸하리라 하시도다

26 만군의 여호와께서 채찍을 들어 그를 치시되 오렙 바위에서 미디안을 쳐죽이

신 것 같이 하실 것이며 막대기를 드시

되 바다를 향하여 애굽에서 하신 것 같

이 하실 것이라

27 그 날에 그의 무거운 짐이 네 어깨에서

떠나고 그의 멍에가 네 목에서 벗어지

되 기름진 까닭에 멍에가 부러지리라

침략자들의 공격

28 그가 아얏에 이르러 미그론을 지나 믹

마스에 그의 장비를 두고

29 산을 넘어 게바에서 유숙하매 라마는

떨고 사울의 기브아는 도망하도다

30 딸 갈림아 큰 소리로 외칠지어다 라이

사야 자세히 들을지어다 가련하다 너

아나돗이여

31 맛메나는 피난하며 게빔 주민은 도망하

도다

32 아직 이 날에 그가 놉에서 쉬고 딸 시

온 산 곧 예루살렘 산을 향하여 그 손

을 흔들리로다

33 보라 주 만군의 여호와께서 혁혁한 위

력으로 그 가지를 꺾으시리니 그 장대

한 자가 찍힐 것이요 그 높은 자가 낮

아질 것이며

34 쇠로 그 빽빽한 숲을 베시리니 레바논

이 권능 있는 자에게 베임을 당하리라

평화의 나라

11 이새의 줄기에서 한 싹이 나며 그 뿌리

에서 한 가지가 나서 결실할 것이요

2 그의 위에 여호와의 영 곧 지혜와 총

명의 영이요 모략과 재능의 영이요 지

식과 여호와를 경외하는 영이 강림하

시리니

3 그가 여호와를 경외함으로 즐거움을 삼

을 것이며 그의 눈에 보이는 대로 심판

하지 아니하며 그의 귀에 들리는 대로

판단하지 아니하며

4 공의로 가난한 자를 심판하며 정직으로 세상의 겸손한 자를 판단할 것이며 그의 입의 막대기로 세상을 치며 그의 입술의 기운으로 악인을 죽일 것이며

5 공의로 그의 허리띠를 삼으며 성실로 그의 몸의 띠를 삼으리라

6 그 때에 이리가 어린 양과 함께 살며 표범이 어린 염소와 함께 누우며 송아지와 어린 사자와 살진 짐승이 함께 있어 어린 아이에게 끌리며

7 암소와 곰이 함께 먹으며 그것들의 새끼가 함께 엎드리며 사자가 소처럼 풀을 먹을 것이며

8 젖 먹는 아이가 독사의 구멍에서 장난하며 젖 뗀 어린 아이가 독사의 굴에 손을 넣을 것이라

9 내 거룩한 산 모든 곳에서 해 됨도 없고 상함도 없을 것이니 이는 물이 바다를 덮음 같이 여호와를 아는 지식이 세상에 충만할 것임이니라

남은 백성이 돌아오리라

10 그 날에 이새의 뿌리에서 한 싹이 나서 만민의 기치로 설 것이요 열방이 그에게로 돌아오리니 그가 거한 곳이 영화로우리라

11 그 날에 주께서 다시 그의 손을 펴사 그의 남은 백성을 앗수르와 애굽과 바드로스와 구스와 엘람과 시날과 하맛과 바다 섬들에서 돌아오게 하실 것이라

12 여호와께서 열방을 향하여 기치를 세우시고 이스라엘의 쫓긴 자들을 모으시며 땅 사방에서 유다의 흩어진 자들을 모으시리니

13 에브라임의 질투는 없어지고 유다를 괴롭게 하던 자들은 끊어지며 에브라임은 유다를 질투하지 아니하며 유다는 에브

라임을 괴롭게 하지 아니할 것이요

14 그들이 서쪽으로 블레셋 사람들의 어깨에 날아 앉고 함께 동방 백성을 노략하며 에돔과 모압에 손을 대며 암몬 자손을 자기에게 복종시키리라

15 여호와께서 애굽 해만을 말리시고 그의 손을 유브라데 하수 위에 흔들어 뜨거운 바람을 일으켜 그 하수를 쳐 일곱 갈래로 나누어 신을 신고 건너가게 하실 것이라

16 그의 남아 있는 백성 곧 앗수르에서 남은 자들을 위하여 큰 길이 있게 하시되 이스라엘이 애굽 땅에서 나오던 날과 같게 하시리라

감사 찬송

12 그 날에 네가 말하기를 여호와여 주께서 전에는 내게 노하셨사오나 이제는 주의 진노가 돌아섰고 또 주께서 나를 안위하시오니 내가 주께 감사하겠나이다 할 것이니라

2 보라 하나님은 나의 구원이시라 내가 신뢰하고 두려움이 없으리니 주 여호와는 나의 힘이시며 나의 노래시며 나의 구원이심이라

3 그러므로 너희가 기쁨으로 구원의 우물들에서 물을 길으리로다

4 그 날에 너희가 또 말하기를 여호와께 감사하라 그의 이름을 부르며 그의 행하심을 만국 중에 선포하며 그의 이름이 높다 하라

5 여호와를 찬송할 것은 극히 아름다운 일을 하셨음이니 이를 온 땅에 알게 할지어다

6 시온의 주민아 소리 높여 부르라 이스라엘의 거룩하신 이가 너희 중에서 크심이니라 할 것이니라

바벨론에 대한 경고

13 아모스의 아들 이사야가 바벨론에 대하여 받은 경고라

2 너희는 민둥산 위에 기치를 세우고 소리를 높여 그들을 부르며 손을 흔들어 그들을 존귀한 자의 문에 들어가게 하라

3 내가 거룩하게 구별한 자들에게 명령하고 나의 위엄을 기뻐하는 용사들을 불러 나의 노여움을 전하게 하였느니라

4 산에서 무리의 소리가 남이여 많은 백성의 소리 같으니 곧 열국 민족이 함께 모여 떠드는 소리라 만군의 여호와께서 싸움을 위하여 군대를 검열하심이로다

5 무리가 먼 나라에서, 하늘 끝에서 왔음이여 곧 여호와와 그의 진노의 병기라 온 땅을 멸하려 함이로다

6 너희는 애곡할지어다 여호와의 날이 가까웠으니 전능자에게서 멸망이 임할 것임이로다

7 그러므로 모든 손의 힘이 풀리고 각 사람의 마음이 녹을 것이라

8 그들이 놀라며 괴로움과 슬픔에 사로잡혀 해산이 임박한 여자 같이 고통하며 서로 보고 놀라며 얼굴이 불꽃 같으리로다

9 보라 여호와의 날 곧 잔혹히 분냄과 맹렬히 노하는 날이 이르러 땅을 황폐하게 하며 그 중에서 죄인들을 멸하리니

10 하늘의 별들과 별 무리가 그 빛을 내지 아니하며 해가 돋아도 어두우며 달이 그 빛을 비추지 아니할 것이로다

11 내가 세상의 악과 악인의 죄를 벌하며 교만한 자의 오만을 끊으며 강포한 자의 거만을 낮출 것이며

12 내가 사람을 순금보다 희소하게 하며 인생을 오빌의 금보다 희귀하게 하리

로다

13 그러므로 나 만군의 여호와가 분하여 맹렬히 노하는 날에 하늘을 진동시키며 땅을 흔들어 그 자리에서 떠나게 하리니

14 그들이 쫓긴 노루나 모으는 자 없는 양 같이 각기 자기 동족에게로 돌아가며 각기 본향으로 도망할 것이나

15 만나는 자마다 창에 찔리겠고 잡히는 자마다 칼에 엎드러지겠고

16 그들의 어린 아이들은 그들의 목전에서 메어침을 당하겠고 그들의 집은 노략을 당하겠고 그들의 아내는 욕을 당하리라

17 보라 은을 돌아보지 아니하며 금을 기뻐하지 아니하는 메대 사람을 내가 충동하여 그들을 치게 하리니

18 메대 사람이 활로 청년을 쏘아 죽이며 태의 열매를 긍휼히 여기지 아니하며 아이를 애석하게 보지 아니하리라

19 열국의 영광이요 갈대아 사람의 자랑하는 노리개가 된 바벨론이 하나님께 멸망 당한 소돔과 고모라 같이 되리니

20 그 곳에 거주할 자가 없겠고 거처할 사람이 대대에 없을 것이며 아라비아 사람도 거기에 장막을 치지 아니하며 목자들도 그 곳에 그들의 양 떼를 쉬게 하지 아니할 것이요

21 오직 들짐승들이 거기에 엎드리고 부르짖는 짐승이 그들의 가옥에 가득하며 타조가 거기에 깃들이며 들양이 거기에서 뛸 것이요

22 그의 궁성에는 승냥이가 부르짖을 것이요 화려하던 궁전에는 들개가 울 것이라 그의 때가 가까우며 그의 날이 오래지 아니하리라

포로에서 돌아오다

14 여호와께서 야곱을 긍휼히 여기시며 이

스라엘을 다시 택하여 그들의 땅에 두

시리니 나그네 된 자가 야곱 족속과 연

합하여 그들에게 예속될 것이며

2 민족들이 그들을 데리고 그들의 본토

에 돌아오리니 이스라엘 족속이 여호와

의 땅에서 그들을 얻어 노비로 삼겠고

전에 자기를 사로잡던 자들을 사로잡고

자기를 압제하던 자들을 주관하리라

스올로 내려간 바벨론 왕

3 여호와께서 너를 슬픔과 곤고와 및 네

가 수고하는 고역에서 놓으시고 안식을

주시는 날에

4 너는 바벨론 왕에 대하여 이 노래를 지

어 이르기를 압제하던 자가 어찌 그리

그쳤으며 강포한 성이 어찌 그리 폐하

였는고

5 여호와께서 악인의 몽둥이와 통치자의

규를 꺾으셨도다

6 그들이 분내어 여러 민족을 치되 치기

를 마지아니하였고 노하여 열방을 억압

하여도 그 억압을 막을 자 없었더니

7 이제는 온 땅이 조용하고 평온하니 무

리가 소리 높여 노래하는도다

8 향나무와 레바논의 백향목도 너로 말미

암아 기뻐하여 이르기를 네가 넘어져

있은즉 올라와서 우리를 베어 버릴 자

없다 하는도다

9 아래의 스올이 너로 말미암아 소동하여

네가 오는 것을 영접하되 그것이 세상

의 모든 영웅을 너로 말미암아 움직이

게 하며 열방의 모든 왕을 그들의 왕좌

에서 일어서게 하므로

10 그들은 다 네게 말하여 이르기를 너도

우리 같이 연약하게 되었느냐 너도 우

리 같이 되었느냐 하리로다

11 네 영화가 스올에 떨어졌음이여 네 비

파 소리까지로다 구더기가 네 아래에

깔림이여 지렁이가 너를 덮었도다

12 너 아침의 아들 계명성이여 어찌 그리

하늘에서 떨어졌으며 너 열국을 엎은

자여 어찌 그리 땅에 찍혔는고

13 네가 네 마음에 이르기를 내가 하늘에

올라 하나님의 뭇 별 위에 내 자리를

높이리라 내가 북극 집회의 산 위에 앉

으리라

14 가장 높은 구름에 올라가 지극히 높은

이와 같아지리라 하는도다

15 그러나 이제 네가 스올 곧 구덩이 맨

밑에 떨어짐을 당하리로다

16 너를 보는 이가 주목하여 너를 자세히

살펴 보며 말하기를 이 사람이 땅을 진

동시키며 열국을 놀라게 하며

17 세계를 황무하게 하며 성읍을 파괴하며

그에게 사로잡힌 자들을 집으로 놓아

보내지 아니하던 자가 아니냐 하리로다

18 열방의 모든 왕들은 모두 각각 자기 집

에서 영광 중에 자건마는

19 오직 너는 자기 무덤에서 내쫓겼으니

가증한 나무 가지 같고 칼에 찔려 돌구

덩이에 떨어진 주검들에 둘러싸였으니

밟힌 시체와 같도다

20 네가 네 땅을 망하게 하였고 네 백성을

죽였으므로 그들과 함께 안장되지 못하

나니 악을 행하는 자들의 후손은 영원

히 이름이 불려지지 아니하리로다 할지

니라

여호와께서 바벨론을 멸하시리라

21 너희는 그들의 조상들의 죄악으로 말미

암아 그의 자손 도륙하기를 준비하여

그들이 일어나 땅을 차지하여 성읍들로

세상을 가득하게 하지 못하게 하라

22 만군의 여호와께서 말씀하시되 내가 일

어나 그들을 쳐서 이름과 남은 자와 아

들과 후손을 바벨론에서 끊으리라 나

여호와의 말이니라

23 내가 또 그것이 고슴도치의 굴혈과 물

웅덩이가 되게 하고 또 멸망의 빗자루

로 청소하리라 나 만군의 여호와의 말

이니라 하시니라

여호와께서 앗수르를 파하시리라

24 만군의 여호와께서 맹세하여 이르시되

내가 생각한 것이 반드시 되며 내가 경

영한 것을 반드시 이루리라

25 내가 앗수르를 나의 땅에서 파하며 나

의 산에서 그것을 짓밟으리니 그 때에

그의 멍에가 이스라엘에게서 떠나고 그

의 짐이 그들의 어깨에서 벗어질 것이라

26 이것이 온 세계를 향하여 정한 경영이

며 이것이 열방을 향하여 편 손이라 하

셨나니

27 만군의 여호와께서 경영하셨은즉 누가

능히 그것을 폐하며 그의 손을 펴셨은

즉 누가 능히 그것을 돌이키랴

여호와께서 블레셋을 소멸시키시리라

28 아하스 왕이 죽던 해에 이 경고가 임하

니라

29 블레셋 온 땅이여 너를 치던 막대기가

부러졌다고 기뻐하지 말라 뱀의 뿌리에

서는 독사가 나겠고 그의 열매는 날아

다니는 불뱀이 되리라

30 가난한 자의 장자는 먹겠고 궁핍한 자

는 평안히 누우려니와 내가 네 뿌리를

기근으로 죽일 것이요 네게 남은 자는

살륙을 당하리라

31 성문이여 슬피 울지어다 성읍이여 부르

짖을지어다 너 블레셋이여 다 소멸되리

로다 대저 연기가 북방에서 오는데 그

대열에서 벗어난 자가 없느니라

32 그 나라 사신들에게 어떻게 대답하겠느

냐 여호와께서 시온을 세우셨으니 그의

백성의 곤고한 자들이 그 안에서 피난

하리라 할 것이니라

여호와께서 모압을 황폐하게 하시리라

15 모압에 관한 경고라 하룻밤에 모압 알

이 망하여 황폐할 것이며 하룻밤에 모

압 기르가 망하여 황폐할 것이라

2 그들은 바잇과 디본 산당에 올라가서

울며 모압은 느보와 메드바를 위하여

통곡하는도다 그들이 각각 머리카락을

밀고 각각 수염을 깎았으며

3 거리에서는 굵은 베로 몸을 동였으며

지붕과 넓은 곳에서는 각기 애통하여

심히 울며

4 헤스본과 엘르알레는 부르짖으며 그들

의 소리는 야하스까지 들리니 그러므로

모압의 군사들이 크게 부르짖으며 그들

의 혼이 속에서 떠는도다

5 내 마음이 모압을 위하여 부르짖는도다

그 피난민들은 소알과 에글랏 슬리시야

까지 이르고 울며 루힛 비탈길로 올라가

며 호로나임 길에서 패망을 울부짖으니

6 니므림 물이 마르고 풀이 시들었으며 연

한 풀이 말라 청청한 것이 없음이로다

7 그러므로 그들이 얻은 재물과 쌓았던

것을 가지고 버드나무 시내를 건너리니

8 이는 곡성이 모압 사방에 둘렸고 슬피

부르짖음이 에글라임에 이르며 부르짖

음이 브엘엘림에 미치며

9 디몬 물에는 피가 가득함이로다 그럴지

라도 내가 디몬에 재앙을 더 내리되 모

압에 도피한 자와 그 땅에 남은 자에게

사자를 보내리라

모압이 통곡하고 근심하리라

16 너희는 이 땅 통치자에게 어린 양들을

드리되 셀라에서부터 광야를 지나 딸

시온 산으로 보낼지니라

2 모압의 딸들은 아르논 나루에서 떠다니

는 새 같고 보금자리에서 흩어진 새 새

끼 같을 것이라

3 너는 방도를 베풀며 공의로 판결하며

대낮에 밤 같이 그늘을 지으며 쫓겨난

자들을 숨기며 도망한 자들을 발각되게

하지 말며

4 나의 쫓겨난 자들이 너와 함께 있게 하

되 너 모압은 멸절하는 자 앞에서 그들

에게 피할 곳이 되라 대저 토색하는 자

가 망하였고 멸절하는 자가 그쳤고 압

제하는 자가 이 땅에서 멸절하였으며

5 다윗의 장막에 인자함으로 왕위가 굳게

설 것이요 그 위에 앉을 자는 충실함으

로 판결하며 정의를 구하며 공의를 신

속히 행하리라

6 우리가 모압의 교만을 들었나니 심히 교

만하도다 그가 거만하며 교만하며 분

노함도 들었거니와 그의 자랑이 헛되

도다

7 그러므로 모압이 모압을 위하여 통곡

하되 다 통곡하며 길하레셋 건포도 떡

을 위하여 그들이 슬퍼하며 심히 근심

하리니

8 이는 헤스본의 밭과 십마의 포도나무가

말랐음이라 전에는 그 가지가 야셀에

미쳐 광야에 이르고 그 싹이 자라서 바

다를 건넜더니 이제 열국의 주권자들이

그 좋은 가지를 꺾었도다

9 그러므로 내가 야셀의 울음처럼 십마

의 포도나무를 위하여 울리라 헤스본이

여, 엘르알레여, 내 눈물로 너를 적시리

니 너의 여름 실과, 네 농작물에 즐거

운 소리가 그쳤음이라

10 즐거움과 기쁨이 기름진 밭에서 떠났고 포도원에는 노래와 즐거운 소리가 없어지겠고 틀에는 포도를 밟을 사람이 없으리니 이는 내가 즐거운 소리를 그치게 하였음이라

11 이러므로 내 마음이 모압을 위하여 수금 같이 소리를 발하며 내 창자가 길하레셋을 위하여 그러하도다

12 모압이 그 산당에서 피곤하도록 봉사하며 자기 성소에 나아가서 기도할지라도 소용없으리로다

13 이는 여호와께서 오래 전부터 모압을 들어 하신 말씀이거니와

14 이제 여호와께서 말씀하여 이르시되 품꾼의 정한 해와 같이 삼 년 내에 모압의 영화와 그 큰 무리가 능욕을 당할지라 그 남은 수가 심히 적어 보잘것없이 되리라 하시도다

여호와께서 에브라임과 다메섹을 멸하시리라

17 다메섹에 관한 경고라 보라 다메섹이 장차 성읍을 이루지 못하고 무너진 무더기가 될 것이라

2 아로엘의 성읍들이 버림을 당하리니 양 무리를 치는 곳이 되어 양이 눕되 놀라게 할 자가 없을 것이며

3 에브라임의 요새와 다메섹 나라와 아람의 남은 자가 멸절하여 이스라엘 자손의 영광 같이 되리라 만군의 여호와의 말씀이니라

4 그 날에 야곱의 영광이 쇠하고 그의 살진 몸이 파리하리니

5 마치 추수하는 자가 곡식을 거두어 가지고 그의 손으로 이삭을 벤 것 같고 르바임 골짜기에서 이삭을 주운 것 같으리라

6 그러나 그 안에 주울 것이 남으리니 감

393

람나무를 흔들 때에 가장 높은 가지 꼭

대기에 과일 두세 개가 남음 같겠고 무

성한 나무의 가장 먼 가지에 네다섯 개

가 남음 같으리라 이스라엘의 하나님

여호와의 말씀이니라

7 그 날에 사람이 자기를 지으신 이를 바

라보겠으며 그의 눈이 이스라엘의 거룩

하신 이를 뵙겠고

8 자기 손으로 만든 제단을 바라보지 아

니하며 자기 손가락으로 지은 아세라나

태양상을 보지 아니할 것이며

9 그 날에 그 견고한 성읍들이 옛적에 이

스라엘 자손 앞에서 버린 바 된 수풀

속의 처소와 작은 산 꼭대기의 처소 같

아서 황폐하리니

10 이는 네가 네 구원의 하나님을 잊어버

리며 네 능력의 반석을 마음에 두지 아

니한 까닭이라 그러므로 네가 기뻐하는

나무를 심으며 이방의 나무 가지도 이

종하는도다

11 네가 심는 날에 울타리를 두르고 아침

에 네 씨가 잘 발육하도록 하였으나 근

심과 심한 슬픔의 날에 농작물이 없어

지리라

주께서 열방을 꾸짖어 흩으시리라

12 슬프다 많은 민족이 소동하였으되 바다

파도가 치는 소리 같이 그들이 소동하

였고 열방이 충돌하였으되 큰 물이 몰

려옴 같이 그들도 충돌하였도다

13 열방이 충돌하기를 많은 물이 몰려옴과

같이 하나 주께서 그들을 꾸짖으시리니

그들이 멀리 도망함이 산에서 겨가 바

람 앞에 흩어짐 같겠고 폭풍 앞에 떠도

는 티끌 같을 것이라

14 보라 저녁에 두려움을 당하고 아침이

오기 전에 그들이 없어졌나니 이는 우

리를 노략한 자들의 몫이요 우리를 강

탈한 자들의 보응이니라

여호와께서 구스를 두고 하신 말씀

18 슬프다 구스의 강 건너편 날개 치는 소

리 나는 땅이여

2 갈대 배를 물에 띄우고 그 사자를 수로

로 보내며 이르기를 민첩한 사절들아

너희는 강들이 흘러 나누인 나라로 가

되 장대하고 준수한 백성 곧 시초부터

두려움이 되며 강성하여 대적을 밟는

백성에게로 가라 하는도다

3 세상의 모든 거민, 지상에 사는 너희여

산들 위에 기치를 세우거든 너희는 보

고 나팔을 불거든 너희는 들을지니라

4 여호와께서 내게 이르시되 내가 나의

처소에서 조용히 감찰함이 쬐이는 일광

같고 가을 더위에 운무 같도다

5 추수하기 전에 꽃이 떨어지고 포도가

맺혀 익어갈 때에 내가 낫으로 그 연한

가지를 베며 퍼진 가지를 찍어 버려서

6 산의 독수리들과 땅의 들짐승들에게 던

져 주리니 산의 독수리들이 그것으로

여름을 지내며 땅의 들짐승들이 다 그

것으로 겨울을 지내리라 하셨음이라

7 그 때에 강들이 흘러 나누인 나라의 장

대하고 준수한 백성 곧 시초부터 두려

움이 되며 강성하여 대적을 밟는 백성

이 만군의 여호와께 드릴 예물을 가지

고 만군의 여호와의 이름을 두신 곳 시

온 산에 이르리라

여호와께서 애굽에 임하시리라

19 애굽에 관한 경고라 보라 여호와께서

빠른 구름을 타고 애굽에 임하시리니

애굽의 우상들이 그 앞에서 떨겠고 애

굽인의 마음이 그 속에서 녹으리로다

2 내가 애굽인을 격동하여 애굽인을 치리

니 그들이 각기 형제를 치며 각기 이웃

을 칠 것이요 성읍이 성읍을 치며 나라

가 나라를 칠 것이며

3 애굽인의 정신이 그 속에서 쇠약할 것

이요 그의 계획을 내가 깨뜨리리니 그

들이 우상과 마술사와 신접한 자와 요

술객에게 물으리로다

4 내가 애굽인을 잔인한 주인의 손에 붙

이리니 포학한 왕이 그들을 다스리리라

주 만군의 여호와의 말씀이니라

5 바닷물이 없어지겠고 강이 잦아서 마르

겠고

6 강들에서는 악취가 나겠고 애굽의 강물

은 줄어들고 마르므로 갈대와 부들이

시들겠으며

7 나일 가까운 곳 나일 언덕의 초장과 나

일 강 가까운 곡식 밭이 다 말라서 날

려가 없어질 것이며

8 어부들은 탄식하며 나일 강에 낚시를

던지는 자마다 슬퍼하며 물 위에 그물

을 치는 자는 피곤할 것이며

9 세마포를 만드는 자와 베 짜는 자들이

수치를 당할 것이며

10 그의 기둥이 부서지고 품꾼들이 다 마

음에 근심하리라

11 소안의 방백은 어리석었고 바로의 가

장 지혜로운 모사의 책략은 우둔하여졌

으니 너희가 어떻게 바로에게 이르기를

나는 지혜로운 자들의 자손이라 나는

옛 왕들의 후예라 할 수 있으랴

12 너의 지혜로운 자가 어디 있느냐 그들

이 만군의 여호와께서 애굽에 대하여

정하신 뜻을 알 것이요 곧 네게 말할

것이니라

13 소안의 방백들은 어리석었고 놉의 방백

들은 미혹되었도다 그들은 애굽 종족

들의 모퉁잇돌이거늘 애굽을 그릇 가게

하였도다

14 여호와께서 그 가운데 어지러운 마음을

섞으셨으므로 그들이 애굽을 매사에 잘

못 가게 함이 취한 자가 토하면서 비틀

거림 같게 하였으니

15 애굽에서 머리나 꼬리며 종려나무 가지

나 갈대가 아무 할 일이 없으리라

애굽 사람이 여호와께 경배하리라

16 그 날에 애굽이 부녀와 같을 것이라 그

들이 만군의 여호와께서 흔드시는 손이

그들 위에 흔들림으로 말미암아 떨며

두려워할 것이며

17 유다의 땅은 애굽의 두려움이 되리니

이는 만군의 여호와께서 애굽에 대하여

정하신 계획으로 말미암음이라 그 소문

을 듣는 자마다 떨리라

18 그 날에 애굽 땅에 가나안 방언을 말하

며 만군의 여호와를 가리켜 맹세하는

다섯 성읍이 있을 것이며 그 중 하나를

멸망의 성읍이라 칭하리라

19 그 날에 애굽 땅 중앙에는 여호와를 위

하여 제단이 있겠고 그 변경에는 여호

와를 위하여 기둥이 있을 것이요

20 이것이 애굽 땅에서 만군의 여호와를

위하여 징조와 증거가 되리니 이는 그

들이 그 압박하는 자들로 말미암아 여

호와께 부르짖겠고 여호와께서는 그들

에게 한 구원자이자 보호자를 보내사

그들을 건지실 것임이라

21 여호와께서 자기를 애굽에 알게 하시리

니 그 날에 애굽이 여호와를 알고 제물

과 예물을 그에게 드리고 경배할 것이

요 여호와께 서원하고 그대로 행하리라

22 여호와께서 애굽을 치실지라도 치시고

는 고치실 것이므로 그들이 여호와께로

돌아올 것이라 여호와께서 그들의 간구

함을 들으시고 그들을 고쳐 주시리라

23 그 날에 애굽에서 앗수르로 통하는 대

로가 있어 앗수르 사람은 애굽으로 가

겠고 애굽 사람은 앗수르로 갈 것이며

애굽 사람이 앗수르 사람과 함께 경배

하리라

24 그 날에 이스라엘이 애굽 및 앗수르와

더불어 셋이 세계 중에 복이 되리니

25 이는 만군의 여호와께서 복 주시며 이

르시되 내 백성 애굽이여, 내 손으로

지은 앗수르여, 나의 기업 이스라엘이

여, 복이 있을지어다 하실 것임이라

벗은 선지자의 예표

20 앗수르의 사르곤 왕이 다르단을 아스

돗으로 보내매 그가 와서 아스돗을 쳐

서 취하던 해니라

2 그 때에 여호와께서 아모스의 아들 이

사야에게 말씀하여 이르시되 갈지어다

네 허리에서 베를 끄르고 네 발에서 신

을 벗을지니라 하시매 그가 그대로 하

여 벗은 몸과 벗은 발로 다니니라

3 여호와께서 이르시되 나의 종 이사야가

삼 년 동안 벗은 몸과 벗은 발로 다니

며 애굽과 구스에 대하여 징조와 예표

가 되었느니라

4 이와 같이 애굽의 포로와 구스의 사로

잡힌 자가 앗수르 왕에게 끌려갈 때에

젊은 자나 늙은 자가 다 벗은 몸과 벗

은 발로 볼기까지 드러내어 애굽의 수

치를 보이리니

5 그들이 바라던 구스와 자랑하던 애굽으

로 말미암아 그들이 놀라고 부끄러워할

것이라

6 그 날에 이 해변 주민이 말하기를 우리

가 믿던 나라 곧 우리가 앗수르 왕에게

서 벗어나기를 바라고 달려가서 도움을

구하던 나라가 이같이 되었은즉 우리가

어찌 능히 피하리요 하리라

바벨론 멸망에 관한 묵시

21 해변 광야에 관한 경고라 적병이 광야

에서, 두려운 땅에서 네겝 회오리바람

같이 몰려왔도다

2 혹독한 묵시가 내게 보였도다 속이는

자는 속이고 약탈하는 자는 약탈하도다

엘람이여 올라가고 메대여 에워싸라 그

의 모든 탄식을 내가 그치게 하였노라

하시도다

3 이러므로 나의 요통이 심하여 해산이

임박한 여인의 고통 같은 고통이 나를

엄습하였으므로 내가 괴로워서 듣지 못

하며 놀라서 보지 못하도다

4 내 마음이 어지럽고 두려움이 나를 놀

라게 하며 희망의 서광이 변하여 내게

떨림이 되도다

5 그들이 식탁을 베풀고 파수꾼을 세우고

먹고 마시도다 너희 고관들아 일어나

방패에 기름을 바를지어다

6 주께서 내게 이르시되 가서 파수꾼을

세우고 그가 보는 것을 보고하게 하되

7 마병대가 쌍쌍이 오는 것과 나귀 떼와

낙타 떼를 보거든 귀 기울여 자세히 들

으라 하셨더니

8 파수꾼이 사자 같이 부르짖기를 주여

내가 낮에 늘 망대에 서 있었고 밤이

새도록 파수하는 곳에 있었더니

9 보소서 마병대가 쌍쌍이 오나이다 하니

그가 대답하여 이르시되 함락되었도다

함락되었도다 바벨론이여 그들이 조각

한 신상들이 다 부서져 땅에 떨어졌도

다 하시도다

10 내가 짓밟은 너여, 내가 타작한 너여,

내가 이스라엘의 하나님 만군의 여호와

께 들은 대로 너희에게 전하였노라

두마에 관한 경고

11 두마에 관한 경고라 사람이 세일에서

나를 부르되 파수꾼이여 밤이 어떻게

되었느냐 파수꾼이여 밤이 어떻게 되었

느냐

12 파수꾼이 이르되 아침이 오나니 밤도

오리라 네가 물으려거든 물으라 너희는

돌아올지니라 하더라

아라비아에 관한 경고

13 아라비아에 관한 경고라 드단 대상들

이여 너희가 아라비아 수풀에서 유숙

하리라

14 데마 땅의 주민들아 물을 가져다가 목

마른 자에게 주고 떡을 가지고 도피하

는 자를 영접하라

15 그들이 칼날을 피하며 뺀 칼과 당긴

활과 전쟁의 어려움에서 도망하였음이

니라

16 주께서 이같이 내게 이르시되 품꾼의

정한 기한 같이 일 년 내에 게달의 영

광이 다 쇠멸하리니

17 게달 자손 중 활 가진 용사의 남은 수

가 적으리라 하시니라 이스라엘의 하나

님 여호와의 말씀이니라

환상의 골짜기에 관한 경고

22 환상의 골짜기에 관한 경고라 네가 지

붕에 올라감은 어찌함인고

2 소란하며 떠들던 성, 즐거워하던 고을

이여 너의 죽임을 당한 자들은 칼에 죽

은 것도 아니요 전쟁에 사망한 것도 아

니라

3 너의 관원들도 다 함께 도망하였다가

활을 버리고 결박을 당하였고 너의 멀

리 도망한 자들도 발견되어 다 함께 결

박을 당하였도다

4 그러므로 내가 말하노니 돌이켜 나를 보지 말지어다 나는 슬피 통곡하겠노라 내 딸 백성이 패망하였음으로 말미암아 나를 위로하려고 힘쓰지 말지니라

5 환상의 골짜기에 주 만군의 여호와께로부터 이르는 소란과 밟힘과 혼란의 날이여 성벽의 무너뜨림과 산악에 사무쳐 부르짖는 소리로다

6 엘람 사람은 화살통을 메었고 병거 탄 자와 마병이 함께 하였고 기르 사람은 방패를 드러냈으니

7 병거는 네 아름다운 골짜기에 가득하였고 마병은 성문에 정렬되었도다

8 그가 유다에게 덮였던 것을 벗기매 그 날에야 네가 수풀 곳간의 병기를 바라보았고

9 너희가 다윗 성의 무너진 곳이 많은 것도 보며 너희가 아랫못의 물도 모으며

10 또 예루살렘의 가옥을 계수하며 그 가옥을 헐어 성벽을 견고하게도 하며

11 너희가 또 옛 못의 물을 위하여 두 성벽 사이에 저수지를 만들었느니라 그러나 너희가 이를 행하신 이를 앙망하지 아니하였고 이 일을 옛적부터 경영하신 이를 공경하지 아니하였느니라

12 그 날에 주 만군의 여호와께서 명령하사 통곡하며 애곡하며 머리 털을 뜯으며 굵은 베를 띠라 하셨거늘

13 너희가 기뻐하며 즐거워하여 소를 죽이고 양을 잡아 고기를 먹고 포도주를 마시면서 내일 죽으리니 먹고 마시자 하는도다

14 만군의 여호와께서 친히 내 귀에 들려 이르시되 진실로 이 죄악은 너희가 죽기까지 용서하지 못하리라 하셨느니라

주 만군의 여호와의 말씀이니라

셉나에게 경고하시다

15 주 만군의 여호와께서 이르시되 너는

가서 그 국고를 맡고 왕궁 맡은 자 셉

나를 보고 이르기를

16 네가 여기와 무슨 관계가 있느냐 여기

에 누가 있기에 여기서 너를 위하여 묘

실을 팠느냐 높은 곳에 자기를 위하여

묘실을 팠고 반석에 자기를 위하여 처

소를 쪼아내었도다

17 나 여호와가 너를 단단히 결박하고 장

사 같이 세게 던지되

18 반드시 너를 모질게 감싸서 공 같이 광

막한 곳에 던질 것이라 주인의 집에 수

치를 끼치는 너여 네가 그 곳에서 죽겠

고 네 영광의 수레도 거기에 있으리라

19 내가 너를 네 관직에서 쫓아내며 네 지

위에서 낮추리니

20 그 날에 내가 힐기야의 아들 내 종 엘

리아김을 불러

21 네 옷을 그에게 입히며 네 띠를 그에게

띠워 힘 있게 하고 네 정권을 그의 손

에 맡기리니 그가 예루살렘 주민과 유

다의 집의 아버지가 될 것이며

22 내가 또 다윗의 집의 열쇠를 그의 어깨

에 두리니 그가 열면 닫을 자가 없겠고

닫으면 열 자가 없으리라

23 못이 단단한 곳에 박힘 같이 그를 견고

하게 하리니 그가 그의 아버지 집에 영

광의 보좌가 될 것이요

24 그의 아버지 집의 모든 영광이 그 위에

걸리리니 그 후손과 족속 되는 각 작은

그릇 곧 종지로부터 모든 항아리까지

니라

25 만군의 여호와께서 이르시되 그 날에는

단단한 곳에 박혔던 못이 삭으리니 그

못이 부러져 떨어지므로 그 위에 걸린

물건이 부서지리라 하셨다 하라 나 여

호와의 말이니라

두로와 시돈에 대한 경고

23 두로에 관한 경고라 다시스의 배들아

너희는 슬피 부르짖을지어다 두로가 황

무하여 집이 없고 들어갈 곳도 없음이

요 이 소식이 깃딤 땅에서부터 그들에

게 전파되었음이라

2 바다에 왕래하는 시돈 상인들로 말미암

아 부요하게 된 너희 해변 주민들아 잠

잠하라

3 시홀의 곡식 곧 나일의 추수를 큰 물로

수송하여 들였으니 열국의 시장이 되었

도다

4 시돈이여 너는 부끄러워할지어다 대저

바다 곧 바다의 요새가 말하기를 나는

산고를 겪지 못하였으며 출산하지 못하

였으며 청년들을 양육하지도 못하였으

며 처녀들을 생육하지도 못하였다 하였

음이라

5 그 소식이 애굽에 이르면 그들이 두로

의 소식으로 말미암아 고통 받으리로다

6 너희는 다시스로 건너갈지어다 해변 주

민아 너희는 슬피 부르짖을지어다

7 이것이 옛날에 건설된 너희 희락의 성

곧 그 백성이 자기 발로 먼 지방까지

가서 머물던 성읍이냐

8 면류관을 씌우던 자요 그 상인들은 고

관들이요 그 무역상들은 세상에 존귀한

자들이었던 두로에 대하여 누가 이 일

을 정하였느냐

9 만군의 여호와께서 그것을 정하신 것이

라 모든 누리던 영화를 욕되게 하시며

세상의 모든 교만하던 자가 멸시를 받

게 하려 하심이라

10 딸 다시스여 나일 같이 너희 땅에 넘칠

지어다 너를 속박함이 다시는 없으리라

11 여호와께서 바다 위에 그의 손을 펴사

열방을 흔드시며 여호와께서 가나안에

대하여 명령을 내려 그 견고한 성들을

무너뜨리게 하시고

12 이르시되 너 학대 받은 처녀 딸 시돈아

네게 다시는 희락이 없으리니 일어나

깃딤으로 건너가라 거기에서도 네가 평

안을 얻지 못하리라 하셨느니라

13 갈대아 사람의 땅을 보라 그 백성이 없

어졌나니 곧 앗수르 사람이 그 곳을 들

짐승이 사는 곳이 되게 하였으되 그들

이 망대를 세우고 궁전을 헐어 황무하

게 하였느니라

14 다시스의 배들아 너희는 슬피 부르짖으

라 너희의 견고한 성이 파괴되었느니라

15 그 날부터 두로가 한 왕의 연한 같이

칠십 년 동안 잊어버린 바 되었다가 칠

십 년이 찬 후에 두로는 기생의 노래

같이 될 것이라

16 잊어버린 바 되었던 너 음녀여 수금을

가지고 성읍에 두루 다니며 기묘한 곡

조로 많은 노래를 불러서 너를 다시 기

억하게 하라 하였느니라

17 칠십 년이 찬 후에 여호와께서 두로를

돌보시리니 그가 다시 값을 받고 지면

에 있는 열방과 음란을 행할 것이며

18 그 무역한 것과 이익을 거룩히 여호와

께 돌리고 간직하거나 쌓아 두지 아니

하리니 그 무역한 것이 여호와 앞에 사

는 자가 배불리 먹을 양식, 잘 입을 옷

감이 되리라

여호와께서 땅을 벌하시리라

24 보라 여호와께서 땅을 공허하게 하시

며 황폐하게 하시며 지면을 뒤집어엎으

시고 그 주민을 흩으시리니

2 백성과 제사장이 같을 것이며 종과 상 전이 같을 것이며 여종과 여주인이 같 을 것이며 사는 자와 파는 자가 같을 것이며 빌려 주는 자와 빌리는 자가 같 을 것이며 이자를 받는 자와 이자를 내 는 자가 같을 것이라

3 땅이 온전히 공허하게 되고 온전히 황 무하게 되리라 여호와께서 이 말씀을 하셨느니라

4 땅이 슬퍼하고 쇠잔하며 세계가 쇠약하 고 쇠잔하며 세상 백성 중에 높은 자가 쇠약하며

5 땅이 또한 그 주민 아래서 더럽게 되었 으니 이는 그들이 율법을 범하며 율례 를 어기며 영원한 언약을 깨뜨렸음이라

6 그러므로 저주가 땅을 삼켰고 그 중에 사는 자들이 정죄함을 당하였고 땅의

주민이 불타서 남은 자가 적도다

7 새 포도즙이 슬퍼하고 포도나무가 쇠잔 하며 마음이 즐겁던 자가 다 탄식하며

8 소고 치는 기쁨이 그치고 즐거워하는 자의 소리가 끊어지고 수금 타는 기쁨 이 그쳤으며

9 노래하면서 포도주를 마시지 못하고 독 주는 그 마시는 자에게 쓰게 될 것이라

10 약탈을 당한 성읍이 허물어지고 집마다 닫혀서 들어가는 자가 없으며

11 포도주가 없으므로 거리에서 부르짖으 며 모든 즐거움이 사라졌으며 땅의 기 쁨이 소멸되었도다

12 성읍이 황무하고 성문이 파괴되었느 니라

13 세계 민족 중에 이러한 일이 있으리니 곧 감람나무를 흔듦 같고 포도를 거둔 후에 그 남은 것을 주움 같을 것이니라

14 무리가 소리를 높여 부를 것이며 여호

와의 위엄으로 말미암아 바다에서부터

크게 외치리니

15 그러므로 너희가 동방에서 여호와를 영

화롭게 하며 바다 모든 섬에서 이스라

엘의 하나님 여호와의 이름을 영화롭게

할 것이라

16 땅 끝에서부터 노래하는 소리가 우리

에게 들리기를 의로우신 이에게 영광

을 돌리세 하도다 그러나 나는 이르기

를 나는 쇠잔하였고 나는 쇠잔하였으니

내게 화가 있도다 배신자들은 배신하고

배신자들이 크게 배신하였도다

17 땅의 주민아 두려움과 함정과 올무가

네게 이르렀나니

18 두려운 소리로 말미암아 도망하는 자는

함정에 빠지겠고 함정 속에서 올라오는

자는 올무에 걸리리니 이는 위에 있는

문이 열리고 땅의 기초가 진동함이라

19 땅이 깨지고 깨지며 땅이 갈라지고 갈

라지며 땅이 흔들리고 흔들리며

20 땅이 취한 자 같이 비틀비틀하며 원두

막 같이 흔들리며 그 위의 죄악이 중하

므로 떨어져서 다시는 일어나지 못하

리라

21 그 날에 여호와께서 높은 데에서 높은

군대를 벌하시며 땅에서 땅의 왕들을

벌하시리니

22 그들이 죄수가 깊은 옥에 모임 같이 모

이게 되고 옥에 갇혔다가 여러 날 후에

형벌을 받을 것이라

23 그 때에 달이 수치를 당하고 해가 부

끄러워하리니 이는 만군의 여호와께서

시온 산과 예루살렘에서 왕이 되시고

그 장로들 앞에서 영광을 나타내실 것

임이라

찬송

25 여호와여 주는 나의 하나님이시라 내가 주를 높이고 주의 이름을 찬송하오리니 주는 기사를 옛적에 정하신 뜻대로 성실함과 진실함으로 행하셨음이라

2 주께서 성읍을 돌무더기로 만드시며 견고한 성읍을 황폐하게 하시며 외인의 궁성을 성읍이 되지 못하게 하사 영원히 건설되지 못하게 하셨으므로

3 강한 민족이 주를 영화롭게 하며 포학한 나라들의 성읍이 주를 경외하리이다

4 주는 포학자의 기세가 성벽을 치는 폭풍과 같을 때에 빈궁한 자의 요새이시며 환난 당한 가난한 자의 요새이시며 폭풍 중의 피난처시며 폭양을 피하는 그늘이 되셨사오니

5 마른 땅에 폭양을 제함 같이 주께서 이방인의 소란을 그치게 하시며 폭양을 구름으로 가림 같이 포학한 자의 노래를 낮추시리이다

여호와께서 연회를 베푸시리라

6 만군의 여호와께서 이 산에서 만민을 위하여 기름진 것과 오래 저장하였던 포도주로 연회를 베푸시리니 곧 골수가 가득한 기름진 것과 오래 저장하였던 맑은 포도주로 하실 것이며

7 또 이 산에서 모든 민족의 얼굴을 가린 가리개와 열방 위에 덮인 덮개를 제하시며

8 사망을 영원히 멸하실 것이라 주 여호와께서 모든 얼굴에서 눈물을 씻기시며 자기 백성의 수치를 온 천하에서 제하시리라 여호와께서 이같이 말씀하셨느니라

여호와께서 모압을 벌하시리라

9 그 날에 말하기를 이는 우리의 하나님

이시라 우리가 그를 기다렸으니 그가

우리를 구원하시리로다 이는 여호와시

라 우리가 그를 기다렸으니 우리는 그

의 구원을 기뻐하며 즐거워하리라 할

것이며

10 여호와의 손이 이 산에 나타나시리니

모압이 거름물 속에서 초개가 밟힘 같

이 자기 처소에서 밟힐 것인즉

11 그가 헤엄치는 자가 헤엄치려고 손을

펌 같이 그 속에서 그의 손을 펼 것이

나 여호와께서 그의 교만으로 인하여

그 손이 능숙함에도 불구하고 그를 누

르실 것이라

12 네 성벽의 높은 요새를 헐어 땅에 내리

시되 진토에 미치게 하시리라

여호와께서 백성에게 승리를 주시리라

26 그 날에 유다 땅에서 이 노래를 부르

리라 우리에게 견고한 성읍이 있음이여

여호와께서 구원을 성벽과 외벽으로 삼

으시리로다

2 너희는 문들을 열고 신의를 지키는 의

로운 나라가 들어오게 할지어다

3 주께서 심지가 견고한 자를 평강하고

평강하도록 지키시리니 이는 그가 주를

신뢰함이니이다

4 너희는 여호와를 영원히 신뢰하라 주

여호와는 영원한 반석이심이로다

5 높은 데에 거주하는 자를 낮추시며 솟

은 성을 헐어 땅에 엎으시되 진토에 미

치게 하셨도다

6 발이 그것을 밟으리니 곧 빈궁한 자의

발과 곤핍한 자의 걸음이리로다

7 의인의 길은 정직함이여 정직하신 주께

서 의인의 첩경을 평탄하게 하시도다

8 여호와여 주께서 심판하시는 길에서 우

리가 주를 기다렸사오며 주의 이름을

위하여 또 주를 기억하려고 우리 영혼
이 사모하나이다

9 밤에 내 영혼이 주를 사모하였사온즉
내 중심이 주를 간절히 구하오리니 이
는 주께서 땅에서 심판하시는 때에 세
계의 거민이 의를 배움이니이다

10 악인은 은총을 입을지라도 의를 배우지
아니하며 정직한 자의 땅에서 불의를
행하고 여호와의 위엄을 돌아보지 아니
하는도다

11 여호와여 주의 손이 높이 들릴지라도
그들이 보지 아니하오나 백성을 위하시
는 주의 열성을 보면 부끄러워할 것이
라 불이 주의 대적들을 사르리이다

12 여호와여 주께서 우리를 위하여 평강을
베푸시오리니 주께서 우리의 모든 일도
우리를 위하여 이루심이니이다

13 여호와 우리 하나님이시여 주 외에 다

른 주들이 우리를 관할하였사오나 우리
는 주만 의지하고 주의 이름을 부르리
이다

14 그들은 죽었은즉 다시 살지 못하겠고
사망하였은즉 일어나지 못할 것이니 이
는 주께서 벌하여 그들을 멸하사 그들
의 모든 기억을 없이하셨음이니이다

15 여호와여 주께서 이 나라를 더 크게 하
셨고 이 나라를 더 크게 하셨나이다 스
스로 영광을 얻으시고 이 땅의 모든 경
계를 확장하셨나이다

16 여호와여 그들이 환난 중에 주를 앙모
하였사오며 주의 징벌이 그들에게 임
할 때에 그들이 간절히 주께 기도하였
나이다

17 여호와여 잉태한 여인이 산기가 임박하
여 산고를 겪으며 부르짖음 같이 우리
가 주 앞에서 그와 같으니이다

18 우리가 잉태하고 산고를 당하였을지라
도 바람을 낳은 것 같아서 땅에 구원을
베풀지 못하였고 세계의 거민을 출산하
지 못하였나이다

19 주의 죽은 자들은 살아나고 그들의 시
체들은 일어나리이다 티끌에 누운 자들
아 너희는 깨어 노래하라 주의 이슬은
빛난 이슬이니 땅이 죽은 자들을 내놓
으리로다

심판과 회복

20 내 백성아 갈지어다 네 밀실에 들어가
서 네 문을 닫고 분노가 지나기까지 잠
깐 숨을지어다

21 보라 여호와께서 그의 처소에서 나오사
땅의 거민의 죄악을 벌하실 것이라 땅
이 그 위에 잦았던 피를 드러내고 그 살
해 당한 자를 다시는 덮지 아니하리라

27 그 날에 여호와께서 그의 견고하고 크

고 강한 칼로 날랜 뱀 리워야단 곧 꼬
불꼬불한 뱀 리워야단을 벌하시며 바다
에 있는 용을 죽이시리라

2 그 날에 너희는 아름다운 포도원을 두
고 노래를 부를지어다

3 나 여호와는 포도원지기가 됨이여 때때
로 물을 주며 밤낮으로 간수하여 아무
든지 이를 해치지 못하게 하리로다

4 나는 포도원에 대하여 노함이 없나니 찔
레와 가시가 나를 대적하여 싸운다 하
자 내가 그것을 밟고 모아 불사르리라

5 그리하지 아니하면 내 힘을 의지하고
나와 화친하며 나와 화친할 것이니라

6 후일에는 야곱의 뿌리가 박히며 이스라
엘의 움이 돋고 꽃이 필 것이라 그들이
그 결실로 지면을 채우리로다

7 주께서 그 백성을 치셨던들 그 백성을
친 자들을 치심과 같았겠으며 백성이

죽임을 당하였던들 백성을 죽인 자가

죽임을 당함과 같았겠느냐

8 주께서 백성을 적당하게 견책하사 쫓아

내실 때에 동풍 부는 날에 폭풍으로 그

들을 옮기셨느니라

9 야곱의 불의가 속함을 얻으며 그의 죄

없이함을 받을 결과는 이로 말미암나니

곧 그가 제단의 모든 돌을 부서진 횟돌

같게 하며 아세라와 태양상이 다시 서

지 못하게 함에 있는 것이라

10 대저 견고한 성읍은 적막하고 거처가

황무하며 버림 받아 광야와 같은즉 송

아지가 거기에서 먹고 거기에 누우며

그 나무 가지를 먹어 없이하리라

11 가지가 마르면 꺾이나니 여인들이 와

서 그것을 불사를 것이라 백성이 지각

이 없으므로 그들을 지으신 이가 불쌍

히 여기지 아니하시며 그들을 조성하신

이가 은혜를 베풀지 아니하시리라

12 너희 이스라엘 자손들아 그 날에 여호

와께서 창일하는 하수에서부터 애굽 시

내에까지 과실을 떠는 것 같이 너희를

하나하나 모으시리라

13 그 날에 큰 나팔을 불리니 앗수르 땅에

서 멸망하는 자들과 애굽 땅으로 쫓겨

난 자들이 돌아와서 예루살렘 성산에서

여호와께 예배하리라

에브라임의 면류관이 밟히리라

28 에브라임의 술취한 자들의 교만한 면

류관은 화 있을진저 술에 빠진 자의 성

곧 영화로운 관 같이 기름진 골짜기 꼭

대기에 세운 성이여 쇠잔해 가는 꽃 같

으니 화 있을진저

2 보라 주께 있는 강하고 힘 있는 자가

쏟아지는 우박 같이, 파괴하는 광풍 같

이, 큰 물이 넘침 같이 손으로 그 면류

관을 땅에 던지리니

3　에브라임의 술취한 자들의 교만한 면류

관이 발에 밟힐 것이라

4　그 기름진 골짜기 꼭대기에 있는 그의

영화가 쇠잔해 가는 꽃이 여름 전에 처

음 익은 무화과와 같으리니 보는 자가

그것을 보고 얼른 따서 먹으리로다

5　그 날에 만군의 여호와께서 자기 백성

의 남은 자에게 영화로운 면류관이 되

시며 아름다운 화관이 되실 것이라

6　재판석에 앉은 자에게는 판결하는 영이

되시며 성문에서 싸움을 물리치는 자에

게는 힘이 되시리로다

7　그리하여도 이들은 포도주로 말미암아

옆 걸음 치며 독주로 말미암아 비틀거

리며 제사장과 선지자도 독주로 말미암

아 옆 걸음 치며 포도주에 빠지며 독주

로 말미암아 비틀거리며 환상을 잘못

풀며 재판할 때에 실수하나니

8　모든 상에는 토한 것, 더러운 것이 가

득하고 깨끗한 곳이 없도다

여호와께서 그들이 붙잡히게 하시리라

9　그들이 이르기를 그가 누구에게 지식을

가르치며 누구에게 도를 전하여 깨닫게

하려는가 젖 떨어져 품을 떠난 자들에

게 하려는가

10　대저 경계에 경계를 더하며 경계에 경

계를 더하며 교훈에 교훈을 더하며 교

훈에 교훈을 더하되 여기서도 조금, 저

기서도 조금 하는구나 하는도다

11　그러므로 더듬는 입술과 다른 방언으로

그가 이 백성에게 말씀하시리라

12　전에 그들에게 이르시기를 이것이 너희

안식이요 이것이 너희 상쾌함이니 너희

는 곤비한 자에게 안식을 주라 하셨으

나 그들이 듣지 아니하였으므로

13 여호와께서 그들에게 말씀하시되 경계에 경계를 더하며 경계에 경계를 더하며 교훈에 교훈을 더하며 교훈에 교훈을 더하고 여기서도 조금, 저기서도 조금 하사 그들이 가다가 뒤로 넘어져 부러지며 걸리며 붙잡히게 하시리라

시온의 기초 돌

14 이러므로 예루살렘에서 이 백성을 다스리는 너희 오만한 자여 여호와의 말씀을 들을지어다

15 너희가 말하기를 우리는 사망과 언약하였고 스올과 맹약하였은즉 넘치는 재앙이 밀려올지라도 우리에게 미치지 못하리니 우리는 거짓을 우리의 피난처로 삼았고 허위 아래에 우리를 숨겼음이라 하는도다

16 그러므로 주 여호와께서 이같이 이르시되 보라 내가 한 돌을 시온에 두어 기초를 삼았노니 곧 시험한 돌이요 귀하고 견고한 기촛돌이라 그것을 믿는 이는 다급하게 되지 아니하리로다

17 나는 정의를 측량줄로 삼고 공의를 저울추로 삼으니 우박이 거짓의 피난처를 소탕하며 물이 그 숨는 곳에 넘칠 것인즉

18 너희가 사망과 더불어 세운 언약이 폐하며 스올과 더불어 맺은 맹약이 서지 못하여 넘치는 재앙이 밀려올 때에 너희가 그것에게 밟힘을 당할 것이라

19 그것이 지나갈 때마다 너희를 잡을 것이니 아침마다 지나가며 주야로 지나가리니 소식을 깨닫는 것이 오직 두려움이라

20 침상이 짧아서 능히 몸을 펴지 못하며 이불이 좁아서 능히 몸을 싸지 못함 같으리라 하셨느니라

21 대저 여호와께서 브라심 산에서와 같이

일어나시며 기브온 골짜기에서와 같이

진노하사 자기의 일을 행하시리니 그의

일이 비상할 것이며 자기의 사역을 이

루시리니 그의 사역이 기이할 것임이라

22 그러므로 너희는 오만한 자가 되지 말

라 너희 결박이 단단해질까 하노라 대

저 온 땅을 멸망시키기로 작정하신 것

을 내가 만군의 주 여호와께로부터 들

었느니라

여호와의 모략과 지혜

23 너희는 귀를 기울여 내 목소리를 들으

라 자세히 내 말을 들으라

24 파종하려고 가는 자가 어찌 쉬지 않고

갈기만 하겠느냐 자기 땅을 개간하며

고르게만 하겠느냐

25 지면을 이미 평평히 하였으면 소회향을

뿌리며 대회향을 뿌리며 소맥을 줄줄이

심으며 대맥을 정한 곳에 심으며 귀리

를 그 가에 심지 아니하겠느냐

26 이는 그의 하나님이 그에게 적당한 방

법을 보이사 가르치셨음이며

27 소회향은 도리깨로 떨지 아니하며 대회

향에는 수레 바퀴를 굴리지 아니하고

소회향은 작대기로 떨고 대회향은 막대

기로 떨며

28 곡식은 부수는가, 아니라 늘 떨기만 하

지 아니하고 그것에 수레바퀴를 굴리고

그것을 말굽으로 밟게 할지라도 부수지

는 아니하나니

29 이도 만군의 여호와께로부터 난 것이라

그의 경영은 기묘하며 지혜는 광대하

니라

아리엘을 괴롭게 하리라

29 슬프다 아리엘이여 아리엘이여 다윗이

진 친 성읍이여 해마다 절기가 돌아오

려니와

2 내가 아리엘을 괴롭게 하리니 그가 슬
퍼하고 애곡하며 내게 아리엘과 같이
되리라

3 내가 너를 사면으로 둘러 진을 치며 너
를 에워 대를 쌓아 너를 치리니

4 네가 낮아져서 땅에서 말하며 네 말소
리가 나직이 티끌에서 날 것이라 네 목
소리가 신접한 자의 목소리 같이 땅에
서 나며 네 말소리가 티끌에서 지껄이
리라

5 그럴지라도 네 대적의 무리는 세미한
티끌 같겠고 강포한 자의 무리는 날려
가는 겨 같으리니 그 일이 순식간에 갑
자기 일어날 것이라

6 만군의 여호와께서 우레와 지진과 큰
소리와 회오리바람과 폭풍과 맹렬한 불
꽃으로 그들을 징벌하실 것인즉

7 아리엘을 치는 열방의 무리 곧 아리엘

과 그 요새를 쳐서 그를 곤고하게 하는
모든 자는 꿈 같이, 밤의 환상 같이 되
리니

8 주린 자가 꿈에 먹었을지라도 깨면 그
속은 여전히 비고 목마른 자가 꿈에 마
셨을지라도 깨면 곤비하며 그 속에 갈
증이 있는 것 같이 시온 산을 치는 열
방의 무리가 그와 같으리라

입술로는 공경하나 마음은 떠났다

9 너희는 놀라고 놀라라 너희는 맹인이
되고 맹인이 되라 그들의 취함이 포도
주로 말미암음이 아니며 그들의 비틀거
림이 독주로 말미암음이 아니니라

10 대저 여호와께서 깊이 잠들게 하는 영
을 너희에게 부어 주사 너희의 눈을 감
기셨음이니 그가 선지자들과 너희의 지
도자인 선견자들을 덮으셨음이라

11 그러므로 모든 계시가 너희에게는 봉한

책의 말처럼 되었으니 그것을 글 아는
자에게 주며 이르기를 그대에게 청하노
니 이를 읽으라 하면 그가 대답하기를
그것이 봉해졌으니 나는 못 읽겠노라
할 것이요

12 또 그 책을 글 모르는 자에게 주며 이
르기를 그대에게 청하노니 이를 읽으라
하면 그가 대답하기를 나는 글을 모른
다 할 것이니라

13 주께서 이르시되 이 백성이 입으로는
나를 가까이 하며 입술로는 나를 공경
하나 그들의 마음은 내게서 멀리 떠났
나니 그들이 나를 경외함은 사람의 계
명으로 가르침을 받았을 뿐이라

14 그러므로 내가 이 백성 중에 기이한 일
곧 기이하고 가장 기이한 일을 다시 행
하리니 그들 중에서 지혜자의 지혜가
없어지고 명철자의 총명이 가려지리라

이제부터는 교훈을 받으리라

15 자기의 계획을 여호와께 깊이 숨기려
하는 자들은 화 있을진저 그들의 일을
어두운 데에서 행하며 이르기를 누가
우리를 보랴 누가 우리를 알랴 하니

16 너희의 패역함이 심하도다 토기장이를
어찌 진흙 같이 여기겠느냐 지음을 받
은 물건이 어찌 자기를 지은 이에게 대
하여 이르기를 그가 나를 짓지 아니하
였다 하겠으며 빚음을 받은 물건이 자
기를 빚은 이에게 대하여 이르기를 그
가 총명이 없다 하겠느냐

17 오래지 아니하여 레바논이 기름진 밭으
로 변하지 아니하겠으며 기름진 밭이
숲으로 여겨지지 아니하겠느냐

18 그 날에 못 듣는 사람이 책의 말을 들
을 것이며 어둡고 캄캄한 데에서 맹인
의 눈이 볼 것이며

19 겸손한 자에게 여호와로 말미암아 기쁨

이 더하겠고 사람 중 가난한 자가 이스

라엘의 거룩하신 이로 말미암아 즐거워

하리니

20 이는 강포한 자가 소멸되었으며 오만한

자가 그쳤으며 죄악의 기회를 엿보던

자가 다 끊어졌음이라

21 그들은 송사로 사람에게 죄를 씌우며

성문에서 판단하는 자를 올무로 잡듯

하며 헛된 일로 의인을 억울하게 하느

니라

22 그러므로 아브라함을 구속하신 여호와

께서 야곱 족속에 대하여 이같이 말씀

하시되 야곱이 이제는 부끄러워하지 아

니하겠고 그의 얼굴이 이제는 창백해지

지 아니할 것이며

23 그의 자손은 내 손이 그 가운데에서 행

한 것을 볼 때에 내 이름을 거룩하다

하며 야곱의 거룩한 이를 거룩하다 하

며 이스라엘의 하나님을 경외할 것이며

24 마음이 혼미하던 자들도 총명하게 되며

원망하던 자들도 교훈을 받으리라 하셨

느니라

애굽과 맺은 맹약이 헛되다

30 여호와께서 이르시되 패역한 자식들은

화 있을진저 그들이 계교를 베푸나 나

로 말미암지 아니하며 맹약을 맺으나

나의 영으로 말미암지 아니하고 죄에

죄를 더하도다

2 그들이 바로의 세력 안에서 스스로 강

하려 하며 애굽의 그늘에 피하려 하여

애굽으로 내려갔으되 나의 입에 묻지

아니하였도다

3 그러므로 바로의 세력이 너희의 수치가

되며 애굽의 그늘에 피함이 너희의 수

욕이 될 것이라

417

4 그 고관들이 소안에 있고 그 사신들이

하네스에 이르렀으나

5 그들이 다 자기를 유익하게 하지 못하

는 민족으로 말미암아 수치를 당하리니

그 민족이 돕지도 못하며 유익하게도

못하고 수치가 되게 하며 수욕이 되게

할 뿐임이니라

6 네겝 짐승들에 관한 경고라 사신들이

그들의 재물을 어린 나귀 등에 싣고 그

들의 보물을 낙타 안장에 얹고 암사자

와 수사자와 독사와 및 날아다니는 불

뱀이 나오는 위험하고 곤고한 땅을 지

나 자기에게 무익한 민족에게로 갔으나

7 애굽의 도움은 헛되고 무익하니라 그러

므로 내가 애굽을 가만히 앉은 라합이

라 일컬었느니라

패역한 백성

8 이제 가서 백성 앞에서 서판에 기록하

며 책에 써서 후세에 영원히 있게 하라

9 대저 이는 패역한 백성이요 거짓말 하

는 자식들이요 여호와의 법을 듣기 싫

어하는 자식들이라

10 그들이 선견자들에게 이르기를 선견하

지 말라 선지자들에게 이르기를 우리에

게 바른 것을 보이지 말라 우리에게 부

드러운 말을 하라 거짓된 것을 보이라

11 너희는 바른 길을 버리며 첩경에서 돌

이키라 이스라엘의 거룩하신 이를 우리

앞에서 떠나시게 하라 하는도다

12 이러므로 이스라엘의 거룩하신 이가 이

같이 말씀하시되 너희가 이 말을 업신

여기고 압박과 허망을 믿어 그것을 의

지하니

13 이 죄악이 너희에게 마치 무너지려고

터진 담이 불쑥 나와 순식간에 무너짐

같게 되리라 하셨은즉

14 그가 이 나라를 무너뜨리시되 토기장이 가 그릇을 깨뜨림 같이 아낌이 없이 부 수시리니 그 조각 중에서, 아궁이에서 불을 붙이거나 물 웅덩이에서 물을 뜰 것도 얻지 못하리라

15 주 여호와 이스라엘의 거룩하신 이가 이같이 말씀하시되 너희가 돌이켜 조용 히 있어야 구원을 얻을 것이요 잠잠하 고 신뢰하여야 힘을 얻을 것이거늘 너 희가 원하지 아니하고

16 이르기를 아니라 우리가 말 타고 도망 하리라 하였으므로 너희가 도망할 것이 요 또 이르기를 우리가 빠른 짐승을 타 리라 하였으므로 너희를 쫓는 자들이 빠르리니

17 한 사람이 꾸짖은즉 천 사람이 도망하 겠고 다섯이 꾸짖은즉 너희가 다 도망 하고 너희 남은 자는 겨우 산 꼭대기의

깃대 같겠고 산마루 위의 기치 같으리 라 하셨느니라

하나님을 기다리는 자는 복이 있도다

18 그러나 여호와께서 기다리시나니 이는 너희에게 은혜를 베풀려 하심이요 일어 나시리니 이는 너희를 긍휼히 여기려 하심이라 대저 여호와는 정의의 하나님 이심이라 그를 기다리는 자마다 복이 있도다

19 시온에 거주하며 예루살렘에 거주하는 백성아 너는 다시 통곡하지 아니할 것 이라 그가 네 부르짖는 소리로 말미암 아 네게 은혜를 베푸시되 그가 들으실 때에 네게 응답하시리라

20 주께서 너희에게 환난의 떡과 고생의 물 을 주시나 네 스승은 다시 숨기지 아니 하시리니 네 눈이 네 스승을 볼 것이며

21 너희가 오른쪽으로 치우치든지 왼쪽으

로 치우치든지 네 뒤에서 말소리가 네

귀에 들려 이르기를 이것이 바른 길이

니 너희는 이리로 가라 할 것이며

22 또 너희가 너희 조각한 우상에 입힌 은

과 부어 만든 우상에 올린 금을 더럽게

하여 불결한 물건을 던짐 같이 던지며

이르기를 나가라 하리라

23 네가 땅에 뿌린 종자에 주께서 비를 주

사 땅이 먹을 것을 내며 곡식이 풍성하

고 기름지게 하실 것이며 그 날에 네

가축이 광활한 목장에서 먹을 것이요

24 밭 가는 소와 어린 나귀도 키와 쇠스랑

으로 까부르고 맛있게 한 먹이를 먹을

것이며

25 크게 살륙하는 날 망대가 무너질 때에

고산마다 준령마다 그 위에 개울과 시

냇물이 흐를 것이며

26 여호와께서 자기 백성의 상처를 싸매시

며 그들의 맞은 자리를 고치시는 날에

는 달빛은 햇빛 같겠고 햇빛은 일곱 배

가 되어 일곱 날의 빛과 같으리라

여호와께서 앗수르를 치시리라

27 보라 여호와의 이름이 원방에서부터 오

되 그의 진노가 불 붙듯 하며 빽빽한

연기가 일어나듯 하며 그의 입술에는

분노가 찼으며 그의 혀는 맹렬한 불 같

으며

28 그의 호흡은 마치 창일하여 목에까지

미치는 하수 같은즉 그가 멸하는 키로

열방을 까부르며 여러 민족의 입에 미

혹하는 재갈을 물리시리니

29 너희가 거룩한 절기를 지키는 밤에 하

듯이 노래할 것이며 피리를 불며 여호

와의 산으로 가서 이스라엘의 반석에게

로 나아가는 자 같이 마음에 즐거워할

것이라

30 여호와께서 그의 장엄한 목소리를 듣게 하시며 혁혁한 진노로 그의 팔의 치심을 보이시되 맹렬한 화염과 폭풍과 폭우와 우박으로 하시리니

31 여호와의 목소리에 앗수르가 낙담할 것이며 주께서는 막대기로 치실 것이라

32 여호와께서 예정하신 몽둥이를 앗수르 위에 더하실 때마다 소고를 치며 수금을 탈 것이며 그는 전쟁 때에 팔을 들어 그들을 치시리라

33 대저 도벳은 이미 세워졌고 또 왕을 위하여 예비된 것이라 깊고 넓게 하였고 거기에 불과 많은 나무가 있은즉 여호와의 호흡이 유황 개천 같아서 이를 사르시리라

31 도움을 구하러 애굽으로 내려가는 자들은 화 있을진저 그들은 말을 의지하며 병거의 많음과 마병의 심히 강함을 의지하고 이스라엘의 거룩하신 이를 앙모하지 아니하며 여호와를 구하지 아니하나니

2 여호와께서도 지혜로우신즉 재앙을 내리실 것이라 그의 말씀들을 변하게 하지 아니하시고 일어나사 악행하는 자들의 집을 치시며 행악을 돕는 자들을 치시리니

3 애굽은 사람이요 신이 아니며 그들의 말들은 육체요 영이 아니라 여호와께서 그의 손을 펴시면 돕는 자도 넘어지며 도움을 받는 자도 엎드러져서 다 함께 멸망하리라

4 여호와께서 이같이 내게 이르시되 큰 사자나 젊은 사자가 자기의 먹이를 움키고 으르렁거릴 때에 그것을 치려고 여러 목자를 불러 왔다 할지라도 그것이 그들의 소리로 말미암아 놀라지 아

니할 것이요 그들의 떠듦으로 말미암아

굴복하지 아니할 것이라 이와 같이 나

만군의 여호와가 강림하여 시온 산과

그 언덕에서 싸울 것이라

5 새가 날개 치며 그 새끼를 보호함 같이

나 만군의 여호와가 예루살렘을 보호할

것이라 그것을 호위하며 건지며 뛰어넘

어 구원하리라 하셨느니라

6 이스라엘 자손들아 너희는 심히 거역하

던 자에게로 돌아오라

7 너희가 자기 손으로 만들어 범죄한 은

우상, 금 우상을 그 날에는 각 사람이

던져 버릴 것이며

8 앗수르는 칼에 엎드러질 것이나 사람의

칼로 말미암음이 아니겠고 칼에 삼켜

질 것이나 사람의 칼로 말미암음이 아

닐 것이며 그는 칼 앞에서 도망할 것이

요 그의 장정들은 복역하는 자가 될 것

이라

9 그의 반석은 두려움으로 말미암아 물러

가겠고 그의 고관들은 기치로 말미암아

놀라리라 이는 여호와의 말씀이라 여호

와의 불은 시온에 있고 여호와의 풀무

는 예루살렘에 있느니라

의로 통치할 왕

32 보라 장차 한 왕이 공의로 통치할 것

이요 방백들이 정의로 다스릴 것이며

2 또 그 사람은 광풍을 피하는 곳, 폭우

를 가리는 곳 같을 것이며 마른 땅에

냇물 같을 것이며 곤비한 땅에 큰 바위

그늘 같으리니

3 보는 자의 눈이 감기지 아니할 것이요

듣는 자가 귀를 기울일 것이며

4 조급한 자의 마음이 지식을 깨닫고 어

눌한 자의 혀가 민첩하여 말을 분명히

할 것이라

5 어리석은 자를 다시 존귀하다 부르지

아니하겠고 우둔한 자를 다시 존귀한

자라 말하지 아니하리니

6 이는 어리석은 자는 어리석은 것을 말

하며 그 마음에 불의를 품어 간사를 행

하며 패역한 말로 여호와를 거스르며

주린 자의 속을 비게 하며 목마른 자에

게서 마실 것을 없어지게 함이며

7 악한 자는 그 그릇이 악하여 악한 계획

을 세워 거짓말로 가련한 자를 멸하며

가난한 자가 말을 바르게 할지라도 그

리함이거니와

8 존귀한 자는 존귀한 일을 계획하나니

그는 항상 존귀한 일에 서리라

심판과 회복

9 너희 안일한 여인들아 일어나 내 목소

리를 들을지어다 너희 염려 없는 딸들

아 내 말에 귀를 기울일지어다

10 너희 염려 없는 여자들아 일 년 남짓

지나면 너희가 당황하리니 포도 수확이

없으며 열매 거두는 일이 이르지 않을

것임이라

11 너희 안일한 여자들아 떨지어다 너희

염려 없는 자들아 당황할지어다 옷을

벗어 몸을 드러내고 베로 허리를 동일

지어다

12 그들은 좋은 밭으로 인하여 열매 많은

포도나무로 인하여 가슴을 치게 될 것

이니라

13 내 백성의 땅에 가시와 찔레가 나며 희

락의 성읍, 기뻐하는 모든 집에 나리니

14 대저 궁전이 폐한 바 되며 인구 많던

성읍이 적막하며 오벨과 망대가 영원히

굴혈이 되며 들나귀가 즐기는 곳과 양

떼의 초장이 되려니와

15 마침내 위에서부터 영을 우리에게 부어

423

주시리니 광야가 아름다운 밭이 되며

아름다운 밭을 숲으로 여기게 되리라

16 그 때에 정의가 광야에 거하며 공의가

아름다운 밭에 거하리니

17 공의의 열매는 화평이요 공의의 결과는

영원한 평안과 안전이라

18 내 백성이 화평한 집과 안전한 거처와

조용히 쉬는 곳에 있으려니와

19 그 숲은 우박에 상하고 성읍은 파괴되

리라

20 모든 물 가에 씨를 뿌리고 소와 나귀를

그리로 모는 너희는 복이 있느니라

은혜를 구하는 기도

33 너 학대를 당하지 아니하고도 학대하

며 속이고도 속임을 당하지 아니하는

자여 화 있을진저 네가 학대하기를 그

치면 네가 학대를 당할 것이며 네가 속

이기를 그치면 사람이 너를 속이리라

2 여호와여 우리에게 은혜를 베푸소서 우

리가 주를 앙망하오니 주는 아침마다

우리의 팔이 되시며 환난 때에 우리의

구원이 되소서

3 요란한 소리로 말미암아 민족들이 도망

하며 주께서 일어나심으로 말미암아 나

라들이 흩어졌나이다

4 황충의 떼 같이 사람이 너희의 노략물

을 모을 것이며 메뚜기가 뛰어오름 같

이 그들이 그 위로 뛰어오르리라

5 여호와께서는 지극히 존귀하시니 그는

높은 곳에 거하심이요 정의와 공의를

시온에 충만하게 하심이라

6 네 시대에 평안함이 있으며 구원과 지

혜와 지식이 풍성할 것이니 여호와를

경외함이 네 보배니라

높은 곳에 거할 자

7 보라 그들의 용사가 밖에서 부르짖으며

평화의 사신들이 슬피 곡하며

8 대로가 황폐하여 행인이 끊어지며 대적이 조약을 파하고 성읍들을 멸시하며 사람을 생각하지 아니하며

9 땅이 슬퍼하고 쇠잔하며 레바논은 부끄러워하고 마르며 사론은 사막과 같고 바산과 갈멜은 나뭇잎을 떨어뜨리는도다

10 여호와께서 이르시되 내가 이제 일어나며 내가 이제 나를 높이며 내가 이제 지극히 높아지리니

11 너희가 겨를 잉태하고 짚을 해산할 것이며 너희의 호흡은 불이 되어 너희를 삼킬 것이며

12 민족들은 불에 굽는 횟돌 같겠고 잘라서 불에 사르는 가시나무 같으리로다

13 너희 먼 데에 있는 자들아 내가 행한 것을 들으라 너희 가까이에 있는 자들아 나의 권능을 알라

14 시온의 죄인들이 두려워하며 경건하지 아니한 자들이 떨며 이르기를 우리 중에 누가 삼키는 불과 함께 거하겠으며 우리 중에 누가 영영히 타는 것과 함께 거하리요 하도다

15 오직 공의롭게 행하는 자, 정직히 말하는 자, 토색한 재물을 가증히 여기는 자, 손을 흔들어 뇌물을 받지 아니하는 자, 귀를 막아 피 흘리려는 꾀를 듣지 아니하는 자, 눈을 감아 악을 보지 아니하는 자,

16 그는 높은 곳에 거하리니 견고한 바위가 그의 요새가 되며 그의 양식은 공급되고 그의 물은 끊어지지 아니하리라

시온 성을 보라

17 네 눈은 왕을 그의 아름다운 가운데에서 보며 광활한 땅을 눈으로 보겠고

18 네 마음은 두려워하던 것을 생각해 내리라 계산하던 자가 어디 있느냐 공세를 계량하던 자가 어디 있느냐 망대를 계수하던 자가 어디 있느냐

19 네가 강포한 백성을 보지 아니하리라 그 백성은 방언이 어려워 네가 알아듣지 못하며 말이 이상하여 네가 깨닫지 못하는 자니라

20 우리 절기의 시온 성을 보라 네 눈이 안정된 처소인 예루살렘을 보리니 그것은 옮겨지지 아니할 장막이라 그 말뚝이 영영히 뽑히지 아니할 것이요 그 줄이 하나도 끊어지지 아니할 것이며

21 여호와는 거기에 위엄 중에 우리와 함께 계시리니 그 곳에는 여러 강과 큰 호수가 있으나 노 젓는 배나 큰 배가 통행하지 못하리라

22 대저 여호와는 우리 재판장이시요 여호와는 우리에게 율법을 세우신 이요 여호와는 우리의 왕이시니 그가 우리를 구원하실 것임이라

23 네 돛대 줄이 풀렸으니 돛대의 밑을 튼튼히 하지 못하였고 돛을 달지 못하였느니라 때가 되면 많은 재물을 탈취하여 나누리니 저는 자도 그 재물을 취할 것이며

24 그 거주민은 내가 병들었노라 하지 아니할 것이라 거기에 사는 백성이 사죄함을 받으리라

여호와께서 원수들을 벌하시리라

34 열국이여 너희는 나아와 들을지어다 민족들이여 귀를 기울일지어다 땅과 땅에 충만한 것, 세계와 세계에서 나는 모든 것이여 들을지어다

2 대저 여호와께서 열방을 향하여 진노하시며 그들의 만군을 향하여 분내사 그

들을 진멸하시며 살륙 당하게 하셨은즉

3 그 살륙 당한 자는 내던진 바 되며 그

사체의 악취가 솟아오르고 그 피에 산

들이 녹을 것이며

4 하늘의 만상이 사라지고 하늘들이 두루

마리 같이 말리되 그 만상의 쇠잔함이

포도나무 잎이 마름 같고 무화과나무

잎이 마름 같으리라

5 여호와의 칼이 하늘에서 족하게 마셨은

즉 보라 이것이 에돔 위에 내리며 진멸

하시기로 한 백성 위에 내려 그를 심판

할 것이라

6 여호와의 칼이 피 곧 어린 양과 염소의

피에 만족하고 기름 곧 숫양의 콩팥 기

름으로 윤택하니 이는 여호와를 위한

희생이 보스라에 있고 큰 살륙이 에돔

땅에 있음이라

7 들소와 송아지와 수소가 함께 도살장에

내려가니 그들의 땅이 피에 취하며 흙

이 기름으로 윤택하리라

8 이것은 여호와께서 보복하시는 날이요

시온의 송사를 위하여 신원하시는 해라

9 에돔의 시내들은 변하여 역청이 되고

그 티끌은 유황이 되고 그 땅은 불 붙

는 역청이 되며

10 낮에나 밤에나 꺼지지 아니하고 그 연

기가 끊임없이 떠오를 것이며 세세에

황무하여 그리로 지날 자가 영영히 없

겠고

11 당아새와 고슴도치가 그 땅을 차지하며

부엉이와 까마귀가 거기에 살 것이라

여호와께서 그 위에 혼란의 줄과 공허

의 추를 드리우실 것인즉

12 그들이 국가를 이으려 하여 귀인들을

부르되 아무도 없겠고 그 모든 방백도

없게 될 것이요

13 그 궁궐에는 가시나무가 나며 그 견고한 성에는 엉겅퀴와 새품이 자라서 승냥이의 굴과 타조의 처소가 될 것이니

14 들짐승이 이리와 만나며 숫염소가 그 동류를 부르며 올빼미가 거기에 살면서 쉬는 처소로 삼으며

15 부엉이가 거기에 깃들이고 알을 낳아 까서 그 그늘에 모으며 솔개들도 각각 제 짝과 함께 거기에 모이리라

16 너희는 여호와의 책에서 찾아 읽어보라 이것들 가운데서 빠진 것이 하나도 없고 제 짝이 없는 것이 없으리니 이는 여호와의 입이 이를 명령하셨고 그의 영이 이것들을 모으셨음이라

17 여호와께서 그것들을 위하여 제비를 뽑으시며 그의 손으로 줄을 띠어 그 땅을 그것들에게 나누어 주셨으니 그들이 영원히 차지하며 대대로 거기에 살리라

거룩한 길

35 광야와 메마른 땅이 기뻐하며 사막이 백합화 같이 피어 즐거워하며

2 무성하게 피어 기쁜 노래로 즐거워하며 레바논의 영광과 갈멜과 사론의 아름다움을 얻을 것이라 그것들이 여호와의 영광 곧 우리 하나님의 아름다움을 보리로다

3 너희는 약한 손을 강하게 하며 떨리는 무릎을 굳게 하며

4 겁내는 자들에게 이르기를 굳세어라, 두려워하지 말라, 보라 너희 하나님이 오사 보복하시며 갚아 주실 것이라 하나님이 오사 너희를 구하시리라 하라

5 그 때에 맹인의 눈이 밝을 것이며 못 듣는 사람의 귀가 열릴 것이며

6 그 때에 저는 자는 사슴 같이 뛸 것이며 말 못하는 자의 혀는 노래하리니 이

는 광야에서 물이 솟겠고 사막에서 시

내가 흐를 것임이라

7 뜨거운 사막이 변하여 못이 될 것이며

메마른 땅이 변하여 원천이 될 것이며

승냥이의 눕던 곳에 풀과 갈대와 부들

이 날 것이며

8 거기에 대로가 있어 그 길을 거룩한 길

이라 일컫는 바 되리니 깨끗하지 못한

자는 지나가지 못하겠고 오직 구속함

을 입은 자들을 위하여 있게 될 것이라

우매한 행인은 그 길로 다니지 못할 것

이며

9 거기에는 사자가 없고 사나운 짐승이

그리로 올라가지 아니하므로 그것을 만

나지 못하겠고 오직 구속함을 받은 자

만 그리로 행할 것이며

10 여호와의 속량함을 받은 자들이 돌아오

되 노래하며 시온에 이르러 그들의 머

리 위에 영영한 희락을 띠고 기쁨과 즐

거움을 얻으리니 슬픔과 탄식이 사라지

리로다

앗수르가 예루살렘을 협박하다
(왕하 18:13-37; 대하 32:1-19)

36 히스기야 왕 십사년에 앗수르 왕 산헤

립이 올라와서 유다의 모든 견고한 성

을 쳐서 취하니라

2 앗수르 왕이 라기스에서부터 랍사게를

예루살렘으로 보내되 대군을 거느리고

히스기야 왕에게로 가게 하매 그가 윗

못 수도 곁 세탁자의 밭 큰 길에 서매

3 힐기야의 아들 왕궁 맡은 자 엘리아김

과 서기관 셉나와 아삽의 아들 사관 요

아가 그에게 나아가니라

4 랍사게가 그들에게 이르되 이제 히스기

야에게 말하라 대왕 앗수르 왕이 이같

이 말씀하시기를 네가 믿는 바 그 믿는

것이 무엇이냐

5 내가 말하노니 네가 족히 싸울 계략과 용맹이 있노라 함은 입술에 붙은 말뿐이니라 네가 이제 누구를 믿고 나를 반역하느냐

6 보라 네가 애굽을 믿는도다 그것은 상한 갈대 지팡이와 같은 것이라 사람이 그것을 의지하면 손이 찔리리니 애굽 왕 바로는 그를 믿는 모든 자에게 이와 같으니라

7 혹시 네가 내게 이르기를 우리는 우리 하나님 여호와를 신뢰하노라 하리라마는 그는 그의 산당과 제단을 히스기야가 제하여 버리고 유다와 예루살렘에 명령하기를 너희는 이 제단 앞에서만 예배하라 하던 그 신이 아니냐 하셨느니라

8 그러므로 이제 청하노니 내 주 앗수르 왕과 내기하라 내가 네게 말 이천 필을 주어도 너는 그 탈 자를 능히 내지 못하리라

9 그런즉 네가 어찌 내 주의 종 가운데 극히 작은 총독 한 사람인들 물리칠 수 있으랴 어찌 애굽을 믿고 병거와 기병을 얻으려 하느냐

10 내가 이제 올라와서 이 땅을 멸하는 것이 여호와의 뜻이 없음이겠느냐 여호와께서 내게 이르시기를 올라가 그 땅을 쳐서 멸하라 하셨느니라 하니라

11 이에 엘리아김과 셉나와 요아가 랍사게에게 이르되 우리가 아람 방언을 아오니 청하건대 그 방언으로 당신의 종들에게 말하고 성 위에 있는 백성이 듣는 데에서 우리에게 유다 방언으로 말하지 마소서 하니

12 랍사게가 이르되 내 주께서 이 일을 네 주와 네게만 말하라고 나를 보내신 것

이냐 너희와 함께 자기의 대변을 먹으며 자기의 소변을 마실 성 위에 앉은 사람들에게도 하라고 보내신 것이 아니냐 하더라

13 이에 랍사게가 일어서서 유다 방언으로 크게 외쳐 이르되 너희는 대왕 앗수르 왕의 말씀을 들으라

14 왕의 말씀에 너희는 히스기야에게 미혹되지 말라 그가 능히 너희를 건지지 못할 것이니라

15 히스기야가 너희에게 여호와를 신뢰하게 하려는 것을 따르지 말라 그가 말하기를 여호와께서 반드시 우리를 건지시리니 이 성이 앗수르 왕의 손에 넘어가지 아니하리라 할지라도

16 히스기야의 말을 듣지 말라 앗수르 왕이 또 이같이 말씀하시기를 너희는 내게 항복하고 내게로 나아오라 그리하면

너희가 각각 자기의 포도와 자기의 무화과를 먹을 것이며 각각 자기의 우물 물을 마실 것이요

17 내가 와서 너희를 너희 본토와 같이 곡식과 포도주와 떡과 포도원이 있는 땅에 옮기기까지 하리라

18 혹시 히스기야가 너희에게 이르기를 여호와께서 우리를 건지시리라 할지라도 속지 말라 열국의 신들 중에 자기의 땅을 앗수르 왕의 손에서 건진 자가 있느냐

19 하맛과 아르밧의 신들이 어디 있느냐 스발와임의 신들이 어디 있느냐 그들이 사마리아를 내 손에서 건졌느냐

20 이 열방의 신들 중에 어떤 신이 자기의 나라를 내 손에서 건져냈기에 여호와가 능히 예루살렘을 내 손에서 건지겠느냐 하셨느니라 하니라

21 그러나 그들이 잠잠하여 한 말도 대답하지 아니하였으니 이는 왕이 그들에게 명령하여 대답하지 말라 하였음이었더라

22 그 때에 힐기야의 아들 왕궁 맡은 자 엘리아김과 서기관 셉나와 아삽의 아들 사관 요아가 자기의 옷을 찢고 히스기야에게 나아가서 랍사게의 말을 그에게 전하니라

왕이 이사야의 말을 듣고자 하다 (왕하 19:1-7)

37 히스기야 왕이 듣고 자기의 옷을 찢고 굵은 베 옷을 입고 여호와의 전으로 갔고

2 왕궁 맡은 자 엘리아김과 서기관 셉나와 제사장 중 어른들도 굵은 베 옷을 입으니라 왕이 그들을 아모스의 아들 선지자 이사야에게로 보내매

3 그들이 이사야에게 이르되 히스기야의 말씀에 오늘은 환난과 책벌과 능욕의 날이라 아이를 낳으려 하나 해산할 힘이 없음 같도다

4 당신의 하나님 여호와께서 랍사게의 말을 들으셨을 것이라 그가 그의 상전 앗수르 왕의 보냄을 받고 살아 계시는 하나님을 훼방하였은즉 당신의 하나님 여호와께서 혹시 그 말로 말미암아 견책하실까 하노라 그런즉 바라건대 당신은 이 남아 있는 자를 위하여 기도하라 하시더이다 하니라

5 그리하여 히스기야 왕의 신하들이 이사야에게 나아가매

6 이사야가 그들에게 이르되 너희는 너희 주에게 이렇게 말하라 여호와께서 이같이 말씀하시되 너희가 들은 바 앗수르 왕의 종들이 나를 능욕한 말로 말미암아 두려워하지 말라

7 보라 내가 영을 그의 속에 두리니 그가 소문을 듣고 그의 고국으로 돌아갈 것이며 또 내가 그를 그의 고국에서 칼에 죽게 하리라 하셨느니라 하니라

앗수르가 또 다른 협박을 하다 (왕하 19:8-19)

8 앗수르 왕이 라기스를 떠났다 함을 듣고 랍사게가 돌아가다가 그 왕을 만나니 립나를 치고 있더라

9 그 때에 앗수르 왕이 구스 왕 디르하가의 일에 관하여 들은즉 사람들이 이르기를 그가 나와서 왕과 싸우려 한다 하는지라 이 말을 듣고 사자들을 히스기야에게 보내며 이르되

10 너희는 유다의 히스기야 왕에게 이같이 말하여 이르기를 너는 네가 신뢰하는 하나님이 예루살렘이 앗수르 왕의 손에 넘어가지 아니하리라 하는 말에 속지 말라

11 앗수르 왕들이 모든 나라에 어떤 일을 행하였으며 그것을 어떻게 멸절시켰는지 네가 들었으리니 네가 구원을 받겠느냐

12 나의 조상들이 멸하신 열방 고산과 하란과 레셉과 및 들라살에 있는 에덴 자손을 그 나라들의 신들이 건졌더냐

13 하맛 왕과 아르밧 왕과 스발와임 성의 왕과 헤나 왕과 이와 왕이 어디 있느냐 하라 하였더라

14 히스기야가 그 사자들의 손에서 글을 받아 보고 여호와의 전에 올라가서 그 글을 여호와 앞에 펴 놓고

15 여호와께 기도하여 이르되

16 그룹 사이에 계신 이스라엘 하나님 만군의 여호와여 주는 천하 만국에 유일하신 하나님이시라 주께서 천지를 만드셨나이다

17 여호와여 귀를 기울여 들으시옵소서 여호와여 눈을 뜨고 보시옵소서 산헤립이 사람을 보내어 살아 계시는 하나님을 훼방한 모든 말을 들으시옵소서

18 여호와여 앗수르 왕들이 과연 열국과 그들의 땅을 황폐하게 하였고

19 그들의 신들을 불에 던졌사오나 그들은 신이 아니라 사람의 손으로 만든 것일 뿐이요 나무와 돌이라 그러므로 멸망을 당하였나이다

20 우리 하나님 여호와여 이제 우리를 그의 손에서 구원하사 천하 만국이 주만이 여호와이신 줄을 알게 하옵소서 하니라

이사야가 왕에게 전한 말 (왕하 19:20-37)

21 아모스의 아들 이사야가 사람을 보내어 히스기야에게 이르되 이스라엘의 하나님 여호와께서 말씀하시되 네가 앗수르의 산헤립 왕의 일로 내게 기도하였도다 하시고

22 여호와께서 그에 대하여 이같이 이르시되 처녀 딸 시온이 너를 멸시하며 조소하였고 딸 예루살렘이 너를 향하여 머리를 흔들었느니라

23 네가 훼방하며 능욕한 것은 누구에게냐 네가 소리를 높이며 눈을 높이 들어 향한 것은 누구에게냐 곧 이스라엘의 거룩하신 이에게니라

24 네가 네 종을 통해서 주를 훼방하여 이르기를 내가 나의 허다한 병거를 거느리고 산들의 꼭대기에 올라가며 레바논의 깊은 곳에 이르렀으니 높은 백향목과 아름다운 향나무를 베고 또 그 제일 높은 곳에 들어가 살진 땅의 수풀에 이를 것이며

25 내가 우물을 파서 물을 마셨으니 내 발

바닥으로 애굽의 모든 하수를 말리리라

하였도다

26 네가 어찌하여 듣지 못하였느냐 이 일

들은 내가 태초부터 행한 바요 상고부

터 정한 바로서 이제 내가 이루어 네가

견고한 성읍들을 헐어 돌무더기가 되게

하였노라

27 그러므로 그 주민들이 힘이 약하여 놀

라며 수치를 당하여 들의 풀 같이, 푸른

나물 같이, 지붕의 풀 같이, 자라지 못

한 곡초 같이 되었느니라

28 네 거처와 네 출입과 네가 나를 거슬러

분노함을 내가 아노라

29 네가 나를 거슬러 분노함과 네 오만함

이 내 귀에 들렸으므로 내가 갈고리로

네 코를 꿰며 재갈을 네 입에 물려 너

를 오던 길로 돌아가게 하리라 하셨나

이다

30 왕이여 이것이 왕에게 징조가 되리니 올

해는 스스로 난 것을 먹을 것이요 둘

째 해에는 또 거기에서 난 것을 먹을 것

이요 셋째 해에는 심고 거두며 포도나

무를 심고 그 열매를 먹을 것이니이다

31 유다 족속 중에 피하여 남은 자는 다시

아래로 뿌리를 박고 위로 열매를 맺으

리니

32 이는 남은 자가 예루살렘에서 나오며

피하는 자가 시온 산에서 나올 것임이

라 만군의 여호와의 열심이 이를 이루

시리이다

33 그러므로 여호와께서 앗수르 왕에 대하

여 이같이 이르시되 그가 이 성에 이르

지 못하며 화살 하나도 이리로 쏘지 못

하며 방패를 가지고 성에 가까이 오지

도 못하며 흉벽을 쌓고 치지도 못할 것

이요

34 그가 오던 길 곧 그 길로 돌아가고 이

성에 이르지 못하리라 나 여호와의 말

이니라

35 대저 내가 나를 위하며 내 종 다윗을

위하여 이 성을 보호하며 구원하리라

하셨나이다 하니라

36 여호와의 사자가 나가서 앗수르 진중에

서 십팔만 오천인을 쳤으므로 아침에

일찍이 일어나 본즉 시체뿐이라

37 이에 앗수르의 산헤립 왕이 떠나 돌아

가서 니느웨에 거주하더니

38 자기 신 니스록의 신전에서 경배할 때

에 그의 아들 아드람멜렉과 사레셀이

그를 칼로 죽이고 아라랏 땅으로 도망

하였으므로 그의 아들 에살핫돈이 이어

왕이 되니라

히스기야 왕의 발병과 회복
(왕하 20:1-11; 대하 32:24-26)

38 그 때에 히스기야가 병들어 죽게 되니

아모스의 아들 선지자 이사야가 나아가

그에게 이르되 여호와께서 이같이 말씀

하시기를 너는 네 집에 유언하라 네가

죽고 살지 못하리라 하셨나이다 하니

2 히스기야가 얼굴을 벽으로 향하고 여호

와께 기도하여

3 이르되 여호와여 구하오니 내가 주 앞

에서 진실과 전심으로 행하며 주의 목

전에서 선하게 행한 것을 기억하옵소서

하고 히스기야가 심히 통곡하니

4 이에 여호와의 말씀이 이사야에게 임하

여 이르시되

5 너는 가서 히스기야에게 이르기를 네

조상 다윗의 하나님 여호와께서 이같이

말씀하시기를 내가 네 기도를 들었고

네 눈물을 보았노라 내가 네 수한에 십

오 년을 더하고

6 너와 이 성을 앗수르 왕의 손에서 건져

내겠고 내가 또 이 성을 보호하리라

7 이는 여호와께로 말미암는 너를 위한 징조이니 곧 여호와께서 하신 말씀을 그가 이루신다는 증거이니라

8 보라 아하스의 해시계에 나아갔던 해 그림자를 뒤로 십 도를 물러가게 하리 라 하셨다 하라 하시더니 이에 해시계 에 나아갔던 해의 그림자가 십 도를 물 러가니라

9 유다 왕 히스기야가 병들었다가 그의 병 이 나은 때에 기록한 글이 이러하니라

10 내가 말하기를 나의 중년에 스올의 문 에 들어가고 나의 여생을 빼앗기게 되 리라 하였도다

11 내가 또 말하기를 내가 다시는 여호와 를 뵈옵지 못하리니 산 자의 땅에서 다 시는 여호와를 뵈옵지 못하겠고 내가 세상의 거민 중에서 한 사람도 다시는

보지 못하리라 하였도다

12 나의 거처는 목자의 장막을 걷음 같이 나를 떠나 옮겨졌고 직공이 베를 걷어 말음 같이 내가 내 생명을 말았도다 주 께서 나를 틀에서 끊으시리니 조석간에 나를 끝내시리라

13 내가 아침까지 견디었사오나 주께서 사 자 같이 나의 모든 뼈를 꺾으시오니 조 석간에 나를 끝내시리라

14 나는 제비 같이, 학 같이 지저귀며 비 둘기 같이 슬피 울며 내 눈이 쇠하도록 앙망하나이다 여호와여 내가 압제를 받 사오니 나의 중보가 되옵소서

15 주께서 내게 말씀하시고 또 친히 이루 셨사오니 내가 무슨 말씀을 하오리이까 내 영혼의 고통으로 말미암아 내가 종 신토록 방황하리이다

16 주여 사람이 사는 것이 이에 있고 내

심령의 생명도 온전히 거기에 있사오니

원하건대 나를 치료하시며 나를 살려

주옵소서

17 보옵소서 내게 큰 고통을 더하신 것은

내게 평안을 주려 하심이라 주께서 내

영혼을 사랑하사 멸망의 구덩이에서 건

지셨고 내 모든 죄를 주의 등 뒤에 던

지셨나이다

18 스올이 주께 감사하지 못하며 사망이

주를 찬양하지 못하며 구덩이에 들어간

자가 주의 신실을 바라지 못하되

19 오직 산 자 곧 산 자는 오늘 내가 하는

것과 같이 주께 감사하며 주의 신실을

아버지가 그의 자녀에게 알게 하리이다

20 여호와께서 나를 구원하시리니 우리가

종신토록 여호와의 전에서 수금으로 나

의 노래를 노래하리로다

21 이사야가 이르기를 한 뭉치 무화과를

가져다가 종처에 붙이면 왕이 나으리라

하였고

22 히스기야도 말하기를 내가 여호와의 전

에 올라갈 징조가 무엇이냐 하였더라

바벨론에서 온 사자들 (왕하 20:12-19)

39 그 때에 발라단의 아들 바벨론 왕 므

로닥발라단이 히스기야가 병 들었다가

나았다 함을 듣고 히스기야에게 글과

예물을 보낸지라

2 히스기야가 사자들로 말미암아 기뻐하

여 그들에게 보물 창고 곧 은금과 향료

와 보배로운 기름과 모든 무기고에 있

는 것을 다 보여 주었으니 히스기야가

궁중의 소유와 전 국내의 소유를 보이

지 아니한 것이 없는지라

3 이에 선지자 이사야가 히스기야 왕에게

나아와 묻되 그 사람들이 무슨 말을 하

였으며 어디서 왕에게 왔나이까 하니

히스기야가 이르되 그들이 원방 곧 바벨론에서 내게 왔나이다 하니라

4 이사야가 이르되 그들이 왕의 궁전에서 무엇을 보았나이까 하니 히스기야가 대답하되 그들이 내 궁전에 있는 것을 다 보았나이다 내 창고에 있는 것으로 보이지 아니한 보물이 하나도 없나이다 하니라

5 이사야가 히스기야에게 이르되 왕은 만군의 여호와의 말씀을 들으소서

6 보라 날이 이르리니 네 집에 있는 모든 소유와 네 조상들이 오늘까지 쌓아 둔 것이 모두 바벨론으로 옮긴 바 되고 남을 것이 없으리라 여호와의 말이니라

7 또 네게서 태어날 자손 중에서 몇이 사로잡혀 바벨론 왕궁의 환관이 되리라 하셨나이다 하니

8 히스기야가 이사야에게 이르되 당신이 이른 바 여호와의 말씀이 좋소이다 하고 또 이르되 내 생전에는 평안과 견고함이 있으리로다 하니라

희망의 말씀

40 너희의 하나님이 이르시되 너희는 위로하라 내 백성을 위로하라

2 너희는 예루살렘의 마음에 닿도록 말하며 그것에게 외치라 그 노역의 때가 끝났고 그 죄악이 사함을 받았느니라 그의 모든 죄로 말미암아 여호와의 손에서 벌을 배나 받았느니라 할지니라 하시니라

3 외치는 자의 소리여 이르되 너희는 광야에서 여호와의 길을 예비하라 사막에서 우리 하나님의 대로를 평탄하게 하라

4 골짜기마다 돋우어지며 산마다, 언덕마다 낮아지며 고르지 아니한 곳이 평탄

하게 되며 험한 곳이 평지가 될 것이요

5 여호와의 영광이 나타나고 모든 육체가

그것을 함께 보리라 이는 여호와의 입

이 말씀하셨느니라

6 말하는 자의 소리여 이르되 외치라 대

답하되 내가 무엇이라 외치리이까 하니

이르되 모든 육체는 풀이요 그의 모든

아름다움은 들의 꽃과 같으니

7 풀은 마르고 꽃이 시듦은 여호와의 기

운이 그 위에 붊이라 이 백성은 실로

풀이로다

8 풀은 마르고 꽃은 시드나 우리 하나님

의 말씀은 영원히 서리라 하라

9 아름다운 소식을 시온에 전하는 자여

너는 높은 산에 오르라 아름다운 소식

을 예루살렘에 전하는 자여 너는 힘써

소리를 높이라 두려워하지 말고 소리를

높여 유다의 성읍들에게 이르기를 너희

의 하나님을 보라 하라

10 보라 주 여호와께서 장차 강한 자로 임

하실 것이요 친히 그의 팔로 다스리실

것이라 보라 상급이 그에게 있고 보응

이 그의 앞에 있으며

11 그는 목자 같이 양 떼를 먹이시며 어린

양을 그 팔로 모아 품에 안으시며 젖먹

이는 암컷들을 온순히 인도하시리로다

비교할 수 없는 하나님

12 누가 손바닥으로 바닷물을 헤아렸으며

뼘으로 하늘을 쟀으며 땅의 티끌을 되

에 담아 보았으며 접시 저울로 산들을,

막대 저울로 언덕들을 달아 보았으랴

13 누가 여호와의 영을 지도하였으며 그의

모사가 되어 그를 가르쳤으랴

14 그가 누구와 더불어 의논하셨으며 누가

그를 교훈하였으며 그에게 정의의 길로

가르쳤으며 지식을 가르쳤으며 통달의

도를 보여 주었느냐

15 보라 그에게는 열방이 통의 한 방울 물
과 같고 저울의 작은 티끌 같으며 섬들
은 떠오르는 먼지 같으리니

16 레바논은 땔감에도 부족하겠고 그 짐승
들은 번제에도 부족할 것이라

17 그의 앞에는 모든 열방이 아무것도 아
니라 그는 그들을 없는 것 같이, 빈 것
같이 여기시느니라

18 그런즉 너희가 하나님을 누구와 같다
하겠으며 무슨 형상을 그에게 비기겠
느냐

19 우상은 장인이 부어 만들었고 장색이
금으로 입혔고 또 은 사슬을 만든 것이
니라

20 궁핍한 자는 거제를 드릴 때에 썩지 아
니하는 나무를 택하고 지혜로운 장인을
구하여 우상을 만들어 흔들리지 아니하

도록 세우느니라

21 너희가 알지 못하였느냐 너희가 듣지
못하였느냐 태초부터 너희에게 전하지
아니하였느냐 땅의 기초가 창조될 때부
터 너희가 깨닫지 못하였느냐

22 그는 땅 위 궁창에 앉으시나니 땅에 사
는 사람들은 메뚜기 같으니라 그가 하
늘을 차일 같이 펴셨으며 거주할 천막
같이 치셨고

23 귀인들을 폐하시며 세상의 사사들을 헛
되게 하시나니

24 그들은 겨우 심기고 겨우 뿌려졌으며
그 줄기가 겨우 땅에 뿌리를 박자 곧
하나님이 입김을 부시니 그들은 말라
회오리바람에 불려 가는 초개 같도다

25 거룩하신 이가 이르시되 그런즉 너희가
나를 누구에게 비교하여 나를 그와 동
등하게 하겠느냐 하시니라

26 너희는 눈을 높이 들어 누가 이 모든 것을 창조하였나 보라 주께서는 수효대로 만상을 이끌어 내시고 그들의 모든 이름을 부르시나니 그의 권세가 크고 그의 능력이 강하므로 하나도 빠짐이 없느니라

27 야곱아 어찌하여 네가 말하며 이스라엘아 네가 이르기를 내 길은 여호와께 숨겨졌으며 내 송사는 내 하나님에게서 벗어난다 하느냐

28 너는 알지 못하였느냐 듣지 못하였느냐 영원하신 하나님 여호와, 땅 끝까지 창조하신 이는 피곤하지 않으시며 곤비하지 않으시며 명철이 한이 없으시며

29 피곤한 자에게는 능력을 주시며 무능한 자에게는 힘을 더하시나니

30 소년이라도 피곤하며 곤비하며 장정이라도 넘어지며 쓰러지되

31 오직 여호와를 앙망하는 자는 새 힘을 얻으리니 독수리가 날개치며 올라감 같을 것이요 달음박질하여도 곤비하지 아니하겠고 걸어가도 피곤하지 아니하리로다

나 여호와가 응답하리라

41 섬들아 내 앞에 잠잠하라 민족들아 힘을 새롭게 하라 가까이 나아오라 그리고 말하라 우리가 서로 재판 자리에 가까이 나아가자

2 누가 동방에서 사람을 일깨워서 공의로 그를 불러 자기 발 앞에 이르게 하였느냐 열국을 그의 앞에 넘겨 주며 그가 왕들을 다스리게 하되 그들이 그의 칼에 티끌 같게, 그의 활에 불리는 초개 같게 하매

3 그가 그들을 쫓아가서 그의 발로 가 보지 못한 길을 안전히 지났나니

4 이 일을 누가 행하였느냐 누가 이루었

느냐 누가 처음부터 만대를 불러내었느

냐 나 여호와라 처음에도 나요 나중 있

을 자에게도 내가 곧 그니라

5 섬들이 보고 두려워하며 땅 끝이 무서

워 떨며 함께 모여 와서

6 각기 이웃을 도우며 그 형제에게 이르

기를 너는 힘을 내라 하고

7 목공은 금장색을 격려하며 망치로 고르

게 하는 자는 메질꾼을 격려하며 이르

되 땜질이 잘 된다 하니 그가 못을 단

단히 박아 우상을 흔들리지 아니하게

하는도다

8 그러나 나의 종 너 이스라엘아 내가 택

한 야곱아 나의 벗 아브라함의 자손아

9 내가 땅 끝에서부터 너를 붙들며 땅 모

퉁이에서부터 너를 부르고 네게 이르기

를 너는 나의 종이라 내가 너를 택하고

싫어하여 버리지 아니하였다 하였노라

10 두려워하지 말라 내가 너와 함께 함이

라 놀라지 말라 나는 네 하나님이 됨이

라 내가 너를 굳세게 하리라 참으로 너

를 도와 주리라 참으로 나의 의로운 오

른손으로 너를 붙들리라

11 보라 네게 노하던 자들이 수치와 욕을

당할 것이요 너와 다투는 자들이 아무

것도 아닌 것 같이 될 것이며 멸망할

것이라

12 네가 찾아도 너와 싸우던 자들을 만나

지 못할 것이요 너를 치는 자들은 아무

것도 아닌 것 같고 허무한 것 같이 되

리니

13 이는 나 여호와 너의 하나님이 네 오른

손을 붙들고 네게 이르기를 두려워하지

말라 내가 너를 도우리라 할 것임이니라

14 버러지 같은 너 야곱아, 너희 이스라엘

사람들아 두려워하지 말라 나 여호와가

말하노니 내가 너를 도울 것이라 네 구

속자는 이스라엘의 거룩한 이이니라

15 보라 내가 너를 이가 날카로운 새 타작

기로 삼으리니 네가 산들을 쳐서 부스

러기를 만들 것이며 작은 산들을 겨 같

이 만들 것이라

16 네가 그들을 까부른즉 바람이 그들을

날리겠고 회오리바람이 그들을 흩어 버

릴 것이로되 너는 여호와로 말미암아

즐거워하겠고 이스라엘의 거룩한 이로

말미암아 자랑하리라

17 가련하고 가난한 자가 물을 구하되 물

이 없어서 갈증으로 그들의 혀가 마를

때에 나 여호와가 그들에게 응답하겠고

나 이스라엘의 하나님이 그들을 버리지

아니할 것이라

18 내가 헐벗은 산에 강을 내며 골짜기 가

운데에 샘이 나게 하며 광야가 못이 되

게 하며 마른 땅이 샘 근원이 되게 할

것이며

19 내가 광야에는 백향목과 싯딤 나무와

화석류와 들감람나무를 심고 사막에는

잣나무와 소나무와 황양목을 함께 두

리니

20 무리가 보고 여호와의 손이 지으신 바

요 이스라엘의 거룩한 이가 이것을 창

조하신 바인 줄 알며 함께 헤아리며 깨

달으리라

여호와께서 거짓 신들에게 말씀하시다

21 나 여호와가 말하노니 너희 우상들은

소송하라 야곱의 왕이 말하노니 너희는

확실한 증거를 보이라

22 장차 당할 일을 우리에게 진술하라 또

이전 일이 어떠한 것도 알게 하라 우리

가 마음에 두고 그 결말을 알아보리라

혹 앞으로 올 일을 듣게 하며

23 뒤에 올 일을 알게 하라 그리하면 너희가 신들인 줄 우리가 알리라 또 복을 내리든지 재난을 내리든지 하라 우리가 함께 보고 놀라리라

24 보라 너희는 아무것도 아니며 너희 일은 허망하며 너희를 택한 자는 가증하니라

25 내가 한 사람을 일으켜 북방에서 오게 하며 내 이름을 부르는 자를 해 돋는 곳에서 오게 하였나니 그가 이르러 고관들을 석회 같이, 토기장이가 진흙을 밟음 같이 하리니

26 누가 처음부터 이 일을 알게 하여 우리가 알았느냐 누가 이전부터 알게 하여 우리가 옳다고 말하게 하였느냐 알게 하는 자도 없고 들려 주는 자도 없고 너희 말을 듣는 자도 없도다

27 내가 비로소 시온에게 너희는 이제 그들을 보라 하였노라 내가 기쁜 소식을 전할 자를 예루살렘에 주리라

28 내가 본즉 한 사람도 없으며 내가 물어도 그들 가운데에 한 말도 대답할 조언자가 없도다

29 보라 그들은 다 헛되며 그들의 행사는 허무하며 그들이 부어 만든 우상들은 바람이요 공허한 것뿐이니라

주의 종

42 내가 붙드는 나의 종, 내 마음에 기뻐하는 자 곧 내가 택한 사람을 보라 내가 나의 영을 그에게 주었은즉 그가 이방에 정의를 베풀리라

2 그는 외치지 아니하며 목소리를 높이지 아니하며 그 소리를 거리에 들리게 하지 아니하며

3 상한 갈대를 꺾지 아니하며 꺼져가는

등불을 끄지 아니하고 진실로 정의를

시행할 것이며

4 그는 쇠하지 아니하며 낙담하지 아니하

고 세상에 정의를 세우기에 이르리니

섬들이 그 교훈을 앙망하리라

5 하늘을 창조하여 펴시고 땅과 그 소산

을 내시며 땅 위의 백성에게 호흡을 주

시며 땅에 행하는 자에게 영을 주시는

하나님 여호와께서 이같이 말씀하시되

6 나 여호와가 의로 너를 불렀은즉 내가

네 손을 잡아 너를 보호하며 너를 세워

백성의 언약과 이방의 빛이 되게 하리니

7 네가 눈먼 자들의 눈을 밝히며 갇힌 자

를 감옥에서 이끌어 내며 흑암에 앉은

자를 감방에서 나오게 하리라

8 나는 여호와이니 이는 내 이름이라 나

는 내 영광을 다른 자에게, 내 찬송을

우상에게 주지 아니하리라

9 보라 전에 예언한 일이 이미 이루어졌

느니라 이제 내가 새 일을 알리노라 그

일이 시작되기 전에라도 너희에게 이르

노라

새 노래로 찬송하라

10 항해하는 자들과 바다 가운데의 만물과

섬들과 거기에 사는 사람들아 여호와께

새 노래로 노래하며 땅 끝에서부터 찬

송하라

11 광야와 거기에 있는 성읍들과 게달 사

람이 사는 마을들은 소리를 높이라 셀

라의 주민들은 노래하며 산 꼭대기에서

즐거이 부르라

12 여호와께 영광을 돌리며 섬들 중에서

그의 찬송을 전할지어다

13 여호와께서 용사 같이 나가시며 전사

같이 분발하여 외쳐 크게 부르시며 그

대적을 크게 치시리로다

구원의 약속

14 내가 오랫동안 조용하며 잠잠하고 참았

으나 내가 해산하는 여인 같이 부르짖

으리니 숨이 차서 심히 헐떡일 것이라

15 내가 산들과 언덕들을 황폐하게 하며

그 모든 초목들을 마르게 하며 강들이

섬이 되게 하며 못들을 마르게 할 것

이며

16 내가 맹인들을 그들이 알지 못하는 길

로 이끌며 그들이 알지 못하는 지름길

로 인도하며 암흑이 그 앞에서 광명이

되게 하며 굽은 데를 곧게 할 것이라

내가 이 일을 행하여 그들을 버리지 아

니하리니

17 조각한 우상을 의지하며 부어 만든 우

상을 향하여 너희는 우리의 신이라 하

는 자는 물리침을 받아 크게 수치를 당

하리라

백성들이 깨닫지 못하다

18 너희 못 듣는 자들아 들으라 너희 맹인

들아 밝히 보라

19 맹인이 누구냐 내 종이 아니냐 누가 내

가 보내는 내 사자 같이 못 듣는 자겠

느냐 누가 내게 충성된 자 같이 맹인이

겠느냐 누가 여호와의 종 같이 맹인이

겠느냐

20 네가 많은 것을 볼지라도 유의하지 아

니하며 귀가 열려 있을지라도 듣지 아

니하는도다

21 여호와께서 그의 의로 말미암아 기쁨으

로 교훈을 크게 하며 존귀하게 하려 하

셨으나

22 이 백성이 도둑 맞으며 탈취를 당하며

다 굴 속에 잡히며 옥에 갇히도다 노략

을 당하되 구할 자가 없고 탈취를 당하

되 되돌려 주라 말할 자가 없도다

23 너희 중에 누가 이 일에 귀를 기울이겠
느냐 누가 뒤에 올 일을 삼가 듣겠느냐

24 야곱이 탈취를 당하게 하신 자가 누구
냐 이스라엘을 약탈자들에게 넘기신 자
가 누구냐 여호와가 아니시냐 우리가
그에게 범죄하였도다 그들이 그의 길로
다니기를 원하지 아니하며 그의 교훈을
순종하지 아니하였도다

25 그러므로 여호와께서 맹렬한 진노와 전
쟁의 위력을 이스라엘에게 쏟아 부으시
매 그 사방에서 불타오르나 깨닫지 못
하며 몸이 타나 마음에 두지 아니하는
도다

구원의 약속

43 야곱아 너를 창조하신 여호와께서 지
금 말씀하시느니라 이스라엘아 너를 지
으신 이가 말씀하시느니라 너는 두려워
하지 말라 내가 너를 구속하였고 내가

너를 지명하여 불렀나니 너는 내 것이라

2 네가 물 가운데로 지날 때에 내가 너와
함께 할 것이라 강을 건널 때에 물이
너를 침몰하지 못할 것이며 네가 불 가
운데로 지날 때에 타지도 아니할 것이
요 불꽃이 너를 사르지도 못하리니

3 대저 나는 여호와 네 하나님이요 이스
라엘의 거룩한 이요 네 구원자임이라
내가 애굽을 너의 속량물로, 구스와 스
바를 너를 대신하여 주었노라

4 네가 내 눈에 보배롭고 존귀하며 내가
너를 사랑하였은즉 내가 네 대신 사람
들을 내어 주며 백성들이 네 생명을 대
신하리니

5 두려워하지 말라 내가 너와 함께 하여
네 자손을 동쪽에서부터 오게 하며 서
쪽에서부터 너를 모을 것이며

6 내가 북쪽에게 이르기를 내놓으라 남쪽

에게 이르기를 가두어 두지 말라 내 아

들들을 먼 곳에서 이끌며 내 딸들을 땅

끝에서 오게 하며

7 내 이름으로 불려지는 모든 자 곧 내가

내 영광을 위하여 창조한 자를 오게 하

라 그를 내가 지었고 그를 내가 만들었

느니라

이스라엘은 여호와의 증인

8 눈이 있어도 보지 못하고 귀가 있어도

듣지 못하는 백성을 이끌어 내라

9 열방은 모였으며 민족들이 회집하였는

데 그들 중에 누가 이 일을 알려 주며

이전 일들을 우리에게 들려 주겠느냐

그들이 그들의 증인을 세워서 자기들의

옳음을 나타내고 듣는 자들이 옳다고

말하게 하여 보라

10 나 여호와가 말하노라 너희는 나의 증

인, 나의 종으로 택함을 입었나니 이는

너희가 나를 알고 믿으며 내가 그인 줄

깨닫게 하려 함이라 나의 전에 지음을

받은 신이 없었느니라 나의 후에도 없

으리라

11 나 곧 나는 여호와라 나 외에 구원자가

없느니라

12 내가 알려 주었으며 구원하였으며 보였

고 너희 중에 다른 신이 없었나니 그러

므로 너희는 나의 증인이요 나는 하나

님이니라 여호와의 말씀이니라

13 과연 태초로부터 나는 그이니 내 손에

서 건질 자가 없도다 내가 행하리니 누

가 막으리요

바벨론으로부터 빠져 나오다

14 너희의 구속자요 이스라엘의 거룩한 이

여호와가 말하노라 너희를 위하여 내가

바벨론에 사람을 보내어 모든 갈대아

사람에게 자기들이 연락하던 배를 타고

도망하여 내려가게 하리라

15 나는 여호와 너희의 거룩한 이요 이스

라엘의 창조자요 너희의 왕이니라

16 나 여호와가 이같이 말하노라 바다 가

운데에 길을, 큰 물 가운데에 지름길을

내고

17 병거와 말과 군대의 용사를 이끌어 내

어 그들이 일시에 엎드러져 일어나지

못하고 소멸하기를 꺼져가는 등불 같게

하였느니라

18 너희는 이전 일을 기억하지 말며 옛날

일을 생각하지 말라

19 보라 내가 새 일을 행하리니 이제 나타

낼 것이라 너희가 그것을 알지 못하겠

느냐 반드시 내가 광야에 길을 사막에

강을 내리니

20 장차 들짐승 곧 승냥이와 타조도 나를

존경할 것은 내가 광야에 물을, 사막에

강들을 내어 내 백성, 내가 택한 자에

게 마시게 할 것임이라

21 이 백성은 내가 나를 위하여 지었나니

나를 찬송하게 하려 함이니라

이스라엘의 죄

22 그러나 야곱아 너는 나를 부르지 아니

하였고 이스라엘아 너는 나를 괴롭게

여겼으며

23 네 번제의 양을 내게로 가져오지 아니

하였고 네 제물로 나를 공경하지 아니

하였느니라 나는 제물로 말미암아 너를

수고롭게 하지 아니하였고 유향으로 말

미암아 너를 괴롭게 하지 아니하였거늘

24 너는 나를 위하여 돈으로 향품을 사지

아니하며 희생의 기름으로 나를 흡족하

게 하지 아니하고 네 죄짐으로 나를 수

고롭게 하며 네 죄악으로 나를 괴롭게

하였느니라

25 나 곧 나는 나를 위하여 네 허물을 도

말하는 자니 네 죄를 기억하지 아니하

리라

26 너는 나에게 기억이 나게 하라 우리가

함께 변론하자 너는 말하여 네가 의로

움을 나타내라

27 네 시조가 범죄하였고 너의 교사들이

나를 배반하였나니

28 그러므로 내가 성소의 어른들을 욕되게

하며 야곱이 진멸 당하도록 내어 주며

이스라엘이 비방거리가 되게 하리라

나 외에 다른 신이 없다

44 나의 종 야곱, 내가 택한 이스라엘아

이제 들으라

2 너를 만들고 너를 모태에서부터 지어

낸 너를 도와 줄 여호와가 이같이 말하

노라 나의 종 야곱, 내가 택한 여수룬아

두려워하지 말라

3 나는 목마른 자에게 물을 주며 마른 땅

에 시내가 흐르게 하며 나의 영을 네

자손에게, 나의 복을 네 후손에게 부어

주리니

4 그들이 풀 가운데에서 솟아나기를 시냇

가의 버들 같이 할 것이라

5 한 사람은 이르기를 나는 여호와께 속

하였다 할 것이며 또 한 사람은 야곱의

이름으로 자기를 부를 것이며 또 다른

사람은 자기가 여호와께 속하였음을 그

의 손으로 기록하고 이스라엘의 이름으

로 존귀히 여김을 받으리라

6 이스라엘의 왕인 여호와, 이스라엘의

구원자인 만군의 여호와가 이같이 말하

노라 나는 처음이요 나는 마지막이라

나 외에 다른 신이 없느니라

7 내가 영원한 백성을 세운 이후로 나처

럼 외치며 알리며 나에게 설명할 자가

누구냐 있거든 될 일과 장차 올 일을

그들에게 알릴지어다

8 너희는 두려워하지 말며 겁내지 말라

내가 예로부터 너희에게 듣게 하지 아

니하였느냐 알리지 아니하였느냐 너희

는 나의 증인이라 나 외에 신이 있겠느

냐 과연 반석은 없나니 다른 신이 있음

을 내가 알지 못하노라

우상은 무익한 것

9 우상을 만드는 자는 다 허망하도다 그

들이 원하는 것들은 무익한 것이거늘

그것들의 증인들은 보지도 못하며 알지

도 못하니 그러므로 수치를 당하리라

10 신상을 만들며 무익한 우상을 부어 만

든 자가 누구냐

11 보라 그와 같은 무리들이 다 수치를 당

할 것이라 그 대장장이들은 사람일 뿐

이라 그들이 다 모여 서서 두려워하며

함께 수치를 당할 것이니라

12 철공은 철로 연장을 만들고 숯불로 일

하며 망치를 가지고 그것을 만들며 그

의 힘센 팔로 그 일을 하나 배가 고프

면 기운이 없고 물을 마시지 아니하면

피로하니라

13 목공은 줄을 늘여 재고 붓으로 긋고 대

패로 밀고 곡선자로 그어 사람의 아름

다움을 따라 사람의 모양을 만들어 집

에 두게 하며

14 그는 자기를 위하여 백향목을 베며 디

르사 나무와 상수리나무를 취하며 숲의

나무들 가운데에서 자기를 위하여 한

나무를 정하며 나무를 심고 비를 맞고

자라게도 하느니라

15 이 나무는 사람이 땔감을 삼는 것이거

늘 그가 그것을 가지고 자기 몸을 덥게

도 하고 불을 피워 떡을 굽기도 하고

신상을 만들어 경배하며 우상을 만들고

그 앞에 엎드리기도 하는구나

16 그 중의 절반은 불에 사르고 그 절반으

로는 고기를 구워 먹고 배불리며 또 몸

을 덥게 하여 이르기를 아하 따뜻하다

내가 불을 보았구나 하면서

17 그 나머지로 신상 곧 자기의 우상을 만

들고 그 앞에 엎드려 경배하며 그것에

게 기도하여 이르기를 너는 나의 신이

니 나를 구원하라 하는도다

18 그들이 알지도 못하고 깨닫지도 못함

은 그들의 눈이 가려서 보지 못하며

그들의 마음이 어두워져서 깨닫지 못

함이니라

19 마음에 생각도 없고 지식도 없고 총명

도 없으므로 내가 그것의 절반을 불 사

르고 또한 그 숯불 위에서 떡도 굽고

고기도 구워 먹었거늘 내가 어찌 그 나

머지로 가증한 물건을 만들겠으며 내가

어찌 그 나무 토막 앞에 굴복하리요 말

하지 아니하니

20 그는 재를 먹고 허탄한 마음에 미혹되

어 자기의 영혼을 구원하지 못하며 나

의 오른손에 거짓 것이 있지 아니하냐

하지도 못하느니라

창조자요 구속자이신 여호와

21 야곱아 이스라엘아 이 일을 기억하라

너는 내 종이니라 내가 너를 지었으니

너는 내 종이니라 이스라엘아 너는 나

에게 잊혀지지 아니하리라

22 내가 네 허물을 빽빽한 구름 같이, 네

죄를 안개 같이 없이하였으니 너는 내

게로 돌아오라 내가 너를 구속하였음이

니라

23 여호와께서 이 일을 행하셨으니 하늘

아 노래할지어다 땅의 깊은 곳들아 높

이 부를지어다 산들아 숲과 그 가운데

의 모든 나무들아 소리내어 노래할지어

다 여호와께서 야곱을 구속하셨으니 이

스라엘 중에 자기의 영광을 나타내실

것임이로다

24 네 구속자요 모태에서 너를 지은 나 여

호와가 이같이 말하노라 나는 만물을

지은 여호와라 홀로 하늘을 폈으며 나

와 함께 한 자 없이 땅을 펼쳤고

25 헛된 말을 하는 자들의 징표를 폐하며

점 치는 자들을 미치게 하며 지혜로운

자들을 물리쳐 그들의 지식을 어리석게

하며

26 그의 종의 말을 세워 주며 그의 사자들

의 계획을 성취하게 하며 예루살렘에

대하여는 이르기를 거기에 사람이 살리

라 하며 유다 성읍들에 대하여는 중건

될 것이라 내가 그 황폐한 곳들을 복구

시키리라 하며

27 깊음에 대하여는 이르기를 마르라 내가

네 강물들을 마르게 하리라 하며

28 고레스에 대하여는 이르기를 내 목자라

그가 나의 모든 기쁨을 성취하리라 하

며 예루살렘에 대하여는 이르기를 중건

되리라 하며 성전에 대하여는 네 기초

가 놓여지리라 하는 자니라

여호와께서 고레스를 세우시다

45 여호와께서 그의 기름 부음을 받은 고

레스에게 이같이 말씀하시되 내가 그의

오른손을 붙들고 그 앞에 열국을 항복

하게 하며 내가 왕들의 허리를 풀어 그

앞에 문들을 열고 성문들이 닫히지 못

하게 하리라

2 내가 너보다 앞서 가서 험한 곳을 평탄

하게 하며 놋문을 쳐서 부수며 쇠빗장

을 꺾고

3 네게 흑암 중의 보화와 은밀한 곳에 숨

은 재물을 주어 네 이름을 부르는 자가

나 여호와 이스라엘의 하나님인 줄을

네가 알게 하리라

4 내가 나의 종 야곱, 내가 택한 자 이스

라엘을 위하여 네 이름을 불러 너는 나

를 알지 못하였을지라도 네게 칭호를

주었노라

5 나는 여호와라 나 외에 다른 이가 없나

니 나 밖에 신이 없느니라 너는 나를

알지 못하였을지라도 나는 네 띠를 동

일 것이요

6 해 뜨는 곳에서든지 지는 곳에서든지

나 밖에 다른 이가 없는 줄을 알게 하리

라 나는 여호와라 다른 이가 없느니라

7 나는 빛도 짓고 어둠도 창조하며 나는

평안도 짓고 환난도 창조하나니 나는

여호와라 이 모든 일들을 행하는 자니

라 하였노라

8 하늘이여 위로부터 공의를 뿌리며 구름

이여 의를 부을지어다 땅이여 열려서

구원을 싹트게 하고 공의도 함께 움돋

게 할지어다 나 여호와가 이 일을 창조

하였느니라

창조의 주, 역사의 주

9 질그릇 조각 중 한 조각 같은 자가 자

기를 지으신 이와 더불어 다툴진대 화

있을진저 진흙이 토기장이에게 너는 무

엇을 만드느냐 또는 네가 만든 것이 그

는 손이 없다 말할 수 있겠느냐

10 아버지에게는 무엇을 낳았소 하고 묻고

어머니에게는 무엇을 낳으려고 해산의

수고를 하였소 하고 묻는 자는 화 있을

진저

11 이스라엘의 거룩하신 이 곧 이스라엘을

지으신 여호와께서 이같이 이르시되 너

희가 장래 일을 내게 물으며 또 내 아

들들과 내 손으로 한 일에 관하여 내게

명령하려느냐

12 내가 땅을 만들고 그 위에 사람을 창조

하였으며 내가 내 손으로 하늘을 펴고

하늘의 모든 군대에게 명령하였노라

13 내가 공의로 그를 일으킨지라 그의 모

든 길을 곧게 하리니 그가 나의 성읍을

건축할 것이며 사로잡힌 내 백성을 값

이나 갚음이 없이 놓으리라 만군의 여

호와의 말이니라 하셨느니라

14 여호와께서 이같이 말씀하시되 애굽의

소득과 구스가 무역한 것과 스바의 장

대한 남자들이 네게로 건너와서 네게

속할 것이요 그들이 너를 따를 것이라

사슬에 매여 건너와서 네게 굴복하고

간구하기를 하나님이 과연 네게 계시고

그 외에는 다른 하나님이 없다 하리라

하시니라

15 구원자 이스라엘의 하나님이여 진실로

주는 스스로 숨어 계시는 하나님이시니

이다

16 우상을 만드는 자는 부끄러움을 당하며

욕을 받아 다 함께 수욕 중에 들어갈

것이로되

17 이스라엘은 여호와께 구원을 받아 영원

한 구원을 얻으리니 너희가 영원히 부

끄러움을 당하거나 욕을 받지 아니하리

로다

18 대저 여호와께서 이같이 말씀하시되 하

늘을 창조하신 이 그는 하나님이시니

그가 땅을 지으시고 그것을 만드셨으며

그것을 견고하게 하시되 혼돈하게 창조

하지 아니하시고 사람이 거주하게 그것

을 지으셨으니 나는 여호와라 나 외에

다른 이가 없느니라

19 나는 감추어진 곳과 캄캄한 땅에서 말하지 아니하였으며 야곱 자손에게 너희가 나를 혼돈 중에서 찾으라고 이르지 아니하였노라 나 여호와는 의를 말하고 정직한 것을 알리느니라

구원을 베푸시는 분은 하나님

20 열방 중에서 피난한 자들아 너희는 모여 오라 함께 가까이 나아오라 나무 우상을 가지고 다니며 구원하지 못하는 신에게 기도하는 자들은 무지한 자들이니라

21 너희는 알리며 진술하고 또 함께 의논하여 보라 이 일을 옛부터 듣게 한 자가 누구냐 이전부터 그것을 알게 한 자가 누구냐 나 여호와가 아니냐 나 외에 다른 신이 없나니 나는 공의를 행하며 구원을 베푸는 하나님이라 나 외에 다른 이가 없느니라

22 땅의 모든 끝이여 내게로 돌이켜 구원을 받으라 나는 하나님이라 다른 이가 없느니라

23 내가 나를 두고 맹세하기를 내 입에서 공의로운 말이 나갔은즉 돌아오지 아니하나니 내게 모든 무릎이 꿇겠고 모든 혀가 맹세하리라 하였노라

24 내게 대한 어떤 자의 말에 공의와 힘은 여호와께만 있나니 사람들이 그에게로 나아갈 것이라 무릇 그에게 노하는 자는 부끄러움을 당하리라 그러나

25 이스라엘 자손은 다 여호와로 말미암아 의롭다 함을 얻고 자랑하리라 하느니라

46 벨은 엎드러졌고 느보는 구부러졌도다 그들의 우상들은 짐승과 가축에게 실렸으니 너희가 떠메고 다니던 그것들이 피곤한 짐승의 무거운 짐이 되었도다

2 그들은 구부러졌고 그들은 일제히 엎드

러졌으므로 그 짐을 구하여 내지 못하고 자기들도 잡혀 갔느니라

3 야곱의 집이여 이스라엘 집에 남은 모든 자여 내게 들을지어다 배에서 태어남으로부터 내게 안겼고 태에서 남으로부터 내게 업힌 너희여

4 너희가 노년에 이르기까지 내가 그리하겠고 백발이 되기까지 내가 너희를 품을 것이라 내가 지었은즉 내가 업을 것이요 내가 품고 구하여 내리라

5 너희가 나를 누구에게 비기며 누구와 짝하며 누구와 비교하여 서로 같다 하겠느냐

6 사람들이 주머니에서 금을 쏟아 내며 은을 저울에 달아 도금장이에게 주고 그것으로 신을 만들게 하고 그것에게 엎드려 경배하며

7 그것을 들어 어깨에 메어다가 그의 처소에 두면 그것이 서 있고 거기에서 능히 움직이지 못하며 그에게 부르짖어도 능히 응답하지 못하며 고난에서 구하여 내지도 못하느니라

8 너희 패역한 자들아 이 일을 기억하고 장부가 되라 이 일을 마음에 두라

9 너희는 옛적 일을 기억하라 나는 하나님이라 나 외에 다른 이가 없느니라 나는 하나님이라 나 같은 이가 없느니라

10 내가 시초부터 종말을 알리며 아직 이루지 아니한 일을 옛적부터 보이고 이르기를 나의 뜻이 설 것이니 내가 나의 모든 기뻐하는 것을 이루리라 하였노라

11 내가 동쪽에서 사나운 날짐승을 부르며 먼 나라에서 나의 뜻을 이룰 사람을 부를 것이라 내가 말하였은즉 반드시 이룰 것이요 계획하였은즉 반드시 시행하리라

12 마음이 완악하여 공의에서 멀리 떠난

너희여 내게 들으라

13 내가 나의 공의를 가깝게 할 것인즉 그

것이 멀지 아니하나니 나의 구원이 지

체하지 아니할 것이라 내가 나의 영광

인 이스라엘을 위하여 구원을 시온에

베풀리라

바벨론 심판

47 처녀 딸 바벨론이여 내려와서 티끌에

앉으라 딸 갈대아여 보좌가 없어졌으니

땅에 앉으라 네가 다시는 곱고 아리땁

다 일컬음을 받지 못할 것임이라

2 맷돌을 가지고 가루를 갈고 너울을 벗

으며 치마를 걷어 다리를 드러내고 강

을 건너라

3 네 속살이 드러나고 네 부끄러운 것이

보일 것이라 내가 보복하되 사람을 아

끼지 아니하리라

4 우리의 구원자는 그의 이름이 만군의

여호와 이스라엘의 거룩한 이시니라

5 딸 갈대아여 잠잠히 앉으라 흑암으로

들어가라 네가 다시는 여러 왕국의 여

주인이라 일컬음을 받지 못하리라

6 전에 내가 내 백성에게 노하여 내 기

업을 욕되게 하여 그들을 네 손에 넘

겨 주었거늘 네가 그들을 긍휼히 여기

지 아니하고 늙은이에게 네 멍에를 심

히 무겁게 매우며

7 말하기를 내가 영영히 여주인이 되리

라 하고 이 일을 네 마음에 두지도 아

니하며 그들의 종말도 생각하지 아니

하였도다

8 그러므로 사치하고 평안히 지내며 마음

에 이르기를 나뿐이라 나 외에 다른 이

가 없도다 나는 과부로 지내지도 아니

하며 자녀를 잃어버리는 일도 모르리라

하는 자여 너는 이제 들을지어다

9 한 날에 갑자기 자녀를 잃으며 과부가 되는 이 두 가지 일이 네게 임할 것이라 네가 무수한 주술과 많은 주문을 빌릴지라도 이 일이 온전히 네게 임하리라

10 네가 네 악을 의지하고 스스로 이르기를 나를 보는 자가 없다 하나니 네 지혜와 네 지식이 너를 유혹하였음이라 네 마음에 이르기를 나뿐이라 나 외에 다른 이가 없다 하였으므로

11 재앙이 네게 임하리라 그러나 네가 그 근원을 알지 못할 것이며 손해가 네게 이르리라 그러나 이를 물리칠 능력이 없을 것이며 파멸이 홀연히 네게 임하리라 그러나 네가 알지 못할 것이니라

12 이제 너는 젊어서부터 힘쓰던 주문과 많은 주술을 가지고 맞서 보라 혹시 유익을 얻을 수 있을는지, 혹시 놀라게 할 수 있을는지,

13 네가 많은 계략으로 말미암아 피곤하게 되었도다 하늘을 살피는 자와 별을 보는 자와 초하룻날에 예고하는 자들에게 일어나 네게 임할 그 일에서 너를 구원하게 하여 보라

14 보라 그들은 초개 같아서 불에 타리니 그 불꽃의 세력에서 스스로 구원하지 못할 것이라 이 불은 덥게 할 숯불이 아니요 그 앞에 앉을 만한 불도 아니니라

15 네가 같이 힘쓰던 자들이 네게 이같이 되리니 어려서부터 너와 함께 장사하던 자들이 각기 제 길로 흩어지고 너를 구원할 자가 없으리라

하나님께서 새 일을 약속하시다

48 야곱의 집이여 이를 들을지어다 너희는 이스라엘의 이름으로 일컬음을 받

으며 유다의 허리에서 나왔으며 여호와

의 이름으로 맹세하며 이스라엘의 하나

님을 기념하면서도 진실이 없고 공의가

없도다

2 그들은 거룩한 성 출신이라고 스스로

부르며 이스라엘의 하나님을 의지한다

하며 그의 이름이 만군의 여호와라고

하나

3 내가 예로부터 처음 일들을 알게 하였

고 내 입에서 그것들이 나갔으며 또 내

가 그것들을 듣게 하였고 내가 홀연히

행하여 그 일들이 이루어졌느니라

4 내가 알거니와 너는 완고하며 네 목은

쇠의 힘줄이요 네 이마는 놋이라

5 그러므로 내가 이 일을 예로부터 네게

알게 하였고 일이 이루어지기 전에 그

것을 네게 듣게 하였느니라 그것을 네

가 듣게 하여 네가 이것을 내 신이 행

한 바요 내가 새긴 신상과 부어 만든

신상이 명령한 바라 말하지 못하게 하

였느니라

6 네가 들었으니 이 모든 것을 보라 너희

가 선전하지 아니하겠느냐 이제부터 내

가 새 일 곧 네가 알지 못하던 은비한

일을 네게 듣게 하노니

7 이 일들은 지금 창조된 것이요 옛 것이

아니라 오늘 이전에는 네가 듣지 못하

였으니 이는 네가 말하기를 내가 이미

알았노라 하지 못하게 하려 함이라

8 네가 과연 듣지도 못하였고 알지도 못

하였으며 네 귀가 옛적부터 열리지 못

하였나니 이는 네가 정녕 배신하여 모

태에서부터 네가 배역한 자라 불린 줄

을 내가 알았음이라

9 내 이름을 위하여 내가 노하기를 더디

할 것이며 내 영광을 위하여 내가 참고

너를 멸절하지 아니하리라

10 보라 내가 너를 연단하였으나 은처럼 하지 아니하고 너를 고난의 풀무 불에서 택하였노라

11 나는 나를 위하며 나를 위하여 이를 이룰 것이라 어찌 내 이름을 욕되게 하리요 내 영광을 다른 자에게 주지 아니하리라

처음이요 마지막이신 분

12 야곱아 내가 부른 이스라엘아 내게 들으라 나는 그니 나는 처음이요 또 나는 마지막이라

13 과연 내 손이 땅의 기초를 정하였고 내 오른손이 하늘을 폈나니 내가 그들을 부르면 그것들이 일제히 서느니라

14 너희는 다 모여 들으라 나 여호와가 사랑하는 자는 나의 기뻐하는 뜻을 바벨론에 행하리니 그의 팔이 갈대아인에게

임할 것이라 그들 중에 누가 이 일들을 알게 하였느냐

15 나 곧 내가 말하였고 또 내가 그를 부르며 그를 인도하였나니 그 길이 형통하리라

16 너희는 내게 가까이 나아와 이것을 들으라 내가 처음부터 비밀히 말하지 아니하였나니 그것이 있을 때부터 내가 거기에 있었노라 하셨느니라 이제는 주 여호와께서 나와 그의 영을 보내셨느니라

백성을 인도하시는 하나님

17 너희의 구속자시요 이스라엘의 거룩하신 이이신 여호와께서 이르시되 나는 네게 유익하도록 가르치고 너를 마땅히 행할 길로 인도하는 네 하나님 여호와라

18 네가 나의 명령에 주의하였더라면 네 평강이 강과 같았겠고 네 공의가 바다 물결 같았을 것이며

19 네 자손이 모래 같았겠고 네 몸의 소생이 모래 알 같아서 그의 이름이 내 앞에서 끊어지지 아니하였겠고 없어지지 아니하였으리라 하셨느니라

20 너희는 바벨론에서 나와서 갈대아인을 피하고 즐거운 소리로 이를 알게 하여 들려 주며 땅 끝까지 반포하여 이르기를 여호와께서 그의 종 야곱을 구속하셨다 하라

21 여호와께서 그들을 사막으로 통과하게 하시던 때에 그들이 목마르지 아니하게 하시되 그들을 위하여 바위에서 물이 흘러나게 하시며 바위를 쪼개사 물이 솟아나게 하셨느니라

22 여호와께서 말씀하시되 악인에게는 평강이 없다 하셨느니라

이방의 빛 이스라엘

49 섬들아 내게 들으라 먼 곳 백성들아 귀를 기울이라 여호와께서 태에서부터 나를 부르셨고 내 어머니의 복중에서부터 내 이름을 기억하셨으며

2 내 입을 날카로운 칼 같이 만드시고 나를 그의 손 그늘에 숨기시며 나를 갈고 닦은 화살로 만드사 그의 화살통에 감추시고

3 내게 이르시되 너는 나의 종이요 내 영광을 네 속에 나타낼 이스라엘이라 하셨느니라

4 그러나 나는 말하기를 내가 헛되이 수고하였으며 무익하게 공연히 내 힘을 다하였다 하였도다 참으로 나에 대한 판단이 여호와께 있고 나의 보응이 나의 하나님께 있느니라

5 이제 여호와께서 말씀하시나니 그는 태에서부터 나를 그의 종으로 지으신 이시요 야곱을 그에게로 돌아오게 하시는

이시니 이스라엘이 그에게로 모이는도

다 그러므로 내가 여호와 보시기에 영

화롭게 되었으며 나의 하나님은 나의

힘이 되셨도다

6 그가 이르시되 네가 나의 종이 되어 야

곱의 지파들을 일으키며 이스라엘 중에

보전된 자를 돌아오게 할 것은 매우 쉬

운 일이라 내가 또 너를 이방의 빛으로

삼아 나의 구원을 베풀어서 땅 끝까지

이르게 하리라

7 이스라엘의 구속자 이스라엘의 거룩한

이이신 여호와께서 사람에게 멸시를 당

하는 자, 백성에게 미움을 받는 자, 관

원들에게 종이 된 자에게 이같이 이르

시되 왕들이 보고 일어서며 고관들이

경배하리니 이는 이스라엘의 거룩하신

이 신실하신 여호와 그가 너를 택하였

음이니라

예루살렘의 회복

8 여호와께서 이같이 이르시되 은혜의 때

에 내가 네게 응답하였고 구원의 날에

내가 너를 도왔도다 내가 장차 너를 보

호하여 너를 백성의 언약으로 삼으며

나라를 일으켜 그들에게 그 황무하였던

땅을 기업으로 상속하게 하리라

9 내가 잡혀 있는 자에게 이르기를 나오라

하며 흑암에 있는 자에게 나타나라 하

리라 그들이 길에서 먹겠고 모든 헐벗

은 산에도 그들의 풀밭이 있을 것인즉

10 그들이 주리거나 목마르지 아니할 것이

며 더위와 볕이 그들을 상하지 아니하

리니 이는 그들을 긍휼히 여기는 이가

그들을 이끌되 샘물 근원으로 인도할

것임이라

11 내가 나의 모든 산을 길로 삼고 나의

대로를 돋우리니

12 어떤 사람은 먼 곳에서, 어떤 사람은 북쪽과 서쪽에서, 어떤 사람은 시님 땅에서 오리라

13 하늘이여 노래하라 땅이여 기뻐하라 산들이여 즐거이 노래하라 여호와께서 그의 백성을 위로하셨은즉 그의 고난 당한 자를 긍휼히 여기실 것임이라

14 오직 시온이 이르기를 여호와께서 나를 버리시며 주께서 나를 잊으셨다 하였거니와

15 여인이 어찌 그 젖 먹는 자식을 잊겠으며 자기 태에서 난 아들을 긍휼히 여기지 않겠느냐 그들은 혹시 잊을지라도 나는 너를 잊지 아니할 것이라

16 내가 너를 내 손바닥에 새겼고 너의 성벽이 항상 내 앞에 있나니

17 네 자녀들은 빨리 걸으며 너를 헐며 너를 황폐하게 하던 자들은 너를 떠나가리라

18 네 눈을 들어 사방을 보라 그들이 다 모여 네게로 오느니라 나 여호와가 이르노라 내가 나의 삶으로 맹세하노니 네가 반드시 그 모든 무리를 장식처럼 몸에 차며 그것을 띠기를 신부처럼 할 것이라

19 이는 네 황폐하고 적막한 곳들과 네 파멸을 당하였던 땅이 이제는 주민이 많아 좁게 될 것이며 너를 삼켰던 자들이 멀리 떠날 것이니라

20 자식을 잃었을 때에 낳은 자녀가 후일에 네 귀에 말하기를 이곳이 내게 좁으니 넓혀서 내가 거주하게 하라 하리니

21 그 때에 네가 네 마음에 이르기를 누가 나를 위하여 이들을 낳았는고 나는 자녀를 잃고 외로워졌으며 사로잡혀 유리하였거늘 이들을 누가 양육하였는고 나

는 홀로 남았거늘 이들은 어디서 생겼

는고 하리라

22 주 여호와가 이같이 이르노라 내가 뭇

나라를 향하여 나의 손을 들고 민족들

을 향하여 나의 기치를 세울 것이라 그

들이 네 아들들을 품에 안고 네 딸들을

어깨에 메고 올 것이며

23 왕들은 네 양부가 되며 왕비들은 네 유

모가 될 것이며 그들이 얼굴을 땅에 대

고 네게 절하고 네 발의 티끌을 핥을

것이니 네가 나를 여호와인 줄을 알리

라 나를 바라는 자는 수치를 당하지 아

니하리라

24 용사가 빼앗은 것을 어떻게 도로 빼앗

으며 승리자에게 사로잡힌 자를 어떻게

건져낼 수 있으랴

25 여호와가 이같이 말하노라 용사의 포로

도 빼앗을 것이요 두려운 자의 빼앗은

것도 건져낼 것이니 이는 내가 너를 대

적하는 자를 대적하고 네 자녀를 내가

구원할 것임이라

26 내가 너를 억압하는 자들에게 자기의

살을 먹게 하며 새 술에 취함 같이 자

기의 피에 취하게 하리니 모든 육체가

나 여호와는 네 구원자요 네 구속자요

야곱의 전능자인 줄 알리라

50 나 여호와가 이같이 말하노라 내가 너

희의 어미를 내보낸 이혼 증서가 어디

있느냐 내가 어느 채주에게 너희를 팔

았느냐 보라 너희는 너희의 죄악으로

말미암아 팔렸고 너희의 어미는 너희의

배역함으로 말미암아 내보냄을 받았느

니라

2 내가 왔어도 사람이 없었으며 내가 불

러도 대답하는 자가 없었음은 어찌 됨

이냐 내 손이 어찌 짧아 구속하지 못하

겠느냐 내게 어찌 건질 능력이 없겠느

냐 보라 내가 꾸짖어 바다를 마르게 하

며 강들을 사막이 되게 하며 물이 없어

졌으므로 그 물고기들이 악취를 내며

갈하여 죽으리라

3 내가 흑암으로 하늘을 입히며 굵은 베

로 덮느니라

주를 거역하지 아니하다

4 주 여호와께서 학자들의 혀를 내게 주

사 나로 곤고한 자를 말로 어떻게 도와

줄 줄을 알게 하시고 아침마다 깨우치

시되 나의 귀를 깨우치사 학자들 같이

알아듣게 하시도다

5 주 여호와께서 나의 귀를 여셨으므로

내가 거역하지도 아니하며 뒤로 물러가

지도 아니하며

6 나를 때리는 자들에게 내 등을 맡기며

나의 수염을 뽑는 자들에게 나의 뺨을

맡기며 모욕과 침 뱉음을 당하여도 내

얼굴을 가리지 아니하였느니라

7 주 여호와께서 나를 도우시므로 내가

부끄러워하지 아니하고 내 얼굴을 부싯

돌 같이 굳게 하였으므로 내가 수치를

당하지 아니할 줄 아노라

8 나를 의롭다 하시는 이가 가까이 계시

니 나와 다툴 자가 누구냐 나와 함께

설지어다 나의 대적이 누구냐 내게 가

까이 나아올지어다

9 보라 주 여호와께서 나를 도우시리니

나를 정죄할 자 누구냐 보라 그들은 다

옷과 같이 해어지며 좀이 그들을 먹으

리라

10 너희 중에 여호와를 경외하며 그의 종

의 목소리를 청종하는 자가 누구냐 흑

암 중에 행하여 빛이 없는 자라도 여호

와의 이름을 의뢰하며 자기 하나님께

의지할지어다

11 보라 불을 피우고 횃불을 둘러 띤 자여

너희가 다 너희의 불꽃 가운데로 걸어

가며 너희가 피운 횃불 가운데로 걸어

갈지어다 너희가 내 손에서 얻을 것이

이것이라 너희가 고통이 있는 곳에 누

우리라

위로의 말씀

51 의를 따르며 여호와를 찾아 구하는 너

희는 내게 들을지어다 너희를 떠낸 반

석과 너희를 파낸 우묵한 구덩이를 생

각하여 보라

2 너희의 조상 아브라함과 너희를 낳은

사라를 생각하여 보라 아브라함이 혼자

있을 때에 내가 그를 부르고 그에게 복

을 주어 창성하게 하였느니라

3 나 여호와가 시온의 모든 황폐한 곳들

을 위로하여 그 사막을 에덴 같게, 그

광야를 여호와의 동산 같게 하였나니

그 가운데에 기뻐함과 즐거워함과 감사

함과 창화하는 소리가 있으리라

4 내 백성이여 내게 주의하라 내 나라여

내게 귀를 기울이라 이는 율법이 내게

서부터 나갈 것임이라 내가 내 공의를

만민의 빛으로 세우리라

5 내 공의가 가깝고 내 구원이 나갔은즉

내 팔이 만민을 심판하리니 섬들이 나

를 앙망하여 내 팔에 의지하리라

6 너희는 하늘로 눈을 들며 그 아래의 땅

을 살피라 하늘이 연기 같이 사라지고

땅이 옷 같이 해어지며 거기에 사는 자

들이 하루살이 같이 죽으려니와 나의

구원은 영원히 있고 나의 공의는 폐하

여지지 아니하리라

7 의를 아는 자들아, 마음에 내 율법이

있는 백성들아, 너희는 내게 듣고 그들

의 비방을 두려워하지 말라 그들의 비

방에 놀라지 말라

8 옷 같이 좀이 그들을 먹을 것이며 양털

같이 좀벌레가 그들을 먹을 것이나 나

의 공의는 영원히 있겠고 나의 구원은

세세에 미치리라

9 여호와의 팔이여 깨소서 깨소서 능력을

베푸소서 옛날 옛시대에 깨신 것 같이

하소서 라합을 저미시고 용을 찌르신

이가 어찌 주가 아니시며

10 바다를, 넓고 깊은 물을 말리시고 바다

깊은 곳에 길을 내어 구속 받은 자들을

건너게 하신 이가 어찌 주가 아니시니

이까

11 여호와께 구속 받은 자들이 돌아와 노

래하며 시온으로 돌아오니 영원한 기쁨

이 그들의 머리 위에 있고 즐거움과 기

쁨을 얻으리니 슬픔과 탄식이 달아나리

이다

12 이르시되 너희를 위로하는 자는 나 곧

나이니라 너는 어떠한 자이기에 죽을

사람을 두려워하며 풀 같이 될 사람의

아들을 두려워하느냐

13 하늘을 펴고 땅의 기초를 정하고 너를

지은 자 여호와를 어찌하여 잊어버렸느

냐 너를 멸하려고 준비하는 저 학대자

의 분노를 어찌하여 항상 종일 두려워

하느냐 학대자의 분노가 어디 있느냐

14 결박된 포로가 속히 놓일 것이니 죽지

도 아니할 것이요 구덩이로 내려가지도

아니할 것이며 그의 양식이 부족하지도

아니하리라

15 나는 네 하나님 여호와라 바다를 휘저

어서 그 물결을 뒤흔들게 하는 자이니

그의 이름은 만군의 여호와니라

16 내가 내 말을 네 입에 두고 내 손 그늘

로 너를 덮었나니 이는 내가 하늘을 펴

며 땅의 기초를 정하며 시온에게 이르

기를 너는 내 백성이라 말하기 위함이

니라

비틀걸음 치게 하는 잔을 거두리라

17 여호와의 손에서 그의 분노의 잔을 마

신 예루살렘이여 깰지어다 깰지어다 일

어설지어다 네가 이미 비틀걸음 치게

하는 큰 잔을 마셔 다 비웠도다

18 네가 낳은 모든 아들 중에 너를 인도할

자가 없고 네가 양육한 모든 아들 중에

그 손으로 너를 이끌 자도 없도다

19 이 두 가지 일이 네게 닥쳤으니 누가 너

를 위하여 슬퍼하랴 곧 황폐와 멸망이

요 기근과 칼이라 누가 너를 위로하랴

20 네 아들들이 곤비하여 그물에 걸린 영

양 같이 온 거리 모퉁이에 누웠으니 그

들에게 여호와의 분노와 네 하나님의

견책이 가득하도다

21 그러므로 너 곤고하며 포도주가 아니라

도 취한 자여 이 말을 들으라

22 네 주 여호와, 그의 백성의 억울함을 풀

어 주시는 네 하나님이 이같이 말씀하

시되 보라 내가 비틀걸음 치게 하는 잔

곧 나의 분노의 큰 잔을 네 손에서 거두

어서 네가 다시는 마시지 못하게 하고

23 그 잔을 너를 괴롭게 하던 자들의 손

에 두리라 그들은 일찍이 네게 이르기

를 엎드리라 우리가 넘어가리라 하던

자들이라 너를 넘어가려는 그들에게 네

가 네 허리를 땅과 같게, 길거리와 같

게 하였느니라 하시니라

여호와께서 예루살렘을 구속하시다

52 시온이여 깰지어다 깰지어다 네 힘

을 낼지어다 거룩한 성 예루살렘이여

네 아름다운 옷을 입을지어다 이제부터

할례 받지 아니한 자와 부정한 자가 다

시는 네게로 들어옴이 없을 것임이라

2 너는 티끌을 털어 버릴지어다 예루살렘

이여 일어나 앉을지어다 사로잡힌 딸 시

온이여 네 목의 줄을 스스로 풀지어다

3 여호와께서 이와 같이 말씀하시되 너희

가 값 없이 팔렸으니 돈 없이 속량되리라

4 주 여호와께서 이와 같이 말씀하시되

내 백성이 전에 애굽에 내려가서 거기

에 거류하였고 앗수르인은 공연히 그들

을 압박하였도다

5 그러므로 이제 여호와께서 말씀하시되

내 백성이 까닭 없이 잡혀갔으니 내가

여기서 어떻게 하랴 여호와께서 말씀하

시되 그들을 관할하는 자들이 떠들며

내 이름을 항상 종일토록 더럽히도다

6 그러므로 내 백성은 내 이름을 알리라

그러므로 그 날에는 그들이 이 말을 하

는 자가 나인 줄을 알리라 내가 여기

있느니라

7 좋은 소식을 전하며 평화를 공포하며

복된 좋은 소식을 가져오며 구원을 공

포하며 시온을 향하여 이르기를 네 하

나님이 통치하신다 하는 자의 산을 넘

는 발이 어찌 그리 아름다운가

8 네 파수꾼들의 소리로다 그들이 소리를

높여 일제히 노래하니 이는 여호와께서

시온으로 돌아오실 때에 그들의 눈이

마주 보리로다

9 너 예루살렘의 황폐한 곳들아 기쁜 소

리를 내어 함께 노래할지어다 이는 여

호와께서 그의 백성을 위로하셨고 예루

살렘을 구속하셨음이라

10 여호와께서 열방의 목전에서 그의 거룩

한 팔을 나타내셨으므로 땅 끝까지도

모두 우리 하나님의 구원을 보았도다

11 너희는 떠날지어다 떠날지어다 거기
서 나오고 부정한 것을 만지지 말지어
다 그 가운데에서 나올지어다 여호와의
기구를 메는 자들이여 스스로 정결하게
할지어다

12 여호와께서 너희 앞에서 행하시며 이스
라엘의 하나님이 너희 뒤에서 호위하시
리니 너희가 황급히 나오지 아니하며
도망하듯 다니지 아니하리라

고난 받는 종

13 보라 내 종이 형통하리니 받들어 높이
들려서 지극히 존귀하게 되리라

14 전에는 그의 모양이 타인보다 상하였고
그의 모습이 사람들보다 상하였으므로
많은 사람이 그에 대하여 놀랐거니와

15 그가 나라들을 놀라게 할 것이며 왕들
은 그로 말미암아 그들의 입을 봉하리
니 이는 그들이 아직 그들에게 전파되

지 아니한 것을 볼 것이요 아직 듣지
못한 것을 깨달을 것임이라

53 우리가 전한 것을 누가 믿었느냐 여호
와의 팔이 누구에게 나타났느냐

2 그는 주 앞에서 자라나기를 연한 순 같
고 마른 땅에서 나온 뿌리 같아서 고운
모양도 없고 풍채도 없은즉 우리가 보
기에 흠모할 만한 아름다운 것이 없도다

3 그는 멸시를 받아 사람들에게 버림 받
았으며 간고를 많이 겪었으며 질고를
아는 자라 마치 사람들이 그에게서 얼
굴을 가리는 것 같이 멸시를 당하였고
우리도 그를 귀히 여기지 아니하였도다

4 그는 실로 우리의 질고를 지고 우리의
슬픔을 당하였거늘 우리는 생각하기를
그는 징벌을 받아 하나님께 맞으며 고
난을 당한다 하였노라

5 그가 찔림은 우리의 허물 때문이요 그

가 상함은 우리의 죄악 때문이라 그가

징계를 받으므로 우리는 평화를 누리고

그가 채찍에 맞으므로 우리는 나음을

받았도다

6 우리는 다 양 같아서 그릇 행하여 각기

제 길로 갔거늘 여호와께서는 우리 모

두의 죄악을 그에게 담당시키셨도다

7 그가 곤욕을 당하여 괴로울 때에도 그

의 입을 열지 아니하였음이여 마치 도

수장으로 끌려 가는 어린 양과 털 깎는

자 앞에서 잠잠한 양 같이 그의 입을

열지 아니하였도다

8 그는 곤욕과 심문을 당하고 끌려 갔으

나 그 세대 중에 누가 생각하기를 그가

살아 있는 자들의 땅에서 끊어짐은 마

땅히 형벌 받을 내 백성의 허물 때문이

라 하였으리요

9 그는 강포를 행하지 아니하였고 그의

입에 거짓이 없었으나 그의 무덤이 악

인들과 함께 있었으며 그가 죽은 후에

부자와 함께 있었도다

10 여호와께서 그에게 상함을 받게 하시기

를 원하사 질고를 당하게 하셨은즉 그

의 영혼을 속건제물로 드리기에 이르면

그가 씨를 보게 되며 그의 날은 길 것

이요 또 그의 손으로 여호와께서 기뻐

하시는 뜻을 성취하리로다

11 그가 자기 영혼의 수고한 것을 보고 만

족하게 여길 것이라 나의 의로운 종이

자기 지식으로 많은 사람을 의롭게 하

며 또 그들의 죄악을 친히 담당하리로다

12 그러므로 내가 그에게 존귀한 자와 함

께 몫을 받게 하며 강한 자와 함께 탈

취한 것을 나누게 하리니 이는 그가 자

기 영혼을 버려 사망에 이르게 하며 범

죄자 중 하나로 헤아림을 받았음이니라

그러나 그가 많은 사람의 죄를 담당하며 범죄자를 위하여 기도하였느니라

하나님의 영원한 자비

54 잉태하지 못하며 출산하지 못한 너는 노래할지어다 산고를 겪지 못한 너는 외쳐 노래할지어다 이는 홀로 된 여인의 자식이 남편 있는 자의 자식보다 많음이라 여호와께서 말씀하셨느니라

2 네 장막터를 넓히며 네 처소의 휘장을 아끼지 말고 널리 펴되 너의 줄을 길게 하며 너의 말뚝을 견고히 할지어다

3 이는 네가 좌우로 퍼지며 네 자손은 열방을 얻으며 황폐한 성읍들을 사람 살 곳이 되게 할 것임이라

4 두려워하지 말라 네가 수치를 당하지 아니하리라 놀라지 말라 네가 부끄러움을 보지 아니하리라 네가 네 젊었을 때의 수치를 잊겠고 과부 때의 치욕을 다시 기억함이 없으리니

5 이는 너를 지으신 이가 네 남편이시라 그의 이름은 만군의 여호와이시며 네 구속자는 이스라엘의 거룩한 이시라 그는 온 땅의 하나님이라 일컬음을 받으실 것이라

6 여호와께서 너를 부르시되 마치 버림을 받아 마음에 근심하는 아내 곧 어릴 때에 아내가 되었다가 버림을 받은 자에게 함과 같이 하실 것임이라 네 하나님께서 말씀하셨느니라

7 내가 잠시 너를 버렸으나 큰 긍휼로 너를 모을 것이요

8 내가 넘치는 진노로 내 얼굴을 네게서 잠시 가렸으나 영원한 자비로 너를 긍휼히 여기리라 네 구속자 여호와께서 말씀하셨느니라

9 이는 내게 노아의 홍수와 같도다 내가

다시는 노아의 홍수로 땅 위에 범람하지 못하게 하리라 맹세한 것 같이 내가 네게 노하지 아니하며 너를 책망하지 아니하기로 맹세하였노니

10 산들이 떠나며 언덕들은 옮겨질지라도 나의 자비는 네게서 떠나지 아니하며 나의 화평의 언약은 흔들리지 아니하리라 너를 긍휼히 여기시는 여호와께서 말씀하셨느니라

미래의 예루살렘

11 너 곤고하며 광풍에 요동하여 안위를 받지 못한 자여 보라 내가 화려한 채색으로 네 돌 사이에 더하며 청옥으로 네 기초를 쌓으며

12 홍보석으로 네 성벽을 지으며 석류석으로 네 성문을 만들고 네 지경을 다 보석으로 꾸밀 것이며

13 네 모든 자녀는 여호와의 교훈을 받을 것이니 네 자녀에게는 큰 평안이 있을 것이며

14 너는 공의로 설 것이며 학대가 네게서 멀어질 것인즉 네가 두려워하지 아니할 것이며 공포도 네게 가까이하지 못할 것이라

15 보라 그들이 분쟁을 일으킬지라도 나로 말미암지 아니한 것이니 누구든지 너와 분쟁을 일으키는 자는 너로 말미암아 패망하리라

16 보라 숯불을 불어서 자기가 쓸 만한 연장을 제조하는 장인도 내가 창조하였고 파괴하며 진멸하는 자도 내가 창조하였은즉

17 너를 치려고 제조된 모든 연장이 쓸모가 없을 것이라 일어나 너를 대적하여 송사하는 모든 혀는 네게 정죄를 당하리니 이는 여호와의 종들의 기업이요

이는 그들이 내게서 얻은 공의니라 여호와의 말씀이니라

하나님의 긍휼

55 오호라 너희 모든 목마른 자들아 물로 나아오라 돈 없는 자도 오라 너희는 와서 사 먹되 돈 없이, 값 없이 와서 포도주와 젖을 사라

2 너희가 어찌하여 양식이 아닌 것을 위하여 은을 달아 주며 배부르게 하지 못할 것을 위하여 수고하느냐 내게 듣고 들을지어다 그리하면 너희가 좋은 것을 먹을 것이며 너희 자신들이 기름진 것으로 즐거움을 얻으리라

3 너희는 귀를 기울이고 내게로 나아와 들으라 그리하면 너희의 영혼이 살리라 내가 너희를 위하여 영원한 언약을 맺으리니 곧 다윗에게 허락한 확실한 은혜이니라

4 보라 내가 그를 만민에게 증인으로 세웠고 만민의 인도자와 명령자로 삼았나니

5 보라 네가 알지 못하는 나라를 네가 부를 것이며 너를 알지 못하는 나라가 네게로 달려올 것은 여호와 네 하나님 곧 이스라엘의 거룩하신 이로 말미암음이니라 이는 그가 너를 영화롭게 하였느니라

6 너희는 여호와를 만날 만한 때에 찾으라 가까이 계실 때에 그를 부르라

7 악인은 그의 길을, 불의한 자는 그의 생각을 버리고 여호와께로 돌아오라 그리하면 그가 긍휼히 여기시리라 우리 하나님께로 돌아오라 그가 너그럽게 용서하시리라

8 이는 내 생각이 너희의 생각과 다르며 내 길은 너희의 길과 다름이니라 여호와의 말씀이니라

9 이는 하늘이 땅보다 높음 같이 내 길은 너희의 길보다 높으며 내 생각은 너희의 생각보다 높음이니라

10 이는 비와 눈이 하늘로부터 내려서 그리로 되돌아가지 아니하고 땅을 적셔서 소출이 나게 하며 싹이 나게 하여 파종하는 자에게는 종자를 주며 먹는 자에게는 양식을 줌과 같이

11 내 입에서 나가는 말도 이와 같이 헛되이 내게로 되돌아오지 아니하고 나의 기뻐하는 뜻을 이루며 내가 보낸 일에 형통함이니라

12 너희는 기쁨으로 나아가며 평안히 인도함을 받을 것이요 산들과 언덕들이 너희 앞에서 노래를 발하고 들의 모든 나무가 손뼉을 칠 것이며

13 잣나무는 가시나무를 대신하여 나며 화석류는 찔레를 대신하여 날 것이라 이것이 여호와의 기념이 되며 영영한 표징이 되어 끊어지지 아니하리라

여호와께 연합한 사람

56 여호와께서 이와 같이 말씀하시기를 너희는 정의를 지키며 의를 행하라 이는 나의 구원이 가까이 왔고 나의 공의가 나타날 것임이라 하셨도다

2 안식일을 지켜 더럽히지 아니하며 그의 손을 금하여 모든 악을 행하지 아니하여야 하나니 이와 같이 하는 사람, 이와 같이 굳게 잡는 사람은 복이 있느니라

3 여호와께 연합한 이방인은 말하기를 여호와께서 나를 그의 백성 중에서 반드시 갈라내시리라 하지 말며 고자도 말하기를 나는 마른 나무라 하지 말라

4 여호와께서 이와 같이 말씀하시기를 나의 안식일을 지키며 내가 기뻐하는 일을 선택하며 나의 언약을 굳게 잡는 고

자들에게는

5 내가 내 집에서, 내 성 안에서 아들이

나 딸보다 나은 기념물과 이름을 그들

에게 주며 영원한 이름을 주어 끊어지

지 아니하게 할 것이며

6 또 여호와와 연합하여 그를 섬기며 여

호와의 이름을 사랑하며 그의 종이 되

며 안식일을 지켜 더럽히지 아니하며

나의 언약을 굳게 지키는 이방인마다

7 내가 곧 그들을 나의 성산으로 인도하

여 기도하는 내 집에서 그들을 기쁘게

할 것이며 그들의 번제와 희생을 나의

제단에서 기꺼이 받게 되리니 이는 내

집은 만민이 기도하는 집이라 일컬음이

될 것임이라

8 이스라엘의 쫓겨난 자를 모으시는 주

여호와가 말하노니 내가 이미 모은 백

성 외에 또 모아 그에게 속하게 하리라

하셨느니라

몰지각한 목자들

9 들의 모든 짐승들아 숲 가운데의 모든

짐승들아 와서 먹으라

10 이스라엘의 파수꾼들은 맹인이요 다 무

지하며 벙어리 개들이라 짖지 못하며

다 꿈꾸는 자들이요 누워 있는 자들이

요 잠자기를 좋아하는 자들이니

11 이 개들은 탐욕이 심하여 족한 줄을 알

지 못하는 자들이요 그들은 몰지각한

목자들이라 다 제 길로 돌아가며 사람

마다 자기 이익만 추구하며

12 오라 내가 포도주를 가져오리라 우리가

독주를 잔뜩 마시자 내일도 오늘 같이

크게 넘치리라 하느니라

우상 숭배를 규탄하시다

57 의인이 죽을지라도 마음에 두는 자가

없고 진실한 이들이 거두어 감을 당할

지라도 깨닫는 자가 없도다 의인들은

악한 자들 앞에서 불리어가도다

2 그들은 평안에 들어갔나니 바른 길로 가

는 자들은 그들의 침상에서 편히 쉬리라

3 무당의 자식, 간음자와 음녀의 자식들

아 너희는 가까이 오라

4 너희가 누구를 희롱하느냐 누구를 향하

여 입을 크게 벌리며 혀를 내미느냐 너

희는 패역의 자식, 거짓의 후손이 아

니냐

5 너희가 상수리나무 사이, 모든 푸른 나

무 아래에서 음욕을 피우며 골짜기 가

운데 바위 틈에서 자녀를 도살하는도다

6 골짜기 가운데 매끄러운 돌들 중에 네

몫이 있으니 그것들이 곧 네가 제비 뽑

아 얻은 것이라 또한 네가 전제와 예물

을 그것들에게 드리니 내가 어찌 위로

를 받겠느냐

7 네가 높고 높은 산 위에 네 침상을 베

풀었고 네가 또 거기에 올라가서 제사

를 드렸으며

8 네가 또 네 기념표를 문과 문설주 뒤에

두었으며 네가 나를 떠나 벗고 올라가

서 네 침상을 넓히고 그들과 언약하며

또 네가 그들의 침상을 사랑하여 그 벌

거벗은 것을 보았으며

9 네가 기름을 가지고 몰렉에게 나아가되

향품을 더하였으며 네가 또 사신을 먼

곳에 보내고 스올에까지 내려가게 하였

으며

10 네가 길이 멀어서 피곤할지라도 헛되다

말하지 아니함은 네 힘이 살아났으므로

쇠약하여지지 아니함이라

11 네가 누구를 두려워하며 누구로 말미암

아 놀랐기에 거짓을 말하며 나를 생각

하지 아니하며 이를 마음에 두지 아니

하였느냐 네가 나를 경외하지 아니함은

내가 오랫동안 잠잠했기 때문이 아니냐

12 네 공의를 내가 보이리라 네가 행한 일

이 네게 무익하니라

13 네가 부르짖을 때에 네가 모은 우상들

에게 너를 구원하게 하라 그것들은 다

바람에 날려 가겠고 기운에 불려갈 것

이로되 나를 의뢰하는 자는 땅을 차지

하겠고 나의 거룩한 산을 기업으로 얻

으리라

인도하고 고치겠다고 하신 약속

14 그가 말하기를 돋우고 돋우어 길을 수

축하여 내 백성의 길에서 거치는 것을

제하여 버리라 하리라

15 지극히 존귀하며 영원히 거하시며 거룩

하다 이름하는 이가 이와 같이 말씀하

시되 내가 높고 거룩한 곳에 있으며 또

한 통회하고 마음이 겸손한 자와 함께

있나니 이는 겸손한 자의 영을 소생시

키며 통회하는 자의 마음을 소생시키려

함이라

16 내가 영원히 다투지 아니하며 내가 끊

임없이 노하지 아니할 것은 내가 지은

그의 영과 혼이 내 앞에서 피곤할까 함

이라

17 그의 탐심의 죄악으로 말미암아 내가

노하여 그를 쳤으며 또 내 얼굴을 가리

고 노하였으나 그가 아직도 패역하여

자기 마음의 길로 걸어가도다

18 내가 그의 길을 보았은즉 그를 고쳐 줄

것이라 그를 인도하며 그와 그를 슬퍼

하는 자들에게 위로를 다시 얻게 하리라

19 입술의 열매를 창조하는 자 여호와가

말하노라 먼 데 있는 자에게든지 가까

운 데 있는 자에게든지 평강이 있을지

어다 평강이 있을지어다 내가 그를 고

치리라 하셨느니라

20 그러나 악인은 평온함을 얻지 못하고 그 물이 진흙과 더러운 것을 늘 솟구쳐 내는 요동하는 바다와 같으니라

21 내 하나님의 말씀에 악인에게는 평강이 없다 하셨느니라

여호와께서 기뻐하시는 금식

58 크게 외치라 목소리를 아끼지 말라 네 목소리를 나팔 같이 높여 내 백성에게 그들의 허물을, 야곱의 집에 그들의 죄를 알리라

2 그들이 날마다 나를 찾아 나의 길 알기를 즐거워함이 마치 공의를 행하여 그의 하나님의 규례를 저버리지 아니하는 나라 같아서 의로운 판단을 내게 구하며 하나님과 가까이 하기를 즐거워하는도다

3 우리가 금식하되 어찌하여 주께서 보지 아니하시오며 우리가 마음을 괴롭게 하되 어찌하여 주께서 알아 주지 아니하시나이까 보라 너희가 금식하는 날에 오락을 구하며 온갖 일을 시키는도다

4 보라 너희가 금식하면서 논쟁하며 다투며 악한 주먹으로 치는도다 너희가 오늘 금식하는 것은 너희의 목소리를 상달하게 하려는 것이 아니니라

5 이것이 어찌 내가 기뻐하는 금식이 되겠으며 이것이 어찌 사람이 자기의 마음을 괴롭게 하는 날이 되겠느냐 그의 머리를 갈대 같이 숙이고 굵은 베와 재를 펴는 것을 어찌 금식이라 하겠으며 여호와께 열납될 날이라 하겠느냐

6 내가 기뻐하는 금식은 흉악의 결박을 풀어 주며 멍에의 줄을 끌러 주며 압제 당하는 자를 자유하게 하며 모든 멍에를 꺾는 것이 아니겠느냐

7 또 주린 자에게 네 양식을 나누어 주며 유리하는 빈민을 집에 들이며 헐벗은 자를 보면 입히며 또 네 골육을 피하여 스스로 숨지 아니하는 것이 아니겠느냐

8 그리하면 네 빛이 새벽 같이 비칠 것이며 네 치유가 급속할 것이며 네 공의가 네 앞에 행하고 여호와의 영광이 네 뒤에 호위하리니

9 네가 부를 때에는 나 여호와가 응답하겠고 네가 부르짖을 때에는 내가 여기 있다 하리라 만일 네가 너희 중에서 멍에와 손가락질과 허망한 말을 제하여 버리고

10 주린 자에게 네 심정이 동하며 괴로워하는 자의 심정을 만족하게 하면 네 빛이 흑암 중에서 떠올라 네 어둠이 낮과 같이 될 것이며

11 여호와가 너를 항상 인도하여 메마른 곳에서도 네 영혼을 만족하게 하며 네 뼈를 견고하게 하리니 너는 물 댄 동산 같겠고 물이 끊어지지 아니하는 샘 같을 것이라

12 네게서 날 자들이 오래 황폐된 곳들을 다시 세울 것이며 너는 역대의 파괴된 기초를 쌓으리니 너를 일컬어 무너진 데를 보수하는 자라 할 것이며 길을 수축하여 거할 곳이 되게 하는 자라 하리라

안식일을 지키면

13 만일 안식일에 네 발을 금하여 내 성일에 오락을 행하지 아니하고 안식일을 일컬어 즐거운 날이라, 여호와의 성일을 존귀한 날이라 하여 이를 존귀하게 여기고 네 길로 행하지 아니하며 네 오락을 구하지 아니하며 사사로운 말을 하지 아니하면

14 네가 여호와 안에서 즐거움을 얻을 것

이라 내가 너를 땅의 높은 곳에 올리고

네 조상 야곱의 기업으로 기르리라 여

호와의 입의 말씀이니라

선지자가 백성의 죄악을 규탄하다

59 여호와의 손이 짧아 구원하지 못하심

도 아니요 귀가 둔하여 듣지 못하심도

아니라

2 오직 너희 죄악이 너희와 너희 하나님

사이를 갈라 놓았고 너희 죄가 그의 얼

굴을 가리어서 너희에게서 듣지 않으시

게 함이니라

3 이는 너희 손이 피에, 너희 손가락이 죄

악에 더러워졌으며 너희 입술은 거짓을

말하며 너희 혀는 악독을 냄이라

4 공의대로 소송하는 자도 없고 진실하게

판결하는 자도 없으며 허망한 것을 의

뢰하며 거짓을 말하며 악행을 잉태하여

죄악을 낳으며

5 독사의 알을 품으며 거미줄을 짜나니

그 알을 먹는 자는 죽을 것이요 그 알

이 밟힌즉 터져서 독사가 나올 것이니라

6 그 짠 것으로는 옷을 이룰 수 없을 것

이요 그 행위로는 자기를 가릴 수 없을

것이며 그 행위는 죄악의 행위라 그 손

에는 포악한 행동이 있으며

7 그 발은 행악하기에 빠르고 무죄한 피를

흘리기에 신속하며 그 생각은 악한 생

각이라 황폐와 파멸이 그 길에 있으며

8 그들은 평강의 길을 알지 못하며 그들

이 행하는 곳에는 정의가 없으며 굽은

길을 스스로 만드나니 무릇 이 길을 밟

는 자는 평강을 알지 못하느니라

백성이 죄악을 자백하다

9 그러므로 정의가 우리에게서 멀고 공의

가 우리에게 미치지 못한즉 우리가 빛

을 바라나 어둠뿐이요 밝은 것을 바라

나 캄캄한 가운데에 행하므로

10 우리가 맹인 같이 담을 더듬으며 눈 없

는 자 같이 두루 더듬으며 낮에도 황혼

때 같이 넘어지니 우리는 강장한 자 중

에서도 죽은 자 같은지라

11 우리가 곰 같이 부르짖으며 비둘기 같

이 슬피 울며 정의를 바라나 없고 구원

을 바라나 우리에게서 멀도다

12 이는 우리의 허물이 주의 앞에 심히 많

으며 우리의 죄가 우리를 쳐서 증언하

오니 이는 우리의 허물이 우리와 함께

있음이니라 우리의 죄악을 우리가 아나

이다

13 우리가 여호와를 배반하고 속였으며 우

리 하나님을 따르는 데에서 돌이켜 포

학과 패역을 말하며 거짓말을 마음에

잉태하여 낳으니

14 정의가 뒤로 물리침이 되고 공의가 멀

리 섰으며 성실이 거리에 엎드러지고

정직이 나타나지 못하는도다

15 성실이 없어지므로 악을 떠나는 자가

탈취를 당하는도다

여호와께서 백성을 구원하려고 하시다

여호와께서 이를 살피시고 그 정의가

없는 것을 기뻐하지 아니하시고

16 사람이 없음을 보시며 중재자가 없음을

이상히 여기셨으므로 자기 팔로 스스로

구원을 베푸시며 자기의 공의를 스스로

의지하사

17 공의를 갑옷으로 삼으시며 구원을 자기

의 머리에 써서 투구로 삼으시며 보복

을 속옷으로 삼으시며 열심을 입어 겉

옷으로 삼으시고

18 그들의 행위대로 갚으시되 그 원수에게

분노하시며 그 원수에게 보응하시며 섬

들에게 보복하실 것이라

19 서쪽에서 여호와의 이름을 두려워하겠

고 해 돋는 쪽에서 그의 영광을 두려워

할 것은 여호와께서 그 기운에 몰려 급

히 흐르는 강물 같이 오실 것임이로다

20 여호와의 말씀이니라 구속자가 시온에

임하며 야곱의 자손 가운데에서 죄과를

떠나는 자에게 임하리라

21 여호와께서 이르시되 내가 그들과 세운

나의 언약이 이러하니 곧 네 위에 있는

나의 영과 네 입에 둔 나의 말이 이제

부터 영원하도록 네 입에서와 네 후손

의 입에서와 네 후손의 후손의 입에서

떠나지 아니하리라 하시니라 여호와의

말씀이니라

예루살렘이 받을 영광

60 일어나라 빛을 발하라 이는 네 빛이

이르렀고 여호와의 영광이 네 위에 임

하였음이니라

2 보라 어둠이 땅을 덮을 것이며 캄캄함

이 만민을 가리려니와 오직 여호와께서

네 위에 임하실 것이며 그의 영광이 네

위에 나타나리니

3 나라들은 네 빛으로, 왕들은 비치는 네

광명으로 나아오리라

4 네 눈을 들어 사방을 보라 무리가 다 모

여 네게로 오느니라 네 아들들은 먼 곳에

서 오겠고 네 딸들은 안기어 올 것이라

5 그 때에 네가 보고 기쁜 빛을 내며 네

마음이 놀라고 또 화창하리니 이는 바

다의 부가 네게로 돌아오며 이방 나라

들의 재물이 네게로 옴이라

6 허다한 낙타, 미디안과 에바의 어린 낙

타가 네 가운데에 가득할 것이며 스바

사람들은 다 금과 유향을 가지고 와서

여호와의 찬송을 전파할 것이며

7 게달의 양 무리는 다 네게로 모일 것이

요 느바욧의 숫양은 네게 공급되고 내

제단에 올라 기꺼이 받음이 되리니 내

가 내 영광의 집을 영화롭게 하리라

8 저 구름 같이, 비둘기들이 그 보금자리

로 날아가는 것 같이 날아오는 자들이

누구냐

9 곧 섬들이 나를 앙망하고 다시스의 배

들이 먼저 이르되 먼 곳에서 네 자손과

그들의 은금을 아울러 싣고 와서 네 하

나님 여호와의 이름에 드리려 하며 이

스라엘의 거룩한 이에게 드리려 하는

자들이라 이는 내가 너를 영화롭게 하

였음이라

10 내가 노하여 너를 쳤으나 이제는 나의

은혜로 너를 불쌍히 여겼은즉 이방인들

이 네 성벽을 쌓을 것이요 그들의 왕들

이 너를 섬길 것이며

11 네 성문이 항상 열려 주야로 닫히지 아

니하리니 이는 사람들이 네게로 이방

나라들의 재물을 가져오며 그들의 왕들

을 포로로 이끌어 옴이라

12 너를 섬기지 아니하는 백성과 나라는

파멸하리니 그 백성들은 반드시 진멸되

리라

13 레바논의 영광 곧 잣나무와 소나무와

황양목이 함께 네게 이르러 내 거룩한

곳을 아름답게 할 것이며 내가 나의 발

둘 곳을 영화롭게 할 것이라

14 너를 괴롭히던 자의 자손이 몸을 굽혀

네게 나아오며 너를 멸시하던 모든 자

가 네 발 아래에 엎드려 너를 일컬어

여호와의 성읍이라, 이스라엘의 거룩한

이의 시온이라 하리라

15 전에는 네가 버림을 당하며 미움을 당

하였으므로 네게로 가는 자가 없었으나

이제는 내가 너를 영원한 아름다움과

대대의 기쁨이 되게 하리니

16 네가 이방 나라들의 젖을 빨며 뭇 왕의 젖을 빨고 나 여호와는 네 구원자, 네 구속자, 야곱의 전능자인 줄 알리라

17 내가 금을 가지고 놋을 대신하며 은을 가지고 철을 대신하며 놋으로 나무를 대신하며 철로 돌을 대신하며 화평을 세워 관원으로 삼으며 공의를 세워 감독으로 삼으리니

18 다시는 강포한 일이 네 땅에 들리지 않을 것이요 황폐와 파멸이 네 국경 안에 다시 없을 것이며 네가 네 성벽을 구원이라, 네 성문을 찬송이라 부를 것이라

19 다시는 낮에 해가 네 빛이 되지 아니하며 달도 네게 빛을 비추지 않을 것이요 오직 여호와가 네게 영원한 빛이 되며 네 하나님이 네 영광이 되리니

20 다시는 네 해가 지지 아니하며 네 달이 물러가지 아니할 것은 여호와가 네 영원한 빛이 되고 네 슬픔의 날이 끝날 것임이라

21 네 백성이 다 의롭게 되어 영원히 땅을 차지하리니 그들은 내가 심은 가지요 내가 손으로 만든 것으로서 나의 영광을 나타낼 것인즉

22 그 작은 자가 천 명을 이루겠고 그 약한 자가 강국을 이룰 것이라 때가 되면 나 여호와가 속히 이루리라

구원의 아름다운 소식

61 주 여호와의 영이 내게 내리셨으니 이는 여호와께서 내게 기름을 부으사 가난한 자에게 아름다운 소식을 전하게 하려 하심이라 나를 보내사 마음이 상한 자를 고치며 포로된 자에게 자유를, 갇힌 자에게 놓임을 선포하며

2 여호와의 은혜의 해와 우리 하나님의

보복의 날을 선포하여 모든 슬픈 자를 위로하되

3 무릇 시온에서 슬퍼하는 자에게 화관을 주어 그 재를 대신하며 기쁨의 기름으로 그 슬픔을 대신하며 찬송의 옷으로 그 근심을 대신하시고 그들이 의의 나무 곧 여호와께서 심으신 그 영광을 나타낼 자라 일컬음을 받게 하려 하심이라

4 그들은 오래 황폐하였던 곳을 다시 쌓을 것이며 옛부터 무너진 곳을 다시 일으킬 것이며 황폐한 성읍 곧 대대로 무너져 있던 것들을 중수할 것이며

5 외인은 서서 너희 양 떼를 칠 것이요 이방 사람은 너희 농부와 포도원지기가 될 것이나

6 오직 너희는 여호와의 제사장이라 일컬음을 받을 것이라 사람들이 너희를 우리 하나님의 봉사자라 할 것이며 너희가 이방 나라들의 재물을 먹으며 그들의 영광을 얻어 자랑할 것이니라

7 너희가 수치 대신에 보상을 배나 얻으며 능욕 대신에 몫으로 말미암아 즐거워할 것이라 그리하여 그들의 땅에서 갑절이나 얻고 영원한 기쁨이 있으리라

8 무릇 나 여호와는 정의를 사랑하며 불의의 강탈을 미워하여 성실히 그들에게 갚아 주고 그들과 영원한 언약을 맺을 것이라

9 그들의 자손을 뭇 나라 가운데에, 그들의 후손을 만민 가운데에 알리리니 무릇 이를 보는 자가 그들은 여호와께 복 받은 자손이라 인정하리라

10 내가 여호와로 말미암아 크게 기뻐하며 내 영혼이 나의 하나님으로 말미암아 즐거워하리니 이는 그가 구원의 옷을

내게 입히시며 공의의 겉옷을 내게 더

하심이 신랑이 사모를 쓰며 신부가 자

기 보석으로 단장함 같게 하셨음이라

11 땅이 싹을 내며 동산이 거기 뿌린 것을

움돋게 함 같이 주 여호와께서 공의와

찬송을 모든 나라 앞에 솟아나게 하시

리라

62 나는 시온의 의가 빛 같이, 예루살렘의

구원이 횃불 같이 나타나도록 시온을

위하여 잠잠하지 아니하며 예루살렘을

위하여 쉬지 아니할 것인즉

2 이방 나라들이 네 공의를, 뭇 왕이 다

네 영광을 볼 것이요 너는 여호와의 입

으로 정하실 새 이름으로 일컬음이 될

것이며

3 너는 또 여호와의 손의 아름다운 관, 네

하나님의 손의 왕관이 될 것이라

4 다시는 너를 버림 받은 자라 부르지 아

니하며 다시는 네 땅을 황무지라 부르

지 아니하고 오직 너를 헵시바라 하며

네 땅을 쁄라라 하리니 이는 여호와께

서 너를 기뻐하실 것이며 네 땅이 결혼

한 것처럼 될 것임이라

5 마치 청년이 처녀와 결혼함 같이 네 아

들들이 너를 취하겠고 신랑이 신부를

기뻐함 같이 네 하나님이 너를 기뻐하

시리라

6 예루살렘이여 내가 너의 성벽 위에 파

수꾼을 세우고 그들로 하여금 주야로

계속 잠잠하지 않게 하였느니라 너희

여호와로 기억하시게 하는 자들아 너희

는 쉬지 말며

7 또 여호와께서 예루살렘을 세워 세상에

서 찬송을 받게 하시기까지 그로 쉬지

못하시게 하라

8 여호와께서 그 오른손, 그 능력의 팔로

맹세하시되 내가 다시는 네 곡식을 네

원수들에게 양식으로 주지 아니하겠고

네가 수고하여 얻은 포도주를 이방인이

마시지 못하게 할 것인즉

9 오직 추수한 자가 그것을 먹고 나 여호

와를 찬송할 것이요 거둔 자가 그것을

나의 성소 뜰에서 마시리라 하셨느니라

10 성문으로 나아가라 나아가라 백성이 올

길을 닦으라 큰 길을 수축하고 수축하라

돌을 제하라 만민을 위하여 기치를 들라

11 여호와께서 땅 끝까지 선포하시되 너희

는 딸 시온에게 이르라 보라 네 구원이

이르렀느니라 보라 상급이 그에게 있고

보응이 그 앞에 있느니라 하셨느니라

12 사람들이 너를 일컬어 거룩한 백성이라

여호와께서 구속하신 자라 하겠고 또

너를 일컬어 찾은 바 된 자요 버림 받

지 아니한 성읍이라 하리라

여호와의 승리

63 에돔에서 오는 이 누구며 붉은 옷을

입고 보스라에서 오는 이 누구냐 그의

화려한 의복 큰 능력으로 걷는 이가 누

구냐 그는 나이니 공의를 말하는 이요

구원하는 능력을 가진 이니라

2 어찌하여 네 의복이 붉으며 네 옷이 포

도즙틀을 밟는 자 같으냐

3 만민 가운데 나와 함께 한 자가 없이

내가 홀로 포도즙틀을 밟았는데 내가

노함으로 말미암아 무리를 밟았고 분함

으로 말미암아 짓밟았으므로 그들의 선

혈이 내 옷에 튀어 내 의복을 다 더럽

혔음이니

4 이는 내 원수 갚는 날이 내 마음에 있

고 내가 구속할 해가 왔으나

5 내가 본즉 도와 주는 자도 없고 붙들어

주는 자도 없으므로 이상하게 여겨 내

팔이 나를 구원하며 내 분이 나를 붙들

었음이라

6 내가 노함으로 말미암아 만민을 밟았으

며 내가 분함으로 말미암아 그들을 취

하게 하고 그들의 선혈이 땅에 쏟아지

게 하였느니라

이스라엘에게 베푸신 은총

7 내가 여호와께서 우리에게 베푸신 모든

자비와 그의 찬송을 말하며 그의 사랑

을 따라, 그의 많은 자비를 따라 이스

라엘 집에 베푸신 큰 은총을 말하리라

8 그가 말씀하시되 그들은 실로 나의 백

성이요 거짓을 행하지 아니하는 자녀라

하시고 그들의 구원자가 되사

9 그들의 모든 환난에 동참하사 자기 앞

의 사자로 하여금 그들을 구원하시며

그의 사랑과 그의 자비로 그들을 구원

하시고 옛적 모든 날에 그들을 드시며

안으셨으나

10 그들이 반역하여 주의 성령을 근심하게

하였으므로 그가 돌이켜 그들의 대적이

되사 친히 그들을 치셨더니

11 백성이 옛적 모세의 때를 기억하여 이

르되 백성과 양 떼의 목자를 바다에서

올라오게 하신 이가 이제 어디 계시냐

그들 가운데에 성령을 두신 이가 이제

어디 계시냐

12 그의 영광의 팔이 모세의 오른손을 이

끄시며 그의 이름을 영원하게 하려 하

사 그들 앞에서 물을 갈라지게 하시고

13 그들을 깊음으로 인도하시되 광야에 있

는 말 같이 넘어지지 않게 하신 이가

이제 어디 계시냐

14 여호와의 영이 그들을 골짜기로 내려가

는 가축 같이 편히 쉬게 하셨도다 주께

서 이와 같이 주의 백성을 인도하사 이

름을 영화롭게 하셨나이다 하였느니라

자비와 사랑을 구하는 기도

15 주여 하늘에서 굽어 살피시며 주의 거

룩하고 영화로운 처소에서 보옵소서 주

의 열성과 주의 능하신 행동이 이제 어

디 있나이까 주께서 베푸시던 간곡한

자비와 사랑이 내게 그쳤나이다

16 주는 우리 아버지시라 아브라함은 우리

를 모르고 이스라엘은 우리를 인정하지

아니할지라도 여호와여, 주는 우리의

아버지시라 옛날부터 주의 이름을 우리

의 구속자라 하셨거늘

17 여호와여 어찌하여 우리로 주의 길에서

떠나게 하시며 우리의 마음을 완고하게

하사 주를 경외하지 않게 하시나이까

원하건대 주의 종들 곧 주의 기업인 지

파들을 위하사 돌아오시옵소서

18 주의 거룩한 백성이 땅을 차지한 지 오

래지 아니하여서 우리의 원수가 주의

성소를 유린하였사오니

19 우리는 주의 다스림을 받지 못하는 자

같으며 주의 이름으로 일컬음을 받지

못하는 자 같이 되었나이다

64 원하건대 주는 하늘을 가르고 강림하

시고 주 앞에서 산들이 진동하기를

2 불이 섶을 사르며 불이 물을 끓임 같게

하사 주의 원수들이 주의 이름을 알게

하시며 이방 나라들로 주 앞에서 떨게

하옵소서

3 주께서 강림하사 우리가 생각하지 못한

두려운 일을 행하시던 그 때에 산들이

주 앞에서 진동하였사오니

4 주 외에는 자기를 앙망하는 자를 위하

여 이런 일을 행한 신을 옛부터 들은

자도 없고 귀로 들은 자도 없고 눈으로

본 자도 없었나이다

5 주께서 기쁘게 공의를 행하는 자와 주

의 길에서 주를 기억하는 자를 선대하

시거늘 우리가 범죄하므로 주께서 진노

하셨사오며 이 현상이 이미 오래 되었

사오니 우리가 어찌 구원을 얻을 수 있

으리이까

6 무릇 우리는 다 부정한 자 같아서 우리

의 의는 다 더러운 옷 같으며 우리는

다 잎사귀 같이 시들므로 우리의 죄악

이 바람 같이 우리를 몰아가나이다

7 주의 이름을 부르는 자가 없으며 스스

로 분발하여 주를 붙잡는 자가 없사오

니 이는 주께서 우리에게 얼굴을 숨기

시며 우리의 죄악으로 말미암아 우리가

소멸되게 하셨음이니이다

8 그러나 여호와여, 이제 주는 우리 아버

지시니이다 우리는 진흙이요 주는 토기

장이시니 우리는 다 주의 손으로 지으

신 것이니이다

9 여호와여, 너무 분노하지 마시오며 죄

악을 영원히 기억하지 마시옵소서 구하

오니 보시옵소서 보시옵소서 우리는 다

주의 백성이니이다

10 주의 거룩한 성읍들이 광야가 되었으며

시온이 광야가 되었으며 예루살렘이 황

폐하였나이다

11 우리 조상들이 주를 찬송하던 우리의

거룩하고 아름다운 성전이 불에 탔으며

우리가 즐거워하던 곳이 다 황폐하였나

이다

12 여호와여 일이 이러하거늘 주께서 아직

도 가만히 계시려 하시나이까 주께서

아직도 잠잠하시고 우리에게 심한 괴로

움을 받게 하시려나이까

하나님께서 패역한 백성을 벌하시다

65 나는 나를 구하지 아니하던 자에게 물

493

음을 받았으며 나를 찾지 아니하던 자

에게 찾아냄이 되었으며 내 이름을 부

르지 아니하던 나라에 내가 여기 있노

라 내가 여기 있노라 하였노라

2 내가 종일 손을 펴서 자기 생각을 따라

옳지 않은 길을 걸어가는 패역한 백성

들을 불렀나니

3 곧 동산에서 제사하며 벽돌 위에서 분

향하여 내 앞에서 항상 내 노를 일으키

는 백성이라

4 그들이 무덤 사이에 앉으며 은밀한 처

소에서 밤을 지내며 돼지고기를 먹으며

가증한 것들의 국을 그릇에 담으면서

5 사람에게 이르기를 너는 네 자리에 서

있고 내게 가까이 하지 말라 나는 너보

다 거룩함이라 하나니 이런 자들은 내

코의 연기요 종일 타는 불이로다

6 보라 이것이 내 앞에 기록되었으니 내

가 잠잠하지 아니하고 반드시 보응하되

그들의 품에 보응하리라

7 너희의 죄악과 너희 조상들의 죄악은

한 가지니 그들이 산 위에서 분향하며

작은 산 위에서 나를 능욕하였음이라

그러므로 내가 먼저 그들의 행위를 헤

아리고 그들의 품에 보응하리라 여호와

가 말하였느니라

8 여호와께서 이와 같이 말씀하시되 포도

송이에는 즙이 있으므로 사람들이 말하

기를 그것을 상하지 말라 거기 복이 있

느니라 하나니 나도 내 종들을 위하여

그와 같이 행하여 다 멸하지 아니하고

9 내가 야곱에게서 씨를 내며 유다에게서

나의 산들을 기업으로 얻을 자를 내리

니 내가 택한 자가 이를 기업으로 얻을

것이요 나의 종들이 거기에 살 것이라

10 사론은 양 떼의 우리가 되겠고 아골 골

짜기는 소 떼가 눕는 곳이 되어 나를

찾은 내 백성의 소유가 되려니와

11 오직 나 여호와를 버리며 나의 성산을

잊고 갓에게 상을 베풀며 므니에게 섞

은 술을 가득히 붓는 너희여

12 내가 너희를 칼에 붙일 것인즉 다 구푸

리고 죽임을 당하리니 이는 내가 불러

도 너희가 대답하지 아니하며 내가 말

하여도 듣지 아니하고 나의 눈에 악을

행하였으며 내가 즐겨하지 아니하는 일

을 택하였음이니라

13 이러므로 주 여호와께서 이와 같이 말

씀하시니라 보라 나의 종들은 먹을 것

이로되 너희는 주릴 것이니라 보라 나

의 종들은 마실 것이로되 너희는 갈할

것이니라 보라 나의 종들은 기뻐할 것

이로되 너희는 수치를 당할 것이니라

14 보라 나의 종들은 마음이 즐거우므로 노

래할 것이로되 너희는 마음이 슬프므

로 울며 심령이 상하므로 통곡할 것이며

15 또 너희가 남겨 놓은 이름은 내가 택

한 자의 저줏거리가 될 것이니라 주 여

호와 내가 너를 죽이고 내 종들은 다른

이름으로 부르리라

16 이러므로 땅에서 자기를 위하여 복을

구하는 자는 진리의 하나님을 향하여

복을 구할 것이요 땅에서 맹세하는 자

는 진리의 하나님으로 맹세하리니 이는

이전 환난이 잊어졌고 내 눈 앞에 숨겨

졌음이라

새하늘과 새 땅 창조

17 보라 내가 새 하늘과 새 땅을 창조하나

니 이전 것은 기억되거나 마음에 생각

나지 아니할 것이라

18 너희는 내가 창조하는 것으로 말미암아

영원히 기뻐하며 즐거워할지니라 보라

내가 예루살렘을 즐거운 성으로 창조하며 그 백성을 기쁨으로 삼고

19 내가 예루살렘을 즐거워하며 나의 백성을 기뻐하리니 우는 소리와 부르짖는 소리가 그 가운데에서 다시는 들리지 아니할 것이며

20 거기는 날 수가 많지 못하여 죽는 어린 이와 수한이 차지 못한 노인이 다시는 없을 것이라 곧 백 세에 죽는 자를 젊은이라 하겠고 백 세가 못되어 죽는 자는 저주 받은 자이리라

21 그들이 가옥을 건축하고 그 안에 살겠고 포도나무를 심고 열매를 먹을 것이며

22 그들이 건축한 데에 타인이 살지 아니할 것이며 그들이 심은 것을 타인이 먹지 아니하리니 이는 내 백성의 수한이 나무의 수한과 같겠고 내가 택한 자가 그 손으로 일한 것을 길이 누릴 것이며

23 그들의 수고가 헛되지 않겠고 그들이 생산한 것이 재난을 당하지 아니하리니 그들은 여호와의 복된 자의 자손이요 그들의 후손도 그들과 같을 것임이라

24 그들이 부르기 전에 내가 응답하겠고 그들이 말을 마치기 전에 내가 들을 것이며

25 이리와 어린 양이 함께 먹을 것이며 사자가 소처럼 짚을 먹을 것이며 뱀은 흙을 양식으로 삼을 것이니 나의 성산에서는 해함도 없겠고 상함도 없으리라 여호와께서 말씀하시니라

여호와께서 민족들을 심판하시다

66 여호와께서 이와 같이 말씀하시되 하늘은 나의 보좌요 땅은 나의 발판이니 너희가 나를 위하여 무슨 집을 지으랴 내가 안식할 처소가 어디랴

2 나 여호와가 말하노라 내 손이 이 모든

것을 지었으므로 그들이 생겼느니라 무

릇 마음이 가난하고 심령에 통회하며

내 말을 듣고 떠는 자 그 사람은 내가

돌보려니와

3 소를 잡아 드리는 것은 살인함과 다름

이 없이 하고 어린 양으로 제사드리는

것은 개의 목을 꺾음과 다름이 없이 하

며 드리는 예물은 돼지의 피와 다름이

없이 하고 분향하는 것은 우상을 찬송

함과 다름이 없이 행하는 그들은 자기

의 길을 택하며 그들의 마음은 가증한

것을 기뻐한즉

4 나 또한 유혹을 그들에게 택하여 주며

그들이 무서워하는 것을 그들에게 임하

게 하리니 이는 내가 불러도 대답하는

자가 없으며 내가 말하여도 그들이 듣

지 않고 오직 나의 목전에서 악을 행하

며 내가 기뻐하지 아니하는 것을 택하

였음이라 하시니라

5 여호와의 말씀으로 말미암아 떠는 자들

아 그의 말씀을 들을지어다 이르시되

너희 형제가 너희를 미워하며 내 이름

으로 말미암아 너희를 쫓아내며 이르기

를 여호와께서는 영광을 나타내사 너희

기쁨을 우리에게 보이시기를 원하노라

하였으나 그들은 수치를 당하리라 하셨

느니라

6 떠드는 소리가 성읍에서부터 들려 오며

목소리가 성전에서부터 들리니 이는 여

호와께서 그의 원수에게 보응하시는 목

소리로다

7 시온은 진통을 하기 전에 해산하며 고

통을 당하기 전에 남아를 낳았으니

8 이러한 일을 들은 자가 누구이며 이러

한 일을 본 자가 누구이냐 나라가 어찌

하루에 생기겠으며 민족이 어찌 한 순

간에 태어나겠느냐 그러나 시온은 진통

하는 즉시 그 아들을 순산하였도다

9 여호와께서 이르시되 내가 아이를 갖도

록 하였은즉 해산하게 하지 아니하겠느

냐 네 하나님이 이르시되 나는 해산하

게 하는 이인즉 어찌 태를 닫겠느냐 하

시니라

10 예루살렘을 사랑하는 자들이여 다 그

성읍과 함께 기뻐하라 다 그 성읍과 함

께 즐거워하라 그 성을 위하여 슬퍼하

는 자들이여 다 그 성의 기쁨으로 말미

암아 그 성과 함께 기뻐하라

11 너희가 젖을 빠는 것 같이 그 위로하는

품에서 만족하겠고 젖을 넉넉히 빤 것

같이 그 영광의 풍성함으로 말미암아

즐거워하리라

12 여호와께서 이와 같이 말씀하시되 보라

내가 그에게 평강을 강 같이, 그에게 뭇

나라의 영광을 넘치는 시내 같이 주리니

너희가 그 성읍의 젖을 빨 것이며 너희

가 옆에 안기며 그 무릎에서 놀 것이라

13 어머니가 자식을 위로함 같이 내가 너

희를 위로할 것인즉 너희가 예루살렘에

서 위로를 받으리니

14 너희가 이를 보고 마음이 기뻐서 너희

뼈가 연한 풀의 무성함 같으리라 여호

와의 손은 그의 종들에게 나타나겠고

그의 진노는 그의 원수에게 더하리라

15 보라 여호와께서 불에 둘러싸여 강림하

시리니 그의 수레들은 회오리바람 같으

리로다 그가 혁혁한 위세로 노여움을

나타내시며 맹렬한 화염으로 책망하실

것이라

16 여호와께서 불과 칼로 모든 혈육에게

심판을 베푸신즉 여호와께 죽임 당할

자가 많으리니

17 스스로 거룩하게 구별하며 스스로 정결하게 하고 동산에 들어가서 그 가운데에 있는 자를 따라 돼지 고기와 가증한 물건과 쥐를 먹는 자가 다 함께 망하리라 여호와의 말씀이니라

18 내가 그들의 행위와 사상을 아노라 때가 이르면 뭇 나라와 언어가 다른 민족들을 모으리니 그들이 와서 나의 영광을 볼 것이며

19 내가 그들 가운데에서 징조를 세워서 그들 가운데에서 도피한 자를 여러 나라 곧 다시스와 뿔과 활을 당기는 룻과 및 두발과 야완과 또 나의 명성을 듣지도 못하고 나의 영광을 보지도 못한 먼 섬들로 보내리니 그들이 나의 영광을 뭇 나라에 전파하리라

20 나 여호와가 말하노라 이스라엘 자손이 예물을 깨끗한 그릇에 담아 여호와의 집에 드림 같이 그들이 너희 모든 형제를 뭇 나라에서 나의 성산 예루살렘으로 말과 수레와 교자와 노새와 낙타에 태워다가 여호와께 예물로 드릴 것이요

21 나는 그 가운데에서 택하여 제사장과 레위인을 삼으리라 여호와의 말이니라

22 내가 지을 새 하늘과 새 땅이 내 앞에 항상 있는 것 같이 너희 자손과 너희 이름이 항상 있으리라 여호와의 말이니라

23 여호와가 말하노라 매월 초하루와 매 안식일에 모든 혈육이 내 앞에 나아와 예배하리라

24 그들이 나가서 내게 패역한 자들의 시체들을 볼 것이라 그 벌레가 죽지 아니하며 그 불이 꺼지지 아니하여 모든 혈육에게 가증함이 되리라